Welpen für Dummies

Welpen für Dummies – Schummelseite

Ihrem Hund Kommandos beizubringen hilft ihm dabei, eine emotionale Bindung zu Ihnen aufzubauen. Kommandos fördern das Zusammengehörigkeitsgefühl von Hund und Mensch. Alle, die mit Ihrem Hund zu tun haben, müssen die gleichen Kommandos verwenden. Bevor Sie anfangen, Kommandos zu üben, setzen Sie sich zusammen hin und gehen jedes einzelne Kommando durch. Begriffe, die Ihnen nicht zusagen, können Sie durch andere ersetzen. Legen Sie eine Liste an und heften Sie diese Liste an Ihren Kühlschrank. Sie müssen immer die gleichen Kommandos verwenden.

Die wichtigsten Kommandos

Kommando	Wozu man es benutzt
Komm	Wenn Sie spazieren gehen und Ihren Hund dazu ermutigen wollen, Ihnen zu folgen.
Stopp und Weiter	Gebrauchen Sie »Stopp!«, wenn Sie an eine Türschwelle, Bordsteinkante oder Rolltreppe kommen. Sagen Sie »Weiter!«, wenn Ihr Hund weitergehen darf. (Benutzen Sie diese Kommandos auch im Zusammenhang mit der Fütterung, um Selbstbeherrschung und gute Manieren zu fördern.)
Pardon	Wenn Ihr Hund Ihnen im Weg ist (sagen Sie mit Nachdruck »Pardon!« und steigen Sie nicht einfach über Ihren Hund oder machen einen Bogen um ihn), einen Befehl ignoriert oder sich an Sie anlehnt bzw. sich auf Ihren Fuß stellt.
Name	Seien Sie positiv, wenn Sie den Namen Ihres Hundes gebrauchen. Benutzen Sie ihn immer dann, wenn Ihr Hund nur Gutes zu erwarten hat. Seinen Namen zu hören sollte ihn in seinem Vertrauen zu Ihnen bestärken.
Sitz	Wenn Sie Ihrem Hund etwas Positives, wie zum Beispiel ein Spielzeug, ein Leckerli, eine Streicheleinheit oder sein Futter anbieten.
Platz	Wenn Sie möchten, dass Ihr Hund ruhig liegen bleibt.
Bleib	Wenn Sie möchten, dass Ihr Hund für eine Weile dort bleibt, wo er ist (sagen Sie mit ernster Stimme »Bleib!«).
Fuß	Wenn Sie möchten, dass Ihr Hund beim Laufen an Ihrer Seite bleibt (gut für die Stadt oder in Menschenansammlungen).
Geh auf deine Decke	Wenn Sie möchten, dass Ihr Hund für einige Zeit ruhig auf seinem Platz bleibt, beispielsweise während des Mittagessens, während Sie arbeiten oder fernsehen.
Steh	Wenn Sie Ihren Hund baden oder ihm die Haare schneiden müssen oder er in einer Menschenansammlung an einem Platz stehen bleiben soll.
Runter	Wenn Sie Ihren Hund davon abbringen wollen, aufs Bett oder die Möbel zu springen.
Aus	Wenn Sie Ihren Hund dabei erwischen, dass er etwas Verbotenes tut, wie zum Beispiel Mülleimer ausräumen, Socken klauen, jagen, hochspringen etc.
Sag hallo	Zur Begrüßung von Besuchern. Fordern Sie Ihren Besuch dazu auf, Ihrem Hund die Hand entgegenzustrecken und dabei »Sag hallo« zu sagen.

Häufige Gifte

Dass Ihr Hund in einem unbeobachteten Augenblick den fest verschlossenen Müllsack öffnet, einen Blumentopf umwirft oder sich über den Schokokuchen vom Kaffeekränzchen hermacht, kann schon mal vorkommen. Vermeiden Sie Notfälle, indem Sie giftige Substanzen vor Ihrem Hund verschlossen halten. Falls doch ein Notfall eintreten sollte, versuchen Sie auf keinen Fall, Erbrechen auszulösen, sondern wenden Sie sich unbedingt an Ihren Tierarzt.

Gifte im Haushalt	Häufige Pflanzen	Gifte im Freien
Ammoniak	Buchsbaum	Aktivkohle
Azeton	Efeu	Benzin
Chlorbleiche	Eibe	Blei
Deodorants	Fingerhut	Frostschutzmittel (Glykol)
Medikamente	Goldregen	Grillanzünder
Insektizide	Herbstzeitlose	Kalk
Möbelpolitur	Lupine	Kohlenmonoxid
Reinigungsbenzin	Maiglöckchen	Lösungsmittel
Schokolade	Marihuana	Putzmittel
Seife	Oleander	Rattengift
Zigaretten	Rhododendron	Strychnin
Viele Zimmerpflanzenarten	Schierling	Terpentin

Welpen für Dummies – Schummelseite

Erste Hilfe für Welpen

Diese Informationen sind Benny gewidmet, einem West Highland White Terrier, der sämtliche der unten genannten Erste-Hilfe-Maßnahmen benötigt hat, damit sein Leben gerettet werden konnte. Er hat mir bestätigt, dass die Methoden alle praktikabel sind und funktionieren. Ich bin ihm sehr dankbar dafür.

Merke: Unabhängig davon, ob Sie mit den Maßnahmen Erfolg haben, sollten Sie Ihren Hund unbedingt dem Tierarzt vorstellen. Es kann bei Erste-Hilfe-Maßnahmen zu Verletzungen kommen, die tierärztlicher Hilfe bedürfen.

Künstliche Beatmung

Wenn ein Hund nicht mehr selbstständig atmen kann:

1. Öffnen Sie sein Maul und ziehen Sie die Zunge zur Seite, um mögliche Fremdkörper zu erkennen.
2. Schließen Sie sein Maul sicher und bringen Sie den Hals in eine überstreckte Position.
3. Schließen Sie die Lippen des Hundes, so dass keine Luft aus dem Mund entweichen kann.
4. Bilden Sie mit Ihrer freien Hand einen Lufttunnel, den Sie direkt über die Nase des Hundes setzen.
5. Atmen Sie alle drei Sekunden in die Nase des Hundes aus.

Heimlich-Handgriff

Wenn ein Hund zu ersticken droht:

1. Ziehen Sie die Zunge aus seinem Maul, um nach Fremdkörpern zu sehen. Stabilisieren Sie Kopf und Hals.
2. Platzieren Sie Ihre Hände direkt unter der letzten Rippe des Hundes.
3. Ziehen Sie Ihre Hände ruckartig in Richtung des Bauches Ihres Hundes.
4. Wiederholen Sie diese Bewegung energisch bis zu fünfmal.
5. Überprüfen Sie die Mundhöhle nach Fremdkörpern und beginnen Sie mit der künstlichen Beatmung, falls Ihr Hund zu atmen aufgehört hat.

Herzmassage für Hunde

Wenn das Herz eines Hundes zu schlagen aufgehört hat:

1. Legen Sie einen großen Hund auf die Seite, um die Herzmassage zu vollführen. Kleineren Hunden sollte der Brustkorb von beiden Seiten zusammengedrückt werden.
2. Legen Sie die Hände aufeinander auf die Brust des Hundes (zwei bis vier Finger breit unter dem Ellbogen, je nach Größe des Hundes).
3. Pressen Sie nach unten, Richtung Kopf.
4. Wiederholen Sie dies 15-mal in 10 Sekunden.
5. Beatmen Sie Ihren Hund, falls die Atmung noch nicht eingesetzt hat.

Sarah Hodgson

Welpen für Dummies

Übersetzung aus dem Amerikanischen von Dr. Maria Regina Dahl

WILEY-VCH
WILEY-VCH Verlag GmbH & Co. KGaA

Bibliografische Information Der Deutschen Bibliothek
Die Deutsche Bibliothek verzeichnet diese Publikation
in der Deutschen Nationalbibliografie;
detaillierte bibliografische Daten sind im Internet über
http://dnb.ddb.de abrufbar.

1. Auflage 2006

Printed in Germany

Gedruckt auf säurefreiem Papier

Korrektur Frauke Wilkens, München
Satz Conrad und Lieselotte Neumann, München
Druck und Bindung M.P. Media-Print Informationstechnologie, Paderborn

ISBN-13: 978-3-527-70254-1
ISBN-10: 3-527-70254-7

Über die Autorin

Eines merkt man bei Sarah Hodgson sofort: Sie liebt ihre Arbeit über alles – mit Hunden und Menschen zu arbeiten ist die Erfüllung ihres Traums.

Von frühester Kindheit an war sie ein Tiernarr und ihr guter Zugang zu allen Kreaturen war offensichtlich. Obwohl es ihr nicht in die Wiege gelegt war, mit Tieren zusammenzuleben, sammelte sie überall hilfebedürftige Tiere auf: Hund, kleine Haustiere, aber auch Wildtiere, die sie liebevoll aufpäppelte. Mit 12 Jahren begann sie, im Tierheim zu helfen, und so entstand ihre Faszination und Begeisterung für die Hundeausbildung. Sie arbeitete zunächst für sich und bot dann in der Nachbarschaft ihre Hilfe bei der Ausbildung von Hund an.

Sarah studierte als Vorbereitung auf ein Tiermedizinstudium Biologie mit dem Schwerpunkt Psychologie an der Michigan State University. Ihr Studium finanzierte Sie als Trainerin in einer Hundeschule und fand so auch ihren Traumjob: Hundetrainerin.

Im Hinterland von New York betreibt Sarah seit 14 Jahren eine Hundeschule. In dieser Zeit hat sie auch ihre Liebe zum Schreiben entdeckt – sie ist Autorin einiger Erziehungsbücher und arbeitet als Kolumnistin für die *New York Times*. Von 1990 bis 1995 arbeitete sie als Pressesprecherin für Thelma Boalby, die in Hundekreisen bekannt und geschätzt ist. Den größten Einfluss auf ihre Trainingsmethode hatte aber Job Michael Evans, Mönch im Kloster New Skete, New York. Dieses Kloster ist berühmt für seine Hundezucht und -ausbildung.

Sarah unterrichtet heute Hunde und Menschen in ihrer Hundeschule »Simply Sarah Inc.« in Bedford, New York. Außerdem nimmt sie mit viel Freude und Enthusiasmus an Veranstaltungen teil, immer in der Hoffnung, mehr Menschen für Hunde und ihre gute Erziehung begeistern zu können. Ihre Kraft schöpft sie aus langen Spaziergängen mit ihren Hunden Hope und Shayna May in den Wäldern ihrer Heimat. »Das« sagt Sarah, »ist für mich so wichtig wie sauberes Trinkwasser!«

Über die Übersetzerin

Dr. Maria Regina Dahl studierte von 1990 bis 1996 an der Justus-Liebig-Universität in Gießen Veterinärmedizin. Seit ihrer Promotion im Jahr 2000 arbeitet sie als Tierärztin, zunächst in einer Gemischtpraxis, mittlerweile aber in der eigenen Kleintierpraxis in Braunfels in Hessen. Das Verhältnis von Menschen und Tieren liegt ihr besonders am Herzen. Neben vielen anderen medizinischen Teilgebieten interessiert sie sich besonders für die Homöopathie.

Widmung

Für Abigail, Martha und Philippa Biddle und den vielen Pfoten, die ihnen folgten.

Danksagung der Autorin

So vielen möchte ich danken – ich weiß gar nicht, wo ich anfangen soll.

Als Erstes Hut ab und kräftig in die Pfoten geklatscht für meine Agentin Deborah Schneider. Deiner stetigen Unterstützung habe ich es zu verdanken, dass dieses Buch je fertig wurde. Und du, Dominique, bist einfach wunderbar, eine gute Freundin, eine hervorragende Herausgeberin und eine super Verlegerin. Und all die anderen: Nikki, deine Fröhlichkeit ist ansteckend, Sandy Blackthorn, genannt »Die Heilige«, ich weiß nicht, wie du deine Arbeit schaffst und dabei so vergnügt bleiben kannst, Dr. Amy Rodriguez (D.V. M.), ich liebe dich, und Tracy Barr, abgekürzt tlb. Vielen Dank euch allen.

Und natürlich danke ich meinen wunderbaren Helfern zu Hause: Laurie Guarino und Louisa Polos für eure Mühen und Anstrengungen nach der Schule, Kenny Sohn für deine geduldigen Erklärungen, wunderbaren Geschichten und den Tipps und Hilfen aus weiter Ferne und Ridgely Biddle, meinem besten Freund und kritischem Leser. Als ob ihr nicht alle genug anderes zu tun hättet!

Und ich danke meinen wundervollen Freunden und meiner Familie, den Zweibeinern und Vierbeinern. Wenn ich könnte, würde ich euch alle zusammen umarmen.

Danksagung des Verlags

Wir danken den Mitarbeitern von Wiley-VCH und dem GIT Verlag, die uns Fotos ihrer Welpen für den Farbteil dieses Buches zur Verfügung gestellt haben:

Jasmin Feist mit Teddy, vermutlich einem Mischling aus Pekinese und Spitz

Sabine Hillenbrand mit Gipsy, einem Malinois

Hildegard Hoffmann mit Benny, einem Labrador Retriever

Agnes Kerenyi mit Bonnie, einem Shi-Tsu

Sabine Steinbach mit Bo, einem Griffon Nivernais und Cayo, einem Golden Retriever

Cartoons im Überblick

von Rich Tennant

»Keine Angst, Dicky, er will doch nur spielen!«

Seite 27

»Das Geld für den Meditationskurs kann ich mir jetzt sparen, Snoopy zeigt mir, wie ich still sitzen kann.«

Seite 113

»Wir geben ihm dieses neue Spezialfutter, ich denke, er wird noch reinwachsen.«

Seite 77

»Am Anfang gab es ein paar Probleme mit dem Gehorsam. Aber seitdem er mit Tiffy die Hundeschule besucht, folgt Bernhard wieder sehr gut.«

Seite 139

Seite 219

»Ich glaube nicht, dass es das war, was der Tierarzt mit ›viel mit dem Hund spielen‹ meinte!«

Seite 329

»In den Papieren stand ›Deutscher Schläferhund‹. Wir dachten, das sei ein Schreibfehler.«

Seite 253

Seite 305

Fax: 001-978-546-7747
Internet: www.the5thwave.com
E-Mail: richtennant@the5thwave.com

Inhaltsverzeichnis

Einführung

Es spielt keine Rolle, ob sich jetzt bereits ein kleiner, süßer Welpe mit großen Knopfaugen an Ihre Füße kuschelt. Oder sind Sie gerade noch dabei, mit Ihrer Familie zu diskutieren, ob ein Hund wirklich eine sinnvolle Anschaffung ist? Ganz egal: Herzlich willkommen. Mein Name ist Sarah, und um es gleich zu Anfang zu sagen: *Sie sind kein Dummie!* Vielleicht fühlen Sie sich uninformiert, aber ein Dummie ist nur, wer sich nicht interessiert, und allein, dass Sie diese Zeilen lesen, beweist, dass Sie kein Dummie sind!

Sie brauchen ein paar Informationen, die Ihre Entscheidungen leichter machen sollen. Und, wenn Sie sich für das Leben mit einem süßen Welpen entschieden haben, ein paar Hinweise und Tipps, damit Sie und Ihr zukünftiger Mitbewohner gut durch die ersten kritischen Monate kommen. Hier finden Sie ehrliche Antworten auf offene Fragen, in leicht verständlichen Worten. Nicht mehr und nicht weniger, versprochen!

Dass ich Hunde *liebe*, ist, gelinde gesagt, eine ziemliche Untertreibung. Hunde jeden Alters machen mich verrückt. Ihre Pfoten, ihre süßen Ohren, die kleinen Bäuche von Welpen, ein Schnaufer und ich schmelze dahin. Obwohl ich in meinem Leben auch viele erwachsene und vernünftige Dinge tue, wie Auto fahren oder Essen kochen, werde ich sofort zu einem Kind, wenn ich einen kleinen Welpen im Arm halte oder mit einem meiner Hunde über die Wiese tobe.

Über dieses Buch

Was das Beste an diesem Buch ist? Sie können überall anfangen zu lesen. Es ist für alle geeignet, die darüber nachdenken, einen Welpen anzuschaffen, aber auch für stolze Welpenbesitzer. Schlagen Sie das Inhaltsverzeichnis oder das Stichwortverzeichnis am Ende des Buches auf, fangen Sie gleich mit den Themen an, die Sie interessieren.

Jedes Kapitel ist in Abschnitte unterteilt, und jeder Abschnitt steckt voller Informationen über Welpen. Sie finden Antworten auf alle Fragen:

- ✔ Wie alt sollte Ihr Welpe sein, wenn Sie ihn abholen?
- ✔ Wie bekommen Sie ihn stubenrein?
- ✔ Wie entwickelt sich ein Hund?

Konventionen in diesem Buch

Sie können das Buch von vorne bis hinten durchlesen, Sie können aber auch durch die Kapitel springen, wie es Ihnen Spaß macht. Suchen Sie sich einfach ein interessantes Thema aus dem Inhaltsverzeichnis oder dem Stichwortverzeichnis aus. Überall finden Sie Hinweise oder Verweise auf Kapitel oder Abschnitte, in denen Sie weitere Informationen finden.

Wichtiges oder Fachbegriffe werden durch *kursive* Schreibweise hervorgehoben. Bei Übungen werden die einzelnen Schritte **fett** geschrieben.

Törichte Annahmen über den Leser

Ich glaube, auf Sie trifft so ungefähr Folgendes zu:

Sie wissen, dass Welpen vier Füße und einen Schwanz haben, zumindest ein Stummelchen.

Entweder haben Sie bereits einen Welpen oder Sie denken darüber nach, ob Sie mit einem zusammenleben möchten, aber Sie wissen noch nicht sehr viel über Welpen.

Sie wollen keine Diplomarbeit über Hundeerziehung schreiben und auch nicht Professor für Hundeernährung werden, aber Sie möchten alle wichtigen Informationen über Hundeerziehung, -ernährung und -haltung bekommen.

Wie dieses Buch aufgebaut ist

Das Buch ist in acht Teile unterteilt, die sich mit jeweils einem Schwerpunktthema beschäftigen. Im Schnelldurchlauf:

Teil I: Verbessern Sie Ihre Erfolgschancen

Hier finden Sie alles über die Kunst, den richtigen Welpen auszusuchen – die richtige Rasse und den richtigen Züchter. Welche Unterschiede gibt es zwischen den verschiedenen Rassen? Woher kann ich einen Welpen bekommen? In diesem Teil finden Sie die Antworten auf diese und viele andere Fragen.

Teil II: Den nehm ich – und jetzt?

Die ersten Tage können eine Herausforderung sein. Was tun, was lassen? Was muss ich vorher besorgen? Was erwartet mich? Alle Antworten finden Sie in diesem Teil und Sie lernen, wie ein Hund zu denken *und* zu kommunizieren.

Teil III: Aller Anfang ist schwer

Mit 12 Wochen ist das Gehirn Ihres Hundes voll entwickelt, trotzdem wird er Sie nicht automatisch verstehen. Er schläft weniger und spielt mehr denn je. Seine Persönlichkeit entwickelt sich, da kann es zu Zusammenstößen kommen. Atmen Sie tief durch, in diesem Teil finden Sie Hilfe, um die verschiedenen Entwicklungsstufen des Welpen kennen zu lernen, um Kinder und Hund unter einen Hut zu bringen und um mit der Erziehung zu beginnen.

Teil IV: Benimm dich!

Das Training beginnt. In diesem Teil beschäftige ich mich mit dem richtigen Training für verschiedene Altersstufen. Sie lernen, was Ihr Hund lernen kann und wie er Sie versteht. Wir fangen mit Grundkommandos an und Sie erhalten jede Menge Tipps und Tricks, wie Sie Probleme lösen und professionelle Hilfe finden können.

Teil V: Welpen-Knigge für Fortgeschrittene

Alle Grundkommandos sitzen? Dann geht es weiter mit dem Training ohne Leine, dem Verhalten in der Öffentlichkeit und speziellem Hundesport.

Teil VI: Fitness und Gesundheit

Nicht nur die Erziehung zählt, Gesundheit und Ernährung sind genauso wichtige Grundpfeiler für ein glückliches Hundeleben. Was müssen Sie beachten, wenn Ihr Hund gesund ist, was, wenn er krank ist? Hier finden Sie Antworten auf Ihre Fragen und viele wertvolle Informationen.

Teil VII: Die Anforderungen des Alltags

Gute Nachbarschaft, Umzüge, die Geburt eines Babys oder Reisen, verschiedene Herausforderungen des Lebens, die Sie mit Ihrem Hund meistern möchten. Hier lernen Sie es!

Teil VIII: Der Top-Ten-Teil

Meine zehn liebsten Spiele und zehn wunderbare kleine Tricks, viel Spaß damit!

Symbole, die in diesem Buch verwendet werden

Wertvolle Tipps und Tricks – zum Beispiel wie Sie wirkungsvoll, aber ohne Ihrem Welpen wehzutun, mit der Leine umgehen.

Kleine Hinweise, die Sie im Hinterkopf behalten sollten. Manchmal wiederhole ich mich vielleicht, aber das macht nichts, Sie sollen es ja auch nicht vergessen!

Was Sie hier finden, ist wirklich wichtig. Achten Sie darauf, sonst wird es für Ihren Hund gefährlich!

Nicht jeder interessiert sich vielleicht dafür, hier finden Sie hin und wieder ganz nützliche Hintergrundinformationen.

Kleine Informationen am Rand, nicht so wichtig, aber auch leicht verdaulich!

Wie es weitergeht

Wenn Sie gerne der Reihe nach vorgehen, können Sie gleich mit dem ersten Kapitel anfangen! Sonst suchen Sie sich einfach ein interessantes Kapitel aus dem Inhaltsverzeichnis oder ein spannendes Stichwort aus dem Verzeichnis am Ende aus und gehen kreuz und quer vor.

Aber bevor es losgeht: Denken Sie daran, dass Welpen in manchem Babys ähneln (natürlich nur in manchem). Sie müssen umsorgt werden, aber nicht verwöhnt. Sie brauchen Liebe, aber auch Luft zum Atmen. Sie brauchen Regeln, keine grenzenlose Freiheit. Sie wollen spielen, müssen aber auch lernen.

Wir als erwachsene und vernünftige Menschen sind verantwortlich, einem kleinen Hund ein erfülltes Leben zu ermöglichen. Wir müssen unsere Welpen anleiten und beschützen, wir sind ihre Freunde und ihre Stimme.

Danke

Behandle mich mit Respekt, lehre mich deine Regeln und sei geduldig mit mir.

Sag mir, was du von mir erwartest, nichts soll unsere Harmonie stören.

Wenn du mir dein Herz öffnest, werde ich dir folgen, wohin auch immer du mich führst.

Viele Male werde ich dich auf die Probe stellen, aber wenn du an mich glaubst, werde ich dir ein treuer Gefährte werden.

Ich bin hilflos und kann deine Sprache nicht sprechen. Gib Acht auf mich.

Sei mein Freund und lass mich durch deine Stimme sprechen, halte deine Hand über mich und beschütze mich.

Deine Mühen werden reich belohnt werden.

Sarah Hodgson

Teil I

Verbessern Sie Ihre Erfolgschancen

»Keine Angst, Dicky, er will doch nur spielen!«

In diesem Teil ...

Sie haben sich also schon immer einen Welpen gewünscht? Jetzt stehen Sie kurz davor, sich einen anzuschaffen und haben noch ein paar wichtige Fragen:

Muss ich mein ganzes Leben ändern? Sind Hunderassen wirklich so unterschiedlich, wie immer behauptet wird? Kann ich einem Welpen ansehen, wie er sich später einmal entwickeln wird? Woher bekomme ich einen Welpen?

Sie finden in diesem Teil die Antworten auf diese und viele andere Fragen!

Ein Welpe ist nur ein Welpe!

1

In diesem Kapitel

- Wie viel Zeit braucht ein Hund?
- Der passende Hund für Ihr Leben

»*Ein Welpe ist ein Welpe ist ein Welpe.*« Nein, so einfach ist es nicht! Natürlich sind alle Welpen ähnlich, mit ihrem Babybauch und ihren tollpatschigen, dicken Pfoten. Aber das ist auch schon alles. Jeder Welpe erlebt die Welt anders – und sieht sie durch seine eigenen Augen, während er sich zu einem erwachsenen Hund entwickelt. Manche Welpen weichen nicht von der Seite ihrer Menschen, andere nutzen jede Gelegenheit für einen Alleingang. Die einen lieben das Tohuwabohu einer großen Familie, andere hassen Chaos. Für manche Welpen ist jeder Besuch ein lang vermisster Freund, andere behandeln selbst alte Freunde wie Einbrecher. Die einen wissen ruhige, einsame Stündchen zu schätzen, die anderen heulen die ganze Nachbarschaft zusammen, sobald Sie das Haus verlassen. Mit welchem Welpen möchten Sie zusammenleben?

Dieses Kapitel behandelt verschiedene Seiten des Lebens als Hundebesitzer. Machen Sie sich Gedanken über Ihren Alltag. Überlegen Sie, welche Rasse zu Ihnen passen könnte. (Die unterschiedlichen Rassen mit ihren Charakteren werden in Kapitel 2 vorgestellt.) Wenn Sie nicht gerne spazieren gehen, sollten Sie sich für eine ruhige Hunderasse entscheiden, sonst dreht Ihr Hund zu Hause durch. Wenn Sie eher der Outdoor-Typ sind und schon von langen Wanderungen durch Matsch und Schlamm träumen, kann ich Ihnen nur raten: Hände weg von kleinen Schoßhunden! Entweder werden Sie alleine wandern gehen müssen oder Ihren Hund, eingewickelt in eine warme Decke, tragen müssen! Wenn Ihr Zuhause Ähnlichkeit mit einem Jugendzentrum hat, jedes Wochenende Grillfeste in Ihrem Garten stattfinden und sich die ganze Nachbarschaft zum Kartenspielen trifft, sollten Sie sich lieber keinen Wachhund anschaffen. Der arme Hund bekäme Halsschmerzen vom vielen Bellen!

Was für ein Typ sind Sie?

Sie sehen schon, ein paar Gedanken sollten Sie sich über Ihr Leben und sich selbst machen, *bevor* Sie sich für eine bestimmte Rasse entscheiden. Sie müssen einiges beachten – Ihren Tagesablauf, Ihr Wohnumfeld, wie viel Geld Ihnen zur Verfügung steht und einiges mehr – und es gibt viele, viele verschiedene Rassen, die zur Auswahl stehen. Der nächste Abschnitt gibt ein paar Anhaltspunkte, was alles zu überdenken ist.

Wie sind Sie zeitlich eingebunden?

Welpen brauchen viel Aufmerksamkeit, vor allem in der Eingewöhnungsphase. Abhängig vom Alter und der Rasse brauchen sie jeden Tag zwei bis vier Spielphasen, zwei bis drei Mahlzeiten und viel Liebe und Zuwendung. Welpen, die viel allein gelassen werden, zeigen Entwicklungsdefizite. Es gibt andere Tiere wie Meerschweinchen, die, wenn sie zu mehreren gehalten werden, auch gut ohne ihre Menschen auskommen und nur wenig Zeit und Aufmerksamkeit brauchen. Aber keinem Welpen macht es Spaß, einsame Tage neben seinem Napf zu verbringen.

Natürlich bedeutet das nicht, dass Sie keinen Hund haben sollten, weil Sie berufstätig sind. Auch Ihnen tut die Liebe eines Hundes gut. Aber halten Sie lieber nach einer ruhigen Rasse Ausschau, die nicht so stark auf Menschen fixiert ist. Schaffen Sie in Ihrem Tagesablauf Platz für einen Hund und entscheiden Sie sich für eine Rasse, die mit wenig Bewegung zurechtkommt.

Hunde sind soziale Wesen, sie leiden, wenn sie viel allein gelassen werden. Sicher haben Sie schon einmal etwas von der so genannten *Trennungsangst* gehört. Wenn Sie nur zum Schlafen und Wäschewechseln nach Hause kommen, schaffen Sie sich lieber erst dann einen Hund an, wenn in Ihrem Leben mehr Raum für so ein bedürftiges Wesen ist oder schaffen Sie sich ein Aquarium an.

Wenn Sie zu Hause arbeiten, sind die Voraussetzungen für Sie (und Ihren zukünftigen Welpen) wirklich gut. Selbst wenn Sie viel arbeiten, werden Sie sicher immer mal wieder im Laufe des Tages ein bisschen Zeit und Liebe für Ihren Hund übrig haben. Wenn Sie aber sehr viel arbeiten, nur leider nicht zu Hause, ist ein kleiner Welpe nicht die glücklichste Wahl. Aber verzweifeln Sie nicht:

- ✔ Wenn Sie unregelmäßig arbeiten und Ihre Arbeitszeiten sich schlecht vorhersehen lassen, entscheiden Sie sich lieber für einen älteren Welpen oder erwachsenen Hund einer ruhigen Rasse.

- ✔ Vielleicht können Sie Ihre Mittagspause etwas verlängern und kurz zu Hause vorbeischauen. Oder Sie können jemanden aus der Nachbarschaft engagieren, der Ihren Hund mittags zu einem Spaziergang ausführt.

Junge Hunde sind neugierig und müssen daher mehr beaufsichtigt werden. Sie müssen häufiger fressen, viele kleine Spaziergänge machen und ihre Erziehung erfordert mehr Zeit. Es gibt aber auch ältere Hunde, die sich noch wie Welpen benehmen. Also schauen Sie sich Ihren zukünftigen Hund genau an, ob er wirklich schon die Reife hat, um längere Zeit allein zu Hause zu bleiben.

Wie verbringen Sie Ihre Freizeit?

Womit beschäftigen Sie sich gern? Kann Ihr neuer Welpe an Ihren Freizeitaktivitäten teilhaben (sobald er geimpft ist)? Hunde sind gern bei allem dabei, und sie sind nicht wählerisch. Egal ob Sie wandern gehen, sich mit Freunden treffen oder im Garten arbeiten: dabei sein ist alles. Nur einsam und allein zu Hause hocken, das mag er gar nicht. Und viele Hunde bringen das auch deutlich zum Ausdruck!

Wie ist Ihr Wohnumfeld?

Leben Sie in einem großen Haus mit Garten oder in einem kleinen Ein-Zimmer-Apartment? Hunde brauchen Platz zum Auszustrecken. Je lebhafter ein Hund ist, umso mehr Platz braucht er! Natürlich kann man kleine Hunde gut in großen Wohnungen halten, anders herum wird es schon schwieriger. Und denken Sie an Ihre Nachbarn. Sind sie sehr empfindlich, beschweren sie sich leicht? Wenn Sie wenig tolerante Nachbarn haben und einen echten Kläffer Ihr Eigen nennen, steht Ihnen eine Menge Ärger bevor! In Tabelle 1.1 wird gezeigt, welche Hunde eher geeignet sind, in kleinen Wohnungen gehalten zu werden, und welche gerne viel bellen.

Rasse	kleine Wohnung	Bellfreude
Vorstehhunde	nein	viel
Retriever	nein	mittel
Boxer	nein	viel bis mittel
Dalmatiner	nein	mittel
Bernhardiner	mit Auslauf	wenig
Jack Russel Terrier	mit Auslauf	viel
Yorkshire Terrier	mit Auslauf	mittel
Chihuahua	ja	mittel bis wenig
Sennenhund	nein	mittel
Dobermann	nein	mittel
Deutscher Schäferhund	nein	viel bis mittel
Dackel	mit Auslauf	viel bis mittel
Windhund	nein	wenig
Rottweiler	mit Auslauf	mittel bis wenig
Hüte- und Treibhunde	nein	verschieden
Toyrassen	ja	verschieden

Tabelle 1.1: Empfohlene Haltungsbedingungen und Bellfreude verschiedener Hunderassen

Keine Regel ohne Ausnahme! Natürlich gibt es Hunde, die mehr bellen als der Rassedurchschnitt oder mit weniger Platz hervorragend zurechtkommen.

Verreisen Sie viel?

Fliegen Sie mehrmals im Jahr? Flugreisen sind für Hunde sehr anstrengend. Wenn Sie ein Globetrotter sind und Ihr Hund Sie begleiten soll, suchen Sie sich eine entsprechende Rasse aus.

- ✔ Sprechen Sie mit Ihrem Züchter darüber, wie viel Sie reisen.
- ✔ Einige Wochen im Jahr sollten kein Problem sein.
- ✔ Es gibt mittlerweile viele Hotels, die sich auch auf vierbeinige Gäste eingestellt haben.

- Sprechen Sie mit Ihrer Verwandtschaft und in Ihrem Freundeskreis darüber, wer eventuell bereit wäre, den Hund für einige Zeit zu nehmen. Eine andere Alternative sind Hundepensionen.

Denken Sie an die Kosten

Ein Hund kostet Geld. Neben regelmäßigen Ausgaben, die sich kalkulieren lassen (Futter, Steuer, Impfung, Haftpflichtversicherung), können unvorhergesehene Ausgaben bei Krankheit oder Unfällen hinzukommen. Es gibt Rassen, die zu bestimmten Erkrankungen neigen – erkundigen Sie sich bei einem Tierarzt. Grundsätzlich gilt: Kleine Hunde kosten weniger Geld als große Hunde!

Was erwartet Ihren Welpen?

Wir haben über Freizeitbeschäftigungen, Alltagsabläufe, Reisen und Wohnungsgrößen gesprochen. Was gibt es sonst noch an Verpflichtungen? Sind Sie Single? Haben Sie Kinder? Sind Sie berufstätig? Auch das sollte Ihre Wahl beeinflussen. Ich zähle einmal ein paar Beispiele auf, vielleicht können Sie sich darin wiederfinden!

Singles

Freiheit. Keine Verpflichtungen, keine Verantwortung für andere. Das ändert sich mit einem Welpen schlagartig. Sie müssen Ihre Pläne nach diesem kleinen Wesen richten und es an Ihrem Leben teilhaben lassen.

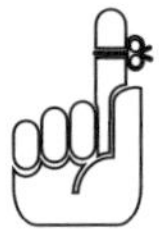

Mit einem Hund übernehmen Sie nicht nur Verantwortung für ein oder zwei Jahre, ein Hund kann 15 Jahre alt werden oder älter. Können Sie so weit vorausplanen? Was werden Sie in fünf oder zehn Jahren machen? Möchten Sie einmal Kinder haben? Dann entscheiden Sie sich für eine kinderfreundliche Rasse und gewöhnen Sie Ihren Welpen bereits jetzt an Kinder, auch wenn Sie sich dafür Ihre Nichten und Neffen ausleihen müssen.

Paare

Arbeiten Sie beide außer Haus? Kann einer von Ihnen genug Zeit aufbringen und sich um dieses Hundebaby kümmern? Welpen brauchen Gesellschaft, je mehr Zuwendung sie bekommen, umso besser. Für die Erziehung eines Hundes brauchen Sie Geduld, Toleranz und ein gewisses Beharrungsvermögen. Wenn Sie Kinder haben wollen, sind Welpen schon eine brauchbare Übung dafür. Auch als Hundeeltern müssen Sie sich absprechen, wer wann füttert und Gassi geht. Eine gute Übung für Sie!

- ✔ Wenn Sie sich Kinder wünschen, machen Sie einen Bogen um Wach- und Schutzhunde und um Kampfhunde. Mit viel konsequenter Erziehung können zwar auch diese Hunde familienfreundlich werden, sicherer sind Sie aber mit einem Familienhund.
- ✔ Wenn Sie beide berufstätig sind, entscheiden Sie sich für eine etwas unabhängigere Rasse. Auch dann wird Ihr Hund Sie sehnsüchtig erwarten, aber das Alleinsein ist für ihn nicht so traumatisierend.

Familien mit Kindergartenkindern

Für Kinder sind Hunde Spielzeug. Und ich brauche Ihnen nicht zu sagen, wie schwierig es ist, einem Dreikäsehoch klar zu machen, dass er den kleinen Fellball nicht knuffen und kneifen darf. Nehmen Sie eine Rasse, die auch etwas raueren Umgang verträgt. Manchmal ist auch ein etwas älterer Hund geeigneter. Ein Welpe zwischen 4 und 12 Monaten, der aus einem Haushalt mit Kindern kommt, kann die Unruhe besser vertragen und wird auch nicht mehr ausgiebig auf Spielzeug und Kinderhänden herumkauen. Auch wenn Sie ein erfahrener Hundehalter sind, entscheiden Sie sich nicht für einen Wach- und Schutzhund oder einen Kampfhund. Diese Rassen können große und kleine Gäste weniger gut tolerieren.

Familien mit Schulkindern

Ältere Kinder können bereits in die Versorgung eines Hundes mit eingebunden werden. Natürlich können sie nicht allein die Verantwortung für einen Hund übernehmen, aber sie spielen mit ihm, füttern und bürsten ihn und gehen mit ihm spazieren. Dabei lernen sie schrittweise, Verantwortung zu übernehmen.

- ✔ Wenn Ihre Kinder sich häufig wie ein wilder Haufen benehmen, sollte Ihr Hund mithalten können. Entscheiden Sie sich für eine robuste Rasse.
- ✔ Wenn Ihre Kinder schon so groß sind, dass sie Rücksicht auf ein zartes Wesen nehmen können, haben Sie die große Auswahl.

Ich möchte noch einmal vor Schutz- und Wachhunden sowie Kampfhunden warnen. Diese Rassen erfordern wirklich viel Erfahrung und sehr viel Zeit für ein konsequentes Training.

Im Ruhestand

Der Ruhestand ist eine hervorragende Gelegenheit, sich einen Hund anzuschaffen. Sie haben Zeit, sind flexibel und können einem Welpen alle Aufmerksamkeit schenken, die er braucht. Aber vergessen Sie nicht, dass ein Hundebaby genauso fordernd sein kann wie alle Babys. Wenn Sie keine Lust darauf haben, nachts aufstehen zu müssen, um mit Ihrem Hund raus zu gehen, und den ganzen Tag Ihre Schuhe in Sicherheit zu bringen, sollten Sie sich vielleicht lieber für einen etwas älteren Hund entscheiden. Im Alter von 6 bis 12 Monaten kann ein Hund schon gelernt haben, sauber zu sein. Wenn Sie ruhige Spaziergänge und gute Bücher lieben, ist eine ruhige Rasse eher geeignet. Wenn Sie nichts lieber machen als Hochgebirgstouren und Crossbiking, hat nur ein sportlicher Hund die Chance mitzuhalten.

Junge Erwachsene

Sie sind jung. Sie sind erwachsen. Vielleicht sind Sie gerade von zu Hause ausgezogen. Jetzt wünschen Sie sich einen Hund. Aber bevor Sie sich einen vierbeinigen Lebensgefährten zulegen, denken Sie nach:

- ✔ Hunde brauchen Zeit und Aufmerksamkeit, und zwar kontinuierlich jeden Tag.
- ✔ Hunde kosten Geld. Je nach Größe des Hundes kommen leicht 350 Euro im Jahr zusammen. Wird der Hund krank, können die Kosten ein Vielfaches betragen.
- ✔ Hunde leben mindestens 10 Jahre. Es können auch einige mehr sein. Wissen Sie was Sie dann machen werden? Ein Praktikum im Ausland, der Traumjob in der Großstadt, was lässt sich mit verantwortungsvoller Hundehaltung vereinbaren?

Spontane Ideen können großartig sein, aber denken Sie an die Konsequenzen, bevor Sie die Verantwortung für einen Hund übernehmen. Fragen Sie Menschen, die Ihnen nahe stehen, ob sie Ihnen ein Leben mit Hund empfehlen. Vielleicht gibt es Möglichkeiten, seine Zeit mit dem treuesten Freund des Menschen zu verbringen, ohne die ganze Verantwortung zu tragen.

Haushalte mit anderen Haustieren

Sie haben schon ein Haustier? Gar einen Hund? Das verändert die Sache natürlich. Es kann eine große Hilfe sein, einen gut erzogenen Hund zu haben, der Sie bei der Eingewöhnung und Erziehung Ihres Welpen unterstützt. Und viele alte Hunde profitieren von einer solchen »Frischzellenkur«. Wenn Ihr alter Hund aber eher in der Kategorie »Spinner« einzuordnen ist, sollten Sie noch ein bisschen Zeit und Mühe in seine Erziehung investieren, *bevor* Sie ihn auf einen unverdorbenen Welpen loslassen.

Welcher ist bloß der Richtige?

2

In diesem Kapitel

- Hunderassen, die FCI und der VDH
- Rassemerkmale und Mischlinge

Bevor Sie auf die Suche nach dem Welpen gehen, der am besten zu Ihnen passt, ist es wichtig, sich einen Überblick über die häufigsten in Deutschland erhältlichen Hunderassen zu verschaffen. In diesem Kapitel stelle ich Ihnen die zehn von der Weltorganisation für Hundewesen (FCI) geführten Standardrassegruppen, inklusive einiger exotischer Rassen sowie Mischlinge, vor. Außerdem gibt es in diesem Kapitel Informationen über die wesentlichen Merkmale unterschiedlicher Rassen, damit Sie einen Eindruck davon bekommen, welcher Hund der Richtige für Sie sein könnte.

Was ist eine Rasse?

Vor sehr langer Zeit, schon lange, bevor es Computer und Mikrowellen gab, hingen wir Menschen von Hunden ab, die uns beim Überleben halfen. Als Ergebnis unseres Eingreifens in sein Fortpflanzungsverhalten hat sich der Hund zu der in ihren Fähigkeiten und Merkmalen abwechslungsreichsten Tierart entwickelt. Heute gibt es Hunde, die ein knappes Kilo wiegen, und solche, die achtzig Kilo wiegen, Hunde mit langem, seidigem Haar und solche, die überhaupt kein Fell haben.

Eine *Rasse* ist vergleichbar mit einer Kreuzung zwischen einer Charakterbeschreibung und einer Berufsbezeichnung. Sie können die ideale Rasse für jeden nur erdenklichen Zweck finden – zum Jagen, zum Hüten von Herden, zum Bewachen, zum Aufspüren von Gefahrstoffen, zum Retten oder einfach zum Liebhaben. In Mexiko gibt es sogar eine haarlose Rasse, die gezüchtet wurde, um gleichzeitig medizinischen Zwecken zu dienen und Begleithund zu sein.

Abgesehen von ein paar Ausnahmen sind die Fähigkeiten Ihres Welpen für Sie nicht überlebenswichtig – aber verraten Sie das nicht Ihrem Welpen! Je mehr er heranwächst, desto überzeugter wird er davon, dass sein Können gefragt ist. Und er lässt seine angeborenen Instinkte nicht fallen, nur weil es keine Arbeit für ihn gibt. Keine Schafe zum Hüten? Kein Problem. Er wird Menschen hüten. Kein Wilderer zu stellen? Dann dient der Postbote als Ersatz. Keine Enten aus dem See zu apportieren? Ein Tennisball tut es auch. Hunde arbeiten gerne und Sie werden sie in dieser Hinsicht nicht zu größeren Veränderungen bewegen können.

Sowohl Hunde als auch Wölfe gehören zur Familie der Hundeartigen (Canidae). Der Haushund ist eine Unterart des Wolfes, der *Canis lupus* genannt wird. Der vornehme Name für den Haushund ist *Canis lupus familiaris*. Man vermutet, dass Hunde schon vor über 100.000 Jahren domestiziert worden sind. Trotzdem lassen sich Hunde und Wölfe aufgrund ihrer nahen Verwandtschaft problemlos untereinander kreuzen.

Eine Reise durch die zehn Standardrassegruppen

Wenn Sie es mit dem Welpenzuwachs in Ihrer Familie ernst meinen, sollten Sie sich überlegen, welche Rasse Ihren Wünschen am ehesten entspricht. Dieser Abschnitt beschreibt die zehn Standardrassegruppen der Fédération Cynologique Internationale, der Weltorganisation für Hundewesen (FCI), und listet die Rassen auf, die unter die jeweiligen Rassegruppen fallen. Diese Beschreibungen können Ihnen zusammen mit Kapitel 1 dabei helfen, eine Rasse zu finden, die sich mit Ihrer Persönlichkeit verträgt und Ihren Erwartungen entspricht.

Alles über die Fédération Cynologique Internationale (FCI) und der Verband für das Deutsche Hundewesen (VDH) e.V.

Der Fédération Cynologique Internationale (FCI) gehören zurzeit 80 Landeshundeverbände aus 80 Mitglieds- und Partnerländern an. Als Weltorganisation für das Hundewesen hat die FCI seit ihrer Gründung im Jahr 1911 die Aufgabe übernommen, die Rassehundezucht zu überwachen und zu unterstützen. Sie sorgt dafür, dass die Abstammungsurkunden, die von den verschiedenen Landesverbänden herausgegeben werden, und die Richter, die von diesen ausgebildet werden, untereinander anerkannt werden. Zurzeit sind 335 Rassen FCI-anerkannt. Jede eingetragene Rasse gehört einem bestimmten Mitgliedsland an, zum Beispiel gehört der Cavalier King Charles Spaniel zu Großbritannien und der Dalmatiner ist ein kroatischer Hund. Alles klar so weit? Des Weiteren organisiert die FCI Schönheits-, Agility-, Gehorsams- und andere Wettbewerbe, dokumentiert alle Wettbewerbsergebnisse und setzt die Schönheitskriterien für alle Rassen fest.

Für alle, die noch mehr wissen wollen: F.C.I. Generalsekretariat, Place Albert 1er 13, B-6530 Thuin, Belgique; Tel: ++32.71.59.12.38, Fax: ++32.71.59.22.29, E-Mail: info@fci.be, Internetseite: `www.fci.be`

Der Verband für das Deutsche Hundewesen (VDH) e.V. ist der Dachverband der deutschen Rassehundeverbände. Ihm gehören 167 Mitgliedsorganisationen an, die zusammen 250 verschiedene Hunderassen züchten sowie insgesamt 650.000 (menschliche) Mitglieder umfassen. Der VDH vermittelt Züchteradressen und Welpen, veranstaltet Wettbewerbe und berät Hundehalter und Behörden, wenn es um Hundefragen geht. Außerdem trägt er die etwa 90.000 Rassewelpen, die in Deutschland pro Jahr das Licht der Welt erblicken, in Zuchtbücher ein und arbeitet bei Tierschutz- und Gesundheitsfragen eng mit Tierärzten und Wissenschaftlern zusammen.

Weitere Informationen können Sie sich auch direkt beim VDH holen: Verband für das Deutsche Hundewesen (VDH) e.V., Westfalendamm 174, 44141 Dortmund, Tel.: 0231-56500-0, Fax: 0231-592440, E-Mail: info@vdh.de, Internetseite: `www.vdh.de`

Bitte beachten Sie, dass weltweit etwa 400 Rassen registriert sind; ich beziehe mich hier aber ausschließlich auf die von der FCI anerkannten Rassen. Die FCI teilt die 335 Rassen in zehn Gruppen ein – zum Beispiel Hüte- und Treibhunde, Terrier, Vorstehhunde, Gesellschafts- und Begleithunde und Windhunde. Die in einer Gruppe aufgeführten Hunde zeichnen sich durch ähnliche Eigenschaften und Wesensmerkmale aus. Trotzdem finden sich innerhalb einer Gruppe auch Rassen, bei denen auf den ersten Blick nur wenige Gemeinsamkeiten zu entdecken sind – der kleine Affenpinscher befindet sich beispielsweise in derselben Gruppe wie der riesige Bernhardiner. Deshalb unterteile ich die Rassen einiger Gruppen in weitere Untergruppen. Macht sich Verwirrung breit? Ist Ihnen schon schwindlig? Lesen Sie einfach weiter; es ist wirklich einfacher, als es scheint.

Für alle Rassen gilt: Beschäftigen Sie sich erst ausführlich mit der Materie und wenden Sie sich dann ausschließlich an seriöse Züchter mit gutem Ruf.

Wie groß ist riesig?

Hunde gibt es in allen Formen und Größen. Leider ist es bei den Größenbezeichnungen nicht einfach mit »klein« und »groß« getan. Die folgende Tabelle kann Ihnen dabei helfen, herauszufinden, wie groß riesig und wie klein verzwergt ist – nur für den Fall, dass Sie das jemals wissen müssen. Gemessen wird übrigens an der Schulter oder am Widerrist – kurz, an der höchsten Stelle hinter dem Hals.

Kategorie	Größe
Zwerg- oder Toyrassen	bis 24 cm
Kleinstrassen	25 bis 31 cm
Mittelkleinstrassen	32 bis 38 cm
Kleine Rassen	39 bis 45 cm
Mittelkleine Rassen	46 bis 55 cm
Mittlere Rassen	56 bis 65 cm
Mittelgroße Rassen	66 bis 72 cm
Große Rassen	73 bis 79 cm
Sehr große Rassen	80 bis 86 cm
Riesenrassen	ab 87 cm

Seine endgültige Körpergröße hat Ihr Welpe nach sieben Monaten (kleine Rassen) bis zwei Jahren (große Rassen) erreicht.

Gruppe 1: Hüte- und Treibhunde

Die Aufgabe der Hüte- und Treibhunde ist das Hüten von Viehherden. Diese Hunde sind eine hart arbeitende Truppe, die in den meisten Fällen unter der Leitung eines Schäfers ihren Dienst ausübt. Die Gruppe wird in die Schäferhunde und die Treibhunde unterteilt.

Die Schäferhunde

Bearded Collie
Bobtail
Border Collie
Briard
Collie
Deutscher Schäferhund
Kuvasz
Malinois (Belgischer Schäferhund)
Puli

Abbildung 2.1: Der Border Collie

Diese Hunde wurden nicht gezüchtet, um die Herde zu beschützen, sondern um sie zu hüten. Sie sind beweglich, aufmerksam und sehr aktiv. Da sie über eine brillante Auffassungsgabe verfügen, sind die Schäferhunde leicht zu trainieren. Sie sind ihrer Familie treu ergeben, neigen nicht zum Herumstreunen und sind geduldig gegenüber Kindern. Sie können sich beschützerisch gegenüber ihrem Eigentum gebärden und Fremden misstrauisch gegenübertreten, aber generell sind Schäferhunde nicht aggressiv. Diese Hunde lieben die Arbeit, den

Sport und das Spiel. Immer auf der Suche nach etwas zum Hüten, geben sie sich auch gerne der Kinderbetreuung hin, sofern keine Schafe verfügbar sind. Der Kuvasz sollte allerdings nur von erfahrenen Hundehaltern erzogen werden, da er mit einem ausgeprägten Schutzinstinkt, gepaart mit enormem Eigensinn ausgestattet ist und bei inkonsequenter Erziehung zur Gefahr werden kann.

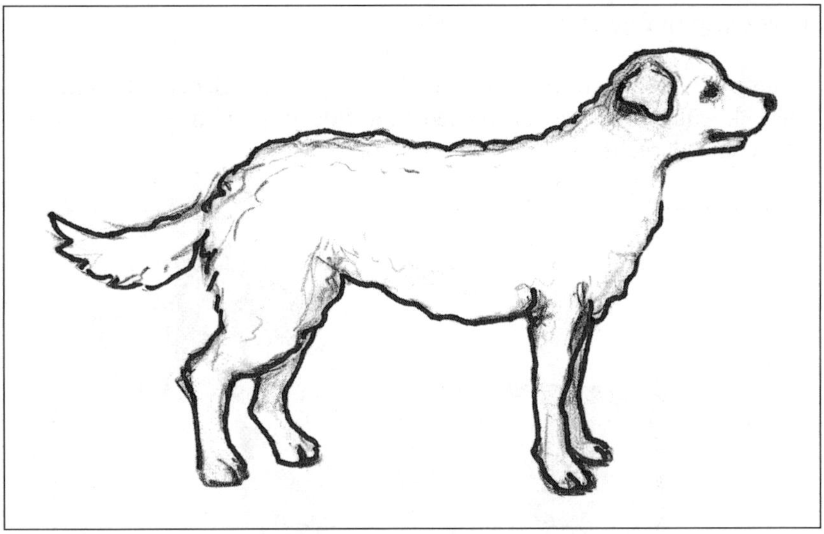

Abbildung 2.2: Der Kuvasz

Die Treibhunde

Australian Cattle Dog
Bouvier des Flandres

Diese Hunde wurden gezüchtet, um Schafe und Rinder über große Entfernungen hinweg zu bewegen, oft auch *ohne* menschliche Anleitung. Sie sind zähe Hunde, die solider gebaut sind als die Schäferhunde. Sie sind athletisch, dominant und weniger berechenbar als ihre Cousins und benötigen deshalb eine konsequente Erziehung, die klare Regeln vorgibt. Meist zurückhaltend gegenüber Fremden, ist eine frühe Sozialisierung wichtig, um aggressivem Verhalten vorzubeugen.

Gruppe 2: Pinscher, Schnauzer, Molosser und Co.

Personenschutzhunde

Dobermann
Pinscher
Schnauzer

Personenschutzhunde wurden gezüchtet, um unter menschlicher Anleitung zu arbeiten. Sie sind daher sehr intelligent und loyal gegenüber ihrer menschlichen Familie. Sie können aber auch einen ziemlichen Dickkopf haben. Diese Hunde benötigen ein klares Trainingsprogramm und eine frühe Sozialisation, um möglicher territorialer Aggression vorzubeugen. Für den selbstbewussten und verantwortungsvollen Besitzer stellen diese Hunde großartige Begleiter dar. Ohne tägliches Training und genügend körperlicher Betätigung können sie allerdings aggressiv, ungezogen und zerstörerisch werden.

Pinscher verdanken ihren Namen dem englischen Begriff »to pinch«, was so viel wie »kneifen« oder »zwicken« bedeutet. Und diesem Namen werden Pinscher auch durchaus gerecht!

Abbildung 2.3: Der Mittelschnauzer

Molosser

- Bernhardiner
- Boxer
- Bulldogge
- Deutsche Dogge
- Dogo Argentino
- Hovavart
- Leonberger

Mastiff
Neufundländer
Pyrenäen-Berghund
Rottweiler
Shar Pei

Abbildung 2.4: Der Bernhardiner

Die Molosser sind eine Gruppe recht schwergewichtiger Hunde, die schon allein aufgrund ihrer Größe nur in die Hände erfahrener Halter gehören. Oft mit dickem Fell ausgestattet, finden sich unter den Molossern viele Rettungshunde, die dafür gezüchtet wurden, unter extremen Bedingungen Verletzte aufzuspüren und schwere körperliche Arbeit zu leisten. Diese Hunde sind sehr willensstark, kräftig und belastbar. Verfügt man über die nötige Zeit und Ausdauer, sie zu erziehen, sind sie die perfekten Begleiter für Menschen, die gerne zum Wandern in die Berge gehen oder einen zuverlässigen Arbeitshund brauchen. Sie sind im Allgemeinen keine Wohnungshunde und mit Ausnahme des Boxers ist ihre Haltung für Familien mit kleinen Kindern nicht zu empfehlen.

Sennenhunde

Appenzeller Sennenhund
Berner Sennenhund
Großer Schweizer Sennenhund

Ursprünglich von den Molossern abstammend sind auch Sennenhunde wachsame, lernwillige, robuste und loyale Hunde, die viel Beschäftigung und ausgedehnte Spaziergänge benötigen. Als klassische Hofhunde bewähren sich Sennenhunde schon lange, da sie sich sowohl mit anderen Tieren als auch mit kleinen und großen Menschen prächtig vertragen. Und im Winter haben sie auch nichts dagegen, vor einen Schlitten gespannt zu werden und Kinder spazieren zu fahren.

Gruppe 3: Terrier

»Nachgeben« ist im Wortschatz eines Terriers nicht enthalten. Besitzen Sie einen Terrier, wird Ihnen mit Sicherheit sofort ein anderes Wort einfallen: »Entschlossenheit«. Diese kleinen Kraftpakete nehmen sich einen ordentlichen Biss aus dem Leben und lassen fortan nicht mehr los. Terrier lassen sich in zwei Untergruppen teilen: die Jagdhunde und die Kämpfer.

Die Jagdhunde

Airedale Terrier
Border Terrier
Cairn Terrier
Fox Terrier
Jack Russell Terrier
Kerry Blue Terrier
Soft Coated Wheaten Terrier
Scottish Terrier
West Highland White Terrier
Yorkshire Terrier

Diese selbstbewussten, beherzten Hunde sind ein lebhaftes Völkchen. Ursprünglich zur Ungezieferbekämpfung auf Bauernhöfen gezüchtet, sind sie immer in Alarmbereitschaft und draufgängerisch, wenn es darum geht, eine ihnen gestellte Aufgabe zu erfüllen. Flink und selbstständig, wie sie sind, gehört Gehorsamstraining nicht gerade zu ihren Stärken und so müssen sie draußen meist an der Leine bleiben. Sofern Sie nicht gerade totalen Gehorsam erwarten und einen Hund mit Mumm und gutem Humor möchten, sehen Sie sich die Hunde dieser Liste gut an. Unerzogen und oft alleingelassen können Terrier zu chronischen Kläffern werden, die alles annagen, im Haus markieren und eventuell sogar aggressiv werden können, falls ihre menschlichen Rudelgenossen ihrem Futter oder Spielzeug zu nah kommen. Letztere Verhaltensweise kommt der eines Kindes gleich, das sein Lieblingsspielzeug nicht mit seinem Spielkameraden teilen möchte. Andere Hunderassen, die bekannt für dieses Verhalten sind, sind manche der Arbeitshunderassen, Jagdhunde und einige Zwergrassen. In Kapitel 15 mache ich Ihnen einige Vorschläge, wie Sie solche Probleme lösen können.

Abbildung 2.5: Der West Highland White Terrier

Die Kämpfer

American Staffordshire Terrier

Bull Terrier

Staffordshire Bull Terrier

Ursprünglich gezüchtet, um gegen andere Hunde zu kämpfen oder Bullen zu hetzen, sind diese Rassen frech und couragiert. Glücklicherweise werden sie nicht mehr zum Kämpfen benutzt und ihre kämpferischen Instinkte sind schwächer geworden. In den richtigen Händen können diese Hunde angenehme und unterhaltsame Haustiere abgeben.

Abbildung 2.6: Der Bull Terrier

Frühe Sozialisierung und Training sind wichtig – die kämpferische Natur der Rassen in dieser Gruppe wurde zwar gezähmt, aber bei weitem nicht beseitigt. Ohne diesen Aufwand können Kampfhunde gefährlich für andere Tiere und Menschen werden.

Leider gibt es Zeitgenossen, die es für unterhaltsam halten, zuzusehen, wie ihre Hunde sich gegenseitig an den Beinen zerren und dabei schwer verletzen. Obwohl dies illegal ist, finden Hundekämpfe heute noch statt. Folglich gibt es Züchter, die ihre Hunde auf Aggressivität hin züchten. Also seien Sie sehr vorsichtig, wenn Sie einen Welpen dieser Rassen erstehen. Vergewissern Sie sich über die Seriosität des Züchters und achten Sie darauf, dass er seine Tiere auf Sanftheit hin züchtet. Mehr Informationen darüber, wie Sie einen guten Züchter finden, erhalten Sie in Kapitel 4.

Gruppe 4: Dachshunde

Dachshund

Kaninchen-Dachshund

Zwerg-Dachshund

Ja, richtig, die Dackel haben eine eigene Gruppe für sich gepachtet. Es gibt sie in rauhaarig, kurzhaarig und langhaarig. Ursprünglich wurden diese intelligenten, eigenwilligen Hunde zur Jagd gezüchtet. Ihre kurzen Beine und der schlanke Körperbau machen es ihnen möglich, Dachse und Füchse bis in ihren Bau hinein zu verfolgen. Sie gelten als selbstbewusste, kräftige Kerlchen, die Fremden gegenüber misstrauisch sind und gut erzogen werden müssen, um nicht zu kläffenden Tyrannen zu werden. Als Familienhunde sind Dackel besonders beliebt. Viel Auslauf und Beschäftigung machen sie zu ausgeglichenen und treuen Begleitern.

Abbildung 2.7: Der Kurzhaardackel

Gruppe 5: Spitze und Hunde vom Urtyp

Spitze, Jagd- und Schlittenhunde

Alaskan Malamute

Akita

Chow-Chow

Deutscher Spitz (fünf verschiedene Größen)

Elchhund

Eurasier

Samojede

Siberian Husky

Diese Arbeitshunde, viele von ihnen sind nordische Rassen, lieben das kalte Wetter. Einst gezüchtet, um Schlitten zu ziehen und im Freien zu leben, haben diese Hunde ein dichtes, dickes, wunderschönes Fell. Sie haben eine Vorliebe fürs Jagen und einen starken Instinkt, zu ziehen. Ergreifen Sie das andere Ende der Leine, und prompt werden Sie diesen Instinkt am eigenen Leib erfahren. Robust, wild und unkonventionell, wie sie sind, blühen die Schlittenhunde erst draußen so richtig auf. Und sie brauchen jede Menge Bewegung!

Versuchen Sie nicht, Schlittenhunde zu verhätscheln – sie sind nicht der Typ, um mit Ihnen auf dem Sofa zu liegen. Trotz ihres starken Selbstbewusstseins und obwohl sie schwer zu erziehen sind, werden Schlittenhunde zu herzigen, freundlichen Gefährten, wenn man viel mit ihnen arbeitet. Stellen Sie sicher, dass Ihr Hund genügend Bewegung und Aufmerksamkeit bekommt, um zerstörerischem Verhalten vorzubeugen. Und vergessen Sie nicht, dass diese unerschrockenen Jäger stiften gehen, wenn sich ihnen die Möglichkeit dazu bietet.

Abbildung 2.8: Der Samojede

Mit ihrem dicken Fell sind Schlittenhunde nichts für hohe Temperaturen. Wenn Sie das warme Wetter lieben, suchen Sie sich lieber einen anderen Hund aus. Ein Schlittenhund wäre sehr unglücklich in südlichen Gefilden.

Hunde vom Urtyp

Basenji

Canaan Dog

Podengo

Xoloitzquintle (Mexikanische Nackthund)

Von den Vertretern dieser Gruppe nimmt man an, dass sie die Vorfahren der ersten Hunderassen sind. Diese auch Pariahunde genannten Urhunde leben halbwild in Rudeln in der Nähe des Menschen, sind von diesem aber weitestgehend unabhängig. Interessant ist, dass sie nicht wie andere Hunde bellen, sondern Geräusche von sich geben, die den Lautäußerungen der Wölfe ähneln.

Gruppe 6: Laufhunde, Schweißhunde und Co.

Basset Hound

Bayrischer Gebirgsschweißhund

Beagle

Bluthund

Deutsche Bracke

Dalmatiner

Foxhound

Griffon

Rhodesian Ridgeback

Die Schweißhunde, die zu den Jagdhunden gehören, zeichnen sich durch einen exzellenten Geruchssinn, ein ruhiges Wesen und Zähigkeit aus. Mit einem starken Spürsinn ausgestattet, wurden sie gezüchtet, um verletzte Rehe und Hirsche aufzuspüren und zu stellen. Schweißhunde werden sie genannt, weil »Schweiß« in der Jägersprache »Blut« bedeutet, und sie selbst bei regnerischem Wetter die Fährte eines am Vortag angeschossenen Tieres problemlos aufnehmen können.

Der Dalmatiner wurde neben seiner jagdlichen Verwendung lange Zeit als Zughund vor Kutschen gespannt, da er sehr gerne läuft und viel Ausdauer hat. Die lebhaften Schweiß- und Laufhunde brauchen viel Beschäftigung, sind außerordentlich gelehrig und heute als Familienhunde beliebt.

Abbildung 2.9: Der Griffon

Abbildung 2.10: Der Rhodesian Ridgeback

Gruppe 7: Vorstehhunde

Deutsch Drahthaar
Deutsch Kurzhaar
English Pointer
English Setter
Irish Setter
Magyar Vizsla
Münsterländer
Weimaraner

Sportliches Aussehen ist den Hunden dieser Gruppe gemein: Sie sind groß, haben lange Beine und schlanke Körper. Vorstehhunde wurden gezüchtet, um ganze Tage lang durch Felder zu laufen und nach Wildgeflügel Ausschau zu halten. Dementsprechend sind sie aufmerksam, *extrem* energiegeladen und immer auf Achse. Ohne hinreichende Bewegung staut sich bei diesen Hunden viel überschüssige Energie an. Und die entlädt sich dann im Zerlegen Ihrer Inneneinrichtung, im Umpflügen Ihres Gartens, in exzessivem Springen, nervösem Umherlaufen oder anhaltendem Gebell. Und das kostet nicht nur Ihren Hund Nerven! Geben Sie ihm genügend Beschäftigung und Auslauf, und Sie werden Ihren Vorstehhund als freundlich, loyal, kinderlieb und immer am aktuellen Geschehen beteiligt erleben.

Abbildung 2.11: Der English Setter

»Vorstehen« bedeutet in der Jägersprache, dass der Hund dem Jäger das von ihm gefundene Wild zeigt. Er stellt sich reglos vor das Wild, bis der Jäger kommt und es erlegt.

Gruppe 8: Apportier-, Stöber- und Wasserhunde

Die Retriever

Cheasapeake Bay Retriever

Golden Retriever

Labrador Retriever

Die Retriever wurden ursprünglich gebraucht, um ihr Herrchen bei der Jagd auf Wassergeflügel zu begleiten und die erlegten Tiere zu apportieren. Retriever sind gut gebaute, aktive, große Hunde, die viel Köpfchen haben. Sie lassen sich leicht erziehen und betrachten Fremde generell als mögliche Freunde. Sie verfügen über ein sonniges Gemüt und ein unbeschwertes Wesen und möchten immer an allen Familiengeschehnissen teilhaben. Lange Zeiten allein zu Hause macht Retriever traurig und sie entwickeln Trennungsängste, die sich in destruktiven Verhaltensweisen wie Graben, Nagen, Bellen und Springen äußern.

Abbildung 2.12: Der Golden Retriever

Hunde, die für sehr viele Stunden allein gelassen werden, können Trennungsängste entwickeln. Wenn das geliebte Frauchen oder Herrchen dann endlich zu Hause eintrifft, ist die Anspannung des Hundes so riesig, dass er wie wild herumrennt, nach allem schnappt, was irgendwie in sein Maul passt, auf Möbel hüpft und Menschen anspringt.

Die Spaniels

American Water Spaniel

Cocker Spaniel

Springer Spaniel

Spaniels wurde bei der Jagd die Aufgabe zuteil, in unübersichtlichem Gelände, wie zum Beispiel Flussufern und Dickichten, Niederwild aufzuspüren und es dem Jäger zuzutreiben. Heute werden Spaniels aufgrund ihres vertrauensvollen, lieben Wesens meist als Familienhunde gehalten. Sie lieben Familienausflüge, Kinder und viel Action. Viel alleingelassen und nicht erzogen können sie allerdings ängstlich werden, heulen oder ihr Futter oder Spielzeug übermäßig verteidigen.

Abbildung 2.13: Der English Springer Spaniel

Gruppe 9: Gesellschafts- und Begleithunde

Bichon frisé

Boston Terrier

Cavalier King Charles Spaniel

Chihuahua

Chinesischer Schopfhund

Kromfohrländer

Mops

Pekingese

Pudel (Groß-, Klein-, Zwerg-, Toypudel)

Einige dieser Hunde wurden ursprünglich als Arbeitshunde gezüchtet, entwickelten sich aber im Laufe der Zeit mehr und mehr zu Familienhunden. Die Persönlichkeiten der Hunde dieser Gruppe variieren deshalb stark, weil sie früher unterschiedliche Zwecke erfüllen mussten. Bevor Sie eine dieser Rassen in Erwägung ziehen, besorgen Sie sich spezielle Literatur zur Rasse oder befragen Sie Ihren Tierarzt, um einen besseren Eindruck vom Wesen der gewünschten Rasse zu erhalten.

Der andere Teil dieser Gruppe besteht aus Miniaturversionen größerer Rassen. Zu klein, um zu arbeiten, erfüllen diese Hunde nur noch die Aufgabe, liebenswürdig und niedlich zu sein. Sie benötigen nicht ganz so viel Auslauf wie ihre größeren Vettern (was nicht bedeutet, dass sie gar keine Bewegung brauchen.), sind also auch als Wohnungshunde und für ältere Menschen geeignet. Verspielt und anhänglich wie sie sind, fordern sie permanent die Zuwendung und Beachtung ihres Besitzers.

Abbildung 2.14: Der Mops

Leicht vernachlässigt man die Erziehung dieser niedlichen Kerlchen. Doch trotz ihrer geringen Größe können diese Hunde recht tyrannisch werden, wahre Dauerkläffer oder Schnapper. Also – erziehen Sie Ihren drolligen Begleiter, um das Beste aus ihm herauszuholen.

Gruppe 10: Windhunde

Diese Rassen verfolgen gern flüchtendes Wild, und das hat sie in Jagdkreisen sehr begehrt gemacht. Zusätzlich zu ihrem exzellenten Geruchssinn und ihren scharfen Augen sind Windhunde mit einem ausgeglichenen, zuweilen stoischen Wesen ausgestattet und werden deshalb als liebevolle Familienhunde geschätzt.

Afghanischer Windhund

Deerhound

Greyhound

Irischer Wolfshund

Saluki

Whippet

Der Instinkt, hinter sich schnell bewegendem Wild herzujagen, ist den Windhunden trotz ihrer Domestikation zu friedlichen, sanften Hausgenossen nicht verloren gegangen. (Sie müssen Ihren Windhund draußen anleinen, denn einholen können Sie ihn mit Sicherheit nicht.) Des Weiteren ist eine Sozialisierung mit häufig gehaltenen Haustierarten (wie Katzen, Vögel und Kaninchen) schon im Welpenalter wichtig. Sonst verwechselt Ihr Windhund kleinere Mitbewohner noch mit seinem Mittagessen, wenn er Ihren Flur entlanghechtet. Windhunde sind aufmerksam, sanft und brauchen ein stabiles Umfeld. Können Sie diese Voraussetzung erfüllen, so sind Sie um ein wundervolles Haustier reicher.

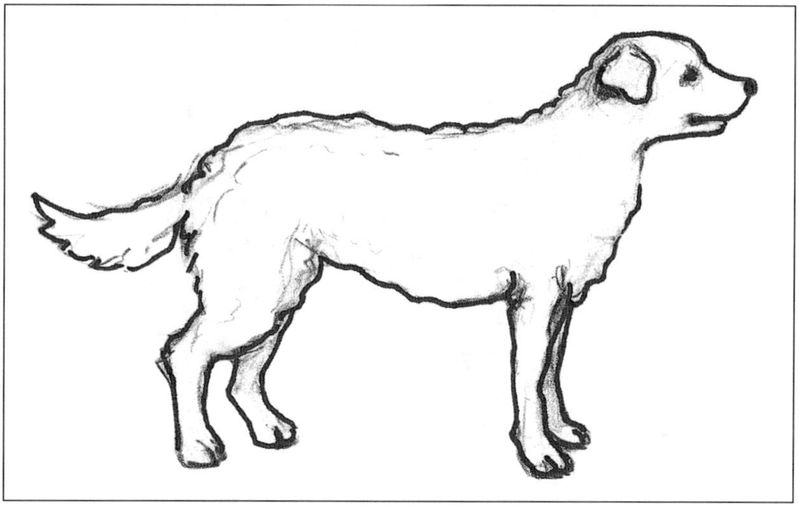

Abbildung 2.15: Der Saluki

Jaha, Liebling, vielleicht doch eine seltene Rasse

Falls Sie sich mehr zu exotischeren Rassen hingezogen fühlen, ziehen Sie möglicherweise eine seltene Rasse in Betracht. Die folgende Liste repräsentiert nur die »Spitze des Eisbergs« der seltenen Rassen.

Obwohl diese Rassen eher ungewöhnlich sind, sind sie dennoch Hunde mit denselben Bedürfnissen und stellen die gleichen Ansprüche an ihre Halter wie jeder andere Hund.

- ✔ Tschechischer Terrier: Dieser kurzläufige Terrier wurde für die Erdjagd gezüchtet. Er ist aus einer Kreuzung von Sealyham und Scottish Terrier entstanden.
- ✔ Norwegischer Lundehund: Einst zur Papageientaucherjagd eingesetzt, wird dieser temperamentvolle, anhängliche kleine Hund mit den fünf (statt, wie üblich, vier) Vorderzehen heute als Begleithund gehalten.
- ✔ Mudi: Ein mittelkleiner Schutz- und Begleithund, der in seiner Heimat Ungarn als Schafhüter und gehorsamer, verspielter Familienhund geschätzt wird.
- ✔ Smaland-Stövare: Diese sehr alte schwedische Laufhunderasse wird zur Jagd auf Hasen und Füchse sowie als gelehriger und kinderlieber Familienhund genutzt.
- ✔ Cao da Serra da Estrela: Dieser langhaarige Portugiesische Schäferhund musste früher Herden vor Wölfen beschützen. Deshalb ist er ein ruhiger, aber dominanter Hund, der eine feste Hand braucht.
- ✔ Kooikerhund: In den Niederlanden wurde dieser hübsche kleine Hund zum Anlocken und Apportieren von Wassergeflügel genutzt. Heute wird er aufgrund seines ausgeglichenen, netten Wesens auch als Familienhund gehalten.

Hey, aber ich hab gehört, Mischlinge sind besser

Viele Menschen sind davon überzeugt, dass Mischlinge »besser« sind als Rassehunde. Ich habe beide gehalten und sie gleich gern gehabt. Liebe und Loyalität kennen keine Abstammungsurkunde. Der größte Unterschied zwischen Rassehund und Mischling ist die Voraussagbarkeit. Wenn Sie einem Retriever einen Ball ins Wasser werfen, können Sie voraussagen, was er tun wird. Wenn Sie etwas über die Eltern und Großeltern Ihres Mischlingswelpen wissen, sind Sie möglicherweise in der Lage, ein wenig über die Persönlichkeit Ihres Hundes voraussagen zu können. Wie andere Hunde auch braucht ein Mischling Aufmerksamkeit, Auslauf und Erziehung.

Die Theorie *Hybrid Vigor* (= »Mischlingskraft«) beinhaltet, dass Mischlinge den Rassehunden aufgrund ihres größeren genetischen Pools überlegen sind, was Gesundheit und Temperament betrifft. Was meinen Sie? Die Theorie klingt einleuchtend. Was aber das Temperament angeht, da habe ich genauso viele nette reinrassige Hunde wie Mischlinge kennen gelernt. Die Wahl bleibt Ihnen überlassen.

Die Auswahl der richtigen Hunderasse

3

In diesem Kapitel

- Den Rassen-Fragebogen ausfüllen
- Mithilfe des Fragebogens die richtige Rasse auswählen
- An wen Sie sich wenden können, wenn Sie mehr Hilfe benötigen

Sie haben Ihren Lebensstil sowie Ihre täglichen Verpflichtungen unter die Lupe genommen und wissen, welchen Bedingungen Ihr zukünftiger Welpe ausgesetzt sein wird. Sie haben die unterschiedlichsten Rassen in Kapitel 2 kennen gelernt und sind jetzt bestimmt überwältigt von all den Informationen. Wie können Sie nun also Ihr Wissen nutzen, um eine vernünftige Entscheidung zu treffen?

Ich wünschte, ich könnte vor Ort sein, um Ihnen persönlich zu helfen, aber da das nicht möglich ist, habe ich dieses Kapitel verfasst. Es beinhaltet den Fragebogen, den ich meinen Kunden zu geben pflege, die mich engagieren, damit ich ihnen bei der Auswahl des richtigen Welpen helfe. Dieser Fragebogen kann auch Ihnen helfen, sich für die passende Rasse zu entscheiden, wenn Sie sich auf der Suche nach Ihrem neuen besten Freund befinden.

Oh, und falls Sie sich noch keine Gedanken über Ihren Lebensstil gemacht haben und Ihnen die gängigsten Rassen noch nicht so geläufig sind, ist es das Beste, wenn Sie an diese Stelle ein Lesezeichen einlegen, um sich zunächst einmal die Infos in Kapitel 1 und 2 durchzulesen. Dann nehmen Sie einen Stift zur Hand, um sich dem Fragebogen in diesem Kapitel zu widmen. Schon sind Sie auf dem besten Weg zum Welpen Ihrer Träume!

Fragebogen

Dieser Fragebogen ist selbsterklärend. Achten Sie nur darauf, die Fragen möglichst ehrlich zu beantworten, insbesondere was Ihre Wünsche und Ihre Möglichkeiten anbelangt.

Anzahl der Erwachsenen in Ihrer Familie: ______________________

Anzahl der Kinder in Ihrer Familie: ______________________

Anzahl Stunden, die Sie täglich zu Hause verbringen: ______________________

Ihre Hobbys: ____

____

____

Werden Sie Ihren Hund an diesen Hobbys teilhaben lassen?

❑ Ja ❑ Nein

Ich habe noch andere Haustiere.

❏ Ja ❏ Nein

Wenn ja, welcher Art?

____________________ Alter _____

____________________ Alter _____

Ich habe schon Hunde gehalten.

❏ Ja ❏ Nein

Ich hatte bereits Erfolg mit der Erziehung eines Hundes.

❏ Ja ❏ Nein

Ich lebe in einem/einer

❏ großen Haus ❏ kleinen Haus ❏ Wohnung

Ich habe

❏ einen großen Garten ❏ einen kleinen Garten ❏ keinen Garten

Bitte ergänzen Sie den Text mit jeweils einer der drei vorgegebenen Antworten.

sehr wenig ein mittleres Maß an sehr viel

Ich habe Zeit für einen Hund, der ____________________ Fellpflege benötigt.

Ich habe Zeit für einen Hund, der ____________________ Erziehung benötigt.

Ich habe Zeit für einen Hund, der ____________________ Aufmerksamkeit benötigt.

Ich habe Zeit für einen Hund, der ____________________ Bewegung benötigt.

Bitte wählen Sie die passende Antwort aus:

Mein Hund wird folgende Funktion erfüllen:

❏ Familienhund ❏ Wachhund ❏ Arbeitshund (Art der Arbeit: ________________)

Ich möchte einen Hund, der sich Kindern gegenüber ____________________ verhält.

❏ sehr liebevoll ❏ tolerant, aber distanziert

Ich möchte einen Hund, der ____________________ Aufmerksamkeit braucht.

❏ sehr wenig ❏ ein mittleres Maß an ❏ sehr viel

Ich möchte einen Hund, der

❏ von sich aus sehr aktiv ist. ❏ ruhige Spaziergänge liebt.❏ wenig Auslauf braucht.

Ich möchte einen Hund, der

❏ mir sehr gerne gehorcht. ❏ selbstständig ist. ❏ einen starken Willen hat.

Ich möchte einen Hund, der ______________________ auf Gäste reagiert.

❑ begeistert ❑ ruhig ❑ zurückhaltend ❑ misstrauisch ❑ gleichgültig

Ich möchte einen Hund, der

❑ von Natur aus beschützerisches Verhalten gegenüber Fremden an den Tag legt.
❑ Fremde akzeptiert. ❑ sich Fremden gegenüber distanziert verhält.

Wenn wir in Urlaub fahren, würden wir den Hund

❑ mitnehmen. ❑ in eine Hundepension/einen Hundezwinger geben.
❑ bei Freunden oder Verwandten lassen.

Ich bevorzuge einen Hund, der __________________ haart.

❑ sehr wenig ❑ mehrmals im Jahr ❑ Haarwechsel spielt keine Rolle

Ich möchte einen Hund, dessen Fell __________________ ist.

❑ lang ❑ kurz ❑ dick ❑ fein ❑ gelockt ❑ drahtig ❑ keins von alledem

Ich stelle mir einen Hund vor, der __________________ ist.

❑ riesig ❑ groß ❑ mittelgroß ❑ klein ❑ sehr klein
❑ Größe spielt keine Rolle

Ich möchte einen Hund, der __________________ bellt.

❑ beschützerisch ❑ auch während des Spiels/der Arbeit häufig ❑ wenig

So, und was soll ich jetzt tun?

Nachdem Sie diesen Fragebogen ausgefüllt haben überprüfen Sie bitte nochmals Ihre Antworten und vergleichen Sie Ihre Entscheidungen, die Sie gefällt haben, mit denen, die Sie in anderen Kapiteln getroffen haben. Beispielsweise finden Sie in Kapitel 21 Informationen dazu, welches Bedürfnis nach Bewegung die einzelnen Rassen haben. Kapitel 2 zeigt anhand der Größe und des Verwendungszwecks auf, welcher Hund ideal zu Ihrem Lebensstil, Ihren Hobbys und Ihrer Familiensituation passt.

Haben Sie dieses Meisterwerk schließlich vollbracht, haben Sie folgende Möglichkeiten:

- ✔ Tun Sie es einfach – wählen Sie Ihre Rasse aus. Nachdem Sie sich ausgiebig informiert und Ihre Entscheidung sorgfältig geprüft haben, haben Sie das Rüstzeug dazu, die Rasse auszuwählen, die ideal zu Ihnen passt.
- ✔ Geben Sie die Liste einem professionellen Hundetrainer oder einem Tierarzt in Ihrer Nähe. Diese Person kann Sie beraten, welche Rasse die geeignete für Sie wäre und kann Sie zu einem Rassezuchtverein oder einem guten Züchter vermitteln.

Wo finden Sie Ihren Welpen

4

In diesem Kapitel

- Züchter, Tierheim oder Kleinanzeige
- Ein ganzer Wurf – welchen soll ich nehmen?
- Testen Sie Ihren Welpen
- Ein älterer Welpe
- Der richtige Zeitpunkt für den Einzug des Welpen in Ihr Heim

Einen Welpen zu sich zu nehmen bedeutet eine Menge Verantwortung. Dieses Kapitel enthält gewissermaßen das »Starterpaket« für die richtige Auswahl des Welpen. Ich weiß, es ist sooo aufregend, einen Welpen zu bekommen, aber nehmen Sie sich die Zeit und Ruhe, um diese Seiten zu lesen. Sie müssen sich noch mit einigen Dingen vertraut machen, bevor Sie sich »den Richtigen« aussuchen können. Oder wissen Sie schon, wie man einen Psychotest mit Welpen macht?

Viele Wege führen nach Rom

Welpen können Sie überall finden, beim Züchter, im Tierheim, im Kleinanzeigenteil Ihrer Zeitung und auf dem Flohmarkt. Es gibt viele Möglichkeiten und jede hat ihre Vor- und Nachteile.

Wo finden Sie einen guten Züchter?

Wenn Sie einen reinrassigen Hund haben möchten, tun Sie sich selbst einen Gefallen und suchen Sie einen guten Züchter. Wenden Sie sich an den Verband für das Deutsche Hundewesen (VDH), um Kontaktadressen von Rassezuchtvereinen zu bekommen. Der Rassezuchtverein vermittelt Sie dann weiter an bewährte Züchter in Ihrer Nähe.

Den VDH erreichen Sie unter folgender zentraler Adresse:

Verband für das Deutsche Hundewesen (VDH) e.V.
Westfalendamm 174
44141 Dortmund
Telefon: 0231-56500-0
Fax: 0231-592440
E-Mail: info@vdh.de
Internet: www.vdh.de

Außerdem hat der VDH 16 Landesverbände, deren Adressen Sie von der Zentrale erfahren können.

Natürlich ist es nicht allein damit getan, dem Rat des Hundezuchtvereins zu folgen. Es ist wichtig, sich ein eigenes Bild von den Züchtern zu machen, die man in die engere Wahl zieht. Die folgende Liste hilft Ihnen, die Qualität eines Züchters selbst zu beurteilen!

- ✔ **Gebrauchen Sie Ihre fünf Sinne, wenn Sie einem Züchter einen Besuch abstatten.** Ist es sauber? Wie sieht's mit dem Geruch aus? Wie steht's mit den Hunden? Sind sie munter und freundlich?
- ✔ **Wie viel weiß Ihr Züchter über die Neigung Ihrer Rasse zu bestimmten erblichen Krankheiten?** Ein häufig erwähntes Problem ist beispielsweise die Hüftgelenksdysplasie (HD), eine Erkrankung, die besonders Hunde großer Rassen betrifft. Bei den betroffenen Tieren ist das Hüftgelenk fehlgebildet und Gelenkpfanne und Oberschenkelkopf passen nicht korrekt aufeinander. Hunde der Rassen, die zu HD neigen (zum Beispiel Bernhardiner, Setter, Deutscher Schäferhund), sollten auf die Krankheit hin untersucht werden, bevor mit ihnen gezüchtet wird. Bestehen Sie darauf, die HD-Zertifikate der Eltern Ihres Welpen einzusehen, bevor Sie sich für den Kauf eines Hundes entscheiden.

  Der Tierarzt diagnostiziert die Hüftgelenksdysplasie anhand von Röntgenaufnahmen des Hüftgelenks. Er unterscheidet dabei fünf Schweregrade der Erkrankung:

  A = HD-frei

  B = Übergangsform

  C = geringgradige HD

  D = mittelgradige HD

  E = hochgradige HD

- ✔ **Stellt der Züchter Ihnen Fragen?** Ein guter Züchter hat mindestens so viele Fragen an Sie, wie Sie von ihm beantwortet haben wollen. Fühlen Sie sich nicht beleidigt. Wenn er sich sorgt, ist das ein gutes Zeichen.

Wenn der Züchter schlampig und der Zwinger ein Saustall ist, die Hunde teilnahmslos sind und schlecht gehalten werden, sollten Sie dem Züchter nichts von dem glauben, was er Ihnen erzählt – sei es die Abstammung seiner Welpen, seien es deren Impfungen.

Fragen an den Züchter

Hier sind ein paar Fragen, die Sie dem Züchter stellen können, von dem Sie vielleicht einen Welpen kaufen möchten:

- ✔ **Seit wann züchten Sie Hunde?** Gute Züchter sind schon einige Jahre dabei. Falls sie erst vor kurzem mit der Zucht begonnen haben, sollten sie gute Kontakte zu erfahrenen Züchtern haben.
- ✔ **Sind die Welpen an unbekannte Menschen, Tiere und Geräusche gewöhnt?** Ein gut sozialisierter Welpe wird entspannter sein, weniger häufig destruktives Verhalten zeigen und neue Situationen besser annehmen.

- ✔ **Kann ich beide Eltern kennen lernen?** Wenn Sie den Züchter besuchen, bitten Sie ihn ausdrücklich darum, sich die Mutter und, wenn möglich, auch den Vater der Welpen ansehen zu können. Welchen Eindruck hinterlassen die Persönlichkeiten der Eltern bei Ihnen?
- ✔ **Wird mir ein Rückgaberecht im Falle von Gesundheits- oder Verhaltensdefekten gewährt?** Gute Züchter stehen zu ihren Welpen.
- ✔ **Sind Sie bereit, den Hund im Zweifelsfall zurückzunehmen?** Ein guter Züchter hat seine Welpen ebenso gern wie Sie und wird sie gerne zurücknehmen, wenn es mit der Vermittlung mal nicht klappen sollte.
- ✔ **Haben die Eltern Papiere, die ihre Freiheit von vererbbaren Erkrankungen bezeugen?** Fragen Sie Ihren Tierarzt, auf was zu achten ist.
- ✔ **Haben Sie den Wurf einem Wesenstest unterzogen?** »Temperament« ist das Schlüsselwort bei der Suche nach Ihrem Welpen.

Ideal wäre es, einen Züchter zu finden, der sowohl auf gute Charaktereigenschaften als auch optimales *Exterieur* (das ist die äußere Erscheinung des Hundes, die dem Rassestandard möglichst nahe kommen sollte) züchtet. Er sollte für die Gesundheit seiner Welpen einstehen und es zulassen, dass Sie einen Wesenstest mit den Welpen vornehmen (falls er es nicht schon selbst getan hat), um sicherzugehen, dass Sie zum Schluss einen gesunden, freundlichen Hund mit nach Hause nehmen.

Rassehunde kosten Geld. Wie viel, das hängt von der Rasse und Ihrem Wohnort ab.

Papiere, die Sie vom Züchter bekommen

Achten Sie darauf, dass der Züchter Ihnen die folgenden Dokumente aushändigt:

- ✔ Die Ahnentafel vom VDH
- ✔ Einen Kaufvertrag, auf dem folgende Informationen zu finden sind:

  Rasse, Geschlecht und Farbe des Hundes

  Der Geburtstag des Hundes

  Zuchtbuchnummern und Zuchtbuchnamen der Eltern des Hundes

  Der Name und die Adresse des Züchters

Akzeptieren Sie niemals das Versprechen, die Papiere nachgereicht zu bekommen – es sei denn, Sie möchten Ihren Hund nicht ins Zuchtregister eintragen lassen.

Einige Züchter betreiben mit ihren Hunden Inzucht. Das ist eine Methode, bei der miteinander verwandte Tiere verpaart werden, um ein einheitliches Äußeres zu erzielen. Obwohl Inzucht in Züchterkreisen anerkannt ist, kann ich sie nicht gutheißen. Viele Welpen, die aus solchen Züchtungen stammen, sind zart besaitet oder ungewöhnlich schwierig. Um herauszufinden, ob der Welpe, den Sie haben möchten, von Inzucht betroffen ist, sollten Sie sich die Ahnentafeln der Eltern ansehen und nachsehen, ob ein Name vielleicht mehrmals vorkommt – *bevor* das Geld seinen Besitzer wechselt. Nehmen Sie sich vor Züchtern in Acht, die mit sehr nah verwandten Hunden züchten – zum Beispiel mit Vater und Enkeltochter, Onkel und Nichte usw.

Welpen aus dem Zoofachhandel

»Ist er nicht unwahrscheinlich süß, er sieht so einsam aus und er guckt mich mit diesen unglaublich traurigen Kulleraugen an. Seit wann er da wohl schon sitzen mag? – Ich nehme den Hund aus dem Schaufenster!«

Passiert Ihnen das gerade? Wenn Sie es in Erwägung ziehen, einen Welpen aus der Zoohandlung zu kaufen, sollten Sie sich bewusst machen, dass Sie über seine Eltern und Wurfgeschwister, die Umstände, die ihn in das Zoogeschäft geführt haben, seine bisherige Sozialisierung sowie seinen Züchter so gut wie nichts erfahren.

An dieser Stelle muss ich außerdem auf die so genannten »Ostimporte« hinweisen. Hunde, die im Schaufenster von Zoohandlungen zu finden sind, oder solche, die im Kleinanzeigenteil von Zeitungen inseriert werden, haben meist keine Papiere und daher eine für den Käufer nicht nachvollziehbare Abstammung. In grenznahen Regionen kommt es häufig zu Welpenimporten aus Polen, Tschechien oder anderen Nachbarländern aus dem Osten. Dort werden die Hunde kostengünstig gezüchtet. Meist wird dabei kein Wert auf ihre genetische Gesundheit, den Rassestandard oder eine gute Sozialisierung im Welpenalter gelegt. Händler aus Deutschland kaufen diese Hunde dann an und verkaufen sie weiter an Zoohandlungen oder direkt über Kleinanzeigen. Wenn Sie einen solchen Welpen zu sich nehmen, müssen Sie damit rechnen, dass solche Tiere sehr scheu sind, Angst vor unbekannten Gegenständen und fremden Menschen haben und sich nur schwer bei Ihnen eingewöhnen werden – von ihrem Gesundheitsstatus einmal ganz abgesehen. Von dieser Problematik sind besonders Hunde solcher Rassen betroffen, die bei uns gerade »in« sind. Das bedeutet, dass die eingetragenen Züchter die gesteigerte Nachfrage an Welpen bestimmter Rassen nicht decken können. Geschäftstüchtige Händler nutzen diese Situation und verkaufen die unter unbekannten Umständen gezüchteten Hunde aus dem Ausland bei uns. Wenn Sie also die Wahl zwischen einem eingetragenen Züchter, dem Zoofachhandel oder der Kleinanzeige haben: Ich empfehle Ihnen, sich für den Züchter zu entscheiden!

Wenn Sie eine Zoohandlung finden, bei der Sie gerne einen Welpen kaufen möchten, bestehen Sie unbedingt darauf, dass der Zoohändler Ihnen Beweise dafür vorlegen kann, dass der Welpe von einem eingetragenen Züchter stammt. Dann können Sie den Züchter kontaktieren und so viel wie möglich über Ihren Hund herausfinden. Hierbei können Sie sich die Fragen aus dem Abschnitt »Fragen an den Züchter« weiter vorn in diesem Kapitel zu Hilfe nehmen.

Vermeiden Sie es, einen Welpen zu kaufen, der kränklich, nervös oder ängstlich aussieht oder der sich immer noch nicht beruhigt hat, nachdem Sie sich eine halbe Stunde lang mit ihm beschäftigt haben.

Dem Tierheim einen Besuch abstatten

Im Tierheim nach einem passenden Welpen zu suchen, kann sehr deprimierend sein. Stellen Sie sich darauf ein. Sie werden einiges zu sehen bekommen, was Sie noch lange Zeit verfolgen wird. Möglicherweise begegnen Ihnen trübsinnige Hunde mit schwermütigem Gesicht. Was auch immer Sie dort sehen, widerstehen Sie der Versuchung, gleich alle Hunde mitzunehmen. Die meisten Tierheimhunde verkraften den Wechsel in ein neues Zuhause nicht leicht. Das Gefühl, die neue Situation nicht unter Kontrolle zu haben und verlassen worden zu sein, bereitet ihnen jede Menge Stress – solche Welpen bedürfen all Ihrer Aufmerksamkeit und Ihres Verständnisses, um die schwierige Anfangszeit durchzustehen.

Haben Sie keine Angst davor, einen Hund aus dem Tierheim zu adoptieren. Es ist die edelste aller Möglichkeiten! Ich habe den süßesten Hund, den ich je hatte, in einem Tierheim gefunden und es nie bereut. Aber bereiten Sie sich gut vor, bevor Sie in ein Tierheim gehen. Folgende Dinge sollten Sie im Auge behalten:

- ✔ **Überlegen Sie sich vorher, welches Aussehen und welche Eigenschaften Ihr zukünftiger Hund haben soll.** Soll er groß sein oder klein? Ein Welpe oder ein älterer Hund? Ruhig oder lebhaft? Machen Sie sich eine Liste, bevor Sie hingehen, und fragen Sie die Tierheimmitarbeiter – sie können sich als sehr hilfreich erweisen und Sie direkt zu dem Welpen führen, der Ihren Kriterien entspricht.
- ✔ **Versuchen Sie, die Geschichte der einzelnen Hunde herauszufinden.** Viele Hunde landen im Tierheim, weil ihre Besitzer umgezogen sind oder unter Allergien leiden, aber meistens steckt noch mehr dahinter. Wenn Sie sich einen älteren Welpen auswählen, finden Sie heraus, ob er ausgesetzt oder in irgendeiner Form misshandelt wurde. Diese Traumata können zu Verhaltensauffälligkeiten führen, mit denen Sie zurechtkommen müssen.
- ✔ **Wenn Sie Kinder haben, testen Sie, ob der Hund sie mag, bevor Sie ihn mit nach Hause bringen.** Nehmen Sie die Kinder mit ins Tierheim. Falls Sie noch keine Kinder haben, aber planen, welche zu bekommen, leihen Sie sich für den Besuch im Tierheim Kinder von Bekannten aus.
- ✔ **Falls bei Ihnen noch andere Tiere zu Hause leben, versuchen Sie festzustellen, ob der neue Hund sie akzeptiert.** Bitten Sie das Tierheimpersonal, andere Tiere zu dem Welpen zu setzen, um sicherzugehen, dass er mit anderen Lebewesen auskommt.
- ✔ **Finden Sie so viel wie möglich über den Gesundheitszustand des Welpen heraus.** Wurde er bereits von einem Tierarzt untersucht? Gibt es Krankheiten (wie zum Beispiel Epilepsie, Dysplasie, Würmer oder andere Parasiten), von denen Sie wissen sollten?

- **Verbringen Sie Zeit mit dem Welpen.** Kommunizieren Sie mit ihm. Schauen Sie ihm in die Augen. Fühlen Sie es »Klick« machen? Ist es Liebe auf den ersten Blick? (Ich glaube noch an Wunder – zumindest was Hunde anbelangt!)

Bei der Adoption eines älteren Welpen aus dem Tierheim müssen Sie mit Verhaltensproblemen rechnen, die es auszubügeln gilt. Hunde, die schon länger im Heim sind, brauchen eventuell einen Auffrischungskurs in guten Manieren. Das Tierheimpersonal wird Ihnen eine Vorstellung von dem vermitteln können, was auf Sie zukommen wird. Aber vergessen Sie nicht: Die wahre Persönlichkeit Ihres Hundes zeigt sich erst, nachdem er einige Zeit mit Ihnen zusammengelebt hat.

Vielfach werden über Tierschutzorganisationen Hunde aus dem europäischen Ausland angeboten. Erkundigen Sie sich beim Tierarzt, ob ein solcher Hund möglicherweise an fremden Krankheiten (auch Reisekrankheiten genannt) leiden kann. Viele Tierheime lassen Importhunde auf diese Krankheiten untersuchen. Lassen Sie sich die Laborergebnisse zeigen und besprechen Sie den Befund mit einem Tierarzt. Ob diese Hunde tatsächlich immer aus Tierschutzgründen importiert werden, kann man durchaus hinterfragen.

Wenn Sie einen Hund auf der Straße finden, gehen Sie erst einmal nicht davon aus, dass es sich dabei um einen Streuner handelt, der ein neues Zuhause braucht. Sehen Sie nach, ob das Tier eine Hundemarke trägt, tätowiert oder mit einem Mikrochip gekennzeichnet ist und wenden Sie sich an den nächsten Tierarzt, die Polizei oder das örtliche Tierheim, um sicherzugehen, dass der Hund von niemandem vermisst wird. Falls es sich um Ihren Hund handeln würde, wären Sie demjenigen, der dasselbe für Sie tun würde, sicher auch dankbar.

Was bedeutet »Notvermittlung von Rassehunden«?

Unter »Notvermittlern« versteht man Menschen, die es sich zur Aufgabe gemacht haben, Hunde einer bestimmten Rasse bei sich aufzunehmen, die von ihren Besitzern aus den unterschiedlichsten Gründen abgegeben wurden und nicht ins Tierheim gebracht werden können oder sollen. Diese Menschen, meist selbst Züchter, päppeln die Hunde auf, lassen sie kastrieren, erziehen sie zu Stubenreinheit und sozialisieren sie. Danach vermitteln sie sie an neue Besitzer weiter. Die Hunde kommen als Welpen, aber auch als erwachsene Hunde zu den Notvermittlern. Falls Sie sich also in eine ganz bestimmte Rasse verliebt haben, aber sich nicht vorstellen können, mit Ihrem Hund alle Welpenphasen durchzumachen, dann denken Sie darüber nach, einen dieser Hunde zu adoptieren. Es ist eine großartige Möglichkeit, einen Hund zu »retten«, dessen Charakter bekannt ist und der sich nach einem beständigen Zuhause sehnt. Adressen von Notvermittlern bekommen Sie beim Verband für das Deutsche Hundewesen (VDH).

Falls Sie einen Welpen adoptiert haben, der sich danebenbenimmt, seien Sie verständnisvoll. Schlechtes Benehmen resultiert daraus, dass der Welpe nicht weiß, was im neuen Haushalt von ihm verlangt wird. Dieser Hund braucht viel Geduld und Erziehung. Denken Sie daran – scharfes Ausschimpfen verursacht nur noch mehr Probleme.

Falls Ihr Welpe Sie findet

Der Tag wird kommen, an dem Ihr Hund Sie findet, und wenn das passiert, werden Sie sich fühlen, als ob Sie gerade ein Geschenk von ganz oben erhalten hätten. Die Verantwortung für Ihren quirligen neuen Freund wird Sie treffen wie ein Blitzschlag. Das Leben mit all seinen Verpflichtungen und Terminen existiert vorübergehend nicht. Allerdings ist *vorübergehend* hierbei das Schlüsselwort. Plötzlich werden Sie mit einer wichtigen Entscheidung konfrontiert: Was ist mit dem Welpen zu tun?

Zuallererst muss er zum Tierarzt gebracht werden, damit er untersucht werden kann. Ist der Welpe krank oder hat er Parasiten, nehmen Sie das Problem am besten sofort in Angriff. Als Nächstes sollten Sie sich hinsetzen, um ein Zwiegespräch mit sich selbst zu halten. Kann ich in meiner jetzigen Situation wirklich die Verantwortung für einen Hund übernehmen? Das Großziehen eines Welpen kommt der Versorgung eines Babys sehr nahe – *ohne* den Vorteil von Windeln genießen zu können.

Falls Sie sich entscheiden, sich der plötzlichen Verantwortung zu stellen, großartig! Sie sind um ein neues Familienmitglied reicher! Sie können sich einen Namen für den Kleinen aussuchen und mit der Erziehung beginnen. Sollten Sie sich jedoch – so sehr es Ihnen auch das Herz bricht – zu der Erkenntnis durchringen, dass ein Welpe momentan nicht in Ihr Leben passt, dann denken Sie daran, dass ein Hund mehr als Liebe braucht, um zu überleben. Also fühlen Sie sich nicht schuldig. Nutzen Sie stattdessen all Ihre Kraft und Energie, um ein gutes Zuhause für Ihren Welpen zu finden. Somit helfen Sie aktiv mit, Ihrem neuen Freund ein »Happyend« zu bescheren, anstatt neue Probleme zu verursachen – einen ängstlichen Hund, der wenig Kontakt zu Artgenossen und anderen Menschen hat – und nichts ist schlimmer als ein Welpe, der den ganzen Tag über allein gelassen wird.

Die meisten »Findelkinder« haben oft eine ganze Weile an ihrer Vergangenheit zu knabbern und leiden möglicherweise auch unter Trennungsängsten. Sie sollten sich dessen bewusst sein und damit umgehen können. Achten Sie außerdem auf Parasiten. Hunde sind oft Wirte für eine ganze Bandbreite an Endo- und Ektoparasiten. Wenn Sie einen Hund adoptieren, tun Sie sich selbst einen Gefallen und gehen Sie sobald wie möglich mit ihm zum Tierarzt. (Über die unterschiedlichen Parasiten informiert Sie Kapitel 23 ausführlich.)

Die Kunst, sich aus einem Wurf einen Welpen auszuwählen

Sie haben sich auf den Weg gemacht, um sich die Welpen anzusehen. Bald schauen Sie also in eine Kiste mit einem Haufen quirliger Hundebabys. Ich warne Sie – sie werden uuunglaublich süß sein. Nun, bevor Sie sie tatsächlich besichtigen, ist es an der Zeit, ein ernstes Wörtchen mit sich selbst reden. Sagen Sie zu sich selbst: »Ich werde nur einen nehmen!« Dann wiederholen Sie diese Worte so oft, bis Ihr Drang, all die niedlichen, kleinen Welpen in Ihr Auto zu verfrachten, nachgelassen hat. (Wenn Sie Informationen darüber benötigen, wie man einen

Haushalt mit mehreren Welpen managt, lesen Sie bitte den Abschnitt »Welpen im Doppelpack« am Ende dieses Kapitels.)

Die Wahrscheinlichkeit, dass ein oder zwei Welpen Ihr Herz sofort für sich erobern, ist groß. Vielleicht fällt Ihr Augemerk spontan auf den größten Welpen, den Kleinsten, oder den mit dem tapsigsten Gang. Der erste Eindruck kann sehr überzeugend sein, aber man muss doch einen Blick auf die Persönlichkeit hinter dem hübschen Gesichtchen werfen, bevor man sich entscheidet.

Jeder Welpe hat einen ganz eigenen Charakter. Jeder von ihnen hat eine ganz bestimmte Art, mit seinen Geschwistern umzugehen, sich mit Ihnen bekannt zu machen und seine Umgebung zu erkunden. Sie müssen diese Verhaltensweisen genauer beobachten, um zu erkennen, ob das Temperament des Welpen zu Ihrem passt.

Die Welpen unter die Lupe nehmen

Im Alter von sieben Wochen haben die Welpen bereits damit begonnen, ihre Umwelt zu erkunden. Jeder von ihnen hat eine besondere Art, mit seinen Wurfgeschwistern, seiner Mutter und der Welt außerhalb der Wurfkiste umzugehen.

Die Wurfgeschwister-Welt hat eine Hackordnung, die der Hierarchie in einem Wolfsrudel nahe kommt. Jeder Welpe nimmt einen eigenen Platz innerhalb dieser Ordnung ein und verhält sich auch dementsprechend. Intelligente, energiegeladene, herrische Typen stehen in der Rangordnung am höchsten. Welpen mit einer lockeren Grundeinstellung belegen das Mittelfeld. Ihnen ist Spaß wichtiger als Macht. Schüchterne und ängstliche Welpen stehen in der Rangordnung zuunterst. Diese Welpen, die Ruhe und Frieden lieben, ziehen es vor, das Geschehen aus sicherer Entfernung zu beobachten, ohne selbst mitzumischen.

Hunde leben in einer Welt, in der sie ihren festen Platz innerhalb einer Rangordnung einnehmen. Wenn Sie so wollen, sind Sie der Leithund, das Alpha-Tier oder der Boss im Rudel Ihres Hundes. Wie auch immer Sie Ihre Position betiteln mögen – wichtig ist auf jeden Fall, dass Sie *beide* wissen, wer der Chef ist.

All diese Welpen haben ihren Platz in der Welt, aber welcher von ihnen ist nun der Richtige für Sie? Sie brauchen Beharrlichkeit, um einen Welpen, der hoch in der Rangordnung steht, von Ihrer Autorität zu überzeugen. Geduld ist vonnöten, um die entspannten Mittleren zu erziehen. Um wiederum das Selbstbewusstsein der schüchternen Welpen aufzubauen, sind Zeit und Einfühlungsvermögen gefragt.

Um Ihnen eine Vorstellung davon zu geben, welcher Welpe am besten zu Ihnen passt, stellen Sie sich einfach einen imaginären Wurf von fünf Welpen vor. In Wirklichkeit sehen Sie bestimmt auch größere oder kleinere Würfe, aber im Allgemeinen entspricht die Persönlichkeit eines realen Welpen ganz gut einem der Charaktere in diesem Beispielwurf.

Dieser Wurf setzt sich aus drei weiblichen und zwei männlichen Tieren zusammen. Ich beschreibe für jeden von ihnen den Rang, den er innerhalb seines Wurfes einnimmt, sein Spielverhalten, die Art, wie er seine Umwelt erkundet und wie er Sie begrüßen wird. Danach gehe ich darauf ein, welches Herrchen oder Frauchen für diesen Welpen am besten geeignet wäre.

Dies ist ein hypothetischer Wurf. In einem Wurf von neun Welpen kann die Verteilung beispielsweise so aussehen: zweimal die Nr. 1, dreimal die Nr. 2, dreimal die Nr. 3 und einmal die Nr. 4. Jede Kombination ist möglich.

Welpe Nr. 1: Ein Alpha-Hundemädchen

Mit den Wurfgeschwistern: »Wage und gewinne« lautet die Devise dieses Welpen. Sie liebt das Spiel und den Ringkampf, hauptsächlich deshalb, weil sie immer gewinnt. Sie denkt, sie wäre die Beste und zeigt das auch in ihrem Verhalten. Dies ist der Welpe, der sich im Angriff auf Quietsche-Bälle übt und immer wieder versuchen wird, Hindernisse unbarmherzig aus dem Weg zu räumen und die Absperrungen niederzureißen.

Mit Ihnen: Möglicherweise wird sie Ihnen zuerst auffallen. Sie wird mutig auf Sie zugehen, wild mit dem Schwanz wedeln und Sie sogleich beschnüffeln. Deuten Sie das nicht als spontane Liebeserklärung – sie verhält sich anderen gegenüber genauso. Dieses freche Mädchen wird Sie überaus stürmisch begrüßen, Sie belecken und an Ihnen hochspringen. Vielleicht klettert sie sogar auf Sie, um mit ihrer heldenhaften Tapferkeit anzugeben.

Der ideale Besitzer: Viele Menschen lassen sich von der lebhaften Begrüßung und der schmeichelnden Art dieses Mädchens einwickeln. Aber sie versucht gar nicht, sich bei Ihnen einzuschmeicheln – sie will *die Erste* sein, die sie begrüßen darf! Sehr intelligent und lustig, wie sie ist, braucht sie einen Besitzer, der über viel Zeit und Ausdauer verfügt, um ihr eine konsequente Erziehung angedeihen zu lassen. Ohne ein solches Frauchen oder Herrchen wird aus diesem Welpen eine tyrannische Chefin, die für eine Familie mit Kindern ungeeignet ist.

Welpe Nr. 2: Der Vize-Chef

Mit den Wurfgeschwistern: Dieser Welpe hat ebenfalls nichts gegen eine gepflegte Rauferei und verbringt viel Zeit damit, die spielerischen Angriffe des Alpha-Welpen abzuwehren. Wenn er nicht gerade von diesem überrumpelt wird, balgt er sich meist mit Welpen, die weiter unten in der Hierarchie stehen als er, oder erkundet seine Umgebung.

Mit Ihnen: Dieser kleine Racker ist selbstbewusst und zufrieden, aber nicht so aufdringlich wie die Chefin. Er wird vielleicht an Ihnen hochspringen und Sie lecken, um Ihnen zu zeigen, dass auch er ein ziemlich aufgewecktes Kerlchen ist.

Der ideale Besitzer: Obwohl die Nummer 2 des Wurfes nicht ganz so eingebildet ist wie der Alpha-Welpe, ist auch er energiegeladen und ungestüm und verlangt nach einem Besitzer mit ähnlichen Qualitäten. Er wird Sie immer im Auge behalten und eventuell die Gunst der Stunde nutzen, wenn Sie ihm den Rücken zudrehen. Für ältere Kinder ist er ein großartiger Spielkamerad. Er wird sich in einer Familie wohl fühlen, in der klare Regeln herrschen und in der er konsequent erzogen wird.

Welpe Nr. 3: Die Mittlere

Mit den Wurfgeschwistern: Ich nenne diesen Welpen die Erforscherin. Sie verteidigt sich, wenn sie in einen Ringkampf verwickelt wird, aber die Balgerei ist nicht wirklich ihr Ding. Viel lieber erkundet sie stattdessen ihre Umgebung und gibt sich eher dem friedlichen Spiel mit ihren Wurfgeschwistern hin.

Mit Ihnen: Was für eine erholsame Abwechslung von den anderen beiden! Sie wird entspannt dasitzen oder vielleicht aufstehen, um Ihnen hinterherzulaufen, wenn Sie durchs Zimmer gehen. Eventuell leckt sie oder springt schon mal an Ihnen hoch, aber ihr Energielevel liegt dabei deutlich unter dem ihrer dominanteren Geschwister.

Der ideale Besitzer: Dieser Hund ist ideal für aktive Familien mit vielen Kindern. Dieser Welpe wird eine hohe Toleranz gegenüber lauten Geräuschen haben und mit Trubel gut umgehen können. Obgleich sie des Gehorsamstrainings bedarf, wird eine gelegentliche Auseinandersetzung nicht gleich in einem Kampf um die Rudelleitung enden.

Welpe Nr. 4: Die Zurückhaltende

Mit den Wurfgeschwistern: Sie verhält sich ihren Wurfgeschwistern gegenüber zurückhaltend. Sie unterwirft sich bei Kämpfen ohne viel Gegenwehr, und die anderen wissen schon, dass sie ein zartes Pflänzchen ist. Dieses kleine Hundemädchen beschäftigt sich meist mit rangniedrigeren Geschwistern und erfreut sich an ruhigen Spielen und Erkundungstouren.

Mit Ihnen: Die Zurückhaltende ist ruhig und unauffällig. Sie wird Sie nur zögernd begrüßen und wenn Sie durchs Zimmer laufen, gibt sie sich damit zufrieden, Sie dabei aus der Entfernung zu beobachten.

Der ideale Besitzer: Diese freundliche, besonnene kleine Hundedame braucht einen Besitzer mit ähnlicher Persönlichkeit. Ältere Kinder werden sicherlich ihre Freude an ihr haben. Um einen glücklichen Hund aus ihr zu machen, müssen sich aber alle der Sensibilität dieses Welpen bewusst werden, denn sie sollte sanft, mit viel positiver Bestätigung, ein wenig Disziplin und viel Geduld erzogen werden.

Welpe Nr. 5: Der Schüchterne

Mit den Wurfgeschwistern: Beim Anblick dieses kleinen Welpen wird Ihnen das Herz aufgehen. Er zeigt sich ängstlich, wenn er von seinen stärkeren Wurfgeschwistern bedrängt wird. Gelegentlich balgt er vielleicht mit Nr. 4, aber meistens spielt er alleine. Wenn Sie ihn beobachten, sitzt er vielleicht in einer Ecke und kaut an einem Plastikknochen oder schnüffelt in der Gegend herum, während seine Geschwister wild miteinander raufen.

Mit Ihnen: Dieser kleine Kerl wird Ihnen bestimmt Leid tun. Er ist glücklich, wenn er sich in Ihrem Schoß zusammenrollen kann und schreckt möglicherweise zusammen, wenn Sie eine abrupte Bewegung machen. Laute Geräusche mag er überhaupt nicht.

Der ideale Besitzer: Für Kinder ist dieser Welpe nicht gut geeignet, da er auf Geräusche und Chaos mit Erstarrung reagiert. Er braucht ein sehr einfühlsames Frauchen oder Herrchen, das geduldig und unterstützend auf ihn einwirkt. Sanfte Erziehungsmethoden helfen dabei, sein Selbstbewusstsein aufzubauen.

Die Auswahl des idealen Welpen

Nachdem Sie sich über die unterschiedlichen Persönlichkeiten informiert haben, sind Sie nun bereit, Ihren Welpen auszuwählen. Dieser Abschnitt zeigt Ihnen sieben Tests, mithilfe derer Sie die Persönlichkeiten der Welpen beurteilen können. Unterziehen Sie alle Welpen den Tests, bewerten Sie ihre Reaktionen und tragen Sie die Ergebnisse in der Welpen-Persönlichkeitstabelle ein. (Sie können sich die Tabelle kopieren und sie zu Ihren Welpen-Besuchen mitnehmen.) Danach müssen Sie nur noch die Ergebnisse zusammenzählen ... und schon haben Sie den Welpen gefunden, der perfekt zu Ihnen passt!

Die Welpen-Persönlichkeitstabelle

Mittlerweile wissen Sie sicher, wie der Welpe sein soll, den Sie mit nach Hause nehmen möchten. Aktive Welpen bedeuten viel Arbeit, die Beschäftigung mit ihnen macht aber auch viel Spaß. Temperamentvoll und intelligent, wie sie sind, bringen sie denen Freude, die über genügend Zeit und Entschlossenheit verfügen, um sie zu erziehen. Neutrale Welpen sind entspannt und anspruchslos – sozusagen die »Durchschnittlichen« in der Hundewelt. Zurückhaltende und schüchterne Welpen bevorzugen ein ruhiges, beständiges Zuhause und die liebevolle Zuwendung ihrer Besitzer. Veränderungen machen ihnen Angst.

Die Welpen-Persönlichkeitstabelle (Tabelle 4.1) benutzen Sie, indem Sie den Welpen »Noten« auf ihre Reaktionen geben:

A – Aktiv (Alpha-Welpe und Vize-Chef)

N – Neutral (der Mittlere)

P – Passiv (der Zurückhaltende und der Schüchterne)

Persönlichkeitstest für Welpen

Name/ Nummer des Welpen	1. Beobachten	2. Hochheben	3. Flip-Flop	4. Streicheln	5. Blödelgang	6. Was ist das?	7. Crashtest

Tabelle 4.1: Bewerten Sie die Welpen nach jeder Übung mit entweder A für aktiv, N für neutral oder P für passiv.

Es ist wichtig, dass die Welpen ausgeschlafen und munter sind, wenn Sie die Tests mit ihnen durchführen.

Führen Sie jeden dieser Tests mit jedem einzelnen Welpen durch:

1. **Beobachten**

   Beobachten Sie die Welpen, wie sie miteinander spielen und bewerten Sie ihre Stellung innerhalb der Rangordnung. (Der Abschnitt »Die Welpen unter die Lupe nehmen« weiter vorn in diesem Kapitel kann Ihnen dabei behilflich sein.)

2. **Hochheben**

   Nachdem Sie die Welpen beobachtet haben, nehmen Sie nun einen nach dem anderen beiseite. Greifen Sie ihn mit beiden Händen unterm Bauch und heben Sie ihn etwa 30 cm vom Boden hoch (wie in Abbildung 4.1 gezeigt). Wenn er laut quiekend und schwanzwedelnd versucht, an Ihr Gesicht zu kommen, um es abzulecken, geben Sie ihm ein A. Quiekt er etwas und entspannt sich dann in Ihren Händen, so bekommt er ein N. Wenn er ängstlich zittert, die Ohren anlegt und den Schwanz einzieht, erhält er ein P.

Abbildung 4.1: Den Hochhebe-Test machen

3. **Flip-Flop**

   Als Nächstes heben Sie den Welpen hoch, drehen ihn mit dem Bauch nach oben, so dass er wie ein Baby auf Ihrem Schoß liegt, und kraulen ihn. Quietscht er und versucht er, nach Ihrem Gesicht zu schnappen? Wenn dem so ist, geben Sie ihm ein A. Wenn er mit dem Schwanz wedelt und zufrieden liegen bleibt, erhält er ein N. Wenn er winselt oder seine Lefzen ängstlich zurückzieht (ein unterwürfiges »Grinsen«), geben Sie ihm ein P.

Abbildung 4.2: Den Flip-Flop-Test machen

4. **Streicheln**

   Okay, und nun wieder zurück auf den Boden. Setzen Sie sich neben den Welpen und streicheln Sie ihn. Streichen Sie ihm mindestens 15 Mal sanft über den Rücken, um seine Bereitwilligkeit, angefasst zu werden, zu überprüfen. Springt er sofort in Richtung Ihres Gesichts oder drängelt er sich an Sie, um noch mehr Streicheleinheiten abzubekommen, bekommt er ein A. Bleibt er ruhig sitzen oder krabbelt er auf Ihren Schoß und lässt sich von Ihnen einfach streicheln, so geben Sie ihm ein N. Duckt er sich, zieht er den Schwanz ein und legt seine Ohren nach hinten, während er die Lefzen vor Angst zurückzieht, bewerten Sie dies mit P.

5. **Blödelgang**

   Stehen Sie auf, schütteln Sie die Beine, klatschen Sie in die Hände und fordern Sie den Welpen dazu auf, Ihnen zu folgen. Wenn notwendig, lassen Sie sich wie ein Affe nach vorn hängen, um seine Aufmerksamkeit zu erregen – denn darum geht es hier. Attackiert der Welpe Ihre Beine oder wird er von etwas Spannenderem abgelenkt, bekommt er ein A. Läuft er Ihnen begeistert hinterher und schaut Sie dabei erwartungsvoll an, dann geben Sie ihm ein N. Sitzt er nur erschrocken da und schaut Ihnen mit ängstlichem Gesichtsausdruck zu, erhält er ein P.

6. **Was ist das?**

   Für diesen Test benötigen Sie zwei Löffel. Wenn der Welpe abgelenkt ist, nehmen Sie die Löffel und schlagen Sie sie – natürlich nicht *zu* laut – über seinem Kopf aneinander. Springt der Welpe hoch und versucht, sich die Löffel zu erkämpfen, erhält er von Ihnen ein A. Ignoriert er das Geräusch oder schnuppert neugierig am Besteck, vergeben Sie ihm ein N. Ängstliches Ducken oder Verkriechen wird mit einem P bewertet.

7. **Crashtest**

   Entfernen Sie sich etwa fünf Meter weit von dem Welpen. Lassen Sie sich nun plötzlich auf den Boden fallen und tun Sie so, als ob Sie sich am Knie verletzt hätten. Sie müssen nicht gleich den Krankenwagen rufen, aber versuchen Sie trotzdem, die Situation möglichst realistisch darzustellen. Versteht der Welpe Ihr Verhalten als Einladung zum Spiel? Wenn ja, geben Sie Ihm ein A. Kommt er einfach nur neugierig angelaufen, bekommt er ein N. Läuft der Welpe weg oder versteckt er sich, so erhält er ein P.

Kleine Kinder können Ihnen bei dem Streicheltest oder dem Crashtest behilflich sein. In der Tat ist dies auch eine gute Methode, um festzustellen, wie der Welpe sich gegenüber Ihren weniger behaarten »Welpen« verhält. Ältere Kinder können alle Tests übernehmen – aber bitte nur ein Testdurchlauf pro Welpe! Wenn Ihre ganze Familie anfängt, auf dem Boden zusammenzubrechen, flüchtet selbst der Mutigste aller Welpen über alle Berge.

Die Auswertung des Tests

Um zu einem endgültigen Testergebnis zu kommen, zählen Sie die As, Ns und Ps eines jeden Welpen zusammen und werfen dann einen Blick auf die folgende Checkliste:

✔ Hat ein Welpe ausschließlich As bekommen, so haben Sie es hier mit dem Alpha-Welpen zu tun – ein Welpe, der die Kontrolle über seine Umwelt übernimmt, wenn keiner diesen Platz vor ihm einnimmt.

✔ Nur Ns auf der Liste? Dann muss es wohl der Mittlere sein.

✔ Ns und Ps bedeuten, dass Ihr Hund höchstwahrscheinlich zurückhaltend und entspannt sein wird.

✔ Nur Ps bedeutet, dass Ihr Hund schüchtern ist und sehr gut sozialisiert werden muss.

Wenn Sie die Persönlichkeit Ihres Welpen gut kennen, können Sie das richtige Gehorsamstraining für ihn festlegen.

Welpen im Doppelpack – zweimal so viel Ärger?

Ich weiß, alle Welpen sind so niedlich, dass Sie sofort alle einpacken und nach Hause mitnehmen könnten. Selbstverständlich wissen Sie (oder sollten es wissen ...), dass Sie das nicht tun können. Aber was können Sie tun, wenn Sie sich zu zwei Welpen gleichermaßen hinzugezogen fühlen? Dann wird es schwierig – und anstrengend, denn zwei Welpen können für mehr Ärger als Freude sorgen.

✔ **Sie beschäftigen sich mehr miteinander als mit Ihnen.** Ein einzelner Welpe wird versuchen herauszubekommen, was Sie von ihm wollen, wohingegen zwei Welpen sich um das, was Sie ihnen beibringen wollen, weniger kümmern werden – das behindert die Erziehung. Sie werden es schwer damit haben, die beiden Welpen davon abzuhalten, Ihre Möbel anzukauen, ihr Geschäft auf Ihrem Teppich zu verrichten oder den Mülleimer zu durchwühlen. Die von Ihnen aufgestellten Regeln überzeugen die Welpen eben nicht so gut wie die eines Spielkameraden. Wenn ein Welpe damit anfängt, ein Kissen zu zerlegen, wird der andere ihm bald dabei helfen. Wenn einer der Welpen Ihnen gehorchen will, aber sieht, dass der andere Sie ignoriert, sind Sie bald vergessen.

- ✔ **Im Laufe der Zeit wird sich der eine Welpe zu einem dominanteren und der andere zu einem braveren Hund entwickeln.** Der Alpha-Welpe wird versuchen, sich immer wieder die Kontrolle über das Geschehen zu erkämpfen, während sein Gefährte sich möglicherweise stark unterwürfig gebärden wird oder die Situation nur schwer bewältigt. Werden die Welpen getrennt, leiden sie beide und bellen, machen in die Wohnung oder nagen an Einrichtungsgegenständen, bis der andere Welpe wieder nach Hause kommt.
- ✔ **In der Pubertät kämpfen Hunde gleichen Geschlechts häufig miteinander um die Position des Alpha-Hundes.** Der Machtkampf zeigt sich in der Verteidigung ihres Futters oder ihrer Spielzeuge oder im Kampf um die menschliche Aufmerksamkeit.

Und doch – zwei Hunde zu besitzen bedeutet natürlich auch viel Freude für Sie und die Tiere. Also was ist zu tun? Ich empfehle Ihnen, ein Jahr lang *einen* Welpen zu erziehen und sich dann erst einen zweiten dazuzuholen. Der erste Welpe hat so die Möglichkeit, eine Bindung zu Ihnen aufzubauen und kann dem Neuankömmling die im Haus geltenden Regeln und gutes Benehmen beibringen.

Wenn Sie sich wirklich nicht zwischen zwei Welpen entscheiden können, dann machen Sie sich auf etwas gefasst. Falls Sie das hier lesen sollten, während es sich bereits zwei Welpen auf Ihrem Schoß bequem gemacht haben, verzweifeln Sie nicht: Sie brauchen nur etwas mehr Zeit. Natürlich brauchen Sie das doppelte Hundezubehör: zwei Körbchen, zwei Leinen, zweimal so viel Spielzeug usw. Das ist aber noch das geringste Problem. Zwei Welpen fordern Ihre doppelte Aufmerksamkeit – wenn sie die nicht bekommen, wird ihre Bindung untereinander stärker ausgebildet sein als die zu Ihnen. Wenn sie wie untrennbare Zwillinge großgezogen werden, leiden sie jedes Mal darunter, wenn sie von ihrem Gefährten getrennt werden. Zwei Welpen bedeuten des Weiteren oft viermal so viel putzen und aufräumen, denn Welpen im Doppelpack stellen mindestens zweimal so viel Unfug an wie ein »Einzelkind«.

Zwei Hunde gleichzeitig großzuziehen, ist nicht unmöglich. Es ist nur eine echte Herausforderung. Jeder der Welpen benötigt Aufmerksamkeit, ein auf ihn zugeschnittenes Gehorsamstraining und Spaziergänge, damit er sich emotional und körperlich »hundgerecht« entwickeln kann. Gehen Sie deshalb getrennt mit Ihren Welpen spazieren. Um sie zur Stubenreinheit zu erziehen, ist es außerdem sinnvoll, einzeln mit ihnen vor die Tür zu gehen. Unterm Strich bedeutet das: Überlegen Sie, ob Sie über die nötige Zeit und das Durchhaltevermögen verfügen, um die Herausforderung anzunehmen.

Wenn es ein älterer Welpe sein soll

Einen älteren Welpen auszuwählen kann sehr viel leichter sein, als sich einen jüngeren Welpen auszusuchen. Der Niedlichkeitsfaktor hat an Gewicht verloren. Sie testen meist nur einen und nicht gleich zwölf auf einmal. Aber wenn Sie ein weichherziger Mensch sind, kann Ihnen die persönliche Geschichte eines Welpen so zu Herzen gehen, dass Sie ihn selbst dann zu sich nehmen wollen, wenn er nicht zu Ihrem Lebensstil passt.

Das Gehirn eines Welpen entwickelt sich während der ersten 12 Wochen. Seine Entwicklung während dieser kritischen Phase bestimmt das spätere Verhalten des Hundes maßgeblich.

Um Ihnen dabei zu helfen, einen klaren Kopf zu bewahren, rate ich Ihnen, sich erst einmal an den Leitfäden und den Tests zu orientieren, die auch für jüngere Welpen gelten. Dann wissen Sie, ob sich der Hund wirklich in Ihr Leben integrieren lässt. Sie müssen stark sein, um sich von Ihrem Kopf und nicht allein von Ihrem Herz leiten zu lassen. Nichts ist trauriger, als einen Hund zu retten, nur um ihn einige Tage später wieder zurückzubringen, weil der Hund sich Ihrem Lebensstil nicht anpassen kann. Seien Sie stark – finden Sie vorher heraus, ob Sie und der Hund zusammenpassen:

- ✔ Haben Sie Kinder? Stellen Sie sicher, dass Sie sie dem Hund vorstellen, bevor Sie ihn mit nach Hause nehmen.
- ✔ Erschrecken Sie den Hund. Werfen Sie sich mit den Knien auf den Boden. Bekommt der Hund große Angst oder versucht er, Sie anzugreifen? Keine der genannten Reaktionen ist gut.
- ✔ Wenn Sie einen kleinen Zoo zu Hause haben, vergewissern Sie sich, dass der Hund mit dem Trubel, den Ihre behaarten und gefiederten Hausgenossen anrichten, umgehen kann.
- ✔ Bitten Sie das Tierheimpersonal (oder den Vorbesitzer) darum, den Hund hochzuheben. Was geschieht? Große Angst oder starke Teilnahmslosigkeit sind keine guten Anzeichen. Der ideale Welpe wird sich zwar winden, aber die Situation doch hinnehmen.
- ✔ Versuchen Sie, das Fell des Welpen mit einer weichen Bürste zu bürsten, während Sie ihn mit Leckerli füttern.

Behalten Sie im Hinterkopf, dass ältere Welpen fremde Personen und neue Situationen weniger gut akzeptieren als junge Welpen. Geben Sie Ihm deshalb genügend Raum und Zeit, damit er seine Ecken und Kanten abschleifen kann. Wenn Sie allerdings extreme Verhaltenswesen an Ihrem Hund beobachten – zum Beispiel Aggression –, lassen Sie besser die Finger von ihm. Sofern Sie nicht nach einem Welpen suchen, der ein sehr umfangreiches Trainingsprogramm für sich beansprucht, halten Sie lieber Ausschau nach einem Welpen, der die Tests des Abschnittes »Die Auswahl des idealen Welpen« weiter vorn in diesem Kapitel mit überwiegend »Ns« besteht und der sich, falls dies bei Ihnen eine Rolle spielt, gleichermaßen geduldig gegenüber Kindern und anderen Tieren verhält.

Das beste Alter für die Adoption eines Welpen

Sie müssen sich Gedanken darüber machen, ob Sie einen jungen Welpen oder einen jugendlichen Hund zu sich nehmen wollen. Wenn Sie sich für einen Babyhund entschieden haben, ist das optimale Alter, um ihn mit nach Hause zu nehmen, zwischen der achten und der zwölften Lebenswoche. Falls Sie sich für den älteren Kandidaten entscheiden sollten, der älter als sechs Monate ist, dann stellen Sie sicher, dass er nicht mehr alles ankaut oder annagt, wie es ein Welpe macht.

Woran Sie bei einem kleinen Welpen denken müssen

Viele Experten werden Ihnen dazu raten, den Welpen schon mit sechs bis acht Wochen zu sich zu nehmen. Ich empfehle acht bis zwölf Wochen. Und das aus folgendem Grund: Sechs Wochen alte Welpen schnappen und spielen, in dem frühen Bestreben, eine Rangordnung festzulegen. Sie benutzen selbst ihre Mutter als Beißsack; sie verweist die Kleinen in ihre Schranken und erzieht sie zu Respekt. Respekt ist eine Sache, die Welpen gelernt haben müssen, *bevor* sie in ein neues Zuhause kommen.

Außerdem gewinnen die Welpen im Alter von sechs Wochen erst langsam die Kontrolle über ihre Blase; diese Entwicklungsstufe abzuwarten hat Vorteile, die zu erklären nicht weiter notwendig sein dürften ...

Woran Sie bei einem älteren Welpen denken müssen

Die meisten älteren Welpen sind ruhiger und tolerieren den täglichen Trubel besser als jüngere Welpen – falls sie von ihren Vorbesitzern schon früh erzogen und sozialisiert wurden. Nichts ist entmutigender, als einen älteren Welpen zu erstehen, der verwahrlost ist. Diese Hunde können unvorhersehbar nervös und aggressiv sein. Wenn Sie über einen älteren Welpen nachdenken, halten Sie Ihre Augen und Ohren offen. Schauen Sie hin, bevor Sie einen Schritt machen. Beschäftigen Sie sich viel mit Ihrem Kandidaten. Stellen Sie ihm die gesamte Familie vor. Und unterhalten Sie sich mit den Vorbesitzern oder dem Tierheimpersonal. Hier sind einige Fragen, die Sie stellen sollten:

- ✔ Wie alt ist der Hund?
- ✔ Warum sind Sie auf der Suche nach einem neuen Zuhause für ihn?
- ✔ Wurde er schon in irgendeiner Form erzogen?
- ✔ Wie viele Besitzer hat er bisher schon gehabt? Falls es mehr als einer war, dann weshalb?
- ✔ Wissen Sie von irgendwelchen schlechten Gewohnheiten – Bellen, Unsauberkeit, Aggression, Kauen etc. –, die Sie aufzählen können?

Wenn der Lebensstil des Vorbesitzers im Großen und Ganzen mit Ihrem übereinstimmt und Sie die Antworten bekommen, die Sie haben möchten, dann ist die Sache klar. Falls dem aber nicht so ist, wird es schwieriger. Wenn Sie ganztags arbeiten und Ihr neuer Hund war schon bei seinem Vorbesitzer daran gewöhnt, tagsüber allein zu sein, dann haben Sie Ihr Hundependant gefunden. Leidet Ihr neuer Freund hingegen unter Trennungsangst oder hat er sich in seinem früheren Zuhause schlechte Manieren angeeignet, dann werden Sie einige Energie in die Lösung dieser Probleme investieren müssen.

Unter *Trennungsangst* versteht man die Angst des Hundes, die dann auftritt, wenn er schon als Welpe viel alleine gelassen wird. Meist tritt sie schon wenige Minuten, nachdem die Bezugsperson gegangen ist, auf. In besonders schweren Fällen dauert sie an, bis die Person wieder zu Hause eintrifft. Trennungsangst verursacht zerstörerisches Verhalten, wie zum Beispiel Kauen, Bellen oder Unreinheit im Haus.

Für den Fall, dass Sie einen Welpen zu sich nehmen, der älter als 10 Wochen ist: Vergewissern Sie sich, dass der Züchter ihn mit den Dingen des täglichen Lebens vertraut gemacht hat, das heißt mit Menschen, Geräuschen, dem Straßenverkehr usw. Ein Welpe, der nicht an diese Dinge gewöhnt wurde, kann schon bei der Betätigung eines Staubsaugers in Panik verfallen oder unsicheres Verhalten an den Tag legen, wenn Sie Besuch von Bekannten bekommen, die er nicht kennt.

Teil II

Den nehm ich – und jetzt?

»Wir geben ihm dieses neue Spezialfutter, ich denke, er wird noch reinwachsen.«

In diesem Teil ...

Herzlichen Glückwunsch! Sie haben den perfekten Welpen gefunden. Gefühle wie Liebe, Zuneigung und Stolz durchfluten Sie warm und wohlig.

Aber irgendeine Stimme in Ihrem Kopf sagt: »Und jetzt? Was soll ich jetzt machen?« Kein Grund zur Panik. In diesem Teil finden Sie alle Informationen, die Sie jetzt brauchen: Was müssen Sie kaufen? Wie werden Sie Ihren neuen Freund verstehen? Wie können Sie wie ein Hund *denken*?

Die Erstausstattung für Welpenbesitzer

5

In diesem Kapitel

- Die richtige Ausrüstung für Welpenbesitzer
- Halsbänder und Leinen
- Grundstücksbegrenzungen – scheinbare Sicherheit

Bald ist der große Tag da: Ihr süßer, kleiner Welpe wird endlich abgeholt, ein neuer Lebensabschnitt beginnt! Aber halt, ein paar Vorbereitungen müssen sein. Als Erstes die Grundausstattung: Halsband, Leine, Hundeschlafplatz und ein paar andere Kleinigkeiten.

Als Nächstes dann alles, was Sie beim Spielen und Üben benötigen. Auch wie Sie ein spielerisches Training beginnen können, werden Sie erfahren. Und schließlich noch ein paar Gedanken über Hunde im Garten!

Was Sie in der Wohnung brauchen

Es ist so weit – der große Tag steht vor der Tür! Schnappen Sie sich Ihre Kreditkarte und los geht's zum Einkaufen. Es ist eine große Versuchung, alles zu kaufen, was es für Welpen gibt – vom Nagellack bis zum Designer-Regenmantel – machen Sie sich lieber eine kleine Liste und halten Sie sich dran. Die wichtigsten Sachen will ich mit Ihnen durchgehen.

Türgitter, Hundebox oder Laufstall

Wohin mit einem kleinen, noch nicht stubenreinen Welpen, wenn Sie kurz aus dem Haus oder ans Telefon müssen? Oder wenn alles zu Hause völlig außer Kontrolle gerät und der kleine Racker sich abkühlen muss? Gut ist ein kleine, gemütliche Höhle, ähnlich einer Wolfshöhle. Am einfachsten geht das mit einem Türgitter, mit dem man einen kleinen Raum absperren kann, einem Laufställchen oder einer großen Hundereisebox.

Türgitter

Türgitter sind eine tolle Sache, der kleine Welpe ist in Sicht- und Hörweite, bekommt alles mit, und trotzdem haben Sie die Hände frei, um etwas anderes zu machen. Türgitter sind ideal, auch um eine gefährliche Treppe zu sichern. Achten Sie darauf, dass sie stabil befestigt sind und die Abstände zwischen den Stäben eng genug, sonst kann sich Ihr Hund strangulieren. Ein selbstgebautes Exemplar lässt sich besser den Bedürfnissen anpassen und ist auch viel individueller.

Wenn Sie mit einem Türgitter einen Raum für Ihren Hund abtrennen, achten Sie darauf, dass hier alles welpensicher eingerichtet ist (siehe auch in Kapitel 24 den Abschnitt »Machen Sie Ihre Wohnung welpensicher«). Und denken Sie dran: Manchmal passiert ein Missgeschick. Schön, wenn sich das dann von einem glatten Boden einfach aufwischen lässt!

Hundeboxen

Hundeboxen sind sehr praktisch, wenn offene Treppen sich nicht mit Türgittern absperren lassen oder noch andere Gefahren wie Öfen oder Ähnliches lauern. Eine Hundebox kann auch die Erziehung zur Stubenreinheit sehr erleichtern. Aber wenn Sie Ihren Welpen zu oft in die Box setzen, kann das Vertrauensverhältnis zwischen Ihnen beiden darunter leiden. Gut einsetzbar ist eine Hundebox in folgenden Situationen:

- ✔ Wenn Sie Ihren Welpen für weniger als sechs Stunden allein lassen müssen
- ✔ Zum Schlafen für einen sehr jungen, noch nicht stubenreinen oder sehr wilden Welpen
- ✔ Zum Füttern eines sehr leicht ablenkbaren Welpen
- ✔ Als Ruheplatz für einen Welpen, der gerade völlig überdreht ist

Es gibt unterschiedliche Arten von Boxen, manche eignen sich auch sehr gut als Flugreiseboxen. Wenn Sie also Flugreisen mit Ihrem Hund planen, bedenken Sie das bereits bei der Anschaffung. Die Boxen sind mehr oder weniger stabil und luftig, manche lassen sich leicht auseinander bauen und platzsparend verstauen. Bedenken Sie, dass es in einer Box unter Umständen warm werden kann, wenn nicht für eine ausreichende Belüftung gesorgt wird.

Noch ein paar Tipps zur Auswahl der richtigen Hundebox:

- ✔ Die Größe der Box ist sehr wichtig, insbesondere wenn Sie sie zur Sauberkeitserziehung benutzen wollen. Eine sehr große Box bringt Ihren Hund vielleicht dazu, in der einen Ecke sein Geschäft zu erledigen und in der anderen zu schlafen.

Wenn Ihr Welpe noch wächst, kaufen Sie sich eine Box, in die er auch ausgewachsen noch hineinpasst. Erkundigen Sie sich, ob es für die Box eine Unterteilung gibt oder improvisieren Sie eine Unterteilung aus einem ungiftigen Material ohne scharfe Ecken und Kanten. Ihr Welpe sollte immer ausreichend Platz haben, sich ausgestreckt hingelegt umdrehen zu können.

Hunde erledigen ihr Geschäftchen am liebsten auf einem saugfähigen Untergrund, der die kleine Pfütze sofort verschwinden lässt. Wenn Ihr Welpe noch nicht sicher stubenrein ist, werfen Sie mal einen Blick auf die Unterlage in der Hundebox. Schön dick und plüschig, genau der richtige Platz für ein Bächlein? Ein Stück Isomatte mit einem dünnen Tuch ist vielleicht geeigneter. (Und werfen Sie auch einen Blick in Kapitel 11, da finden Sie noch mehr Tipps zum Thema Stubenreinheit.)

- ✔ Wenn es möglich ist, stellen Sie die Hundebox ruhig ins Schlafzimmer. Kein Hund, egal ob alt oder jung, schläft gern allein. Auch die Küche oder ein anderer belebter »Verkehrsknotenpunkt« Ihrer Wohnung eignet sich als Boxenplatz. Neigt Ihr Hund allerdings zu

Dominanz, stellen Sie die Hundebox lieber etwas ruhiger auf: Ein dominanter Hund soll nicht die Kontrolle über alle Familienmitglieder haben.

Lassen Sie Ihren Hund nicht in der Hundebox, wenn Sie acht oder zehn Stunden aus dem Haus müssen. Über so viele Stunden eingesperrt in einen doch relativ kleinen Raum hat Ihr Hund nur zwei Möglichkeiten. Entweder er dreht richtig auf und ruft die ganze Nachbarschaft zusammen oder er ruht sich gut aus und hält Sie dann die ganze Nacht auf Trab. Schöne Aussichten, oder?

Wenn Sie die Hundebox zu häufig einsetzen, kann das Nachteile haben:

- ✔ Ihr Hund lernt nicht, Sie als Rudelführer zu akzeptieren.
- ✔ Sie verbringen wenig Zeit gemeinsam zu Hause.
- ✔ Ihr Hund lernt nicht, wie er sich zu Hause benehmen soll.

Beim Gedanken daran, Ihren Hund in eine Box einzusperren, wird Ihnen ganz flau in der Magengrube? Man kann einen Hund auch ohne Hundebox erziehen. Wenn Sie viel Zeit haben und Ihre Wohnung welpensicher ist, probieren Sie es aus! Ein paar gute Tipps finden Sie auch in Kapitel 12.

Hundelaufstall

Wenn Sie den ganzen Tag arbeiten und der Hundesitter nur einmal am Tag mit dem Hund Gassi geht, schaffen Sie sich einen Laufstall an. Die ersten Hundelaufställe gibt es schon zu kaufen, mit etwas handwerklichem Geschick können Sie auch selbst einen bauen. Im Hundelaufstall ist genug Platz, um sich auszustrecken und herumzurollen; es sollte auch möglich sein, ein paar Schritte zu gehen. So ist Ihr Hund vor Verletzungen geschützt und Ihre Wohnung sieht vielleicht auch besser aus, wenn Sie nach Hause kommen.

Helfen Sie Ihrem Hund, alleine zu bleiben. Verabschieden Sie sich nicht von ihm, bevor Sie gehen. Er versteht Ihre Worte nicht, sondern merkt nur, dass etwas schrecklich Trauriges passieren wird. Wenn das Alleinlassen nicht gut klappt, müssen Sie sich Rat und Hilfe bei Ihrem Tierarzt, einem Hundetrainer oder einem Verhaltenstherapeuten holen. Ein Hund mit massiver Trennungsangst leidet, Sie leiden und auch Ihre Nachbarn leiden. Trennungsangst ist behandelbar.

Zwei Leinen

Im Abschnitt »Hundeausstattung für Fortgeschrittene« weiter hinten in diesem Kapitel erkläre ich Ihnen den Einsatz von Trainingsleinen. Erst einmal benötigen Sie nur zwei Leinen: eine kurze, leichte Nylonleine und eine lange Leine, wenn Sie auf nicht eingezäunten Wiesen spielen.

Die kurze Zugleine

Die *Zugleine* ist eine kurze (ein bis zwei Meter lange), leichte Nylonleine, die Sie Ihrem Hund zu Hause anlegen. Damit können Sie jederzeit eingreifen, wenn Ihr Hund auf Möbel springt, die Zimmerpflanzen ausgräbt oder nach den Kindern schnappt.

Die lange Leine

Eine lange Leine (neun Meter oder länger) erlaubt es Ihnen, Ihren Hund auf einem eingezäunten Gelände frei herumlaufen zu lassen, ohne völlig die Kontrolle zu verlieren (und ohne mit hochrotem Kopf zu versuchen, ein wild gewordenes Hundekind einzufangen).

Gerade für kleine Welpen sind diese längeren Leinen ideal. Lassen Sie Ihren Hund frei herumlaufen. Immer wenn er zu Ihnen kommt, gibt es ein Lob, eine Streicheleinheit oder ein Leckerli. (Zum Thema Leckerli lesen Sie bitte den entsprechenden Abschnitt in Kapitel 20.) Ja, wer kommt da nicht gern zu Frauchen oder Herrchen? Auch als Vorbereitung für das Training ohne Leine, dass in Kapitel 17 erklärt wird, ist die lange Leine geeignet.

Lassen Sie Ihren Hund nie mit einer Leine unbeaufsichtigt! Es besteht draußen und drinnen die Gefahr, dass die Leine sich irgendwo verhakt und Ihr Hund sich stranguliert. Versprechen Sie es mir: Alleine immer ohne Leine, bitte!

Das erste Halsband

Besorgen Sie ein ganz gewöhnliches Halsband mit einer Schnalle zum Öffnen und in der Länge verstellbar. An diesem Halsband können Sie die Steuermarke und die Impfplakette befestigen. Sehr praktisch finde ich die kleinen Kapseln, in denen man auf einem Zettel Name, Anschrift und Telefonnummer hinterlassen kann. Das Halsband ist richtig eingestellt, wenn Sie mit zwei Fingern locker druntergreifen können. Ihr Hund wächst noch? Also nehmen Sie das größte Halsband, das ihm gerade noch passt. Wenn Ihr neuer Hund schon älter als vier Monate ist, können Sie ihm gleich ein Trainingshalsband kaufen (siehe den betreffenden Abschnitt über Trainingshalsbänder weiter hinten in diesem Kapitel).

Ein Hund mit einem Halsband mit Impfmarke und Adresse am Halsband hat ein Zuhause! Ich bin nicht paranoid, aber es gibt immer wieder Leute, die scheinbar gut meinend fremde Hunde »adoptieren«. (»Der ist mir zugelaufen!«)

Noch sicherer ist eine Tätowierung im Ohr (nur in Narkose machbar) oder ein unter die Haut implantierter Chip. Sie können einen so gekennzeichneten Hund auch bei einem Haustierzentralregister registrieren lassen. Wird Ihr Hund irgendwo aufgefunden, werden Sie rasch benachrichtigt und können ihn bald wieder in Ihre Arme schließen. Meine Hunde sind beide gechippt und registriert. Wollen Sie mit ihrem Hund in ein anderes EU-Land reisen, müssen Sie ihn sowieso chippen oder eventuell tätowieren lassen, um sich den notwendigen EU-Heimtierausweis ausstellen lassen zu können. Fragen Sie Ihren Tierarzt danach.

Der Rest der Erstausstattung

Hier noch ein paar weitere Dinge, die auf Ihre erste Einkaufsliste gehören:

- ✔ **Näpfe (zwei für Wasser und einer für Futter):** Näpfe aus Edelstahl sind sowohl für Wasser als auch für Futter ideal. Sie lösen keine Allergien aus, sind haltbar und leicht zu reinigen. Warum zwei Wassernäpfe? Einer wird mit Wasser gefüllt und ist einfach zum Trinken da, der andere kann eingesetzt werden, wenn Ihr neuer Mitbewohner anfangen sollte, aus der Toilette zu trinken. Stellen Sie ihn gefüllt neben die Toilettenschüssel, wenn Toilette und Badezimmer nicht sowieso für kleine Hunde tabu sind.
- ✔ **Schlafplatz:** Wählen Sie kein plüschiges Material als Hundedecke aus, kleine Hunde machen gern ein Bächlein in flauschige Decken. Ein Stück Camping- oder Gymnastikmatte mit einem alten Sweatshirt genügt völlig. Verstecken Sie Ihrem Kleinen ein paar Leckerli am Hundeplatz, das wird ihm gefallen.
- ✔ **Futter:** Nehmen Sie für die ersten Wochen das gleiche Futter, das auch der Züchter gefüttert hat. Füttern Sie nicht planlos irgendein Futter. In Kapitel 20 finden Sie viele Informationen zum Thema Fütterung. Außerdem kann Ihnen Ihr Tierarzt bei der Auswahl eines passenden Futters helfen. Auch im Fachhandel wird man oft gut beraten. Wechseln Sie das Futter nicht plötzlich. Wenn das Futter vom Züchter zur Neige geht, mischen Sie das Futter unter, das Sie Ihrem Hund geben möchten, so ist der Futterwechsel besser verträglich.
- ✔ **Spielzeug:** Oh, was für ein riesiges Angebot! Versuchen Sie sich zu beherrschen! Es gibt tolles Hundespielzeug, aber zu viel Spielzeug überfordert Ihren Hund. Lassen Sie Ihren Hund nicht mit alten Schuhen oder Socken spielen, sonst sucht er sich bei nächster Gelegenheit Ihr neuestes Paar aus.

  Es gibt viele wunderbare Kauknochen zu kaufen. Lesen Sie sich die Etiketten genau durch, kaufen Sie möglichst naturbelassene Artikel. Die meisten Hunde vertragen Ochsenziemer und Schweineohren. Ein großer Rinderknochen (zu groß um ihn zu verschlucken oder Stücke abzubeißen) kann auch wunderbar sein. Lassen Sie Ihren Welpen nicht unbegrenzt auf einem Knochen kauen, von dem Sie nicht wissen, dass er ihn gut verträgt. Manche Hunde sind ausgesprochen magenempfindlich.
- ✔ **Bürste und Krallenzange:** Die erste Bürste soll weich und zart sein, keine Drahtborsten, die die zarte Welpenhaut verletzen können. Auch wenn die Krallen in den ersten Monaten bestimmt noch nicht gekürzt werden müssen, besorgen Sie sich ruhig schon eine Krallenschere oder -zange, damit sich alle Beteiligten daran gewöhnen können.

Hundeausstattung für Fortgeschrittene

Nach einiger Zeit, wenn Ihr kleiner Welpe sich eingewöhnt hat und auch schon ein bisschen gewachsen ist, benötigen Sie eventuell eine spezielle Leine und ein Korrekturhalsband.

Leine und Halsband für die Ausbildung – das erscheint Ihnen vielleicht übertrieben. Aber je mehr Dinge Ihr Hund als junger Kerl lernt, umso mehr Freude werden Sie später an ihm und auch miteinander haben.

Trainingsleinen

Sie möchten einen Hund haben, den Sie überallhin mitnehmen können, der aber auch weiß, wie er sich zu Hause zu benehmen hat. Bei manchen Hunden klappt das völlig unproblematisch: Mit und ohne Leine, zu Hause und unterwegs bemühen sich diese Hunde einfach, alles richtig zu machen. Andere Hunde brauchen mehr Erziehung und Aufmerksamkeit. Hier können spezielle Trainingsleinen helfen. Das muss nicht für jeden Zweck eine extra Leine sein, sondern Sie entscheiden, mit welchen Situationen Ihr Hund sich noch schwer tut, und schaffen dann eine Leine an, mit der Sie ihn speziell trainieren oder besser unter Kontrolle halten können. Niemand sagt, dass Sie diese Leine nicht auch für andere Zwecke benutzen können!

Flexi-Leinen

Flexi-Leinen sind super, manchmal zumindest. Je länger, umso besser. Der Hund kann wie ein armer Irrer rumrennen, während Sie auf der Wiese stehen und Zeitung lesen. Sie können natürlich auch mitrennen, noch besser. So kann Ihr Hund in der gleichen Zeit viel mehr Bewegung haben. Mit der Flexi-Leine gelingt der Übergang zum Training ohne Leine (siehe Kapitel 17) leichter. Und wenn man erst einmal gelernt hat, wann man auf welchen Knopf drücken muss, wird die Flexi-Leine geradezu unersetzlich.

Aber in der Nähe von viel befahrenen Straßen bieten Flexi-Leinen keine ausreichende Sicherheit. Der Mechanismus der Leine kann ausleiern, sie funktioniert dann nicht mehr einwandfrei. Und wenn Sie in einer Gruppe unterwegs sind, hat das Ganze gewisse Ähnlichkeit mit Gummitwist (das spielen die Grundschulkinder auf dem Schulhof). Nein, Spaß beiseite, wenn sich die Leine um die Beine wickelt, kann man wirklich leicht stürzen.

Eine Leine für zu Hause

Bei der Erstausstattung für Welpen habe ich schon einiges über die Hundebox, Türgitter und Laufstall erzählt. Wer sich mit all dem so gar nicht anfreunden kann, sollte zumindest zu Hause eine kurze Leine und eine stabile Anbindemöglichkeit haben. Was tun Sie, wenn auf dem Herd in der Pfanne das Essen brutzelt, Ihr kleiner Schatz wie ein Irrwisch durch die Wohnung fegt und der Nachbar klingelt und Sie bittet das Auto kurz umzuparken? Schön, wenn man dann ein Halsband und eine Leine zur Hand hat, um den Irrwisch sicher unterzubringen, ohne dass ihm heißes Fett auf den Kopf tropft und er den Einkauf auffrisst, der noch im Flur steht. Machen Sie sich keine Sorgen, es ist ja nur für einen Augenblick. Kapitel 12 befasst sich noch ausführlicher mit diesem Thema.

Sicherheit im Auto

Einen Welpen im Auto herumspringen zu lassen, ist eine ganz schlechte Idee. Wenn er hinten herumkrabbelt, lenkt er Sie vom Verkehr ab. (Er wird doch jetzt wohl nicht den Käse für das Abendessen fressen?) Kommt er nach vorne, ist es noch schlimmer, niemand kann mit einer Hand Auto fahren und mit der anderen einen Welpen vom Schaltknüppel heben. Gehen Sie kein Risiko ein und gewöhnen Sie Ihren Hund von klein auf daran, im Auto bestimmte Regeln einzuhalten.

Eine einfache Methode, Ihren Hund im Auto zu sichern, funktioniert folgendermaßen:

1. **Befestigen Sie eine kurze Leine am Sicherheitsgurt, entweder mit einem Karabinerhaken oder mit einem festen Knoten. Diese Leine können Sie immer im Auto lassen.**
2. **Legen Sie eine Hundedecke auf den Sitz. Dies ist ab jetzt der Hundeplatz.**
3. **Wenn Sie Ihren Hund im Auto mitnehmen, bringen Sie ihm ein Kommando bei, bei dem er auf seinen Platz im Auto geht. Benutzen Sie immer nur dieses Wort für das Kommando.**
4. **Befestigen Sie die Leine am Halsband. Wenn es gut klappt, gibt es Lob und Streicheleinheiten als Belohnung, hin und wieder auch ein Leckerli. Bleiben Sie hart, aller Anfang ist schwer.**

Lassen Sie Ihren Hund auf dem Rücksitz oder auf der Ladefläche sitzen, sonst fliegt Ihr Hund bei einem Unfall gegen die Windschutzscheibe.

Professionelle Rückhaltesysteme

Viel sicherer sind professionelle Rückhaltesysteme. Für viele Fahrzeugtypen gibt es spezielle Gitter, mit denen der Kofferraum von den Sitzreihen abgetrennt werden kann. Für einen großen Hund in einem kleinen Auto müssen eventuell auch die Rücksitze umgeklappt werden. Wenn Sie sowieso stolzer Besitzer einer Hundebox sind, können Sie diese natürlich auch für Autoreisen nutzen. Manche Hundeboxen sind allerdings sehr groß ... Mittlerweile gibt es auch Brustgeschirre für Hunde, die mit dem Sicherheitsgurt kompatibel sind, also ganz einfach dem Hund das Geschirr anlegen, die Decke auf dem Rücksitz ausbreiten und den Hund anschnallen. Vorteil ist hier, dass Sie Ihren Hund in jedem Auto mitnehmen können. Gerade Welpen fällt es aber oft schwer, sich ruhig hinzusetzen. Auch hier gilt: Üben, üben, üben! Und zwar zuerst nur das Anschnallen. Und ich glaube, das ein oder andere Leckerli wird da auch noch fällig werden!

Ein Griff am Halsband

Ja genau, ein Halsband mit Griff! Als Griff ist hier eine sehr kurze Leine ausreichend, ungefähr fünf Zentimeter lang für einen kleinen Hund und zwanzig Zentimeter für einen großen

Hund. Dieser Griff gibt Ihnen die Möglichkeit, schnell auf Ihren Hund zu reagieren. Wer das Benehmen seines Hundes verbessern will oder schon mit den Übungen ohne Leine beginnt, kann gut auf diese extra kurze Leine zurückgreifen. Hier die Erklärung dazu:

- ✔ **Knigge für Hunde:** Viele meiner Klienten beschweren sich über das schlechte Benehmen ihres Hundes, sobald er von der Leine gelassen wird. Eine ganz kurze Leine kann dem Hund (und Ihnen) den Übergang zwischen dem Lernen an der Leine, das in Kapitel 12 erklärt wird, und dem völligen Freilauf erleichtern. Die kurze Leine erinnert Ihren Hund permanent daran, dass Sie noch da sind (»Big boss is watching you!«), und gibt Ihnen die Chance, den kleinen Feger zu erwischen, bevor er Ihrer Schwiegermutter auf den Schoß hüpft.
- ✔ **Training ohne Leine:** Wenn Sie schon etwas häufiger ohne Leine üben (siehe Kapitel 17), haben Sie mit der kurzen Leine die Möglichkeit, schnell und sicher zuzugreifen. Und wie gesagt: »Big boss is watching you!«

Korrekturhalsbänder

Es gibt normale, gewöhnliche Halsbändern, sie werden auf eine Länge eingestellt und sind mit einer Schnalle zu öffnen und zu schließen. Sie würgen nicht, sie drehen nicht den Kopf. Sie sind ein guter Platz für Impf-, Steuer- und andere Plaketten und Anhänger. Und es gibt Korrekturhalsbänder, die einem Hund helfen, sich auf eine bestimmte Aufgabe zu konzentrieren. Wenn Sie einen Hund haben, der alles lieber macht, als drei Schritte neben Ihnen zu gehen oder einen Augenblick neben Ihnen zu stehen, dann kann die Anschaffung eines solchen Spezialhalsbandes Ihnen wirklich weiterhelfen.

Bevor Sie in ein Geschäft gehen und nach einem Korrekturhalsband fragen, lesen Sie sich den folgenden Absatz durch und sprechen Sie mit Hundetrainern oder anderen Profis darüber. Es gibt unterschiedliche Arten von Korrekturhalsbändern und nicht jedes eignet sich für jeden Hund und jedes Problem. Ein falsch angewendetes Korrekturhalsband kann die Probleme vergrößern und Ihrem Welpen Schmerzen zufügen.

Es gibt unterschiedliche Modelle, zwischen denen Sie sich entscheiden müssen, einige sind in Abbildung 5.1 dargestellt. Wenn Sie keine Erfahrung mit den verschiedenen Modellen haben, lassen Sie sich gründlich von einem Fachmann beraten. Manche Menschen schwören auf ein bestimmtes Halsband, das kann auch ein Hinweis darauf sein, dass diese Person keine Erfahrung mit anderen Korrekturhalsbändern hat. Wenn Sie verschiedene Halsbänder vor der Entscheidung ausprobieren können, ist das natürlich ein großer Vorteil.

Für Welpen, die jünger als vier Monate sind, dürfen Sie auf keinen Fall ein Korrekturhalsband verwenden. Auch bei älteren Hunden soll das Korrekturhalsband nur während der Übungslektionen benutzt werden. Die Gefahr, dass sich Ihr Hund damit verletzt, ist zu groß! Nicht vergessen: Ein Halsband für den Alltag und ein spezielles für das Trainieren bestimmter Lektionen!

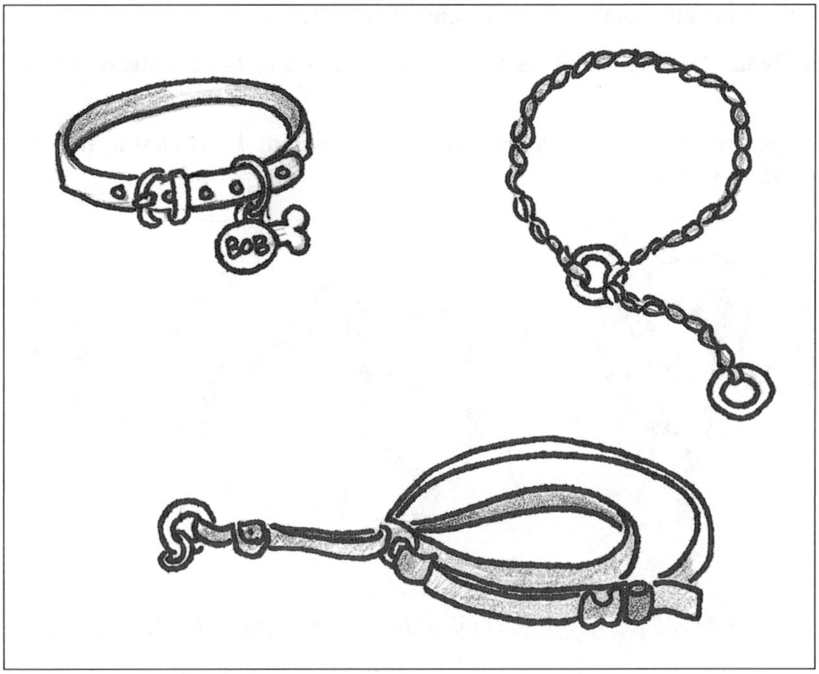

Abbildung 5.1: Verschiedene Halsbänder, die im Handel angeboten werden

Das Original-Korrekturhalsband

Ich nenne es »Original«, weil es das erste Korrekturhalsband war. Manche nennen es auch Kettenhalsband oder Würgehalsband, aber es soll Ihren Hund niemals würgen. Würgen und zurückzerren bringen Sie nicht weiter! Das Prinzip des Halsbandes beruht auf dem Geräusch der Kettenglieder. Damit es funktioniert, muss es richtig angelegt werden und Sie müssen lernen, mit einem kleinen Ruck an der Leine dieses spezielle Geräusch zu erzeugen, das ein wenig an einen gut laufenden Reißverschluss erinnert.

Manche Hunde reagieren sehr sensibel auf den kleinsten Zug am Halsband. Wenn Sie so einen Hund haben, vergessen Sie die Korrekturhalsbänder und genießen Sie das Leben!

Wenn Sie ein Korrekturhalsband falsch herum anlegen, würgen Sie Ihren Hund nur. Das ist nicht Sinn der Sache! Schauen Sie sich Abbildung 5.2 an und befolgen Sie die einzelnen Schritte:

1. **Überlegen Sie, auf welcher Seite Ihr Hund gehen soll.**

   Seien Sie konsequent. Es ist sehr viel leichter für einen Welpen, immer an der gleichen Seite zu gehen. Weil Hunde traditionell links geführt werden, mache ich es ebenso.

2. **Führen Sie ein Kettenende durch den Ring.**

3. **Bilden Sie aus dem Halsband den Buchstaben »P«.**
4. **Halten Sie das Halsband und stellen Sie sich vor Ihren Hund. Zeigen Sie ihm das Halsband.**
5. **Lassen Sie ihn »Sitz« machen und legen Sie ihm den »P«-Bogen über den Kopf. Und: Loben und streicheln!**

Abbildung 5.2: So wird ein Original-Korrekturhalsband richtig angelegt!

Damit Sie Ihren Hund nicht würgen und zerren müssen, um ihn an den Chef am anderen Ende der Leine zu erinnern, sollten Sie diesen kleinen Ruck an der Leine üben. Das Geräusch, das dabei entsteht, ist tatsächlich ein Surren, das an einen gut laufenden Reißverschluss erinnert. Nennen wir es ruhig »das Reißverschlussgeräusch«! So können Sie ohne Hund üben:

1. **Stellen Sie sich gerade hin und entspannen Sie Ihre Schultern. Lassen Sie die Arme einfach baumeln.**
2. **Halten Sie die Hand etwas hinter Ihrem Oberschenkel und lassen Sie Ihren Ellbogen zurückschnellen (als ob Sie etwas in der Luft treffen wollten).**

Wenn Sie die Bewegung einmal verinnerlicht haben, schnappen Sie sich Ihren Welpen und üben mit ihm. Jedes Mal, wenn der Kleine sich vorne mächtig in die Leine wirft, lassen Sie kurz Ihren Ellbogen zurückschnellen. Wenn er neben Ihnen läuft, ohne Ihnen fast den Arm auszukugeln, gibt es viel Lob.

Wenn jeder Spaziergang ein einziger Kampf ist und Ihnen hinterher fast der Arm abfällt, sollten Sie vielleicht doch zu einem anderen Korrekturhalsband greifen.

Wenn Sie mit Ihrem Welpen oder Junghund arbeiten, konzentrieren auch Sie sich ein bisschen. Legen Sie die Leine zwischen den Daumen und die Finger und wickeln Sie sie nicht um alle Finger. Halten Sie den Arm gerade, damit Sie Ihren Hund nicht würgen. Je einheitlicher Ihre Haltung und Ihre Kommandos (auch die nicht gesprochenen) bei jedem Spaziergang sind, umso leichter versteht Sie ihr Hund!

Das Nylon-Korrekturhalsband

Dieses Halsband beruht auf dem gleichen Prinzip wie das Original-Korrekturhalsband, für sensiblere Hunde ist es ausreichend. Das Geräusch ist leiser und das Halsband sehr leicht. Es eignet sich gut für Hunde mit sehr feinem Fell, die die Bewegung des Halsbandes gut spüren können. Legen Sie es genauso über den Kopf wie das Modell aus Kettengliedern.

Das so genannte Stachelhalsband

Ja, ich weiß, es sieht wirklich mörderisch aus. Aber für dickfelligere, eigenwillige Hunde kann es sinnvoll sein. Wenn Sie mit einem Original-Korrekturhalsband Ihren Hund nur noch würgen, kann Ihnen das Stachelhalsband helfen. Es ist für dickhäutige Rassen entwickelt worden, die einen breiten, muskulösen Hals haben und sehr bewegungsfreudig sind.

Trotz seiner Stacheln ist es in erster Linie ein Korrekturhalsband, zum Reißverschlussgeräusch kommt das Pieksen der Stacheln.

Wenn Sie dieses Halsband einsetzen möchten, beherzigen Sie meine Warnung: Es gibt Fabrikate, die sich von selbst öffnen. Sie können Ihrem Hund zusätzlich ein gewöhnliches Halsband anlegen, das Sie mit einem kurzen Gurt an Ihrer Leine befestigen. Sollte das Stachelhalsband aufspringen, kann das zweite Halsband Ihren Hund davor bewahren, auf die Straße zu rennen.

Wenn Ihr Hund sich nicht gut am Halsband greifen lässt, befestigen Sie eine kurze Schlinge am Halsband, vielleicht 10 bis 15 Zentimeter lang. Damit können Sie ihn leicht fassen, wenn er zu Hause oder draußen frei läuft. So ein Griff schont Ihre Finger und Ihrem Hund ist das sicher angenehmer, als wenn Sie an seinem Halsband zerren müssen.

Das Halti und der Gentle Leader

Beide Korrekturhalsbänder arbeiten nach dem gleichen Prinzip und unterscheiden sich nur geringfügig.

Das erste Halti, das ich je sah, hielt ich für einen Maulkorb, einen ziemlich schlechten allerdings. Aber damit hat das Halti nichts zu tun: Der Hund kann mit ihm fressen, trinken und kauen. Das Prinzip ist eher ähnlich dem einer Pferdetrense: Ohne im Nacken herumzuzerren kann die Kopfhaltung und Blickrichtung beeinflusst werden. Gleichzeitig macht es sich noch eine Erziehungsmethode der Hundemutter zunutze. Wenn ein Hundebaby sich schlecht benimmt, nimmt es seine Mutter an der Schnauze, schüttelt die Schnauze ein wenig und sagt damit: »Nun benimm dich mal wieder, mein Freundchen!«

Wenn Sie beim Spielen eine ganz kurze Leine am Halti lassen, können Sie Ihrem Hund auf eine völlig schmerzfreie und schonende Art und Weise beim Spiel mitteilen, dass er zu ruppig wird, ein kleiner Ruck genügt. Draußen lenken Sie seinen Blick von der Nachbarskatze ab und erinnern ihn daran, dass »bei Fuß« angesagt ist. Bei Hunden, die jedem Besucher stürmisch ins Gesicht springen, genügt ein kleiner Zug an der kurzen Leine, und Ihr Hund wird wieder ein Vierfüßler.

Das Halti kann eine sehr sichere und effektive Hilfe sein, Ihnen mehr Kontrolle über Ihren Hund zu geben. Aber auch ein Halti ist kein Wunderwerkzeug, Sie müssen die Anwendung üben und einige Regeln beachten:

✔ Wie lange und häufig Sie Ihrem Hund das Halti anlegen, machen Sie von ihm abhängig. Ein braver Hund braucht das Halti nur bei speziellen Übungseinheiten. Ein wilder Kläffer, der an allem hochspringt, kann das Halti immer tragen, solange Sie dabei sind. Aber machen Sie es bitte über Nacht und wenn Sie weggehen ab!

✔ Das Halti muss richtig passen. Wenn es zu lose sitzt, zieht Ihr Hund es aus. Am Nacken sollten Sie leicht zwei Finger zwischen Halti und Hals stecken können. Stellen Sie das Halti richtig ein, lang überhängende Enden befestigen Sie bitte, damit Ihr Hund damit nicht hängen bleibt.

✔ Die meisten Hunde werden das Halti nicht gerade lieben, aber sie gewöhnen sich daran. Nach einer Weile werden sie es gar nicht mehr wahrnehmen. Wenn Ihr Hund nur noch mit der Schnauze über den Boden kriecht, müssen Sie das aushalten. Wenn er akzeptiert hat, dass er das Halti nicht abmachen kann, wird er es akzeptieren. Bei manchen dauert es nur eine Stunde, bei einigen auch ein oder zwei Tage. Wenn Sie das Halti ausprobieren wollen, müssen Sie einfach ein bisschen Durchhaltevermögen und Geduld an den Tag legen.

Wenn das Halti auf der Nase die Haut irritiert, müssen Sie das Band etwas abpolstern. Erkundigen Sie sich im Fachgeschäft oder bei einem Schuster oder Sattler, was es für Möglichkeiten gibt, ein Polster unter dem Nasenriemen zu befestigen.

Geschirre

Viele Leute benutzen Geschirre für ihre Hunde. Bei vielen Hunden ist das auch völlig unproblematisch, obwohl durch das Geschirr das Ziehen an der Leine eher noch unterstützt wird, weil Ihr Hund vor Ihnen läuft und nicht neben Ihnen. Manche Hunde fangen erst richtig an zu rasen, wenn das Geschirr abgenommen wird: »Endlich sind diese störenden Bänder da an den Füßen weg, ja, jetzt geht's los!«

Kleine Hunde benötigen ein Geschirr, insbesondere wenn sie viel an der Leine ziehen. Das Halsband kann einen zu starken Druck auf ihre Luftröhre ausüben. Aber ansonsten empfehle ich das Geschirr nicht, vor allem nicht, wenn ein Hund nicht sehr gut leinenführig ist.

Zaun oder Laufleine im Garten

Wenn Sie Ihren Hund draußen frei herumlaufen lassen, müssen Sie sich sicher sein können, dass ihm nichts passieren kann. Ich sage meinen Klienten immer: »Zaun oder Leine, anders geht es nicht!« Die Begrenzung – egal ob Pflöcke, Laufleine oder Funkzaun – muss für Ihre Bedürfnisse die richtige sein. Hier noch ein paar generelle Überlegungen:

- ✔ Was für einen Welpen haben Sie? Wie ist sein Charakter, was für ein Typ ist er?
- ✔ Wie möchten Sie das gesicherte Grundstück nutzen? Möchten Sie Ihren Welpen alleine draußen lassen, wenn Sie unterwegs sind? Oder möchten Sie nur gemeinsam mit ihm Ihre Zeit im Garten verbringen?
- ✔ Wie temperamentvoll ist Ihr Hund? Und wie groß ist Ihr Grundstück? (Wenn Sie ein sehr großes Grundstück haben, ist es oft sinnvoller, nur einen Teil einzuzäunen!)

Viele Leute fragen nach einem speziellen Training, um zu verhindern, dass ihr Hund vom Grundstück läuft. Zwar ist es möglich, dass ein Hund auch einen imaginären Zaun akzeptiert, aber eine wirklich sichere Sache ist das nicht. Ein ruhiger, folgsamer Hund kann mit langem Training lernen, auf dem Grundstück zu bleiben, aber auch dann sollten Sie ihn nicht unbeaufsichtigt draußen lassen. Eine heiße Hündin oder ein schönes Stück Fleischwurst kann den imaginären Zaun schnell löchrig werden lassen.

Pflöcke und Laufleinen

Pflöcke und Laufleinen sind für ältere, ruhige Hunde geeignet, um sie stundenweise allein im Garten zu lassen. Welpen können leicht Trennungsangst bekommen, wenn sie über längere Zeit allein gelassen werden, besonders wenn sie noch sehr jung sind. Bellen, Graben und übertriebene territoriale Verhaltensweisen können die Folge sein. Und wenn Frauchen oder Herrchen sie endlich wieder befreien, geraten sie völlig außer Kontrolle.

Lange Laufleinen können verwendet werden, wenn Sie in der Nähe bleiben und Ihren Hund im Auge haben. Geeignete Leinen haben immer einen Schutz gegen Verdrehen und eine Sprungfeder, die verhindert, dass die Leine zu heftig ruckt, wenn der Hund plötzlich vorwärts stürmt. Gerade junge Hunde können sich sonst leicht im Genick verletzen.

Was ein großer, eingezäunter Garten nicht ersetzen kann

Ein schöner großer Garten mit stabilem, hundesicherem Zaun ist natürlich eine tolle Sache. Hektik, enge Zeitpläne, Stress und plötzliche Termine – wie praktisch, wenn man den Kleinen dann einfach mal vor die Tür setzen kann. Aber ein Welpe, der stundenlang sich selbst überlassen im Garten bleibt, kann echte Verhaltensauffälligkeiten entwickeln: Übertriebenes Territorialverhalten, lästiges Dauerbellen und schlechte Sozialisation. Irgendwann stehen Sie dann im Garten und rufen und rufen, aber Ihr Hund kommt nicht.

Also vernachlässigen Sie nicht die gemeinsamen Spielstunden!

Gartenzäune

Ein sicher eingezäunter Garten ist wundervoll. Ihr Hund kann draußen herumsausen und bei Ihnen sein, wenn Sie im Garten arbeiten oder die Kinder spielen. Für kleine Hunde gibt es sogar Hundeklappen (vergleichbar einer Katzenklappe), dann kann Ihr Hund jederzeit rein und raus.

Denken Sie aber daran, Ihren Hund nicht zu lange allein zu lassen. Besonders Rassen wie Terrier, Jagdhunde und Schlittenhunde neigen dazu, Fußmatten zu zerlegen und am Zaun zu kläffen. Kontrollieren Sie den Zaun regelmäßig, manche Hunde bearbeiten Zäune so lange, bis sie ein Loch gefunden haben, graben sich unter dem Zaun durch oder springen einfach drüber.

Elektrische Grundstücksbegrenzung

Relativ neu auf dem Markt sind Begrenzungssysteme, die mit einem im Boden vergrabenen Draht und einem dazugehörenden Halsband arbeiten. Der Draht sendet ein Signal an das Halsband, sobald der Hund über den Draht läuft. Das Halsband sprüht dann entweder eine kleine Flüssigkeitsmenge oder gibt einen kleinen Stromstoß. Das System eignet sich ganz gut für Hunde, die sehr gerne graben, ist allerdings auch recht mühevoll zu installieren. Vergessen Sie Folgendes nicht:

- ✔ Ihr Hund muss mindestens sechs Monate alt sein, bevor Sie das System installieren können, egal was Ihnen der Verkäufer sagt.
- ✔ Das Funkzaunsystem ist kein Ersatz für eine gute Hundeerziehung.
- ✔ Hunde können den Funkzaun überwinden. Jeder Jagdhund wird lieber ein paar Stromstöße ertragen, als einen Hasen zu verpassen.
- ✔ Das ganze System braucht Strom. Sie müssen die Stromzufuhr mindestens einmal im Monat überprüfen. Bei der Gartenarbeit müssen Sie aufpassen, dass der Draht im Boden nicht beschädigt wird. Die Batterie des Halsbandes muss regelmäßig überprüft und ausgetauscht werden.
- ✔ Ein Funkzaun hält fremde Hunde oder andere Tiere nicht davon ab, auf Ihr Grundstück zu kommen – das kann ein Problem sein.

Herzlich willkommen zu Hause

6

In diesem Kapitel

- Die Fahrt nach Hause
- Die Einführung zu Hause
- Die ersten Tage überleben
- Die erste Woche mit Ihrem Hund

Der große Tag, an dem Sie Ihren Welpen endlich abholen können, ist gekommen. Ihr Leben wird nie wieder so sein wie zuvor. Wenn Sie gut vorausgeplant haben, haben Sie schon alles Notwendige besorgt (siehe Kapitel 5) und überlegt, wie dieser erste Tag – von der Autofahrt bis zur ersten Nacht im neuen Zuhause – ablaufen soll.

Um Ihrem Welpen einen guten Start in seinen neuen Lebensabschnitt zu ermöglichen, sollten Sie die Hinweise in diesem Kapitel beherzigen und der Versuchung widerstehen, die Hundeerziehung schon zu verderben, bevor Sie überhaupt damit begonnen haben.

Die Fahrt nach Hause – ein Horrortrip?

Sie haben sich für den wunderbarsten Welpen der ganzen Welt entschieden und der große Augenblick rückt unaufhaltsam näher, an dem Sie ihn endlich in die Arme schließen dürfen. Wenn Ihr Hund nicht gerade direkt aus der Nachbarschaft kommt, werden Sie ihn wahrscheinlich mit dem Auto abholen. Schon eine einfache Autofahrt kann eine echte Herausforderung sein. Vielen Welpen wird schlecht im Auto, keine schöne Aussicht, aber Sie können ein paar Vorkehrungen treffen:

- ✔ Nehmen Sie Papiertaschentücher, Küchenkrepp oder eine Rolle Toilettenpapier mit.
- ✔ Legen Sie ein altes, dickes Handtuch über die Sitze. Für eine längere Fahrt können Sie ruhig noch ein paar Ersatzhandtücher einpacken.
- ✔ Besorgen Sie sich eine Hundebox. In der Box wird der Welpe sich sicher und geborgen fühlen. Legen Sie ein Handtuch in die Box.
- ✔ Bitten Sie jemanden aus Ihrer Familie oder Ihrem Freundes- oder Bekanntenkreis, Sie zu begleiten. Wenn jemand neben dem Welpen sitzt und ihm gut zuredet, wird er sich gleich viel besser fühlen.
- ✔ Legen Sie Ihrem neuen Hund ruhig schon sein Halsband mit Ihrer Telefonnummer und Adresse um. Auch auf der ersten Autofahrt könnten Sie eine Autopanne haben oder in einen Unfall verwickelt werden.

- Ein Kauknochen beruhigt flatternde Hundenerven.
- Fahren Sie langsam, vermeiden Sie insbesondere starkes Abbremsen, Beschleunigen und scharfe Kurven.
- Lassen Sie leise, ruhige Musik spielen und unterhalten Sie sich mit sanfter Stimme.

Vielleicht weint Ihr Welpe im Auto, bellt oder macht in seine Box, alles kein Problem. Rechnen Sie mit dem Schlimmsten, dann wird Sie nichts erschüttern. Und den Beginn der Erziehung verschieben Sie auf später, damit der kleine Kerl kein Heimweh bekommt oder noch ängstlicher wird.

Endlich zu Hause

Irgendwie haben Sie es nach Hause geschafft. Sie sind gespannt, ängstlich, aufgeregt. Atmen Sie erst einmal tief durch. Diese Anspannung wird auch Ihren Hund noch ganz verrückt machen. Selbst wenn Sie jetzt am liebsten reinstürmen würden, um ihm alles zu zeigen, sein neues Zuhause, die ganze Familie, alle Nachbarn mit ihren Hunden und den großen Garten mit den Kaninchen, halten Sie sich zurück. Hunde lernen eine Umgebung nicht über die Augen kennen, sondern müssen alles abschnüffeln. Und ein ganzes Zuhause abzuschnüffeln ist für so einen Welpen, der gerade seine erste Fahrt unternommen hat, noch ein bisschen zu viel.

Entscheiden Sie sich vorher für einen Raum, machen Sie ihn sauber, richten Sie ihn für Ihren Welpen ein mit seinen Näpfen und seiner Hundedecke (siehe Kapitel 5) und bringen Sie Ihren Hund zunächst in dieses Zimmer. Bleiben Sie bei ihm, beobachten Sie, wie er den Raum erkundet (hier können Sie viel über die Persönlichkeit Ihres Hundes lernen). Sprechen Sie ruhig und freundlich mit ihm, damit er sich an Ihre Stimme gewöhnt. Wenn Sie doch noch etwas im Raum gelassen haben, was nicht wirklich welpensicher ist, bringen Sie es in Sicherheit. Fangen Sie nicht jetzt schon mit Verboten an, noch ist Ihr Welpe zu verwirrt, er kann Ihre Kommandos nicht verstehen. Entspannen Sie sich. Es geht ja erst los.

Jetzt brauchen Sie Leckerli. (Über die Auswahl der richtigen Leckerli finden Sie etwas in Kapitel 20.) Ermutigen Sie Ihren Hund, Ihnen ein Leckerli aus der Hand zu nehmen. Belohnen Sie ihn damit, wenn er sich von Ihnen anfassen und greifen lässt, ohne zurückzuweichen oder Ihnen ins Gesicht zu springen. Ihr Hund soll lernen, dass Ihre Hand etwas Positives ist und sich gerne anfassen lassen. Wenn das Leckerli-Nehmen aus der Hand nicht so gut klappt, können Sie Ihre Hand mit etwas Leberwurst »parfümieren«. Dann gibt Ihr Hund liebend gerne Handküsschen. *Natürlich sollen Sie ihm keine Leberwurst als Leckerli geben.*

Was ist mit dem Rest der Familie? Vielleicht helfen Ihnen die nächsten Abschnitte, die Bedürfnisse aller zwei- und vierbeinigen Mitbewohner unter einen Hut zu bekommen.

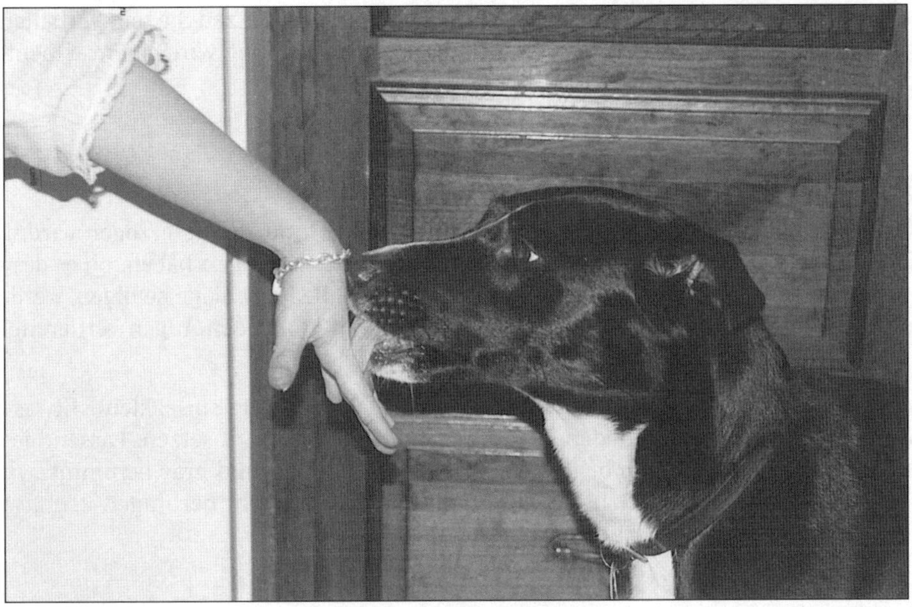

Abbildung 6.1: Mmmh, Frauchens Hand riecht so lecker nach dem neuen Leberwurstparfum, da geb ich gerne Küsschen.

Die Kinder im Zaum halten

Was für eine Aufregung! Dieser Tag wird vielleicht für immer zur wichtigsten Kindheitserinnerung Ihrer Kinder gehören. Trotzdem müssen die Kinder etwas gebremst werden und auch diese unangenehme Aufgabe fällt Ihnen zu. Zu viel herzen und knuddeln gleich in den ersten fünf Minuten überfordert Ihren Hund, egal ob Welpe oder schon erwachsen. Sprechen Sie mit Ihren Kindern vorher darüber, malen Sie sich mit Ihnen zusammen aus, wie es so einem kleinen Hund wohl geht, der den ersten Schritt in die Welt macht. Bitten Sie die Kinder, Ihnen zu helfen, dem neuen Familienmitglied den Start bei Ihnen zu erleichtern.

- ✔ **Setzen Sie Grenzen.** Vereinbaren Sie mit den Kindern, dass sie mitkommen und dabei sein dürfen. Aber es darf nur sanft und leise gesprochen werden, Toben, Schreien und Streiten ist erlaubt. (Das sind vielleicht die letzten ruhigen Momente, die Sie für die nächste Zeit haben werden, genießen Sie jeden Augenblick!)

- ✔ **Machen Sie einen Willkommenskreis.** Setzen Sie sich alle zusammen im Kreis auf den Boden. Nehmen Sie Ihren Welpen in die Mitte und lassen Sie ihn ganz in Ruhe hingehen, zu wem er will und die Familie kennen lernen. Vordrängeln gilt nicht!

Überfordern Sie Ihren neuen Mitbewohner nicht mit tonnenweise Spielzeug und einer riesigen Willkommensparty. Wenn der Welpe lebhaft und temperamentvoll ist und alles kennen lernen will, begleiten Sie ihn. Wenn er stundenlang in der Ecke auf seiner Decke sitzt, streicheln und loben Sie ihn, wenn er hervorkommt, jedoch nicht, wenn er sich zurückzieht, damit unterstützen Sie sein Verhalten. Wer einen schüchternen Hund mit Aufmerksamkeit belohnt, wird einen schüchternen Hund behalten.

Vergessen Sie die guten Ratschläge

Die vielen gutgemeinten Ratschläge! Jeder weiß, wie ein Hund richtig erzogen wird. Hören Sie nicht darauf. Ein Bekannter mag seinen Hund damit toll erzogen haben, ob es deswegen auch bei Ihnen so klappt, wissen Sie nicht. Und wenn Sie alle Ratschläge befolgen, werden Sie die Individualität Ihres Hundes, seinen speziellen Charakter aus den Augen verlieren. Wenn Sie Hilfe brauchen, suchen Sie sich lieber professionellen Rat.

Wenn Besuch kommt – und Besuch *wird* kommen, jeder will dieses süße, kleine Etwas sehen –, bitten Sie ihn, sich auf den Boden oder einen niedrigen Stuhl zu setzen. Lassen Sie Ihren Welpen kommen und die Gäste begrüßen. Wenn er sich ruhig und brav benimmt, wird gestreichelt und gelobt. Wenn er zu aufgeregt ist und sich gar nicht beruhigen kann, wird er ignoriert. So unterstützen Sie von vornherein gutes Benehmen!

Der Umgang mit behinderten Menschen

Lassen Sie sich von Ihrem gesunden Menschenverstand leiten. Wenn Sie Kontakt zu Körperbehinderten haben, sollten Sie Ihren Hund nicht als Erstes nehmen und einem behinderten Menschen vor das Gesicht halten oder auf den Schoß setzen. Was bei einem kleinen Welpen noch ganz süß ist, wird Ihre behinderte Großmutter überfordern, und wird beim ausgewachsenen Hund erst recht zum Problem. Den Bernhardiner, der immer auf Omas Schoß sitzen will, findet niemand mehr süß, sondern nur unerzogen. Vielleicht vertrauen Sie Ihrer Großmutter lieber ein besonders tolles Spielzeug an, mit dem sie das Herz Ihres Welpen im Sturm erobern kann.

Friede unter den Vierbeinern

Erwarten Sie nicht, dass Ihre anderen Haustiere in Begeisterungsstürme ausbrechen werden, wenn sie den neuen Mitbewohner das erste Mal zu Gesicht bekommen. In aller Regel werden sie gar nicht begeistert sein.

Andere Hunde

Ältere Hunde teilen ihr Revier meist nur ungern mit junger Konkurrenz. Machen Sie die beiden erst einmal auf neutralem Gelände miteinander bekannt, bevor Sie den Welpen mit nach Hause bringen.

Der ältere Hund wird sich ein bisschen wichtig machen und drohen, die Zähne zeigen und die Nackenhaare aufstellen. Das sieht sehr gefährlich aus, ist aber in der Regel harmlos. Also schön die Nerven bewahren und sich nicht einmischen. (Natürlich müssen Sie sich einmischen, wenn es anfängt ernst zu werden – die Augen starren, das Knurren aus tiefster Brust zu kommen scheint.) Andere harmlose Verhaltensweisen sind:

- ✔ Einige ältere Hunde knurren Kleinere an und stupsen sie mit den Pfoten. Das ist ein gutes Zeichen: Ihr alter Hund fängt schon an, den Kleinen zu erziehen.
- ✔ Manche Welpen quietschen, wenn ihnen ein älterer Hund zu nahe kommt. Mischen Sie sich nicht ein. Den Kleinen jetzt zu beruhigen, wird vom älteren Hund als Aufforderung, sich dem Welpen unterzuordnen, missverstanden. Sobald die beiden allein sind, wird der Große noch einmal versuchen, das richtige Machtverhältnis zu installieren.

Um die Hierarchie (großer Hund oben, kleiner Hund unten) zu stabilisieren, sollten Sie Ihren alten Hund bevorzugen, also mehr beachten, zuerst füttern, zuerst begrüßen usw. Das gibt ihm das Gefühl, immer noch die Nummer eins zu sein. Und der Kleine kommt gar nicht erst auf die verwegene Idee, sich mit dem Großen anzulegen und um die Vorherrschaft zu kämpfen. Auch wenn es Ihnen grausam vorkommt, nicht »gerecht« zu sein, vergessen Sie nicht: Sie müssen den Regeln eines Hunderudels folgen. Eine stabile Hierarchie verhindert Kämpfe. Es wird nur gekämpft, wenn die Hierarchie instabil ist! (Siehe hierzu auch Kapitel 26.)

Katzen

Geben Sie sich keinen Illusionen hin, kaum eine Katze ist begeistert über einen neuen Welpen im Haus. Viel mehr als Duldung können Sie nicht erwarten. Manche Katzen klettern auf den höchsten Sitzplatz in der Wohnung und hoffen, dass dieser Hund nur zu Besuch da ist. Manche warten geduldig auf einem niedrigen Stuhl oder hinter einer Tür auf die Gelegenheit zur ersten Kontaktaufnahme, meist ein kräftiger Tatzenhieb auf die Nase. Versuchen Sie, ruhig zu bleiben. Vielleicht ist dies nur die Lektion »Geh mir aus dem Weg, dann lass ich dich in Ruhe!«. Je eher Ihr Hund sie lernt, umso leichter für ihn.

Wenn die Katze den neuen Mitbewohner so gar nicht akzeptieren will, versuchen Sie, den beiden getrennte Bereiche des Hauses zuzuweisen. Ein hundefreier Rückzugsraum versöhnt die meisten Katzen mit dem neuen Mitbewohner.

Andere Tiere

Wenn Sie andere Tiere wie Meerschweinchen, Kaninchen, Frettchen, Chinchillas oder Mäuse haben, lassen Sie sie bitte im Käfig. Niemand kann für ihre Sicherheit garantieren. Auch wenn Ihr Hund sich später als ein wahrer Nagerfreund erweist, lassen Sie ihn nie allein mit freilaufenden Haustieren. Manchen braven Hund überkommt es einfach, wenn das Zwergkaninchen so wunderbar durchs Zimmer hoppelt, und alte Jagdinstinkte werden wach ...

Die ersten 24 Stunden überleben

Der erste Tag mit Hund kommt Ihnen vielleicht merkwürdig vor. So viel haben Sie darüber nachgedacht und alle Vorbereitungen getroffen, und jetzt ist es so weit. Jeder Hund ist anders.

Manche fügen sich einfach in das neue Zuhause ein, als wären sie schon immer da gewesen, andere brauchen Zeit und Ruhe, um sich langsam auf die neue Umgebung einlassen zu können. Vergleichen Sie Ihren Hund nicht mit anderen, die Sie kennen oder gekannt haben. Und machen Sie sich keine Sorgen, wenn er zu laut oder zu wild, zu schüchtern, zu ängstlich zu sein scheint. Sie, Ihr Zuhause, Ihre Familie, die anderen Tiere – das ist alles neu für ihn. Er muss langsam herausfinden, was es damit auf sich hat.

Wenn der kleine Kerl schlafen will, lassen Sie ihn schlafen. Legen Sie ihn in seine Hundebox oder auf seinen Schlafplatz und lassen Sie die Tür offen. Wenn es Zeit für die Fütterung ist, stellen Sie ihm seine Futterschüssel und den Wassernapf an seinen Platz. Lassen Sie ihn eine Viertelstunde allein. Vielleicht wird er vor Aufregung das Futter gar nicht anrühren. Stellen Sie es trotzdem wieder weg. Machen Sie nach der Mahlzeit einen kleinen Spaziergang. Wenn Sie Ihren Hund daran gewöhnen müssen, auf einer Zeitung oder in einer Katzentoilette sein Geschäft zu erledigen, finden Sie über diese Methode in Kapitel 11 weitere Informationen. Stellen Sie einen Wassernapf neben der Eingangstür, damit der Hund beim Raus- und Reingehen trinken kann. Wenn Ihr Hund durstig wirkt, bieten Sie ihm Wasser an.

Idealerweise lassen Sie Ihren Hund im Schlafzimmer schlafen. Stellen Sie seine Hundebox oder einen Korb neben das Bett. Wahrscheinlich wird Ihr Welpe in den ersten Nächten etwas winseln oder weinen, aber im Schlafzimmer fühlt er sich sicherer und beschützter als alleine in der Küche. Legen Sie Ihre Hand auf die Hundebox und beruhigen Sie ihn.

Ich weiß, es ist verführerisch, den kleinen, warmen, weichen Kerl einfach mit ins Bett zu holen. Er weint nicht mehr, und Sie müssen nicht die Hand aus dem Bett hängen lassen. Tun Sie es nicht! Es untergräbt Ihre Führungsposition im Hunderudel. Außerdem kann es das Bettnässen fördern, eine echte Horrorvorstellung. Wenn Ihr Hund älter ist und Ihre Chefposition gefestigt, können Sie immer noch darüber nachdenken, aber auf keinen Fall jetzt!

Wenn Sie Ihren Hund nicht im Schlafzimmer schlafen lassen wollen, weisen Sie ihm einen kleinen, überschaubaren Bereich zu, entweder eine Hundebox oder einen Raum wie eine kleine Küche oder das Bad. Machen Sie das Licht aus und schließen Sie die Tür oder versperren Sie sie mit einem Türgitter. Sie können ihm das Radio leise anlassen. Gehen Sie in der Nacht hin und wieder nach ihm schauen, möglichst immer dann, wenn er nicht weint! Ja, ja, die Freuden mit einem Hundebaby!

Er muss vielleicht ein bis drei Mal in der Nacht raus (und Sie?). Wenn das so ist, stehen Sie auf, gehen mit ihm raus (oder zu seiner Hundetoilette) und geben Sie ihm kurz Zeit, sein Geschäft zu verrichten. Wenn Sie nicht unbedingt Wert darauf legen, jede Nacht mit Ihrem Hund zu spielen, sollten Sie jetzt auch gar nicht damit anfangen. Ihr Hund weiß nicht, dass Sie nur in der Anfangszeit nachts mit ihm spielen wollen.

Was Sie in der ersten Woche erwartet

Plötzlich einen Welpen im Haus zu haben, ist eine große Herausforderung und Veränderung. Die Zeit wird wie im Flug vergehen. Sie wachen morgens auf und es fällt Ihnen ein, dass da ja noch jemand zu versorgen ist. Aber wahrscheinlich hat sich dieser jemand schon längst lautstark bemerkbar gemacht. Auch wenn es nur allzu verständlich ist, dass Sie jedes Bächlein auf dem Wohnzimmerteppich für das sichere Anzeichen einer lebenslangen Unsauberkeit halten – bleiben Sie ruhig. Lassen Sie sich und dem Hündchen Zeit. Das Wichtigste ist, dass Sie die Grundbedürfnisse Ihres Welpen erfüllen und die sind sehr schlicht: Fressen, Trinken, Spielen und sein Geschäftchen erledigen. Es ist eben ein Baby! Ich gebe Ihnen noch ein paar Tipps, wie Sie Ihrem Welpen den Start erleichtern können:

- ✔ Helfen Sie Ihrem Welpen, seinen Namen zu lernen. Legen Sie ein paar Leckerli (Informationen zum Thema Leckerli in Kapitel 20) in eine Dose und schütteln Sie sie, während Sie ihn rufen. (Versuchen Sie, seinen Namen nicht zu benutzen, wenn Sie sich über Ihren Hund ärgern.)

- ✔ Wenn Ihr Hund sein Geschäft erledigt, benutzen Sie dafür immer das gleiche Wort. Das mag Ihnen anfangs etwas merkwürdig vorkommen, aber zumindest andere Hundebesitzer werden verstehen, was Sie da tun. (In Kapitel 11 steht noch einiges mehr zur Sauberkeitserziehung.)

- ✔ Gewöhnen Sie Ihren Hund an Ihre Hand. Lassen Sie ihn ruhig an Ihrer Hand lecken. Wenn Ihre Hand gut nach Futter riecht, wird Ihr Hund gerne Küsschen geben.

- ✔ Suchen Sie sich einen Tierarzt. Der Tierarzt, dem Sie vertrauen, wird Sie ein langes Hundeleben lang begleiten. Fragen Sie andere Tierbesitzer um Rat. Schauen Sie sich ruhig mehrere Praxen an (mit und ohne Hund), sprechen Sie mit den Angestellten. Ist die Atmosphäre freundlich, die Praxis sauber und gepflegt? Fühlen Sie sich wohl, fühlt Ihr Hund sich wohl? Die Antworten auf diese Fragen können Ihnen die Entscheidung erleichtern! (In Kapitel 22 finden Sie noch mehr Anregungen, wie Sie den passenden Tierarzt finden können.)

Wie Sie ein guter Welpentrainer werden

7

In diesem Kapitel

- Die richtige Selbsteinschätzung
- Ihr Welpe reagiert auf Sie
- Die sechs häufigsten Welpenpersönlichkeiten
- Ihre Rolle bei der Hundeerziehung
- Lernen ist keine Einbahnstraße

Als ich zwei war, wollte ich die Sprache der Tiere lernen. Und obwohl Tiere nicht in dem Sinne sprechen, wie wir Menschen das tun, weiß ich heute, dass viele Menschen tatsächlich sehr innig mit Tieren kommunizieren können. Sie erkennen solche Menschen sofort. Er kommt in Ihr Haus und Ihr kleiner Hund blickt diesen »Hundeflüsterer« wie den lang ersehnten Rudelchef an und erwartet seinen Auftrag. Als mir das einmal bei einer anderthalbjährigen Hündin gelang, schaute mich die Besitzerin mit Tränen in den Augen an und fragte: »Warum hat Kira mich noch nie so angeguckt?«

Vielleicht hatte Kira sie bereits so angeguckt. Aber als Erstes musste ich der Besitzerin eine neue Denkweise beibringen, die mir von Kindesbeinen an vertraut ist und die sich in vielen Jahren immer wieder bewährt hat. Die Besitzerin musste lernen, ihre Hündin zu respektieren, und zu verstehen, welchen Anteil sie an der Entstehung des Problems hatte. In diesem Kapitel möchte ich Ihnen mitgeben, was ich damals Kiras Frauchen mitgeben konnte. Werden Sie ein guter Hundetrainer, bevor Sie anfangen, Ihren Hund zu erziehen. Dieses Kapitel will Ihnen dabei helfen, Ihren Hund besser zu verstehen und zu erziehen.

Erziehen Sie sich selbst

Viele Faktoren haben Einfluss darauf, ob jemand ein guter Hundetrainer ist, und die meisten Dinge sind nicht physischer Natur, sondern eine Frage der mentalen Einstellung. Welpen haben wie jedes Lebewesen eine Seele, die Sie verstehen und unterstützen müssen, damit Ihr Hund eine reife und ausgeglichene Persönlichkeit werden kann. Die Voraussetzungen sind günstig: Ihr Welpe glaubt an Sie, er vertraut Ihnen und möchte Ihren Regeln folgen. Das ist mehr, als ein Mensch Ihnen versprechen kann. Aber Sie müssen dem Welpen zeigen, wie das geht.

Um Ihrem Welpen dieses »Wie« zeigen zu können, müssen Sie fünf goldene Regeln einhalten:

- ✔ Akzeptieren und formen Sie die Persönlichkeit Ihres Welpen!
- ✔ Machen Sie Ihrem Welpen keine Vorwürfe!

- Erkennen Sie die einmalige Persönlichkeit Ihres Welpen!
- Begreifen Sie, welche Rollen Ihr Hund und Sie im Erziehungsprozess spielen!
- Lernen Sie von Ihrem Hund!

Was für ein Typ sind Sie?

Nun ist es an der Zeit, einen Blick in den Spiegel zu werfen! Nehmen Sie ein Blatt Papier und einen Stift und schreiben Sie drei hervorstechende Eigenschaften von Ihnen auf. Was für ein Mensch sind Sie? Bestimmend? Lieb? Nachgiebig? Fordernd? Seien Sie ehrlich! Und dann vergleichen Sie Ihre Persönlichkeit mit der Ihres Hundes (siehe den Abschnitt »Die sechs häufigsten Persönlichkeitstypen« weiter hinten in diesem Kapitel).

Sie sind sehr bestimmend, Ihr Welpe aber sehr lieb? Dann muss sich einer von Ihnen ändern. Einen sehr lieben Hund viel herumzukommandieren, macht ihm Angst. Er wird sich emotional von Ihnen zurückziehen oder das Weite suchen. Wenn Ihr Hund sehr entspannt und selbstbewusst ist, Sie aber ein eher zwanghafter Typ, wird Ihr Hund Sie auslachen. Haben Sie schon einmal erlebt, wie ein Hund sein Herrchen auslacht? Peinlich, peinlich, kann ich Ihnen sagen. Um ein guter Hundetrainer zu werden, müssen Sie sich auf die Persönlichkeit Ihres Hundes einstellen.

Machen Sie Ihrem Hund keine Vorwürfe

Ob Sie es glauben oder nicht: Hunde machen nichts, um Sie zu ärgern! Was ein Welpe macht, zielt auf eine bestimmte Reaktion von Ihnen. Kennen Sie meinen Grundsatz?

Ein Hund wiederholt, was ihm Aufmerksamkeit einbrachte. Egal, wie die Aufmerksamkeit ausfällt! Besser ein Tadel als gar keine Aufmerksamkeit, denkt Ihr Hund. Also wenn Sie sagen: »He, ich habe diesem kleinen frechen Kerl gerade erst erklärt, dass ich das nicht will, aber er hört gar nicht auf mich!«, dann sage ich Ihnen: Ihr Hund hat Ihren Tadel als Aufmerksamkeit empfunden. »Na, es gibt nettere Aufmerksamkeiten«, mag Ihr Hund gedacht haben, »aber immerhin!«. Und er wird es immer wieder tun.

Aber was können Sie in Situationen tun, in denen Ihr Hund Regeln verletzt? Der erste Schritt, um einen Hund erfolgreich zu erziehen, ist aufzuhören, ihm Vorwürfe zu machen.

Rennen Sie Ihrem Hund nicht hinterher, um ihm etwas abzunehmen. Stellen Sie sich vor, jemand, der doppelt oder viermal so groß ist wie Sie selbst, flitzt hinter Ihnen her. Schrecklich. Und für Ihren Welpen Angst einflößend. Aber er lernt dadurch nur, Angst vor Ihnen zu haben und nicht, dass er nicht die Wurst vom Grill klauen soll. Verwenden Sie andere Erziehungsmethoden, die in Kapitel 13 beschrieben werden.

Die einzigartige Persönlichkeit Ihres Welpen

Ja, jeder Welpe ist eine eigene Persönlichkeit. Und wenn Sie schon einmal die Gelegenheit hatten, mehrere kleine Hunde aufwachsen zu sehen, wissen Sie das. So viele Geschichten meiner Klienten über so genannte Problemhunde fangen mit den Worten »Meiner letzter Hund war so einfach!« an. Ich antworte dann grundsätzlich: »Ja, aber das ist nicht Ihr letzter Hund. Jeder Hund ist einzigartig. Und um Ihren Hund erziehen zu können, müssen Sie seine Persönlichkeit verstehen!«

Egal, welche die Persönlichkeit Ihr Hund hat, jeder Welpe liebt es, mit Ihnen zusammen zu sein und mit Ihnen zu »sprechen«. Egal, welche Kommandos Sie benutzen, Ihr Hund freut sich, Sie zu verstehen, und bleibt gerne bei Ihnen, wenn Sie Ihren Alltag mit ihm teilen.

Die sechs häufigsten Persönlichkeitstypen

Ich habe jahrelang mit unzähligen Hunden gearbeitet und gelebt. Und die meisten lassen sich sechs verschiedenen Grundtypen zuordnen. Versuchen Sie, Ihren Hund einzuordnen, und behalten Sie diesen Typ im Hinterkopf, wenn Sie die nächsten Kapitel über Hundeerziehung durchgehen.

- ✔ **Mamas Bester.** Diese Hunde machen alles, was Sie wollen. Sie können schwierig werden, wenn sie nicht genug Aufmerksamkeit bekommen. Mamas (oder Papas) Bester tut alles für Mamas Aufmerksamkeit, egal was. Wenn Sie das Bällchen 500 Mal werfen, wird es auch 500 Mal wieder geholt. Wenn diesen Hunden das Hochspringen an Menschen nicht strikt abgewöhnt wird, kann es passieren, dass sie bei der kleinsten Aufregung an Ihnen – und allen anderen – hochspringen. Wenn Sie Ihrem Hund beibringen, »Sitz« zu machen und abzuwarten, wird er es auch tun. Sie brauchen keine rigorosen Erziehungsmethoden, aber viel Training. Dieser Hund bettelt um Aufgaben und will gefallen.

- ✔ **Mister Cool.** Absolut entspannt, so benimmt sich dieser Hund. Fehlt nur noch die Sonnenbrille. Welpen mit dieser Persönlichkeit haben jede Situation unter Kontrolle. Es scheint ihnen mehr daran gelegen, wie sie aussehen, als was Sie von ihnen wollen. Wenn Sie ein Kommando geben, spricht sein Gesicht Bände: »Ja, ja, ich komm gleich!« Aber leider ist das Kommando gleich wieder vergessen. Trainingsstunden werden einfach verschlafen. Sie sind oft freundliche, fröhliche Hunde, mit denen Sie viel Spaß haben können, aber ohne ein intensives Training können manche Situationen heikel werden. Üben Sie viel und gewissenhaft, damit klar bleibt, wer der Boss ist!

- ✔ **Der Klassenclown:** Ich hatte selbst einmal so einen kleinen Kasper. Calvin brachte mir mit seinem Witz und seiner Pfiffigkeit mehr über Hundeerziehung bei als die meisten Bücher, die ich gelesen hatte. Warum? Diese Hunde sind wie kleine Wunderkinder und können große Probleme machen und bekommen, wenn die Erziehung vernachlässigt wird. Sie bewegen sich immer am Rande des Gehorsams und ernten mit ihren Späßen und Frechheiten so viel Gelächter und Bewunderung, dass sie nur schwer dazu zu bringen sind, einfach zu gehorchen. Lachen ist Aufmerksamkeit, Bewunderung. Glauben Sie mir, ich weiß, wie schwer es ist, nicht zu lachen, wenn der kleine Strolch mit einem schokoladenverzierten Gesicht aus der Puddingschüssel auftaucht. Dieser Hund braucht klare Anweisungen, deren Umsetzung Sie konsequent einfordern müssen, ohne Wenn und Aber. Die Welpenzeit ist eine echte Prüfung Ihres Nervenkostüms, aber danach werden Sie viel Freude mit dem lustigen Kerl haben.

- ✔ **Der Chef:** Dieser Hund nimmt sich selbst sehr ernst. Er ist der Chef einer jeden Welpengruppe, und das geht bei Ihnen zu Hause gleich so weiter. Wenn Sie nicht sehr erfahren sind, kann solch ein Hund eine Herausforderung, aber auch eine Überforderung sein. Auflehnung bis hin zu aggressivem Verhalten kommt vor. Wenn es Ihnen nicht von vornherein gelingt, die Spielregeln aufzustellen und durchzusetzen, tut es Ihr Hund. Wenn Sie sich mit einem solchen Hund überfordert fühlen, seien Sie ehrlich und suchen Sie sich professionelle Hilfe, bevor es zu spät ist.
- ✔ **Das Seelchen:** Lieb und brav, so sind sie. Sie halten sich aus allen Raufereien raus, beobachten erst einmal, was die anderen machen. Wem sie sich angeschlossen haben, den lieben und bewundern sie über alles. Solche Hunde dürfen nie angebrüllt werden, jedes laute Wort erschreckt sie, egal ob es ihnen galt oder nicht. Schon ein lebhafter Haushalt mit Kindern oder temperamentvollen Erwachsenen kann sie überfordern. Mit zarter Hand müssen sie trainiert werden, um in lauten Situationen nicht die Nerven zu verlieren.
- ✔ **Die Zitterpappel:** Dieser Hund würde am liebsten hinter Ihren Beinen leben. Oder auf Ihrem Schoß. Wenn Sie ihn viel trösten, bestärken Sie dieses Verhalten noch. Anders als schüchterne Kinder, die man mit Worten ermutigen kann, weil sie deren Bedeutung verstehen, fühlt sich ein verängstigter Hund in seiner Angst bestätigt, wenn Sie ihn trösten. Also: Lob und Belohnung gibt es, wenn er aus seiner Höhle herauskommt, ansonsten ignorieren Sie ihn. Und auch Futter ist eine Form von Belohnung.

Welpen mit Persönlichkeitsstörungen

Es passiert mir nicht oft, dass ich Welpen mit massiven Persönlichkeitsstörungen treffe, aber leider gibt es sie. Häufig sind es Welpen aus sehr schlechter Zucht, die tatsächlich Gehirnschäden zu haben scheinen. Solche Hunde können gewalttätig werden und sind schon als kleine Welpen eine echte Gefahr für jeden, der mit ihnen in Kontakt kommt. Sie werden scheinbar ohne Anlass oder vor Angst plötzlich sehr aggressiv. In zwei Formen tritt die massive Aggressivität auf:

- ✔ **Unberechenbare Aggressivität** – Immer wieder treten plötzlich und unvorhersehbar aggressive Schübe auf. Die kleinen Welpen knurren sehr bedrohlich, wenn ihr Besitzer dem Futternapf zu nahe kommt, aber auch, wenn man einfach in ihre Nähe kommt oder sie gerade auf einem Knochen kauen. Ansonsten sind diese Hunde genauso süße Welpen wie ihre Artgenossen – echte »Mr. Jekyll und Dr. Hyde«-Typen.
- ✔ **Angstbeißer** – Diese Welpen zeigen völlig übertriebene Angstreaktionen in alltäglichen Situationen oder fürchten bestimmte Geräusche, wie beispielsweise Papierrascheln. Schon ein erhobener Arm kann eine Beißattacke auslösen. Insbesondere die Anwesenheit von Fremden erleben diese Hunde als bedrohlich.

Selbst Profis verwenden den Begriff »Angstbeißer« häufig falsch. Es besteht ein großer Unterschied zwischen echten »Angstbeißern« und Hunden, die vor Angst einmal beißen. Vermuten Sie nicht gleich eine Persönlichkeitsstörung bei Ihrem Welpen, wenn er als »Angstbeißer« bezeichnet wird.

Keine Panik, wenn Ihr Welpe hin und wieder im Spiel knurrt oder den Postboten anbellt. Viele Welpen knurren zur Verteidigung ihres Futters oder ihres Spielzeugs und auch der Wachinstinkt ist bei vielen Rassen sehr gut ausgebildet. Das sind alles Verhaltensprobleme, die durch intensives Training behoben oder unter Kontrolle gebracht werden können. Ich spreche hier von *massiver* Aggression – gebleckte Zähne, starrer Blick, tiefes Knurren und Beißen, das einem Wolf zur Ehre gereichen würde. Diese Persönlichkeitsstörungen sind früh erkennbar, oft schon im Alter von vier Monaten.

Es ist schrecklich und beängstigend, einem solchen Hund zu begegnen und ihr Schicksal ist tragisch. Meist sind sie durch die Verantwortungslosigkeit von Menschen zu dem geworden, was sie sind. Wenn Ihr Hund massive Aggressivität zeigt, holen Sie sich bitte Hilfe. Sprechen Sie mit dem Züchter, Ihrem Tierarzt oder erfahrenen Hundetrainern, und zwar sofort. Es gibt nicht viele dieser Welpen, ich habe erst sechs in meinem Leben gesehen, von denen fünf von dubiosen Züchtern stammten, einer war ein Mischling. Ein solcher Hund ist als Familien- oder Begleithund nicht haltbar!

Ihre Rolle als Hundetrainer

Eines Tages rief mich eine meiner Klientinnen an. Sie war begeistert. Nach wochenlangem Gruppentraining hatte es endlich »Klick« gemacht: »Der Trick ist, meinen Hund dazu zu bringen, dass er mir gehorchen will!«

In meinen Stunden wiederhole ich immer wieder die gleichen Inhalte. Ich verwende verschiedene Beispiele, komme in unterschiedlichen Zusammenhängen immer wieder darauf zurück. Klar, etwas zu hören und intellektuell zu verstehen ist nicht das Gleiche, wie etwas zu begreifen und umsetzen zu können. Obwohl diese Hundebesitzerin meinen Worten immer aufmerksam gelauscht hatte, wurde jede Aufforderung an ihren Hund ein Befehl und jede sanfte Haltungskorrektur ein Herumzerren an der Leine. Alles machte sie mechanisch und übertrieben. Wenn ich darum bat, Kommandos deutlich auszusprechen, schrie sie. Wenn mit dem Fuß auf den Boden geklopft werden sollte, stampfte sie.

Sie liebte ihren Hund, aber sie war so unsicher, dass sie sich an den Äußerlichkeiten festhielt, immer eifrig bemüht, bloß nichts falsch zu machen. Vorsichtig, wie sie war, konnte sie sich gar nicht auf ihren Hund einlassen. Ich erklärte ihr, wie sie lernen konnte, wirklich mit ihrem Hund in Kontakt zu treten, und gab ihr einige Regeln an die Hand:

- ✔ Training bedeutet, Ihren Hund dazu zu bringen, dass er Ihnen gehorchen will.
- ✔ Ihr Welpe ist keine Maschine, er hat eine Seele und eine eigene Persönlichkeit.
- ✔ Sie sind der Dirigent Ihres Hundes und sein Gruppenführer.
- ✔ Jeder Welpe lernt in seinem Tempo. Diesem Tempo werden Sie sich anpassen müssen.
- ✔ Geduld ist eine Tugend!

Von Ihrem Welpen lernen

Heißt Hundeerziehung nicht, seinen Hund zu kontrollieren? Nein. Kontrolle ist nur ein Aspekt von Hundeerziehung. Jeder Hundetrainer, der diesen Namen verdient, weiß, dass Lernen keine einseitige Sache ist. Wenn Sie einen Welpen aufziehen und erziehen, können Sie dabei viele wertvolle Dinge lernen, die Ihnen auch in vielen anderen Situationen nützlich sind. Sie können von Ihrem Welpen Geduld und die Bereitschaft zur Versöhnung lernen. Sie lernen, Verhaltensweisen zu verstehen, die Ihnen nicht gefallen. Sie und Ihre Familie werden Verantwortung übernehmen und damit wachsen. Wenn Sie sich mit Ihrer ganzen Persönlichkeit und Ihrem ganzen Sein darauf einlassen, einen Welpen aufzuziehen und zu erziehen, werden Sie auch viel von ihm lernen können.

Denken wie ein Hund

8

In diesem Kapitel

- In der Hundesprache miteinander sprechen
- Wer ist hier der Boss?
- Motivieren Sie Ihren Hund!

Da sitzt Ihr kleiner Wollknäuel vor Ihnen, schaut Sie an mit seinen großen Augen – und versteht gar nichts. Hunde können sich nicht vorstellen, wie ein Mensch spricht, was er meint, denkt und fühlt. Es gibt nur einen Weg, mit dem Wollknäuel zu kommunizieren: Sie müssen seine Sprache lernen. Erst wenn Sie verstehen, wie ein Hund denkt und spricht, können Sie anfangen, ihm etwas beizubringen, ihn zu erziehen. Sie müssen seine Persönlichkeit kennen lernen und die Hundesprache erlernen, dann geht's los!

Wie denkt ein Hund? Wie spricht ein Hund? In diesem Kapitel werden Sie es lernen!

Die Hundesprache

Um ein guter Lehrer zu werden, müssen Sie die Hundesprache fließend beherrschen. Unterrichten Sie auch Ihre Familie und Freunde in dieser schönen Sprache und verlangen Sie von allen fehlerfreie Aussprache und Grammatik.

Die Hundesprache baut auf drei Grundpfeilern auf:

- ✔ Augenkontakt
- ✔ Körpersprache
- ✔ Stimme und Ton

In der Hundesprache zählen Worte, Gefühle und langatmige Erklärungen nicht. Ihr Welpe versteht komplexe Zusammenhänge nicht. Welpen sind so süß, aber auch so schlicht.

Augenkontakt

In schwierigen Situationen (es klingelt an der Haustür oder Ihr Hund hat gerade den Spülschwamm geklaut) starren Sie Ihren Hund an und es fällt Ihnen schwer, ihn dazu zu bringen, Sie anzugucken. Raten Sie mal, was dann passiert? Ihr Hund denkt, Sie brauchen seine Unterstützung. Er denkt, Sie wollen, dass er entscheidet, was richtig und wichtig ist. Bevor Sie überhaupt lernen können, mit einer solchen Situation umzugehen (das erfahren Sie in Kapitel 13), müssen Sie lernen, Ihren Hund dazu zu bringen, dass er Sie anguckt, um zu erfahren, wo es langgeht.

Worauf Sie Ihren Blick auch richten, Sie verstärken es. Blicken Sie einen braven Hund an, wird was passieren? Genau, er wird brav bleiben.

Stellen Sie sich das Energielevel Ihres Hundes auf einer Skala von 1 bis 10 vor. 1 heißt schlafen, 10 ist hyperaktives, durchgedrehtes Ausrasten. Von 1 bis 8 ist der Hund glücklich, hier finden Sie all die Situationen, die Sie mit Ihrem Hund genießen können. Zwischen 8 und 10 ist der wilde Bereich, Ihr Hund dreht ab, jagt, klaut, schnappt und lässt sich nicht zurückrufen. Weniger schön.

Vergessen Sie nicht: Ihr Hund wiederholt Handlungen, mit denen er Ihre Aufmerksamkeit erreichen konnte. Wenn Sie immer den wilden Feger beachten, behalten Sie einen wilden Feger. Wenn Sie überschießende Energie umlenken können (das wird in Kapitel 28 erklärt) und die wünschenswerten Verhaltensweisen mit Aufmerksamkeit belohnen, na, was kommt dann dabei raus? Richtig, ein kleiner Engel (zumindest meist). Der Grundsatz ist: Stellen Sie Augenkontakt her, wenn Ihr Hund im grünen Bereich – Energielevel 1 bis 8 – ist.

Auch für Ihren Hund ist dieses wilde Ausrasten kein Vergnügen, sondern meist eine Reaktion auf Überforderung oder Unverständnis. Gehorsamsübungen können in solchen Situationen leicht als Kampfspiel missverstanden werden. Eine klare Struktur und viel Training helfen am besten gegen solche »Ausraster«.

Körpersprache

Mit der Körpersprache ist das schon eine witzige Sache. Stellen Sie sich vor, es klingelt an der Tür. Ihr Hund regt sich auf und rastet aus. Um die Sache unter Kontrolle zu behalten, brüllen Sie Ihren Hund an, ein Kommando folgt dem andern, aber keines wird befolgt. Sie halten Ihren Hund von der Tür weg, der Besuch kommt herein und schützt sich mit Jacken und Taschen vor dem wilden Kläffer. Die Hölle!

Körpersprache ist eine Grundsäule der Hundesprache. Spiel, Anspannung und Entspannung, jeder Zustand wird durch eine bestimmte Haltung angezeigt. Ihr Hund hält Sie auch für einen Hund und kann gar nicht begreifen, dass Sie ihm sagen wollten, dass Sie mit seinem Begrüßungsritual etwas unzufrieden sind. In der Hundesprache haben Sie gesagt: »Ich weiß auch nicht, was da Schreckliches kommt. Ich mach jetzt mal das, was du machst. Du wirst schon Recht haben!« Was folgert Ihr Hund daraus? Er ist der Chef, sein Verhalten war der Situation angemessen und im Zweifelsfall muss er sie beschützen. Wenn Sie Hundetrainer werden wollen, vergessen Sie folgende vier Dinge nicht:

- ✔ Stellen Sie sich aufrecht und entspannt hin, wenn Sie Ihrem Hund ein Kommando erteilen. Ich nenne das die *Pfauenhaltung*. Stellen Sie sich das stolze Gehabe eines Pfaus vor, das schöne Gefieder, die Brust geschwollen, voller Selbstvertrauen und sehr würdevoll. Wenn Sie Ihrem Hund ein Kommando geben, nehmen Sie die Schultern nach hinten und stellen Sie sich aufrecht hin wie ein Pfau. Üben Sie das Herumstolzieren mit Ihrer Familie und allen, die Ihren Welpen auch betreuen.

- ✔ Versuchen Sie nicht, Ihren Hund einzufangen, wenn Sie wütend sind. Entweder hält er es für ein Spiel oder er bekommt Angst vor Ihnen.
- ✔ Bleiben Sie ruhig, wenn Sie versuchen, Ihren Hund dazu zu bringen, ruhig zu sein oder ein Kommando auszuführen.
- ✔ Und nie vergessen: Sie sind das Vorbild!

Ich höre schon zwei Fragen, die sich jetzt aufdrängen: Wie soll ich das verwirklichen? Kann ich mich denn nicht einfach mal mit meinem Welpen auf den Boden setzen und spielen? Natürlich können Sie das. Kapitel 28 handelt von nichts anderem. Aber spielen und toben Sie nicht mit Ihrem Hund, wenn er schlecht gelaunt ist oder wenn Sie es sind!

Stimme und Tonfall

Ihr Hund hält Sie für einen Hund, oder etwas Ähnliches zumindest. Und wenn Sie anfangen zu schreien, hört er Sie bellen. Bellen (oder Schreien) unterbricht Ihren Hund vielleicht kurz in seinem Tun, aber es sagt ihm nicht, was er stattdessen tun soll. Er hört auf, weil Sie ihm Angst machen, er hat Angst vor Ihnen, versteht aber nicht, was Sie wollen. Schreien nützt nichts, glauben Sie mir. In Kapitel 14 erkläre ich Ihnen, was etwas nützt. Aber erst einmal üben Sie die drei richtigen Stimmlagen:

- ✔ **Die begeisterte Stimme:** Benutzen Sie diese Stimmlage, wenn Sie Ihren Hund loben wollen. Diese Stimme soll Ihrem Hund schmeicheln und ihn nicht aufregen. Er soll sich glücklich und geliebt fühlen.
- ✔ **Die Kommandostimme:** Benutzen Sie diese Stimmlage für alle Kommandos. Sie sollte sich klar, eindeutig und autoritär anhören, nicht scharf oder lieblich. Denken Sie an den Pfau!

  Wundern Sie sich nicht, wenn Ihr Hund nicht auf Sie hört, wenn Sie ihm ein Kommando erteilen und sich gleichzeitig nach vorne beugen. In der Hundesprache ist das eine eindeutige Aufforderung zum Spielen. Stellen Sie sich folgende Situation vor: Sie kauern am Boden und starren auf den Teppich, dabei bieten Sie mir einen Sitzplatz an. Na, da will ich doch auch erst einmal herausfinden, was es da so Interessantes gibt, bevor ich mich hinsetze. Stellen Sie sich also aufrecht hin wie ein stolzer Pfau.

- ✔ **Der Befehlston:** Ich bin nicht sehr fürs Rumkommandieren. Mit klaren Strukturen und viel Training kommt man weiter. Aber Ihr Hund sollte wissen, wann etwas sofort abzubrechen ist. Ich benutze das Kommando »Aus!«. In Kapitel 14 erkläre ich noch mehr dazu: Letztendlich ist es egal, welchen Ausdruck Sie benutzen, es soll nur immer derselbe sein. Die Stimme soll streng klingen – »Lässt du das sein!« oder »Du bleibst davon weg!«, so sollte es klingen. Sie wissen ja: Der Ton macht die Musik! Wichtig ist auch das Timing!

Sie merken schon: Die Hundesprache unterscheidet sich doch sehr von der Menschensprache. Viele Leute glauben ja, dass ihr Hund jedes Wort versteht, aber Hunde erkennen eher am Klang, was Frauchen oder Herrchen erwarten. Manchmal verstehen sie auch genau das Gegenteil.

Wenn Ihr Hund die Wurst vom Tisch klaut und Sie jagen ihm hinterher, rufen Sie vielleicht: »Gib die verdammte Wurst wieder her!«, aber Ihr Hund versteht nur: »Wir spielen Fangen!« Denken Sie daran: Sie müssen alles in die Hundesprache übersetzen, damit Ihr Hund Sie richtig verstehen kann. Also, betrachten Sie die Welt wie ein Hund, lernen Sie zu denken wie ein Hund und schon sprechen Sie wie ein Hund.

Wiederholen Sie Ihre Kommandos nicht mehrfach hintereinander! Wenn Sie »Sitz, mach sitz, Benny, sitz, sitz!« sagen, hört sich das ganz anders an als »Sitz!«. Und Benny wird das neue Kommando schnell lernen. Wenn Ihr Hund ein Kommando ausführen soll, sagen Sie es immer nur einmal. Wenn er sich daraufhin nicht setzt, setzen Sie ihn hin!

»Der richtige Ton« für Kinder

Haben Sie Kinder? Dann ist Ihnen sicher schon aufgefallen, dass Kinder dazu neigen, Kommandos zu geben und sich dabei ihre Stimme überschlägt. Es fällt Kindern auch schwer, immer wieder das gleiche Wort für ein Kommando zu benutzen und dieses klar auszusprechen. Wie können Sie Ihren Kindern helfen?

Kinder unter 12 sollten in erster Linie gelobt werden für das, was sie schon richtig machen. Ansonsten versuchen sie, ihre Kommandos mit übertrieben korrekter Aussprache zu erteilen – »Sssiiietzzz!« statt »Sitz!«. Wenn Ihre Kinder merken, dass der Hund auf Sie besser hört, werden sie versuchen, Sie nachzumachen. Und so lernen sie, Kommandos richtig zu geben.

Wer ist hier der Boss?

Hunde haben Mannschaftsgeist. Viele nennen es auch »Rudelverhalten«, aber ich bevorzuge den Begriff »Mannschaft«. Mannschaftsgeist und Hundeverhalten haben vieles gemeinsam. Eine Sportmannschaft will gewinnen, jeder Spieler ordnet sich diesem Ziel unter. Hunde leben ihr gesamtes Leben in einer Mannschaft. Sie wollen nicht gewinnen, sondern überleben. Zur Mannschaft Ihres Hundes gehören Sie und Ihre Familie.

Einige andere, vielleicht weniger offensichtliche Faktoren machen eine gute Mannschaft aus. Drei Dinge fallen uns sofort ein: Zusammenarbeit, klare Aufgabenverteilung und gegenseitiger Respekt. Da können die besten Spieler zusammenkommen, wenn sie nicht diese drei Grundsätze beachten, kommt nur Chaos dabei heraus. In einer guten Mannschaft weiß jeder, wer die Spielzüge ansagt und in welcher Position die einzelnen Spieler stehen. Wenn jemand Unterstützung auf seiner Position braucht oder verletzt wird, helfen ihm die anderen.

Damit sich Ihr Hund sicher und geborgen fühlen kann, muss er wissen, wer der Chef ist. Es ist die Aufgabe seines Chefs, ihm zu sagen, was er tun soll. Hunde leben in hierarchischen Strukturen; Sie müssen Ihrem Hund beibringen, dass Zweibeiner immer die Chefs von Vierbeinern sind. Wenn Sie zu mehreren in Ihrem Haushalt leben, ist jeder Zweibeiner Chef für den Hund (und einer der Big Boss, so erscheint es zumindest dem Hund).

Wenn Sie nicht klarstellen, wer der Chef ist, wird Ihr Hund diese Rolle übernehmen. Und das kann schlimm werden. Wenn Ihr Hund dominant genug ist, werden Sie in einem Hundereich leben unter dem strengen Gesetz eines Hundekönigs (»Niemand setzt sich auf mein Sofa! Ich teile mein Futter mit niemandem!«). Selbst wenn Ihr Hund nicht die Persönlichkeit hat, um die Chefrolle auszufüllen, wird er es trotzdem versuchen, um seine Mannschaft zu beschützen. Solche Hunde verhalten sich unkalkulierbar aggressiv und reagieren auf alles sehr stark.

Wie können Sie es schaffen, Ihre Mannschaft zu führen und Ihrem Hund die Spielregeln beizubringen? Sie müssen verstehen, was Ihren Hund zu einem bestimmten Verhalten motiviert (siehe nächsten Abschnitt) und wie Sie in seiner Sprache mit ihm sprechen können (siehe im entsprechenden Abschnitt am Anfang dieses Kapitels).

Ein hartes Stück Arbeit liegt vor Ihnen, aber wenn Sie erst einmal in der Praxis erleben, wie diese Methode funktioniert, werden Sie begeistert sein. Machen Sie sich die Mühe und lernen Sie die Hundesprache, Sie werden von Ihrem Hund verstanden und er wird versuchen, Ihre Erwartungen zu erfüllen. Investieren Sie etwas Zeit und Mühe, dann wird Ihr Hund Ihnen vertrauen und folgen. Sie werden einen Freund gewinnen, der Sie nicht im Stich lässt.

Guck doch mal!

Welpen lieben Aufmerksamkeit, dafür würden sie alles tun, solange Ihr Blick sich auf sie richtet. Das erinnert Sie an ein kleines Kind? Genau, und genau wie dem Kind ist es auch dem Welpen relativ egal, ob die Aufmerksamkeit positiv oder negativ ist.

Warum es mit negativer Aufmerksamkeit nicht klappt!

Stellen Sie sich einen kleinen, niedlichen Hund vor, der an Ihnen hochspringt. Sie versuchen gerade, in Ruhe die Zeitung zu lesen. Probieren Sie doch einmal aus, ihn zur Ruhe zu bringen. Sie rufen laut »Aus!« und was passiert? Der Hund wird sehr wahrscheinlich wieder hochspringen. Warum? Weil Sie ihm Ihre Aufmerksamkeit geschenkt haben. Für einen Hund ist Aufmerksamkeit eine Geste, das kann auch nur ein kurzer Blick sein. Ja, auch schon ein Blick kann Ihren Hund in seinem Verhalten bestärken.

Sie denken vielleicht, dieses Beispiel sei weit hergeholt, aber glauben Sie mir, Welpen halten uns für ihresgleichen. Wenn sie sich aufregen, dann regen wir uns auf und zeigen ihnen damit Aufmerksamkeit. Indem wir sie nachahmen, fordern wir sie auf, die Mannschaft zu führen. Dass wir uns aufregen, weil wir ihr Verhalten missbilligen, versteht kein Hund. Hunde verstehen keine Worte und keine Gefühle. Sie achten auf unsere Körpersprache und den aufgeregten Klang unserer Stimme. Und selbst wenn wir schlagen oder kräftig wegschubsen, werden sie nichts verstehen, sondern höchstens Angst vor uns bekommen. Es gibt bessere und wirkungsvollere Mittel als Angst und Schrecken, um Hunde zu erziehen.

Ich will Ihnen noch ein anderes Beispiel geben: Stellen Sie sich vor, der Hund klaut ein Stück Käse, und alle unterbrechen ihre Tätigkeit, richten ihre Aufmerksamkeit auf den Hund, um ihm hinterherzurennen und den Käse abzunehmen. »Was für ein toller Spaß!«, wird der Hund denken. »Ich habe das klasse Spielzeug, das alle wollen!«

Hunde interpretieren negative Aufmerksamkeit häufig als Kampf- oder Konfrontationsspiel. Alle rennen und schreien, ein fantastisches Spiel!

Mit negativer Aufmerksamkeit unterstützen Sie Verhaltensweisen, die Sie eigentlich ändern wollten. Wie können Sie solche Probleme lösen? Seien Sie geduldig und lesen Sie weiter. In Kapitel 13 wird ausführlicher darauf eingegangen!

Der Erfolg positiver Aufmerksamkeit

Wenn ich meine Klienten frage, was sie machen, wenn sie ihren Welpen brav auf seiner Decke liegen sehen, still und vergnügt seinen Knochen knabbernd, sagen die meisten: »Nichts. Ich genieße die Ruhe!« Diese Offenheit in allen Ehren, aber gerade bei dieser Gelegenheit sollte jeder Welpe mit Lob und Aufmerksamkeit überschüttet werden. Sie sollen ihn nicht aus seiner ruhigen und friedlichen Stimmung reißen, aber liebevolle, stille Zuwendung, eine schöne Massage, sanftes Gesäusel, kurz positive Aufmerksamkeit. Sie erinnern sich an meinen Grundsatz: Ein Hund wiederholt, was ihm Aufmerksamkeit einbrachte.

Also entscheiden Sie sich: Welchen Hund möchten Sie? Einen lieben Kerl, der neben Ihnen liegt, seinen Knochen nagt und hin und wieder gestreichelt werden will? Oder einen armen Irren, der mit dem geklauten Käse durchs Haus rast? Wenn Sie den Irren bevorzugen, klappen Sie das Buch zu und verschenken Sie es. Oder halt! Vielleicht sollten Sie es doch nur verleihen, falls Sie Ihre Meinung noch einmal ändern. Wenn Sie sich für den Knochenknabberer entscheiden, kommen Sie mit, es geht weiter!

Hunde lieben ein positives Umfeld. Schaffen Sie Ihrem Hund ein solches Umfeld, indem Sie Freude und Zufriedenheit verbreiten. Er wird Sie nie wieder verlassen wollen!

Teil III

Aller Anfang ist schwer

»Das Geld für den Meditationskurs kann ich mir jetzt sparen, Snoopy zeigt mir, wie ich still sitzen kann.«

In diesem Teil ...

Es ist nicht immer witzig, mit einem Welpen zusammenleben zu müssen. Welpen durchleben Entwicklungsstufen, ähnlich wie Kinder. Sie können ganz lieb sein, aber meistens sind sie es nicht.

Wenn Sie Kinder haben, tobt bei Ihnen das Leben, ein kleiner Welpe kann da schon einmal überfordert sein. Hinzu kommen dann noch Geschwisterrivalitäten. Und die Sauberkeitserziehung. Und kein Welpe kommt mit Gebrauchsanleitung ins Haus.

Nur nicht die Nerven verlieren! Teil III erklärt Ihnen alles zu den Entwicklungsstadien des Welpen, Sie lernen, wie Sie Kinder und Hund unter einen Hut bekommen und wie Ihr kleiner Freund stubenrein wird.

Die Lebensphasen eines Welpen

In diesem Kapitel

- Die Grundbedürfnisse Ihres Welpen
- Die fünf Entwicklungsstadien

9

Es ist nicht immer leicht, mit einem Welpen zusammenzuleben. Welpen sind wunderbare kleine Wesen und nichts auf der Welt lässt mich besser entspannen, als abends mit einem kleinen Wollknäuel auf den Füßen im Wohnzimmer zu sitzen. Aber der kleine Wollknäuel will gar nicht immer entspannen und kann sehr fordernd sein. Er kaut meine neuen Schuhe durch, obwohl ich wunderbares Hundespielzeug besorgt habe. Wenn wir vom Spaziergang nach Hause kommen, muss erst einmal ein Bächlein in den Flur gemacht werden. Der Wollknäuel zerrt an meiner Hose, versucht, den Käse aus der Einkaufstasche zu klauen, hüpft in mein Bett ...

Mit einem Welpen zusammenzuleben kann frustrierend sein, aber eines müssen Sie im Hinterkopf behalten: Freche Hundewelpen sind normale Welpen. Wie kleine Kinder, die an den Haaren ziehen und die Kekskrümel im ganzen Haus verteilen, sind auch lebhafte Welpen gesund, neugierig und voller Lebensfreude. Es gibt Möglichkeiten, schlechtes Benehmen bei Welpen zu reduzieren oder zu unterbinden (siehe Kapitel 15), aber machen Sie sich keine falschen Hoffnungen: Ein Welpe ist noch kein erwachsener, wohlerzogener Hund! Lernen Sie die Entwicklungsschritte Ihres Welpen kennen und werfen Sie mit mir einen Blick auf die Vorgänge hinter diesen niedlichen Hundeaugen.

Das bedürftige Baby

Welpen haben genau wie kleine Babys Bedürfnisse. Sie müssen essen, trinken, schlafen, spielen und ihr Geschäftchen verrichten.

Wenn ein kleines Baby etwas braucht, ruft es seine Bezugsperson. Natürlich nicht mit Namen, aber es jammert erst ein bisschen und fängt schließlich an zu weinen. Die Eltern müssen herausfinden, was es will. Welpen versuchen ebenfalls, ihrer Bezugsperson mitzuteilen, dass sie etwas wollen, aber sie weinen nicht. Sie werden unruhig und zappelig, sie stupsen mit der Schnauze. Von Ihrer Antwort auf dieses Verhalten hängt es ab, ob sich Ihr Welpe mit Ihnen wohl fühlt.

Wenn Sie rasch auf Ihren Hund reagieren und verstehen, was er will, kann er Vertrauen zu Ihnen aufbauen. Stellen Sie sich vor, Ihr kleines Hundemädchen winselt, stupst und kratzt, aber Sie verstehen einfach nicht, dass sie schnell ein Bächlein machen muss. Wie soll die Kleine Vertrauen zu Ihnen aufbauen können?

Stupsen und Knabbern soll Ihnen sagen, dass es jetzt aber wirklich dringend ist. Bauchweh, Müdigkeit oder überschäumender Bewegungsdrang werden eher durch kleine, feste Bisse signalisiert. Denken Sie daran, dass Ihr Welpe Ihnen etwas sagen will. Wenn Sie ihn dann nur zurechtweisen, leidet Ihre Beziehung darunter.

Sind Sie (oder Ihre Familie) sehr vergesslich? Kleine Zettel, auf denen die täglichen Bedürfnisse Ihres Welpen notiert werden, können allen helfen, sich an die neuen Aufgaben zu gewöhnen.

Die fünf Stadien der Entwicklung

Jeder, der schon einmal einen Welpen aufgezogen hat, weiß, dass Welpen bestimmte Entwicklungsstadien durchlaufen. Wie Sie mit Hochs und Tiefs umgehen, welche Strategien und Lösungswege Sie bevorzugen, bestimmt, wie wohl sich Ihr Hundebaby bei Ihnen fühlt. Sie fühlen sich überfordert? Dafür gibt es keinen Grund. Atmen Sie erst einmal tief durch. Ich gebe Ihnen in diesem Abschnitt einen Überblick über die fünf Entwicklungsstufen Ihres Hundebabys. Dann wissen Sie, was Sie erwartet und wie Sie damit fertig werden können. (In Kapitel 14 finden Sie Übungen und Kommandos, die Sie anwenden können.)

Babyzeit (8 bis 12 Wochen)

In diesem Alter dreht sich alles um die vier Grundbedürfnisse: Schlafen, Essen, Spielen sowie Darm und Blase entleeren. Sie sollten Ihr Hundebaby in dieser Zeit drei- bis viermal täglich füttern, nach jeder Mahlzeit und mehrmals zwischendurch (also eigentlich dauernd) mit ihm rausgehen und es immer schlafen lassen, wenn es müde ist.

Sie können sich darauf einstellen, dass Sie mehrmals täglich Zeuge eines Wunders werden: Ihr kleiner schlafender Wollknäuel verwandelt sich in eine Rakete. Welpen haben ihre »wilden fünf Minuten«, sie bekommen einen irren Blick und rasen völlig außer Rand und Band durch Haus und Garten. Sie können dieses Verhalten nicht kontrollieren, aber mit einem Fußball oder einer leeren Plastikflasche (siehe Kapitel 28) können Sie Ihren Welpen zumindest weg vom Schrank mit der Sammlung antiker Gläser in ungefährlichere Gefilde lenken.

Räumen Sie Plastikflaschen nach dem Spiel immer weg. Lassen Sie Ihren Welpen nie mit beschädigten Flaschen spielen, die scharfen Kanten können schneiden und kleine Splitter können verschluckt werden. Wenn Ihr Hund unbeaufsichtigt zu Hause bleibt, räumen Sie die Plastikflasche aus seiner Reichweite.

Es gibt ein paar einfache Übungen für Welpen. So lernen Sie Ihren Hund besser kennen und legen den Grundstein dafür, später einen wunderbar wohlerzogenen Hund zu haben. Die erste Übung ist ein einfaches Namensspiel. Jedes Mal, bevor Sie Ihrem Hund etwas Angenehmes geben, egal ob es Futter, Leckerli oder ein paar Streicheleinheiten sind, sprechen Sie ihn mit seinem Namen an. Das zweite Spiel ist das Leinenspiel. Gehen Sie folgendermaßen vor:

1. **Fangen Sie mit dem Halsband an. Legen Sie Ihrem Welpen während des Tages immer wieder für etwa 20 Minuten das Halsband an, bis er es akzeptiert.**
2. **Besorgen Sie sich eine leichte Leine, die ungefähr 120 Zentimeter lang ist. Legen Sie Ihrem Hund die Leine ebenfalls mehrmals täglich für 20 Minuten an. Wenn Ihr Hund sich an die Leine gewöhnt hat, nehmen Sie das Ende auf und gehen hinter ihm her. Sobald er sich daran gewöhnt hat, gehen Sie zu Punkt 3 über.**
3. **Wenn Sie Ihrem Hund Halsband und Leine umgelegt haben, rufen Sie ihn zu sich und ziehen an der Leine. Lassen Sie den Zug an der Leine langsam stärker werden. Halten Sie Leckerli bereit und bringen Sie Ihrem Hund bei, Ihnen zu folgen.**

Welpen zwischen acht Wochen und fünf Monaten sind häufig sehr ängstlich und schreckhaft gegenüber fremden Menschen und Gegenständen. Ängste können gegenüber vielen Dingen entwickelt werden: Staubsauger, Fahrrad, Mülltonnen, Föhn und Küchenmaschine, sogar Fotoapparate können Ängste auslösen. Bleiben solche Ängste unbehandelt, können sie ein Leben lang anhalten und Hunde in ihrer Aktivität sehr einschränken. Um das zu vermeiden, beachten Sie bitte die folgenden Punkte:

- ✔ Rennen Sie Ihrem Hund nicht hinterher. Machen Sie ihn langsam mit fremden Gegenständen vertraut.
- ✔ Wenn Ihr Hund Angst hat, beugen Sie sich nicht über ihn, um ihn zu trösten. Ihr Welpe wird denken, dass auch Sie verunsichert sind und er zu Recht Angst hat. Nähern Sie sich lieber langsam dem Angst auslösenden Gegenstand, untersuchen Sie ihn und ignorieren Sie Ihren Hund, bis er Ihnen folgt.
- ✔ Inszenieren Sie hin und wieder Situationen, die eventuell Angst auslösen könnten. Bitten Sie ihre Familie, Freunde und Nachbarn um Hilfe. Verstreuen Sie Leckerli, während ein Nachbar langsam mit dem Fahrrad angefahren kommt. Legen Sie Leckerli in dunkle Hauseingänge. Bitten Sie Passanten, Ihrem Hund ein Leckerli zu geben, wenn er sich traut, »Guten Tag« zu sagen. (Zum Thema Leckerli finden Sie Informationen in Kapitel 20.)

In diesem Alter lernt ein kleiner Hund nur dann leicht, wenn eine neue Aufgabe oder ein neues Wort in ein Spiel eingebaut wird.

Ihr Welpe muss jetzt viele neue Erfahrungen machen, sein Gehirn wird jeden Tag mit neuen Informationen gefüttert. Erwarten Sie nicht von ihm, dass er außerdem noch viele Kommandos lernen kann. Das wäre zu viel für ein Hundebaby. Genießen Sie die schöne Zeit!

Vier lange Wochen (12 bis 16 Wochen)

Wenn Ihr Hund älter wird, entwickelt sich seine Persönlichkeit. Im Alter zwischen 12 und 16 Wochen ist er ein bisschen kecker, mutiger und nicht mehr so leicht zu beeindrucken. Wenn er Gesellschaft will, kommt er und verlangt sie. Am liebsten wäre er den ganzen Tag der Mittelpunkt Ihres Lebens. Dass Sie doch eigentlich der Chef über die Futterschüssel oder die Herrin über Haus und Garten sind, interessiert ihn nicht immer. Er wird langsam älter.

Wer ist hier der Boss?

Fängt Ihr Hund an, Sie zu erziehen? Machen Sie den Test:

- ✔ Mit Bellen, Winseln, Stupsen und Springen fordert (und bekommt) er Ihre Aufmerksamkeit.
- ✔ Er hat Ihre Spaziergänge erfolgreich in Sportwettkämpfe verwandelt. Beliebteste Disziplinen sind Wrestling und Tauziehen.
- ✔ Er packt Ihre Hose und versucht, sie wegzuräumen, aber Sie stecken noch in ihr.
- ✔ Wenn er einen Hundekuchen oder Ihr Abendessen will, bellt er Ihnen diese Forderung laut ins Gesicht. Wenn Ihr Hund schon ausgebildeter Menschenerzieher ist, nimmt er sich einfach, was er braucht.

Mit 12 Wochen ist das Gehirn Ihres Hundes voll entwickelt und bereit, Neues aufzunehmen. Dieses Alter ist ideal für den Beginn der Hundeerziehung, denn der Hund ist alt genug, um zu verstehen, was Sie von ihm wollen und sich Übungen zu merken, verfolgt aber noch nicht gezielt eigene Interessen. Denken Sie daran: Ihr Hund fängt jetzt an zu lernen, egal ob Sie ihm etwas beibringen oder nicht. Im Zweifelsfall bringt er Ihnen etwas bei.

In diesem Alter lernt Ihr Hund, wie er Ihre Aufmerksamkeit erringen kann, welche Spiele besonders lange dauern und wer gewinnt. Ihr Hund mag frecher wirken, mutiger und selbstbewusster, aber er ist immer noch sehr unsicher und braucht Ihre Führung und Anleitung. Denken Sie während dieser wichtigen Entwicklungsphase daran!

- ✔ **Aufmerksamkeit.** Ihr Welpe will sie, er braucht sie und er wird alles tun, um sie zu bekommen. Vergessen Sie nicht die wichtige Hunderegel: Jede Aufmerksamkeit, egal ob positive oder negative, ist besser als keine Aufmerksamkeit!
- ✔ **Augenkontakt – wer beobachtet wen?** Wenn Sie Ihren Hund mehr beobachten als er Sie, denkt der Hund, Sie warten auf eine Anweisung von ihm.
- ✔ **Menschenhaus oder Hundehaus.** Jetzt ist der richtige Zeitpunkt, um ein paar grundsätzliche Regeln aufzustellen. Wer darf aufs Sofa, was darf zerkaut werden und wer isst von welchem Teller? Wenn Ihr Hund diese Entscheidungen trifft, ist es sein Haus. Ganz schön noble Hundehütte.

Manchmal denke ich, Welpen sind so niedlich, weil sie auch so garstig sein können. Und ich glaube, sie wissen es sogar. Jeder kennt diese eindeutigen Blicke: »Wieso regst du dich über den kaputten Schuh auf, wo ich doch so ein wunderbares, liebenswertes Geschöpf bin?« Vergessen Sie nicht: Wieder 1:0 für Ihren Hund!

Das Rüpelalter (16 bis 24 Wochen)

Es wird kommen – stellen Sie sich darauf ein. Aus dem kleinen, süßen Hundchen, das Sie im Arm hielten, wird ein trotziger, dickköpfiger Racker. Eben noch hatten Sie ein Hundebaby, jetzt steht da ein fordernder Hundebengel, noch nicht ganz in der Pubertät, aber mit einem Benehmen wie ein Halbstarker. Verlieren Sie nicht die Nerven. Es ist normal und gehört dazu. Sie werden es überleben und mit der richtigen Erziehung hört das auch wieder auf.

Hier ein paar Alarmsignale, dass es bald so weit ist:

- ✔ Spaziergänge an der Leine sind Machtkämpfe darum, wer hier eigentlich mit wem spazieren geht. Sie wollen Ihren Hund korrigieren, er hüpft nur noch herum.
- ✔ Sie rufen. Er hält an. Er guckt – und rennt in die andere Richtung.
- ✔ Es gibt nur einen Mittelpunkt Ihres Lebens: Ihr Hund. Er fordert Aufmerksamkeit zu jeder Stunde, jeden Tag.
- ✔ Sie versuchen, ihn zu erziehen, und es endet in einer Katastrophe.
- ✔ Er macht Sie verrückt!

Denken Sie daran: Auch diese Phase gehört dazu. Auch wenn Sie am liebsten für die nächsten drei Monate verreisen würden, tun Sie es nicht. Sie können jetzt sehr gut mit den Übungen anfangen, die in Kapitel 14 beschrieben werden. Halten Sie die Trainingseinheiten kurz. Ein neues Kommando soll eine Woche lang nur während der Übungseinheiten benutzt werden, nicht im Alltag. Erst danach übernehmen Sie es in den Alltag. Ihr Hund kann es in dieser Zeit gut lernen und hat immer wieder neue Erfolgserlebnisse, bevor Sie ein Kommando in den Alltagsgebrauch übernehmen.

Ich nenne diese Phase »Rüpelalter«. Als Hundebesitzer denken wir oft seufzend an die Zeit zurück, als unser Hund noch ein echtes Hundebaby war: warm, weich und bedürftig nach Nähe und Geborgenheit. Aber versuchen Sie einmal die Sichtweise Ihres Hundes einzunehmen: Er wird größer, kräftiger, die Welt verliert etwas von ihrem Schrecken für ihn. Er möchte sich ausprobieren und seine Grenzen erfahren. Zeigen Sie ihm geduldig, was Sie von ihm erwarten, bleiben Sie konsequent im Training und atmen Sie hin und wieder tief durch, noch sind Sie nicht aus dem Gröbsten raus.

Die Pubertät (6 bis 9 Monate)

Ihr Hund wird bald eine große Veränderung seines Lebens und Körpers erfahren. Er wächst. Erinnern Sie sich noch daran? Wachstum, Veränderung, Hormone, Verwirrung, Neugier, Unsicherheit, Auflehnung ... genau, mit einem Wort: Pubertät! Eine aufregende Zeit, aber es ist nicht immer ganz leicht, damit klarzukommen (fragen Sie mal Ihre Eltern). Das ist für Ihren Hund nicht anders.

Im Alter von ungefähr sechs Monaten fangen die Hormone an, den Körper zu überschwemmen und Ihr Hund bekommt jede Menge biologische Signale: Unterwerfe sie alle! Nein, unterwerfe lieber dich! Lauf weg von zu Hause! Bleib bei deinen Menschen! Versteck dich vor allem! Kämpfe gegen alles! Wenn der Hund ein junger Mensch wäre, würde er sich jetzt eine merkwürdige Frisur zulegen und Sie total peinlich finden, trotzdem aber etwas nervös werden, wenn Sie abends nicht nach Hause kommen. Genauso geht es Ihrem Hund. Hinzu kommen noch rassespezifische Probleme: Der Jagdhund will jagen, der Hütehund hüten, der Wachhund wachen usw. Als ob das nicht schon genug Chaos wäre, werden auch noch die Zähne gewechselt.

Da stehen Sie also mit Ihrem halberwachsenen Welpen, hormonell verwirrt, voller Wünsche und Ängste (der Hund natürlich, nicht Sie!). Wundern Sie sich da noch, dass er manchmal aussieht wie ein genervter 17-Jähriger, wenn Sie ein Kommando geben?

Sie erkennen diese Phase, glauben Sie mir. Das hervorstechendste Merkmal ist die Unberechenbarkeit. Es ist, als ob Sie zwei Hunde hätten. Der eine ist ein kleiner Engel, der Sie mit treuen Augen anhimmelt und begeistert bei allem mitmacht. Ein Schatz. Ihr Hund. Der andere ist ein Satansbraten, der nie kommt, wenn Sie ihn rufen. Er hüpft im Abstand von zwei Metern um Sie herum und zerbeißt Ihre teuren Joggingschuhe. Ein grässlicher Hund. Er gehört Ihrem Bruder. Bei dem einen geht Ihnen das Herz über, der andere treibt Ihnen Zornestränen in die Augen. Erstaunlich, wie schnell Ihr Hund sich verwandeln kann. Hier sind einige Hinweise, wie Sie erkennen können, dass auch Ihr Welpe die Pubertät erreicht hat:

- Er kennt alle Kommandos, aber ob er gehorcht, hängt von seiner Tagesform ab.
- Kinderkrankheiten tauchen wieder auf: Hochspringen, an der Leine ziehen, Schnappen und Knabbern.
- Allein zu Hause zerlegt er das Mobiliar oder knabbert sein Körbchen an.
- Auf der einen Seite Gewinsel, auf der anderen Seite Machogehabe, und das wechselt schnell.

Als ob die Rüpelzeit nicht schlimm genug gewesen wäre!

In dieser anstrengenden Zeit müssen Sie vor allem die Kontrolle über sich selbst behalten. Jetzt ist es wichtig, die richtige Ausstrahlung zu haben: Ruhe und Souveränität. Der Hund soll kommen, wenn er gerufen wird, und er soll ruhig sein, wenn wir mit ihm an Fahrradfahrern vorbeikommen. Aber junge Hunde toben gerne. Von dem, was wir wollen, sind sie völlig unbeeindruckt. Schreien und Zetern nützen nichts. Manche Hunde bekommen es vielleicht mit der Angst zu tun, aber die meisten halten Geschrei und Fußgestampfe für eine Spielaufforderung. Um Ihren Blutdruck macht Ihr Hund sich keine Sorgen!

Teenager (9 bis 12 Monate)

Langsam wird der Rüpel ruhiger. Er kommt auch mal alleine zurecht, kaut auf dem Hundeknochen und nicht auf Ihrem Kochlöffel. Wenn Sie rufen, kommt er einfach. Er fällt nicht mehr jeden Besuch an. Nahezu perfekt.

Also gut, manchmal ignoriert er Sie einfach. Meist kommt er einfach zu Ihnen, wenn Sie ihn rufen. Aber manchmal guckt er Sie an, wartet aus der Entfernung ab, was Sie jetzt machen, aber kommt einfach nicht. Sie müssen sich vor Augen halten, dass er gerne gehorchen würde, aber sein Teenager-Ich sagt ihm, er könnte doch einmal ausprobieren, selbst Boss zu werden. So treten immer wieder kleine Ungehorsamkeiten auf. Sie denken sich vielleicht, dass man kein großes Aufheben darum machen muss, aber Ihr Hund wird lernen, dass er sich aussuchen kann, was »Komm!« genau bedeutet. Es gibt andere Hinweise darauf, dass Ihr Hund versucht, Sie aus dem Chefsessel zu schubsen:

- ✔ Ihr Hund macht auf Kommando nicht sofort »Sitz!« oder »Platz!«, sondern schiebt eine kleine Einlage ein, dreht sich, kratzt sich oder Ähnliches.
- ✔ Anstatt »Bei Fuß!« zu gehen, guckt er weg oder dreht sich um.
- ✔ Wenn er auf Kommando kommt, rennt er Sie fast um.

Das sind alles kleine Ungehorsamkeiten, nichts Weltbewegendes. Aber Sie können dieses Verhalten keineswegs durchgehen lassen. In dieser Zeit bekommen Hunde ein feines Näschen für die Inkonsequenz oder Nachgiebigkeit ihrer Besitzer und versuchen hartnäckig, ihre Chefs zu untergraben. Ihr Hund wird dieses Verhalten so lange zeigen, bis er alle Schlupflöcher erfolglos ausprobiert hat und Ihre Vorherrschaft anerkannt hat. Bleiben Sie hartnäckig und beharren Sie auf einer genauen Ausführung Ihres Kommandos. Der Besuch einer Hundeschule oder die Zusammenarbeit mit einem Hundetrainer können weiterhelfen, wenn Ihr Hund Ihre Dominanz nur sehr schwer akzeptiert.

Schlüpfen Sie in das Fell Ihres Hundes. Wie, glauben Sie, würde Ihr Hund Sie beschreiben? »Ein guter Freund, vertrauenerweckend, der jede Situation im Griff hat!« oder eher »Ungeduldig, leicht an der Nase herumzuführen und unsicher!«. Überlegen Sie, was Ihr Hund sagen würde. Sie können sich sicher sein, dass er eine eigene Meinung hat. In Ihrer gemeinsam verbrachten Zeit hat er Sie schon gut kennen gelernt und kann Sie einschätzen. Also machen Sie einen guten Eindruck auf Ihren Hund, richten Sie sich gerade auf, seien Sie geduldig und klar in Ihren Kommandos. Und Sie können sich sicher sein, viel Spaß mit Ihrem Hund zu haben.

Kinder und Hunde: Ein gutes Team?

10

In diesem Kapitel

- Anzeichen von Eifersucht bei Ihrem Kind
- Die Geschwisterrivalität überwinden
- Wie Kinder und Welpen ein gutes Team werden
- Ist professionelle Hilfe notwendig?

Wenn ich an meine Kindheit denke, fällt mir als Erstes meine Hündin ein. Sie hieß Shawbee und war ein Schäferhundmischling. Sie war meine beste Freundin. Wenn ich aus der Schule nach Hause kam, wartete sie schon am Gartentor, um mit mir spielen zu gehen. Während ich im Kinderchor sang, lag sie hinter dem Gemeindehaus und im Sommer gingen wir zusammen zur Eisdiele (der Eisverkäufer war ein Hundenarr wie ich). Heutzutage ist das Leben anders und Kinder und Hunde haben kaum mehr die Freiheit, gemeinsam ihre Zeit zu verbringen. In vielen Gemeinden müssen Hunde an der Leine geführt werden und Kinder können kaum unbeaufsichtigt draußen spielen. Zu viel Verkehr, zu viele Erwachsene, die Kindern gefährlich werden können, zu viele Nachbarn, die sich über Kindergeschrei und Hundegebell beschweren. Die Zeiten haben sich geändert und neue Probleme sind aufgetaucht.

Das Spielen und Fahrradfahren auf der Straße ist eingeschränkt, die Kinder haben mehr Termine. Sie spielen weniger draußen und mehr drinnen, alles ungünstige Voraussetzungen für ein ungetrübtes Kind-Hund-Verhältnis. Wenn die Eltern dann noch wenig Zeit haben, wird ein Kind vielleicht eifersüchtig auf einen kleinen Welpen, der die Aufmerksamkeit der Erwachsenen fesselt. Wenn der Hund außerdem nicht gut zum Kind passt, ist Stress vorprogrammiert. Welpen betrachten Kinder als Artgenossen und Wurfgeschwister, mit denen man herumtollen kann und die auch kräftige Bisse und Knüffe vertragen. Ich habe es oft erlebt, dass Kinder nicht mehr mit einem jungen Hund spielen wollten, weil er ihnen zu grob war. Eltern sind manchmal mit der Erziehung und Betreuung des kleinen Hundes überfordert und die Spannung bekommen Kind und Hund zu spüren. Das alles kann zu heftigen Auseinandersetzungen und viel Frustration auf allen Seiten führen.

Vielleicht meinen Sie, ich sehe die Sache zu pessimistisch, aber glauben Sie mir, diese Probleme können auftreten. Es braucht Zeit und Geduld, damit sich eine gute Beziehung zwischen Hunden und Kindern entwickeln kann. Dieses Kapitel soll Ihnen dabei helfen, gute Voraussetzungen zu schaffen (lesen Sie auch in Kapitel 1 die Abschnitte über Familien mit Kindern).

Die typischen Anzeichen von Geschwisterrivalität

Geschwisterrivalität zwischen einem Kind und einem Welpen treten dann auf, wenn ein Kind eifersüchtig wird, weil ein kleiner Welpe vermeintlich oder tatsächlich mehr Aufmerksamkeit bekommt als das Kind selbst. Der Ärger und Frust darüber wird am Hund ausgelassen und wildes Spiel artet schließlich in Kampf aus.

So kann Geschwisterrivalität aussehen:

- ✔ Unser Ben ist vier Monate alt und ein Labrador-Dobermann-Mischling. Wir haben ihn extra für die Kinder angeschafft, aber seit er im Hause ist, herrscht nur noch Chaos. Ben schnappt nach den Kindern und klaut ihr Spielzeug. Neulich wollte mein Sohn Jonas ihm ein Spielzeug abnehmen, da hat Ben richtig nach ihm geschnappt.
- ✔ Biene ist eine wunderbare Hündin, solange die Kinder nicht zu Hause sind. Aber kaum dass sie aus der Schule wieder da sind, springt sie an ihnen hoch und wirft sie um. Immer klaut sie ihnen die Turnbeutel und rennt damit weg.
- ✔ Leila schnappt den Kindern alles Essen aus der Hand. Jeder Apfel oder Keks, den die Kinder mal im Garten essen, ist sofort weg. Und jetzt fängt sie auch noch an und nimmt ihnen das Spielzeug weg. Als meine Tochter vor ein paar Tagen die Hände hoch nahm, um ein Bild, das sie gemalt hatte, in Sicherheit zu bringen, sprang Leila an ihr hoch und kratzte sie am Auge.
- ✔ Wir haben einen Dackel und der ist acht Monate alt. Seit einigen Wochen versucht er dauernd, meinen Sohn zu besteigen. Mir ist das total peinlich.

Da haben wir den Salat. Plötzlich sind Sie in einer Situation, in der Sie nie sein wollten. Sie lieben Ihre Kinder, Sie lieben Ihren Hund. Sie möchten, dass Kinder und Hund sich lieben. Was können Sie tun?

Es gibt ein paar Spiele, mit denen Sie gemeinsam mit Ihren Kindern die Situation wieder in den Griff bekommen können. Wenn Sie alle an einem Strang ziehen, haben Sie eine realistische Chance, dass auch Ihre Kinder später einmal mit verklärtem Blick von ihrer Kindheit mit Hund berichten werden.

Überwinden Sie die Geschwisterrivalität

Kinder lieben es, wenn sie mit eingebunden werden. Wenn sie immer nur hören, was alles verboten ist und was sie mit dem Welpen nicht dürfen, sind sie frustriert. Um von den Verboten wegzukommen, habe ich für meine Klienten einen 5-Stufen-Plan entwickelt, mit dem Geschwisterrivalitäten überwunden werden können.

Schritt 1: Beteiligen Sie Ihre Kinder an der Hundeerziehung

Kinder wollen mitmachen und helfen, aber Übungseinheiten und Unterrichtsstunden können sie zu Tode langweilen. Eine kleine Rangelei im Schlamm ist einfach lustiger, als einem Hund beizubringen, zwei Minuten bei Fuß zu gehen. Das müssen Sie bedenken. Also keine trockenen Übungseinheiten und den Satz »Du hast aber versprochen, dass du Ben immer fütterst!« vergessen Sie auch mal besser wieder. Es gibt Möglichkeiten, Kinder für Hundeerziehung zu begeistern, aber Sie müssen dafür ein bisschen kreativ sein. Gute Laune und etwas Begeisterungsfähigkeit bei allen Beteiligten schaden sicher nicht. Hier ein paar Vorschläge:

- ✔ **Der Guten-Tag-Trick.** Dieser Trick ist wunderbar. »Parfümieren« Sie die Kinderhände mit etwas Leberwurst. Rufen Sie den Hund heran und auf das Kommando »Guten Tag« lassen Sie ihn den Kindern die Hand ablecken. Kinder lernen dadurch, den Kontakt mit der Hundeschnauze nicht zu fürchten, und der Hund lernt, sich ruhig anfassen zu lassen. Wenn die Übung gut klappt, kann man die Leberwurst durch ein Leckerli ersetzen, das dann gegeben wird, wenn der Hund brav an der Hand schnuppert und dabei ruhig sitzt.
- ✔ **Die Leckerli-Rassel.** Füllen Sie eine Plastikdose zur Hälfte mit Leckerli. (Informationen zu geeigneten Leckerli finden Sie in Kapitel 20.) Während die Kinder den Hund rufen, schütteln sie gleichzeitig die Dose (siehe Abbildung 10.1). Helfen Sie ihnen, dass die Vier-Pfoten-Regel eingehalten wird (siehe Abschnitt »Schritt 3: Einfache Grundbegriffe« weiter hinten in diesem Kapitel), indem Sie eine ca. 1,20 Meter lange Leine am Hundehalsband befestigen. So können Sie eingreifen, wenn Ihr Hund anfängt hochzuspringen. Wenn Ihr Hund die Kommandos »Sitz», »Runter« oder »Platz« bereits beherrscht (siehe Kapitel 14), können Sie diese natürlich auch verwenden.

Abbildung 10.1: Die Leckerli-Rassel

- ✔ **Gewinnspiel.** Zeichnen Sie mit Ihren Kindern einen Plan. Immer, wenn eine »Hundearbeit«, wie Gassi gehen, füttern oder bürsten, von den Kindern erledigt wurde, gibt es einen Aufkleber oder ein Häkchen im betreffenden Feld. Für eine bestimmte Anzahl Aufkleber bzw. Häkchen gibt es eine kleine Belohnung oder den Preis des besten Hundetrainers der Woche, der am Sonntag das Ziel des Familienausflugs bestimmen darf.

- **Hundestundenplan.** Wenn Ihre Kinder schon in die Schule gehen, werden sie sicher gerne mit Ihnen einen großen Hundestundenplan malen, auf dem genau vermerkt wird, welche »Hundearbeiten« wann erledigt werden müssen. Um den Plan herum bleibt viel Platz für schöne Bilder oder kleine Sprüche oder selbst ausgedachte Witze rund ums Thema Hund.

Schritt 2: Kinder an die Macht

Kinder können Hunde eigentlich nicht erziehen. Verabschieden Sie sich von der Idee, Ihre Kinder könnten einen Hund versorgen. Einige Kinder mögen autoritär und stark genug sein, um einen Hund zu erziehen, aber solange Kinder nicht so alt sind, dass sie auch Ihnen langsam über den Kopf wachsen, sind sie für die Hundeerziehung einfach noch zu jung. Bis sie 12 oder 14 Jahre alt sind, sind sie selbst noch viel zu sehr wie Welpen, raufen, lärmen herum und machen Blödsinn, als dass Sie ihnen die Verantwortung übergeben könnten. Also müssen *Sie* Ihrem Welpen beibringen, die Kinder zu respektieren.

Als Erstes muss Ihr Welpe ein paar Grundkommandos wie »Sitz!«, »Komm!«, »Stopp!« und »Aus!« beherrschen (siehe auch Kapitel 14). Gehen Sie die Kommandos einzeln mit Ihren Kindern durch, besprechen Sie, was sie bedeuten und wie man einem Hund am besten Kommandos gibt. Bringen Sie Ihren Kindern eine klare Kommandostimme bei (siehe auch Kapitel 8). Wenn Ihr Hund mit den Kindern zu sehr aufdreht, geben Sie das Kommando »Aus!«.

Wenn Ihr Hund sehr wild ist, können Sie ihm im Haus eine kurze Zugleine (siehe Kapitel 5) anlegen. Damit können Sie jederzeit ins Geschehen eingreifen. Vermeiden Sie es, Ihren Hund anzubrüllen, wenn die Wellen immer höher schlagen. Er könnte es als Spiel oder auch als Angriff auffassen.

Denken Sie daran, dass Sie das beste Vorbild für Ihre Kinder sind. Wenn Sie ruhig bleiben und sich selbst an die aufgestellten Regeln halten, werden Ihre Kinder Sie nachmachen. Aber auch wenn Sie entnervt mit hochrotem Kopf herumschreien, werden Ihre Kinder Sie nachmachen – oder gemeinsam mit dem Hund über Sie lachen.

Schritt 3: Einfache Grundbegriffe

Kinder mögen es nicht, wenn an ihnen herumkritisiert wird. (Wer mag das schon?) »Lass das, hör auf damit«, das geht zum einen Ohr rein und zum andern wieder raus. Wie bei Hunden und Welpen sind auch bei Kindern positive, unterstützende Bemerkungen hilfreicher. Griffig formulierte Bezeichnungen können helfen, Wesentliches ins Gedächtnis zu rufen:

- **»Die Vier-Pfoten-Regel«:** Diese Grundregel erinnert Kinder immer wieder daran, dass der liebe Joschi nur dann gestreichelt wird, wenn er mit allen vier Pfoten auf dem Boden ist. Und das klingt doch gleich viel netter, als immer zu sagen: »Du sollst Joschi nicht aufs Sofa locken!«

- ✔ **»Um Regen beten«:** Wenn die Kinder aus der Schule kommen, sollen sie, bevor sie den wilden Joschi begrüßen, erst einmal um Regen beten. Joschi wird erst gestreichelt, wenn er schön brav ist. Um Regen zu beten ist ganz einfach: die Arme vor dem Körper verschränken und dann gen Himmel gucken. Keine Sorge, es wird nicht jedes Mal regnen!

Wenn Ihr Kind sich nicht traut, »um Regen zu beten« oder schon zu groß dafür ist, können Sie neben der Eingangstür eine Blumenspritze mit Wasser (oder für ganz hartnäckige Fälle mit einer Wasser-Essig-Mischung) aufstellen. Ein kleiner Spritzer zwischen Hund und Kind gesprüht, wirkt oft schon Wunder. Bitte erlauben Sie Ihren Kindern nicht, dem Hund Wasser oder gar die Essigmischung ins Gesicht zu sprühen.

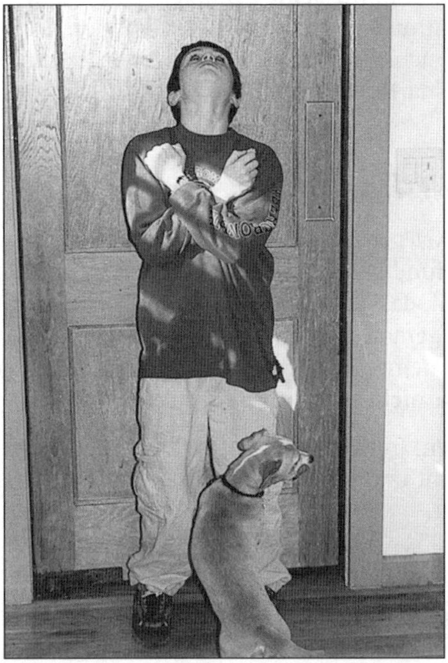

Abbildung 10.2: Die Kinder beten um Regen, bis der Hund sich beruhigt hat.

- ✔ **»Pfauenhaltung«:** Mit diesem Ausdruck können Sie auch jüngeren Kindern einprägsam vermitteln, worauf es ankommt (siehe auch Kapitel 8 über die Körpersprache). Immer, wenn ein Kind dem Welpen ein Kommando gibt, soll es die Pfauenhaltung einnehmen: gerade stehen und Brust raus. Das ist viel wirkungsvoller, als immer wieder zu erklären, dass eine vornüber gebeugte Haltung Spielbereitschaft signalisiert.

- ✔ **»Die Statue«:** Fragen Sie Ihre Kinder, ob sie je gesehen haben, dass ein Hund eine Statue angebellt oder angesprungen hat. Nein, noch nie! Und warum nicht? Weil Statuen sich nicht bewegen! Wenn der Hund außer Kontrolle gerät und die Kinder vielleicht unsicher werden, ob der liebe Joschi noch zu bändigen ist, bringen Sie ihnen bei, still zu stehen wie eine Statue. Und schon kehrt etwas mehr Ruhe ein.

Das ist nur eine kleine Auswahl meiner liebsten »Grundbegriffe«. Sicher fallen Ihnen im Laufe der Zeit noch mehr ein. Sie können sie mir ruhig mitteilen, ich bin immer auf der Suche nach guten Ideen, um Hunde und Kinder nicht nur unter einen Hut zu kriegen, sondern zu echten Freunden werden zu lassen.

Schritt 4: Spielen Sie Theater

Inszenieren Sie mit Ihren Kindern Alltagssituationen – umherrasende Kinderhorden, komplizierte Lego-Baustein-Stofftier-Barbie-Landschaften –, um Ihren Welpen an alle Vorkommnisse zu gewöhnen. Ihre Kinder werden denken, der Hund soll etwas lernen, dabei lernen die Kinder gleich mit. Sie können eine Trainingsleine benutzen, deren Anwendung in Kapitel 12 erklärt wird. Wenn Sie regelmäßig und konsequent üben, können Sie verhindern, dass Ihr Hund schnappt, Futter und Spielsachen klaut und die Kinder ärgert. In Kapitel 13 steht noch mehr dazu, wie Sie mit solchen Unarten fertig werden können.

Schritt 5: Spiele für Hunde und Kinder

Beseitigen Sie potenzielle Kriegsbeute. Räumen Sie alles weg, um was sich Kinder und Hunde streiten könnten. Bis der Hund gelernt hat, die Kinder als Ranghöhere zu respektieren, oder zumindest verinnerlicht hat, dass es mächtig Ärger mit Big Boss gibt, wenn er sie ärgert, darf nicht mehr mit dem Hund gerauft werden, kein Ärgern und Foppen, keine wilden Hetzjagden durch den Garten. Ach, du meine Güte, was sollen die armen Kinder denn jetzt mit dem Hund spielen? Oder dürfen sie gar nicht mehr mit ihm spielen?

Gut, dass Sie das ansprechen. In Kapitel 28 finden Sie jede Menge tolle Spiele, bei denen man richtig ins Schwitzen kommt und jeder seinen Spaß hat, ohne dass das Spiel eskaliert und in eine wilde Rauferei ausartet.

Der richtige Zeitpunkt für professionelle Hilfe

Leider ist der Spielplan nicht immer ausreichend, um starke Rivalitäten zu überwinden. Sie üben alle Schritte, befolgen alle Hinweise, halten alle Regeln ein und trotzdem wird es nicht besser, was nun?

Wenn Ihr Welpe immer aggressiver auf Ihre Kinder reagiert und so viel Chaos und Zerstörung anrichtet, dass Sie sich überfordert fühlen, suchen Sie sich professionelle Hilfe. Denken Sie daran, dass Sie Ihr Kind und andere Kinder schützen müssen, lassen Sie es nicht so weit kommen, dass Menschen verletzt werden. Ihr Tierarzt kann Ihnen gute Tipps geben und sicher einen guten Hundetrainer oder Verhaltensspezialisten in Ihrer Umgebung empfehlen.

Mami, was macht der Hund da an meinem Bein?

Manche jungen Hunde bespringen Kinder (oder auch Erwachsene), wenn sie sehr aufgeregt sind. Das muss Ihnen nicht peinlich sein. Es ist auch weniger ein sexuelles Verhalten als ein Zeichen von Dominanz. Sie müssen trotzdem Wege finden, das Bespringen zu verhindern, Ihr Hund soll ja Ihr Kind nicht dominieren. Hunde, die Menschen bespringen, sind dominante Hunde, die in aufregenden Situationen überreagieren. Um die Sache in den Griff zu bekommen, gehen Sie folgendermaßen vor:

1. **Legen Sie Ihrem Hund eine Leine von etwas 1,2 Meter Länge an.**
2. **Wenn Ihr Hund anfängt zu bespringen, nehmen Sie, ohne die Ruhe zu verlieren, das Ende der Leine auf und ziehen kräftig daran.**

   Lassen Sie es nicht auf eine Kraftprobe ankommen und schauen Sie Ihrem Hund dabei nicht in die Augen. Schubsen Sie ihn nicht zur Seite.
3. **Wenn Ihr Hund wieder mit allen vier Pfoten auf der Erde ist, stellen Sie sich aufgerichtet vor ihn, schauen ihm in die Augen und sagen mit fester Stimme »Pfui«.**
4. **Schicken Sie ihn auf seinen Hundeplatz, binden Sie ihn dort für eine Viertelstunde an und ignorieren Sie ihn.**

   Bleiben Sie ruhig und behalten Sie Ihre Überlegenheit, Sie sind der Big Boss.
5. **Wenn Ihr Hund aggressiv ist und trotz Ihres Eingreifens nicht nachgibt, ist es besser, sich professionelle Hilfe zu holen. Für ein Kind kann ein Machtkampf zwischen Ihnen und Ihrem Hund ein traumatisierendes Erlebnis sein.**

Niemals auf den Teppich

11

In diesem Kapitel

- Wie Ihr Welpe stubenrein wird
- Hundetoilette oder Gassi gehen
- Stubenreinheit bei Stadthunden
- Jetzt ist professionelle Hilfe erforderlich

Tausendmal habe ich das schon gehört: »Sie weiß ganz genau, dass sie nicht ins Wohnzimmer machen soll. Hinterher hat sie immer ein ganz schlechtes Gewissen!« Interessanterweise scheinen Welpen zu wissen, dass Sie gleich über die Pfütze auf dem guten Teppich wütend werden, machen aber trotzdem eine.

Hunde sollen nicht ins Haus machen, manche tun es trotzdem, vor allem kleine Welpen. Ein Häufchen oder Pfützchen in der Wohnung ist in höchstem Maße ärgerlich, aber wie kommt es dazu? Versuchen wir einmal, uns in den Hund hineinzuversetzen. Welpen sind als Hunde genetisch darauf eingerichtet, in Höhlen zu leben. Sie leben im Rudel, haben jederzeit freien Zugang zu einem Plätzchen, um Kot oder Urin abzusetzen, und jede Menge Spielzeug von Mutter Natur. Und sie wissen den Wert eines schönen Teppichs nicht zu schätzen. Seien Sie geduldig und lassen Sie sich nicht frustrieren. Um erfolgreich zu sein, können Sie das natürliche Sauberkeitsbedürfnis Ihres Hundes ausnutzen.

Wenn das Wort »Sauberkeitserziehung« bei Ihnen also zum Unwort des Jahres gewählt wurde, atmen Sie auf. Sauberkeitserziehung ist zwar nicht gerade das Einfachste der Welt, aber durchaus machbar. Einen unsauberen Hund zu bestrafen, nachdem er ins Haus gemacht hat, ist völlig sinnlos. In diesem Kapitel stelle ich Ihnen einen Plan vor, der Ihnen vom ersten bis zum letzten Schritt genau erklärt, wie Sie Ihrem Hund Stubenreinheit beibringen können, egal ob Sie ihn an eine Hundetoilette, an grüne Wiesen oder an öffentliche Hundetoiletten im Park gewöhnen möchten. Setzen Sie sich aufs Sofa und lesen Sie dieses Kapitel in Ruhe von Anfang bis Ende durch. Lesen Sie es Ihrer Familie vor. Wenn alle an einem Strang ziehen, ist es nur eine Frage der Zeit, bis das Wort »Stubenreinheit« Ihr Lieblingswort wird.

Alles eine Frage der Gewohnheit

Welpen setzen nach einem bestimmten Muster Urin ab. Das hört sich merkwürdig an, ist aber so. Nach dem Schlafen, nach dem Spielen, nach dem Fressen und nachdem sie längere Zeit angebunden oder eingesperrt waren, müssen sie ein Bächlein machen. Denken Sie an dieses Verhaltensmuster, wenn Sie mit der Erziehung zur Stubenreinheit beginnen.

Seien Sie geduldig. Jeder Hund ist anders, manche brauchen nur ein paar Tage, andere Wochen oder gar Monate, bis sie wirklich sauber sind. Wichtig ist, dass Sie den Spaziergang zum Erledigen des Geschäfts immer gleich gestalten. Folgende Punkte sollten Sie beachten:

- ✔ Sprechen Sie nicht mit Ihrem Hund und loben Sie ihn nicht, bevor er nicht sein Geschäft erledigt hat.
- ✔ Benutzen Sie immer das gleiche Wort, wenn Sie Gassi gehen. Verwenden Sie dieses Wort konsequent, jedes Wort ist möglich: »Geschäftchen machen!«, »Pipi-Kacka gehen!«, »Gassi gehen!« – was Sie sagen, spielt keine Rolle.

  Suchen Sie sich ein Plätzchen, das ein bisschen abseits liegt. In Städten gibt es häufig ausgewiesene Hundetoiletten.
- ✔ Benutzen Sie immer den gleichen Weg, um zur Hundetoilette zu kommen.
- ✔ Wenn Sie an der richtigen Stelle angekommen sind, beachten Sie den Hund nicht.

  Lassen Sie den Hund nicht herumlaufen, bevor er nicht sein Geschäft erledigt hat.
- ✔ Während des Kot- oder Harnabsetzens verwenden Sie ein zweites Kommando wie »Schön weitermachen!«. Wenn Sie dieses zweite Kommando über längere Zeit benutzen, wird Ihr Hund sich auf Kommando erleichtern, eine wirklich praktische Sache!

Denken Sie daran, sich immer ein paar kleine Plastiktütchen mitzunehmen, um die Hinterlassenschaften Ihres Hundes zu entsorgen. So bleiben Grünanlagen und Hundetoiletten sauber!

- ✔ Wenn alles erledigt ist, loben Sie Ihren Hund ausgiebig.

Ihre Körpersprache und Ausstrahlung müssen stimmen. Mit Ihrer ganzen Haltung können Sie ausstrahlen, dass Sie der Boss sind, dann wird Ihr Hund Ihnen folgen.

Auch wenn Sie einen kleinen oder sehr jungen Hund haben, tragen Sie ihn bitte nicht zu seiner Toilettenstelle. Nur wenn der Hund selbst läuft, findet er später die richtige Stelle wieder.

Der »Pipi-Plan«

Wie oft am Tag muss ein Hund eigentlich raus? Das hängt unter anderem auch vom Alter ab. Sehr junge Hunde – unter 12 Wochen – müssen alle ein bis zwei Stunden rausgehen. Ältere können schon länger einhalten. Hier die ungefähren Richtwerte:

Alter des Welpen	Anzahl der Toilettenbesuche pro Tag
6 bis 14 Wochen	8 bis 10
14 bis 20 Wochen	6 bis 8
20 bis 30 Wochen	4 bis 6
älter als 30 Wochen	3 bis 4

Diese Liste gibt Ihnen einen Anhaltspunkt, wie häufig am Tag Ihr Hund die Gelegenheit erhalten muss, sein Geschäft zu verrichten. Mit einem kleinen Stundenplan fällt es leichter, sich die richtigen (und wichtigen) Zeitpunkte zu merken. Je nachdem, ob Sie zu Hause arbeiten oder außer Haus, verwenden Sie den Plan aus Tabelle 11.1 oder den aus Tabelle 11.2. *Hinweis:* Die *kursiv* gedruckten Termine in den Tabellen entfallen bei älteren Hunden.

In jedem Alter braucht ein Hund Ansprache, Gesellschaft und Beschäftigung. Also vergessen Sie nicht, zwischendurch immer noch Zeit für ein kleines Spiel oder eine Schmusestunde einzuplanen.

Wenn Sie den ganzen Tag außer Haus arbeiten, versuchen Sie, in der Mittagspause einen schönen Spaziergang mit Ihrem Kleinen zu machen. Oder halten Sie in Ihrer Nachbarschaft nach einem Hundesitter Ausschau, der ihm die lange Warterei erleichtert. Mit einem großzügigen Spaziergang um die Mittagszeit sollte Ihr Hund auch bis abends einhalten können.

Sie dürfen Ihrem Hund nur dann über Nacht das Wasser wegstellen, wenn

- ✔ er tagsüber genug Gelegenheit zum Trinken hat,
- ✔ er abends Nassfutter und kein Trockenfutter bekommt,
- ✔ keine Erkrankungen der Nieren oder Blase vorliegen,
- ✔ Ihr Tierarzt es Ihnen erlaubt hat.

Tageszeit	
unmittelbar nach dem Aufstehen	Gassi gehen
Frühstück	Gassi gehen nach dem Füttern
Vormittag	Gassi gehen
Mittagsfütterung	Gassi gehen nach dem Füttern
Nachmittag	Gassi gehen
Abendfütterung	Gassi gehen nach dem Füttern
19.30 Uhr oder später	Wasser eventuell über Nacht wegstellen
später Abend	Gassi gehen
unmittelbar vor dem Schlafengehen	Gassi gehen
in der Nacht	Gassi gehen, wenn notwendig

Tabelle 11.1: Der richtige Zeitpunkt zum Gassigehen, wenn Sie zu Hause arbeiten

Tageszeit	
unmittelbar nach dem Aufstehen	Gassi gehen
Frühstück	Gassi gehen nach dem Füttern
Mittagspause	Gassi gehen nach dem Füttern
Nachmittag	junge Welpen müssen Gassi gehen
Feierabend	Gassi gehen
Abendfütterung	Gassi gehen nach dem Füttern
19.30 Uhr oder später	Wasser eventuell über Nacht wegstellen
unmittelbar vor dem Schlafengehen	Gassi gehen
in der Nacht	Gassi gehen, wenn notwendig

Tabelle 11.2: Der richtige Zeitpunkt zum Gassigehen, wenn Sie außer Haus berufstätig sind

Ein Welpe kann seine Blase noch nicht so gut kontrollieren wie ein erwachsener Hund. Der Drang, ein Bächlein zu machen, kommt oft plötzlich, für den Hund selbst überraschend, aber mit aller Macht. Seien Sie nicht enttäuscht, wenn Ihr kleiner Hund noch nicht den ganzen Tag einhalten kann. Wenn er lange allein zu Hause bleiben muss, richten Sie ihm ein Plätzchen ein, das genug Platz zum Ausstrecken bietet und ein Eckchen, das er für sein Geschäft nutzen kann. Eine solche Ecke einzurichten erschwert es Ihrem Hund zwar, sich an das Gassigehen zu gewöhnen, aber ich denke, Sie haben keine andere Wahl, wenn Sie keinen Hundesitter finden.

Ein kleiner Raum oder ein Laufstall für Hunde (über den Fachhandel zu beziehen oder selbst bauen) erleichtert das Alleinbleiben. Richten Sie Ihrem Hund den Raum mit seiner Decke, seinem Spielzeug und seinem Wassernapf ein, so dass er sich dort wohl fühlt. Der Untergrund sollte nicht saugfähig sein. In einer Ecke richten Sie eine kleine Hundetoilette ein: Eine saugfähige Unterlage wird auf den Boden oder in eine flache, große Wanne gelegt. Fängt Ihr Hund an, in der Unterlage zu wühlen, können Sie sie auf dem Boden festkleben. Die meisten Hunde nutzen eine solche Ecke mit saugfähigem Untergrund, um ihr Bächlein zu machen: Kein Hund verschmutzt gerne sein Lager. Wenn Sie zu Hause sind, gehen Sie regelmäßig mit Ihrem Hund Gassi. Damit Ihr Hund trotz »Hundetoilette« lernt, Gassi zu gehen und sein Geschäft draußen zu machen, halten Sie ihn immer dann von seinem Eckchen fern, wenn Sie zu Hause sind.

Der nächste Schritt

Nach ungefähr einer Woche hat sich Ihr Hund an den »Pipi-Plan« gewöhnt. Zeit für den nächsten Schritt! Anstatt zur gewohnten Zeit mit Ihrem gewohnten Kommando (beispielsweise »Gassi gehen!«) hinauszugehen, bleiben Sie an der Tür stehen. Warten Sie, bis Ihr Hund Ihnen sagt, dass er raus will. Wenn Hund nur mit einem sehnsuchtsvollen Blick spricht, ermuntern Sie ihn, etwas deutlicher zu werden: »Was? Gassi gehen willst du? Ja, was für ein braver Hund!«

Es gibt Hunde, die sehr zurückhaltend und einfach zu still sind, um an der Tür deutlich das Bedürfnis zu äußern, dass sie rausmüssen. Hängen Sie an der Seite neben die Tür eine kleine Glocke in Höhe der Hundenase auf (wie in Abbildung 11.1 gezeigt). Immer wenn Sie mit Ihrem Hund Gassi gehen, schlagen Sie die Glocke mit Ihrer Hand an und sagen »Gassi gehen!« dazu. Wahrscheinlich wird Ihr Hund Sie bald nachahmen!

Abbildung 11.1: Hängen Sie eine kleine Glocke neben die Wohnungstür und ermuntern Sie Ihren Welpen, Ihnen durch Klingeln der Glocke mitzuteilen, dass er rausmuss.

Eine Hundetoilette in der Wohnung?

Ja, es ist möglich, einem Hund beizubringen, in der Wohnung immer einen bestimmten Platz als Hundetoilette zu benutzen. Eines dürfen Sie aber nicht vergessen: Entweder gewöhnen Sie Ihren Hund an eine Hundetoilette in der Wohnung oder Sie gehen mit ihm Gassi. Ein Wechsel zwischen beiden Methoden, beispielsweise je nach Wetter, ist für den Hund sehr verwirrend.

Die Hundetoilette in der Wohnung oder auf dem Balkon ist eine akzeptable Lösung für Sie, wenn Sie körperlich eingeschränkt sind, Ihr Hund sehr klein ist und nur einmal am Tag ein Hundesitter mit dem Hund spazieren gehen kann. (Einmal täglich sollte aber jeder Hund die Möglichkeit haben, sich an frischer Luft zu bewegen.) Die Benutzung der Hundetoilette können Sie Ihrem Hund genauso beibringen wie das Geschäftverrichten in der freien Natur (siehe den Abschnitt »Alles eine Frage der Gewohnheit« weiter vorn in diesem Kapitel):

- Benutzen Sie immer dieselbe Stelle für die Hundetoilette.
- Geben Sie immer das gleiche Kommando – wie beispielsweise »Geschäftchen machen« –, wenn Sie mit Ihrem Hund zur Hundetoilette gehen.
- Auf der Hundetoilette dürfen Sie ihn so lange nicht beachten, bis er sein Geschäft erledigt hat.
- Während Ihr Hund Kot oder Urin absetzt, benutzen Sie ein zweites Kommando, wie »Schön weitermachen«, bis er fertig ist.
- Benutzen Sie den Platz der Hundetoilette für nichts anderes.

Sie sehen, im Grunde funktioniert die Sache genauso wie das Gassigehen. Denken Sie aber daran, die Hundetoilette entfernt vom Schlaf- und vom Futterplatz aufzustellen und sie regelmäßig zu reinigen. Ideal ist sicher ein Platz auf dem Balkon oder eine ungenutzte Gästetoilette, aber vergessen Sie nicht, die entsprechenden Türen offen zu lassen, wenn Sie aus dem Haus gehen.

Stubenreinheit ist keine Hexerei

Natürlich ist es kein Kinderspiel, einen Hund so zu erziehen, dass er zuverlässig stubenrein ist und bleibt. Aber es ist auch keine Hexerei. Seien Sie konsequent, gehen Sie schrittweise vor und halten Sie sich an die Ratschläge, die in diesem Abschnitt vorgestellt werden, Sie werden sehen, es klappt besser, als Sie gedacht hätten.

Die saubere Höhle

Hunde sind Höhlentiere, und die typische Höhle für ein Wolfs- oder Hunderudel war nicht größer als ein paar Quadratmeter. Es gibt nur wenige Hunde, die auf ihrem Schlafplatz oder direkt daneben Kot oder Urin absetzen würden, aber wenn sie die Möglichkeit haben, in ein angrenzendes Zimmer zu gehen, sieht die Sache schon ganz anders aus.

Helfen Sie Ihrem Welpen, stubenrein zu werden, und setzen Sie ihn über Nacht oder wenn Sie außer Haus sind in eine Transportbox. Wenn der Kleine Blase und Darm unter Kontrolle und die Regeln gelernt hat, steht einem größeren Freiraum natürlich nichts mehr im Wege. Aber bevor Sie Ihrem Hund neue Räume eröffnen, gewöhnen Sie ihn an der Trainingsleine (beschrieben in Kapitel 12) an den Raum.

Der richtige Zeitpunkt zum Einschreiten

Nur wenn Sie Ihren Welpen gerade in dem Moment erwischen, in dem er ein Bächlein am falschen Platz macht, hat es Sinn einzuschreiten. Hüpfen Sie, rufen Sie, klatschen Sie in die Hände, alles ist erlaubt, um den Urinabsatz zu stoppen. Sobald der Kleine aufhört, bringen Sie ihn zur Hundetoilette. Wenn er dort sein Bächlein beendet, ist aber wirklich überschwängliches Lob und ein kleines Leckerli fällig.

Manche haben es besonders schwer

Welpen, die längere Zeit sehr beengt mit anderen Welpen gelebt haben, beispielsweise Welpen aus Tiergeschäften, aber auch aus anderen schlechten Haltungen, haben häufig besondere Probleme, stubenrein zu werden. In der ersten und prägendsten Zeit ihres Lebens hatten sie gar keine Gelegenheit, ihr Lager sauber zu halten, weil ihre Box einfach zu klein war. Wenn Welpen außerdem noch sehr früh abgesetzt werden, konnte ihnen auch keine Hundemutter beibringen, dass der Schlafplatz sauber gehalten werden soll.

Wenn Ihr Welpe sehr große Schwierigkeiten hat, sauber zu werden, weil er lange in einer Box gehalten wurde, ist eine Transportbox kein guter Schlafplatz. Suchen Sie sich eine Wanne, die oben offen ist und stellen Sie sie nachts neben Ihr Bett. Tagsüber gehen Sie möglichst jede halbe Stunde mit Ihrem Welpen nach draußen, immer auf den gleichen Platz. Wird dieser Platz auch von anderen Hunden als Hundetoilette genutzt, ist es für Ihren Kleinen leichter zu verstehen, was er dort soll: Er riecht es einfach. Halten Sie sich streng an den gewohnten Ablauf und bleiben Sie konsequent! Lesen Sie die Abschnitte »Alles eine Frage der Gewohnheit« und »Eine Hundetoilette in der Wohnung?« weiter vorn in diesem Kapitel. Lassen Sie Ihren kleinen Welpen möglichst wenig allein. Ist es aber unvermeidlich, sperren Sie ihn unbedingt in einem kleinen Raum ein.

Der falsche Zeitpunkt zum Einschreiten

Hinterher ist es immer zu spät! Ich weiß, man kann verrückt werden mit einem Hund, der den Unterschied zwischen der Hundetoilette im Park und den eigenen Teppichen nicht kennt. Aber denken Sie gar nicht erst daran, den Hund mit der Nase in die Pfütze zu stoßen, zu beschimpfen, zur Strafe im Bad einzusperren und was es sonst noch an vermeintlich guten Tipps gibt. Es nützt nichts, gar nichts. Sie erschrecken Ihren Hund nur.

Der richtige Zeitpunkt ist nur vor oder während des Bächleins, nicht danach, auch wenn es nur zwei Sekunden danach sind!

Der Einfluss der Fütterung

Wechseln Sie das Futter nur, wenn es notwendig ist. Das Futter hat einen Einfluss auf den Kotabsatz, seine Häufigkeit und auch die Dringlichkeit. Das Gleiche gilt für Leckerli. Verwenden Sie das Trockenfutter Ihres Hundes als Leckerli oder, wenn Ihr Hund es gut verträgt, Obststückchen. In Kapitel 20 finden Sie noch mehr Hinweise zur Fütterung und zur Auswahl der richtigen Leckerli.

Die Wasseraufnahme

Manche Hunde trinken aus Langeweile oder vor Aufregung große Mengen Wasser. Wenn Sie den Eindruck haben, das könnte bei Ihrem Hund ein Problem sein, kann es sinnvoll sein, ihm abends das Wasser wegzustellen. Sprechen Sie aber auf jeden Fall vorher mit Ihrem Tierarzt darüber.

Es gibt auch bei jungen Hunden Erkrankungen, die mit erhöhter Wasseraufnahme einhergehen. Auch manche Medikamente führen zu einer vermehrten Wasserausscheidung über Niere und Blase. Ihr Hund hat dann mehr Durst als sonst. Nicht vergessen: Trinken ist für Ihren Hund lebenswichtig!

Stadthunde - Landhunde

Die Sauberkeitserziehung ist bei vielen Hunden eine echte Herausforderung, ganz egal wo Sie leben. Aber es gibt doch noch einige Unterschiede zwischen dem Stadt- und dem Landleben, die erwähnenswert sind.

Aber erst einmal die Gemeinsamkeiten:

- ✔ Der Hund muss lernen, einen Platz als Hundetoilette zu akzeptieren.
- ✔ Bis der Hund stubenrein ist, sollte immer der gleiche Platz aufgesucht werden.
- ✔ Benutzen Sie immer dieselben Kommandos, um Ihrem Hund das gewünschte Verhalten beizubringen.

Und das sind die Unterschiede:

- ✔ Stadthunde müssen an der Leine auf die Hundetoilette, zumindest solange sie noch nicht zuverlässig gehorchen. Das ist für Hunde, die gern die Hundetoilette beschnüffeln, eine Einschränkung.
- ✔ Stadthunde müssen oft Treppen gehen oder Aufzüge benutzen, bevor sie überhaupt ihre Hundetoilette erreichen, eine echte Herausforderung für eine Welpenblase. Wenn Sie ihren Hund nach unten tragen, ist es vielleicht leichter.
- ✔ Auf dem Land steht Hunden häufig ein großer Freilauf im Garten zur Verfügung. Die Vorteile liegen auf der Hand, aber denken Sie auch daran, dass ein Hund sein Rudel braucht und erzogen werden muss. Ihn einfach morgens in den Garten zu setzen und abends wieder hereinzuholen, bedeutet weder Stubenreinheit noch Erziehung.

Ganz egal, wo Sie wohnen, räumen Sie die Hinterlassenschaften Ihres Hundes weg. Was in vielen Städten und Gemeinden Pflicht ist, hilft auch Ihnen, Ihren Garten wurmfrei und damit Hund und Kinder gesünder zu halten. Wenn Sie sich dafür kein spezielles Gerät aus dem Fachhandel zulegen möchten, machen Sie es wie ich:

1. **Ziehen Sie sich eine kleine Plastiktüte über die Hand.**
2. **Ergreifen Sie mit der so geschützten Hand das Häufchen.**
3. **Halten Sie den Kot fest, während Sie sich die Tüte von der Hand streifen.**
4. **Verschließen Sie den Beutel und entsorgen Sie ihn.**

Kleine Plastikbeutel passen in jede Hosen- oder Jackentasche!

Teil IV

Benimm dich!

»Am Anfang gab es ein paar Probleme mit dem Gehorsam. Aber seitdem er mit Tiffy die Hundeschule besucht, folgt Bernhard wieder sehr gut.«

In diesem Teil ...

Langsam glauben Sie, dass Ihr Hund so viel Arbeit macht wie ein kleines Kind. Das kann sein. Beide müssen noch vieles lernen und brauchen Strukturen. Beiden muss man helfen, nicht garstig zu anderen zu sein. Beide müssen viele fremde Dinge kennen lernen. Und Sie brauchen manchmal Hilfe, um das alles verwirklichen zu können.

In diesem Teil geht es um die Grundkenntnisse – erstes Benehmen und Kontrolle über den Hund und einige wichtige Kommandos. Außerdem gebe ich Hinweise, wie Sie Probleme in Angriff nehmen können und wo Sie Hilfe finden, wenn Sie sie benötigen.

Knigge für Welpen

12

In diesem Kapitel

- Die Anwendung der Trainingsleine
- Wie der Welpe lernt, Ihnen zu folgen
- Wie der Welpe lernt, bei Ihnen zu bleiben
- Wie der Welpe lernt, auf seinen Platz zu gehen

Wenn Sie anfangen, Ihrem neuen Welpen einige grundlegende Regeln beizubringen, müssen Sie immer daran denken, dass er eigentlich in einer ganz anderen Welt lebt. Möbel, kostbare Vasen und Mülltrennung gehören nicht zu seinem Erfahrungshorizont. Sobald Ihr Hund Sie als Rudelchef und Ersatzmutter akzeptiert hat, ist er gerne bereit, von Ihnen zu lernen und Ihre Regeln zu akzeptieren, aber erst muss er Sie verstehen können – er wird es lernen.

Ihr Hund weiß nichts über die Menschen, ihre Sprache und ihr Zusammenleben, aber Sie haben schon viel über Hunde gelernt. Stellen Sie sich auf Ihren Hund ein, erwarten Sie nicht von ihm, dass er Ihre Sprache lernt und langatmige Erklärungen versteht. Die Anwendung einer Trainingsleine kann Ihnen die Erziehung sehr erleichtern. In diesem Kapitel erkläre ich Ihnen, wie das funktioniert.

Was ist eine Trainingsleine?

Ich hatte einmal eine Hündin namens Kira. Sie war aus dem Tierheim, sehr scheu und nervös. Sie machte immer wieder ins Haus und zerkaute so ziemlich alles, was mir und meiner Familie lieb und teuer war. Vor der Transportbox hatte sie große Angst, also gewöhnte ich mir an, sie auch zuhause an die Leine zu nehmen und sie überall anzubinden. Das war die Geburtstunde der Trainingsleine. Seitdem habe ich diese Methode vielen zweibeinigen Klienten erklärt und bei vielen Vierbeinern angewendet – sie funktioniert verblüffend gut.

Einige Jahre später fand ich dieselbe Idee in Büchern von Job Evans und Carol Lea Benjamin. Das bestärkte mich so sehr, dass ich eine Leine entwickelte, die die Anwendung für jeden ermöglicht.

Verwenden Sie als Trainingsleine eine stabile Lederleine. Die Leine muss einen Karabiner am Ende und einen Ring im letzten Drittel haben, damit sie um die Hüfte gelegt werden kann. Lederleinen sind stabiler und geben Druck gleichmäßiger weiter. Daher sind sie besser geeignet als Nylonleinen.

Wenn Ihr Welpe nichts mehr liebt als Lederkaugummis, präparieren Sie die Leine mit Tabasco, Japanischem Heilpflanzenöl oder Bittersalbe, die es beim Tierarzt gibt.

Was man mit der Trainingsleine erreichen kann

Wenn Sie die Trainingsleine korrekt anwenden, können Sie Ihren Hund kontrollieren und ihm die grundlegenden Benimm-Regeln im Haus beibringen, ohne viel Kraft anwenden zu müssen oder ihn permanent zu disziplinieren. Außerdem erreichen Sie noch einiges andere:

- ✔ Die Leine ersetzt die Hundebox in der Zeit, in der Sie zu Hause sind.
- ✔ Sie hilft Ihnen, den Welpen zur Stubenreinheit zu erziehen.
- ✔ Sie verhindert, dass er hochspringt oder seine Nase in den Kühlschrank steckt.
- ✔ Sie unterstützt Sie dabei, Ihren Hund von aggressivem oder unsicherem Verhalten wie Schnappen abzuhalten.
- ✔ Sie gewöhnt Ihren Hund daran, auch in Gesellschaft von Fremden ruhig und entspannt zu sein.

Und das ist nur eine kleine Auswahl. Die Trainingsleine birgt viele Vorteile, die sich erst im Laufe der Zeit zeigen. Wenn Sie beispielsweise kleine Kinder haben, können Sie mit dieser Leine Ihren Hund bei sich haben und sich trotzdem ganz auf die Kinder konzentrieren.

Drei Anwendungsmöglichkeiten hat diese Leine: Sie können den Hund damit führen, Sie können ihn anbinden und Sie können ihm Halt und Anlehnung vermitteln. So können Sie Ihren Hund erziehen und treten als kompetenter Rudelführer auf.

- ✔ Das *Führen* vermittelt Ihrem Hund auf sanfte Art, dass Sie sein Chef sind.
- ✔ Durch die Vermittlung von *Halt und Anlehnung* lernt Ihr Hund, sich zu entspannen und ruhig zu sein, wenn Sie sich entspannen und ruhig verhalten.
- ✔ Sie können in jedem Raum einen Platz einrichten, an dem Sie ihren Hund *ablegen* können, während Sie beispielsweise essen oder einfach alle Hände voll zu tun haben.

Natürlich ist die Trainingsleine kein Allheilmittel für alle Probleme, aber sie ist wirklich praktisch. Und sie hilft Ihnen, Ihre Vorstellungen durchzusetzen, ohne die Persönlichkeit des Hundes zu brechen. Das Leben mit einem jungen Hund bedeutet oft Chaos und viele kleine Hunde sind verwirrt vom Geschehen um sie herum. Eine Trainingsleine kann für etwas mehr Ruhe und Harmonie sorgen.

Besuchen Sie meine (englischsprachige) Internetseite unter `www.dogperfect.com` – ich veröffentliche immer wieder neue Tipps zum Umgang mit der Trainingsleine.

Das Führen

Es kann ein großer Fehler sein, einen Hund den ganzen Tag frei in der Wohnung herumlaufen zu lassen. Der Hund rennt herum, Sie rennen hinterher und er denkt: »Was für ein tolles Spiel!« Und die Lehre, die er daraus zieht, ist: »Ich bin der Boss, die Zweibeiner rennen mir immer hinterher!« Wenn Sie aber mithilfe der Trainingsleine führen, kehrt sich die Sache um. Er lernt Ihnen zu folgen. Damit unterstützen Sie Ihre gesamte Erziehung, weil Ihre Anerkennung als Big Boss steigt und damit Ihre Autorität klar zu erkennen ist.

Die Anwendung der Trainingsleine ist eine sehr freundliche und sanfte Erziehungsmethode. Es ist leichter damit umzugehen, als Sie es sich vielleicht vorstellen. Das Führen mit der Leine stellt sicher, dass der Welpe an Ihrer Seite bleibt. Sie führen ihn durch die Wohnung und benutzen dabei bestimmte Kommandos. (Wenn es im Haus gut klappt, können Sie draußen weitermachen.) Irgendwann wird Ihr Hund Ihnen auch ohne Leine folgen, doch bis es so weit ist, braucht er noch einige Hilfen.

So wenden Sie die Trainingsleine an, um Ihren Hund zu führen:

1. **Benutzen Sie das richtige Halsband.**

   Wenn Sie unsicher sind, welches Halsband das richtige ist, fragen Sie Ihren Tierarzt, einen erfahrenen Hundetrainer oder lesen Sie das Kapitel 5.

2. **Binden Sie sich die Leine wie einen Gürtel um den Körper und hängen Sie den Karabiner in den Ring ein.**

   Tragen Sie den Ring auf der linken Hüfte, wenn Sie Ihren Hund auf der linken Seite laufen lassen wollen, und rechts, wenn er rechts laufen soll. Schon geht es los!

   Entscheiden Sie sich für eine Seite. Jeder, der mit Ihrem Hund geht, sollte ihn auf der gleichen Seite führen. Wechseln verwirrt!

3. **Üben Sie im Flur das Gehen an der Leine ohne Ziehen. Gehen Sie geradeaus und achten Sie darauf, dass er gut mitkommt.**

4. **Sobald er vor Ihnen läuft, rufen Sie ihn mit Namen, drehen Sie sich um und gehen Sie in die andere Richtung weiter.**

   Loben Sie viel und ausführlich, auch wenn es noch ganz schön an der Leine reißt.

5. **Gehen Sie weiter in die entgegengesetzte Richtung, bis er auf seinen Namen reagiert und nicht mehr versucht, nach vorne zu stürmen.**

   Richten Sie Ihr Tempo und Ihre »Zugkraft« an der Leine nach der Größe Ihres Hundes, ein Bernhardinerwelpe verträgt etwas mehr körperliche Einwirkung als ein kleiner Yorkshire.

   So soll es sein! Sie führen und Ihr Hund folgt Ihnen. Jetzt können Sie entscheiden, wo es langgehen soll. Zunächst mag Ihnen die Sache etwas aufgesetzt erscheinen, aber mit der Zeit werden Sie sich daran gewöhnen. Und nicht vergessen: Wenn Ihr Hund in den Keller will, Sie aber auf den Dachboden, geht es auch auf den Dachboden – Sie voraus, er hinterher.

Viele Hunde lieben nichts mehr, als ihre Besitzer spazieren zu führen. Es ist sehr lustig, die Zweibeiner an der Leine hinter sich her zu zerren. Eigentlich wie diese tollen Spiele mit Tauziehen. Sie haben keine Lust dazu? Dann unterbinden Sie als Erstes jedes Tauziehen als Spiel. Wenn Ihr Hund seine Leine ins Maul nimmt, ziehen Sie sie nicht heraus, sondern ruckartig nach oben. Sagen Sie laut und deutlich »Aus!« dazu.

6. **Wenn Sie Ihren Welpen herumführen, benutzen Sie die Kommandos. Alle anderen, die mit dem Hund zu tun haben, sollten das ebenfalls tun.**

   Sprechen Sie deutlich, sagen Sie das Kommando einmal und betonen Sie jede Silbe. Hund verstehen Laute, nicht Worte!

Grundkommandos

Das sind die sechs Grundkommandos, mit denen Sie anfangen können:

- **»Auf geht's!«** Geben Sie dieses Kommando immer, wenn Sie einen Spaziergang starten oder die Richtung ändern. Halten Sie sich aufrecht und schauen Sie den Hund nicht an, bis er Sie anguckt und mit Ihnen kommt.

  Wenn Ihr Welpe noch gar nicht an der Leine laufen kann, können Sie eine Plastikdose mit Leckerli mitnehmen, die Dose schütteln, das Kommando zum Losgehen geben und alle paar Meter dem Hund ein Leckerli geben.

- **»Sitz!«** Benutzen Sie dieses Kommando immer dann, wenn Sie Ihrem Hund etwas Angenehmes geben wollen. Das kann Futter, ein Leckerli, eine Streicheleinheit oder ein Spielzeug sein. Sagen Sie das Kommando einmal, helfen Sie ihm in die richtige Position, wenn das noch nicht auf Kommando klappt. Es ist sehr wichtig, das Kommando nur einmal zu geben, sonst meint Ihr Hund nach kurzer Zeit, »Sitz!« bedeutet gar nichts, sondern das Kommando heißt »Sitz-Sitz-Sitz!«.

  Lernt Ihr Hund gerade erst, sich richtig hinzusetzen, drücken Sie ihm nicht einfach auf den Rücken, um ihm »Sitz!« beizubringen. Heben Sie mit einer Hand das Kinn Ihres Hundes etwas an oder ziehen Sie mit der Leine das Halsband etwas nach oben und drücken Sie gleichzeitig mit Daumen und Zeigefinger der anderen Hand seine Taille nach unten (siehe Abbildung 12.1). Diese Druckpunkte signalisieren ihm eindeutig, was Sie von ihm erwarten.

- **»Kira!«** Stellen Sie sich mehrere Male am Tag vor Ihren Welpen und sprechen ihn mit seinem Namen an (deutliche Stimme, Haltung wie ein Pfau, lesen Sie mehr dazu in Kapitel 8). Wenn er Sie nicht direkt anschaut, lenken Sie seinen Blick mit Ihrem Zeigefinger auf sich und schnalzen Sie dabei.

- **»Stopp!« und »Weiter!«** Diese beiden Kommandos sind echt Gold wert! Stellen Sie sich vor, Sie können Ihren Hund an jeder Kreuzung, an jeder Tür, an jeder Treppe mit einem »Stopp!« anhalten und dazu bringen, Ihnen wieder zu folgen (und nicht anders herum). Der Hund ist vielleicht ungeduldig, aber er wartet, bis das erlösende »Weiter!« kommt.

Achten Sie immer darauf, dass Sie als Erster durch die Tür gehen, denn: Der Big Boss geht vor! (Siehe auch Abbildung 12.2.)

- ✔ **»Pardon!«** Benutzen Sie dieses Kommando immer, wenn Ihr Welpe Ihnen in die Beine rennt, sich gegen Sie drückt oder Ihnen anders in die Quere kommt. Drücken Sie ihn vorsichtig mit dem Fuß oder Knie zur Seite. (Die Hände sind zum Streicheln da!) Denken Sie daran, Sie sind der Boss, der beim Gehen nicht behindert werden darf.
- ✔ **»Geh auf deine Decke!«** Einem Hund beizubringen, sich überall und jederzeit ruhig in eine Ecke zu legen, ist nicht so einfach. Wenn doch alles so aufregend ist und so interessant riecht! In den Abschnitten »Halt und Anlehnung« und »Ablegen« weiter hinten in diesem Kapitel erfahren Sie mehr darüber. Und Sie werden sehen: Sie beide schaffen es!

Abbildung 12.1: Drücken Sie mit Daumen und Zeigefinger sanft auf die Taille, um Ihrem Welpen »Sitz!« beizubringen.

Sie werden die Trainingsleine nicht immer benutzen wollen. Auch das ist kein Problem. Spielen Sie zwischendurch ein Spiel mit ihm, benutzen Sie die Flexi-Leine oder setzen Sie ihn – wenn die Blase leer ist – für eine Weile in die Box. An manchen Tagen werden Sie ihn mehr in die Box setzen, an anderen weniger. Überlassen Sie ihn nur nicht ganz sich selbst.

Sie sind zwar der Big Boss, aber nicht der absolute Weltenherrscher. Also lassen Sie ruhig auch mal andere ran. Jeder kann den Hund mit der Trainingsleine mit sich führen. Nur kleine Kinder mit riesigen Welpen sind eine unglückliche Kombination. Für ein jüngeres Kind ist die Leine vielleicht zu lang, nehmen Sie eine kürzere oder legen Sie dem Kind die Leine gekreuzt über die Brust.

Abbildung 12.2: Bringen Sie Ihrem Hund »Stopp!« und »Weiter!« bei. Gehen Sie immer zuerst durch die Tür!

Es gibt Widerstand

Manche Hunde sind sture Esel. Passiver Widerstand, Sie haben bestimmt schon davon gehört. Ihr Welpe hofft auf mehr Aufmerksamkeit. Geben Sie sie ihm nicht! Es gibt zwei Ansätze, dieses Verhalten schon im Keim zu ersticken:

- ✔ **Weiterziehen:** Drehen Sie sich nicht um! Gehen Sie eher noch ein bisschen schneller. Wenn Ihr Welpe aufschließt und zu Ihnen kommt, loben Sie ihn und gehen weiter. Diese Methode ist vor allem für große Rassen, die etwas zur Sturheit neigen, geeignet.
- ✔ **Der Leithund:** Wenn Sie eine etwas empfindlichere und kleinere Rasse haben, knien Sie sich vor Ihren Hund, gucken Sie aber nicht zu ihm, sondern nach vorne. Klopfen Sie auf den Boden und ermuntern Sie ihn, zu Ihnen zu kommen (vielleicht auch die Plastikdose mit Leckerli aus Kapitel 10 einsetzen). Wenn er kommt, gibt es eine Belohnung in Form von Streicheleinheiten oder Leckerli und weiter geht's nach vorne. Und denken Sie daran: Aufmerksamkeit gibt es nicht für sture Esel, und Esel werden auch nicht getragen!

Halt und Anlehnung

Es gibt natürlich auch viele Momente während des Tages, die Sie ruhig sitzend verbringen. Sie telefonieren, arbeiten am Computer oder unterhalten sich mit der Familie oder Freunden. Für einen kleinen Hund ist es schwer, auf Kommando zur Ruhe zu kommen. Am liebsten möchte er Ihre permanente Aufmerksamkeit. Wenn Sie ihn frei laufen lassen, springt er hoch, fängt an, etwas zu zerkauen, oder winselt und bellt. Um das zu vermeiden, empfehle ich, dem Hund beizubringen, zur Ruhe zu kommen, wenn auch Sie sich einer ruhigen Tätigkeit widmen:

1. **Wenn Sie sich setzen, öffnen Sie das Ende der Leine, das um Ihre Hüfte geschlungen ist. Setzen Sie sich auf den Karabiner.**
2. **Lassen Sie Ihrem Hund genug Leine, damit er sich gemütlich hinlegen kann.**
3. **Geben Sie das Kommando »Platz!« und loben Sie ihn, wenn er gut gehorcht.**

Das Ablegen

Ihr kleiner Hund möchte am liebsten immer bei Ihnen und Ihrer Familie sein, egal wo Sie gerade sind und was Sie gerade tun. Wenn Sie Ihren Hund ablegen können, haben Sie die Möglichkeit, ihn in jedes Zimmer und zu allen Aktivitäten mitzunehmen.

Gehen Sie durch Ihre Wohnung und überlegen Sie, in welche Räume Sie Ihren Hund mitnehmen möchten. Suchen Sie in jedem Raum einen geeigneten Platz aus, vielleicht neben der Fernsehcouch im Wohnzimmer, aber nicht gerade direkt am Esstisch. Richten Sie Ihrem Hund den Platz mit einer kuscheligen Decke und vielleicht einem schönen Spielzeug ein. Diese kleinen Hilfestellungen erleichtern es Ihrem Hund, seinen Platz zu erkennen und sich dort wohl zu fühlen. Ihnen geht es doch auch nicht anders: Im Wohnzimmer sitzen Sie in Ihrem Lieblingssessel oder haben einen bestimmten Platz auf der Couch.

Beim Ablegen geht es keinesfalls nur darum, die Hände für andere Aktivitäten frei zu haben, sondern Sie wollen Ihrem Hund auch ein sozialverträgliches Verhalten beibringen. Dafür braucht der Hund aber Gesellschaft in dem Raum, in dem er abgelegt wird. Also kein Parken in der Kammer, sondern Aufenthalt in dem Zimmer, in dem die Familie ist. Denken Sie daran, den Hund weit weg von Elektrokabeln, elektrischen Geräten oder giftigen Pflanzen abzulegen.

Suchen Sie eine leichte Hundedecke aus, die sich gut waschen lässt und die einfach zu transportieren ist. Neben Fachgeschäften bieten auch Supermärkte solche Decken preiswert in verschiedenen Größen an. Nehmen Sie die Decke auch mit, wenn Sie verreisen oder zum Tierarzt fahren, Ihr Hund wird sich mit einer vertrauten Decke gleich viel wohler fühlen.

Fragen Sie Ihren Tierarzt nach geeigneten Kauknochen. Wenn Sie einen neuen Kauartikel ausprobieren, räumen Sie ihn nach einer Weile weg, damit Ihr Hund nicht gleich den ganzen Knochen fressen kann. Manche Hunde vertragen keine echten Knochen, manche vertragen auch Büffelhautknochen oder Ochsenziemer schlecht und müssen eventuell erbrechen. Diese Kauartikel sollten immer zeitweilig zur Verfügung stehen, sie sind ja kein Hundefutter!

Vielleicht geht Ihr Hund automatisch zu seinem Hundeplatz. Anfangs werden Sie ihn aber wahrscheinlich anbinden müssen, bis er das Ablegen gelernt hat. Befestigen Sie die Leine am

Hundegeschirr oder dem normalen Halsband. Benutzen Sie hierfür bitte kein Trainingshalsband, das sich zuzieht. Legen Sie die Leine um einen Gegenstand, der sich nicht wegziehen lässt, und hängen Sie den Karabiner in Halsbandnähe ein (siehe Abbildung 12.3).

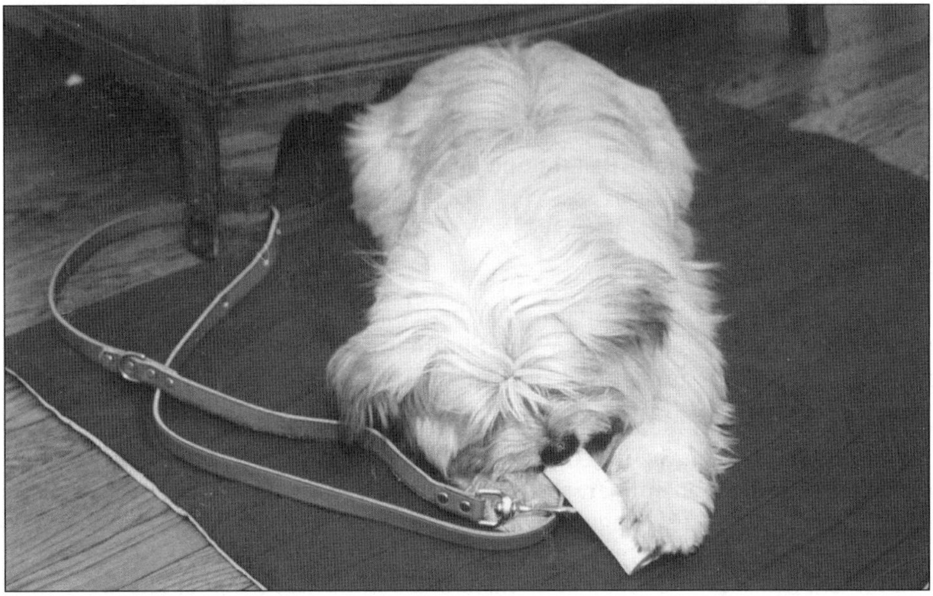

Abbildung 12.3: Befestigen Sie die Leine an einem Gegenstand, den Ihr Hund nicht bewegen kann.

Befestigen Sie die Leine niemals an einem Möbelstück, das Ihr Hund bewegen kann oder das umfallen könnte. Wenn Sie keine solchen Möbel haben, können Sie einen Ring in der Wand befestigen. Lassen Sie die Leine nicht zu lang, der Welpe soll ja nicht herumlaufen und auch nicht in Versuchung kommen, ein Bächlein neben seine Decke zu machen. Ich denke, ein bis eineinhalb Meter Leine ist ausreichend.

Jede Leine wird als Kaugummi benutzt? Hierfür gibt es Bitterpasten und ähnliche Präparate beim Tierarzt oder im Zoofachhandel. Probieren Sie solche Mittel aus, sie sind harmlos, aber schützen außer Leinen auch Möbelfüße und Teppichecken wirkungsvoll vor kleinen spitzen Hundezähnen. Sollte alles nichts helfen, versuchen Sie es mit Essig, Japanischem Heilpflanzenöl, Tabasco oder Alkohol. Eine Lederleine kann auch durch eine Kette ersetzt werden. Verlieren Sie nicht die Hoffnung! Wenn der Zahnwechsel abgeschlossen ist, hört das suchtartige Nagen meist auf oder lässt sich doch zumindest so kanalisieren, dass nur noch der Kauknochen dran glauben muss.

Wenn Sie Ihren Hund zu seinem Platz bringen, geben Sie ihm das Kommando »Geh auf deine Decke!« und zeigen auf seinen Platz.

Lassen Sie Ihren Hund bei den ersten Versuchen mit dem Hundeplatz nicht gleich allein. Bleiben Sie bei ihm, bis er anfängt, auf dem Kauknochen zu kauen oder sich auszuruhen.

Manche Hunde bekommen echte Panikattacken, wenn sie auf einem Platz abgelegt werden. Wenn Sie bei Ihrem Hund Panik vermuten, beobachten Sie ihn genau, es könnte auch ein getarnter Protest sein. Ein Hund in Panik guckt nicht mehr zu Ihnen, während ein protestierender Hund sehr genau Ihre Reaktion beobachtet und anfängt zu bellen, um Ihre Aufmerksamkeit zu erreichen. Einen protestierenden Hund müssen Sie ignorieren. Hat er dagegen echte Panik, lassen Sie ihn anfangs nicht allein. Ermuntern Sie ihn, sich mit einem Kauknochen zu beschäftigen, und gehen Sie erst weg, wenn er eingeschlafen ist. Er wird sich daran gewöhnen.

Wenn Sie Ihren Hund allein lassen müssen, legen Sie ihn auf seinem Platz ab und gehen dann ohne großes Aufhebens zu machen. Gewöhnen Sie ihn erst an kurze Abwesenheiten. Sollte es Probleme geben, ziehen Sie hin und wieder die Jacke an und inszenieren ein Weggehen, ohne es wirklich zu tun. Wenn Sie wiederkommen, ignorieren Sie Ihren Hund so lange, bis er sich ruhig verhält. Begrüßen Sie erst alle Zweibeiner. Die Reihenfolge der Begrüßung sagt dem Hund, dass er in der Rangordnung ganz unten steht.

Seien Sie tapfer und ignorieren Sie es, wenn Ihr Hund bellt oder winselt, es sei denn, er teilt Ihnen mit, dass die Blase drückt. Wenn Sie sein sonstiges Bellen und Jammern beachten, belohnen Sie ihn dafür und er wird lernen, dass dieses Verhalten ihn zu seinem Ziel führt: Er bekommt Ihre Aufmerksamkeit. Es gibt eine Möglichkeit, das Winseln und Bellen abzustellen. Sie brauchen dafür eine Wasserpistole mit wirklich großer Reichweite und ein ruhiges Händchen. Dann können Sie Ihren Hund unauffällig anspritzen. Er darf nicht wissen, woher das Wasser kommt. Machen Sie Ihren Hund nur dann von seinem Platz los, wenn er sich ruhig und brav verhält, Sie wissen schon, sonst belohnen Sie ihn für nicht erwünschtes Verhalten.

Ihr Welpe muss mindestens 12 Wochen alt sein, bevor Sie ihn auf einem Platz ablegen können. Welpen unter 12 Wochen können noch nicht damit umgehen, angebunden zu werden. (Aber sie können sich natürlich auch schon auf einem Hundeplatz ablegen.) Wie lange der junge Hund angebunden bzw. abgelegt werden kann, hängt von seinem Alter, seinem Temperament und seinem Entwicklungsstand ab. Ein ruhiger Hund kann bestimmt eine Stunde angebunden bleiben. Ein älterer Hund kann noch länger angebunden bleiben. Aber schauen Sie einfach Ihren Hund an, er wird es Ihnen sagen. Wenn ein Welpe eine Stunde auf seiner Decke geschlafen hat und dann unruhig wird, muss er sicher mal zur Hundetoilette. Wenn er sich zehn Minuten mit einem Spielzeug beschäftigt hat und dann unruhig wird, ist es wohl eher ein plötzlicher Energieschub und Zeit für ein kleines Spiel.

Und andere Möglichkeiten

Die Trainingsleine hilft aber auch bei anderen Problemen:

- ✔ **Unsauberkeit.** Die Leine funktioniert im Prinzip genauso wie eine Hundebox. Welpen wollen ihr Nest nicht verunreinigen. Wenn Sie den Hund direkt bei sich haben oder er an seinem Platz abgelegt oder angebunden ist, werden Sie schnell lernen, wie er Ihnen mitteilt, dass es dringend Zeit für eine Runde Gassigehen ist. In Kapitel 11 finden Sie noch viel mehr zum Thema Stubenreinheit.

- **Hochspringen.** Mit der Trainingsleine können Sie das Benehmen Ihres Hundes beeinflussen, ohne an ihm herumzerren zu müssen. Einmal am Besuch hochgesprungen und von Ihnen kommt ein kräftiges und bestimmtes »Runter!«. Schauen Sie ihn dabei nicht an und berühren Sie ihn dabei nicht! Ziehen Sie nur einmal ruckartig an der Leine. Wenn er wieder mit allen vier Pfoten auf der Erde ist, folgt das Kommando »Sitz!«. Wenn er sitzt, gibt es aber erst einmal eine kleine Streicheleinheit und ordentlich Lob. In Kapitel 13 können Sie noch mehr über die Möchte-gern-Zweibeiner lesen.
- **Nagen und Knabbern an Händen.** Wenn Ihr Hund an Ihrer Hand knabbert oder nagt (oder an der von jemand anderem), drehen Sie seinen Kopf von Ihrer Hand weg und sagen »Aus!«. Ziehen Sie dabei kurz und ruckartig an seiner Leine. Man kann sich auch mit einer kleinen Wasserpistole oder Blumenspritze bewaffnen. Wenn Sie diese zudem mit Essigwasser füllen, wird die Angelegenheit noch wirkungsvoller. Spritzen Sie ihm am besten auf die Nase. Es besteht eine gewisse Gefahr, dass Ihr Hund das Ganze für ein tolles Spiel hält, treten Sie also energisch auf, denken Sie an den Pfau (Kapitel 8) und lesen Sie Kapitel 13, wenn Sie so nicht zurechtkommen.

Spritzen Sie Ihrem Hund nicht in die Augen, das ist schon mit Wasser unangenehm, Essig oder andere Hundeabwehrmittel können aber tatsächlich brennen. Schauen Sie Ihrem Hund nicht in die Augen, das könnte ihn dazu herausfordern, mal wieder mit Ihnen darüber zu diskutieren, wer der Big Boss ist.

- **Nagen am Mobiliar.** Sicher können Sie für Ihren kleinen Hund ein leckeres Knabberspielzeug finden. Legen Sie an jeden Hundeplatz das gleiche Spielzeug, zu viel Vielfalt kann verwirren. Behalten Sie noch ein paar Bröckchen in der Hosentasche für die Zeit, die der Hund ruhig bei Ihnen liegen soll. Immer wenn Sie ihm das Kauspielzeug geben, sagen Sie »Wo ist der Knochen?«.

Möbelbeine können auch mit Essigessenz, Japanischem Heilpflanzenöl oder Bitterpaste präpariert werden. Allerdings darf man dann selbst kein allzu empfindliches Näschen haben!

- **Unaufmerksamkeit.** Binden Sie sich die Trainingsleine um. Wenn Sie das Gefühl haben, Ihr Kleiner wird gerade unaufmerksam, rufen Sie seinen Namen und gehen in die andere Richtung weiter. Wenn er mitkommt (oder von der Leine mitgezogen wird), loben Sie ihn überschwänglich. Machen Sie das immer wieder, bis er schon auf das Rufen gut reagiert.

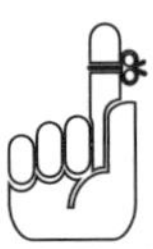

Kleine Hunde brauchen noch viel Schlaf. Sie können sich nicht über lange Zeit hinweg konzentrieren. Einen ganzen Tag der Leine zu folgen, erfordert zu viel Konzentration. Ihr Hund wird froh sein, wenn er zwischendurch ein Nickerchen machen kann. Denken Sie daran, dass eine Übungseinheit nicht länger als 10 bis 15 Minuten dauern sollte.

13 Der tägliche Kampf

In diesem Kapitel

- Aus einem Nagetier wieder Ihren Hund machen
- Knabbern und Schnappen – mehr als schlechte Angewohnheiten
- Hilfe, meine Hund springt jeden an!
- Der Umgang mit einem Kläffer

Schlechtes Benehmen kann wirklich frustrierend sein. Niemand möchte sich zu Hause alle Teppiche durchkauen lassen, niemand liebt zerkratzte Türen und wenn jede Bewegung im Treppenhaus stundenlanges Bellen zur Folge hat, ist der Ärger mit den Nachbarn vorprogrammiert. Der erste Schritt in die richtige Richtung ist es, sich klar zu machen, dass Hunde und Menschen in verschiedenen Welten leben. Wenn Ihr kleiner Welpe Besuch anspringt, genießt er das Leben in vollen Zügen und freut sich auf Spiel und Spaß, die jetzt unausweichlich folgen werden. Durchgekaute Schuhe sind kein Zeichen von Boshaftigkeit, sondern von Langeweile, Angst oder auch ganz einfach eine Möglichkeit, schmerzendem Zahnfleisch im Zahnwechsel Linderung zu verschaffen. Um unerwünschtes Verhalten zu unterbinden, müssen Sie die Welt durch die Augen Ihres Hundes betrachten und dann in aller Regel Ihr eigenes Verhalten ändern.

Das ist gar nicht so schwierig, aber ein paar Anweisungen sind notwendig. In diesem Kapitel erkläre ich Ihnen, warum Hunde nagen, hochspringen oder bellen. (In Kapitel 15 werden noch ein paar ernsthaftere Verhaltensprobleme behandelt.) Wenn Sie meinen Hilfestellungen folgen, werden Sie schon bald merken, wie sich Ihr Hund in seinem Verhalten und seinen Reaktionen verändert.

So retten Sie Ihre neuen Schuhe

Kauen ist ein natürliches Verhalten von Welpen, sie tun es nicht aus Boshaftigkeit oder um Sie zu ärgern. Sie können einen Kauknochen oder einen Stock aus dem Wald auch nicht von einem Tischbein oder Ihren italienischen Markenschuhen unterscheiden. Glücklicherweise ist Kausucht heilbar. Wenn Sie einen kausüchtigen Welpen haben, seien Sie geduldig und wenden Sie die erprobten Gegenmaßnahmen an, die in den folgenden Abschnitten vorgestellt werden.

Genau wie Kinder möchten Welpen ihre Umgebung erkunden. Sie tun es mit dem Mund, so wie es auch sehr kleine Kinder tun. Befindet sich der Welpe dann auch noch im Zahnwechsel (etwa im 3. bis 8. Monat), ist das Kauen besonders attraktiv, es lindert die Schmerzen des entzündeten Zahnfleisches. Ihr Hund kaut auf allem, was er erkunden will, und außerdem auf allem, was sich schön kauen lässt. Um die Zerstörung von Schuhen, Teppichen und Stofftieren zu verhindern, müssen Sie ihm Dinge anbieten, die er zerkauen darf.

Bitterpasten und Bittersprays

Es gibt Bitterpasten oder Bittersprays in Zoofachhandel oder beim Tierarzt. Wenn Sie die Probleme mit dem Nagen gar nicht in den Griff bekommen, können Sie auf solche Präparate zurückgreifen. Behandeln Sie damit aber bitte nicht die Hundedecke und geben Sie Ihrem Hund ausreichend Kauspielzeug als Ersatz.

Die Geschmäcker sind verschieden! Und manche Hunde mögen sogar diese Bitterpräparate, die ja eigentlich der Abschreckung dienen sollen. Japanisches Heilpflanzenöl, Tabasco oder Chilisauce können auch helfen. Ihr Erfindungsreichtum ist gefragt.

Ein Kauknochen und eine kleine Überraschungskiste für besondere Anlässe

Zu viel Auswahl kann verwirren. Wählen Sie einen Kauknochen oder ein Kauspielzeug aus, mit dem sich Ihr Hund gerne beschäftigt. Kaufen Sie mehrere dieser Knochen ein, so dass Ihr Hund an jedem Platz seinen Knochen findet. Und ansonsten:

- ✔ Verwahren Sie anderes Spielzeug in einer speziellen Kiste, die nur bei besonderen Anlässen geöffnet wird.
- ✔ Man kann auch bestimmtes Spielzeug bestimmten Anlässen zuordnen, also diesen Ball immer zum Spaziergang mitnehmen oder ein Quietschtier nur auspacken, wenn Besuch da ist.

Das schöne Beutespiel

Wenn Ihr Hund etwas mopst, das so gar nicht für ihn bestimmt ist, müssen Sie einen kühlen Kopf bewahren. Hat der Hund die Socken schon im Maul, rennen Sie bloß nicht schreiend hinterher. Für Ihren Hund ist es das schönste Spiel, und er wird denken, er hat eine tolle Beute gemacht, um die ihn jeder beneidet. Ablenkung ist Ihre einzige Chance, wenn Ihr Hund noch nicht zuverlässig auf Ihre Kommandos hört. Lenken Sie ihn also ab, nehmen Sie ihm dann in Ruhe und ohne großes Aufheben die Socke ab und loben Sie ihn.

Vorbeugen ist immer besser

Einen Hund zu tadeln, nachdem er etwas geklaut hat, ist immer problematisch. Meist versteht der Hund nicht richtig, worum es geht und die Hund-Mensch-Beziehung wird belastet. Besser ist es, dem kleinen Hundegehirn etwas auf die Sprünge zu helfen und das Objekt der Begierde zu beschimpfen.

Inszenieren Sie eine kleine Szene mit Ihrem Hund. Sie brauchen Ihre Trainingsleine und ein begehrtes Kinderspielzeug oder eine Socke, das bzw. die Ihr Hund immer wieder voller Begeisterung klaut.

1. **Während Ihr Hund in einem anderen Raum ist, deponieren Sie die Socke oder ein anderes begehrtes Kauobjekt mitten im Zimmer auf dem Fußboden.**
2. **Bringen Sie Ihren Hund an der Trainingsleine herein.**

   In Kapitel 12 wird der Gebrauch der Trainingsleine erklärt.
3. **In dem Augenblick, in dem Ihr Hund die Socke entdeckt, sagen Sie »Aus!« und ziehen kurz ruckartig an der Leine.**
4. **Heben Sie die Socke auf und schimpfen Sie sie aus – ohne Ihren Hund dabei anzusehen (siehe Abbildung 13.1).**

   Ja, richtig gelesen. Sie schimpfen die Socke aus, nicht den Hund. Das ist das Gleiche, als wenn Sie einem Kind erklären, dass der Küchenherd gefährlich ist und man ihn besser gar nicht anfasst.
5. **Wiederholen Sie die Übung.**

   Ihr Hund sollte schnell aufhören, diese gefährliche und böse Socke haben zu wollen (siehe Abbildung 13.2).

So können Sie Ihrem Hund helfen, sich an Ihre Regeln zu halten. Wenn er die Socke schon im Maul hat, ist es zum Eingreifen bereits zu spät.

Abbildung 13.1: »Böse Socke!« – Schimpfen Sie die Socke aus und nicht Ihren Hund.

Abbildung 13.2: »Was für eine blöde Socke, wer will die schon haben?« – Ihr Hund jedenfalls nicht!

Sie erziehen die Socke, denken Sie daran. Beachten Sie Ihren Hund dabei gar nicht! Ihre Nachbarn halten Sie vielleicht für ein bedauernswertes Geschöpf, aber Ihr Hund wird Sie bewundern. Wie Sie diese böse Socke wieder fertig gemacht haben, einfach toll!

Führen Sie diese Übung besser nicht ohne Leine durch. Sonst will Ihr Hund Sie vielleicht im Kampf gegen die böse Socke unterstützen.

Eine Rassel voller Leckerli

Eine Rassel für Ihren Hund zu bauen ist wirklich einfach. Nehmen Sie eine Plastikdose möglichst mit Deckel und füllen Sie sie mit Leckerli. Natürlich können Sie anstelle von Leckerli auch das normale Hundefutter nehmen. Es müssen aber trockene Presslinge oder Kroketten sein. (In Kapitel 20 finden Sie noch mehr Informationen zur richtigen Auswahl von Leckerli.) Schütteln Sie die Dose und geben Sie Ihrem Hund dann ein Leckerli. Ganz schnell wird er das Geräusch mit dem Futter verbinden.

Als Erstes bringen Sie Ihrem Hund bei, dass die Leckerli-Rassel nichts Schlechtes bedeutet. Jedes Mal, wenn Ihr Hund frisst oder brav auf einem Kauknochen kaut, gehen Sie zu ihm, rasseln mit Ihrer Dose, sagen »Gib her!« und geben ihm ein Leckerli. Dann gehen Sie wieder.

Ihr Hund wird begeistert sein. Als Nächstes gehen Sie zu ihm, wenn er auf etwas kaut, was eindeutig kein Hundespielzeug ist. Sie gehen hin, rasseln mit Ihrer Dose, sagen »Aus!« und nehmen ihm die Socke oder was auch immer weg. Dann gibt es ein Leckerli. Fürs Loslassen gibt es viel Lob und Sie helfen Ihrem Hund, schnell den schönen Kauknochen zu finden, der immer bereitliegt.

Mit dieser Übung bringen Sie Ihrem Hund nicht bei, was er zerkauen darf und was nicht. Sie dient dazu, ihm beizubringen, auf Kommando seine Schätze abzugeben. Wenn die Übung gut klappt, reicht das Kommando und Ihr Lob als Belohnung.

Für Ihren Hund sind alle Sachen, die er findet, echte Schätze. Egal ob es ein alter Schuh, ein Puppenkopf oder ein Stück Kaminholz ist. Wenn Ihnen das klar ist, wird manches einfacher in der Mensch-Hund-Kommunikation.

Kaputt ist kaputt

Bleiben Sie gelassen, wenn Ihr kleiner Welpe gerade Ihren Lieblingshausschuh zerlegt hat oder den wunderbaren Lederbeutel aus dem letzten Urlaub. Es nützt ja doch nichts. Der Schuh ist ruiniert und wenn Sie jetzt den Hund anschreien oder schlagen, ruinieren Sie ihn auch noch. Einen Hund kann man nicht bestrafen, nachdem er etwas angestellt hat, dann kann man ihn nur noch erschrecken oder verängstigen. Angst führt zu noch mehr Kauen und Nagen. Kauen und Nagen sind natürliche Verhaltensweisen für Hunde. Ich kann Ihren Ärger verstehen, ich kenne ihn selbst, aber lassen Sie ihn nicht an Ihrem Hund aus, er kann wirklich nicht anders. Ich bin mir sicher, wenn Ihr Hund fernsehen oder einen lustigen Comic lesen könnte, würde er das tun, wenn er sich langweilt oder einsam fühlt. Haben Sie Verständnis für ihn, solange es noch keine Hundefernseher gibt!

Hunde verhalten sich so, wie es ihnen ihre Natur vorschreibt: Sie fressen, sie heben Dinge auf (natürlich mit den Zähnen), sie untersuchen Mülleimer. Anstatt Ihren Hund mit einem ordentlichen Wutanfall zu erschrecken, lesen Sie lieber dieses Buch und nutzen Sie die Möglichkeiten, die sich Ihnen bieten.

Knabbern und Schnappen

Knabbern und Schnappen sind zwei unterschiedliche Verhaltensweisen. *Knabbern* ist eine Art zu kommunizieren. Ein Hund knabbert, um Sie dazu zu bringen, etwas Bestimmtes zu tun. Natürlich ist es weniger unangenehm als Schnappen, aber trotzdem nicht wirklich wünschenswert. *Schnappen* ist eine Verhaltensweise von Welpen, es bedeutet Spiel und Interaktion. Wenn ein älterer Welpe immer noch schnappt, lesen Sie in Kapitel 15 über Aggression nach. Welpen, die schnappen, sind dominant und brauchen eine konsequente Erziehung.

Knabbern ist ein Verhalten, um Aufmerksamkeit zu erzielen. Wenn Ihr Welpe an Ihnen knabbert, weil seine Blase gleich platzt und er das gerne mitteilen möchte, sollten Sie darauf eingehen. Wenn er knabbert, um gestreichelt zu werden oder ein Spiel anzufangen, müssen Sie ihn ignorieren. Tun Sie so, als ob er nicht da wäre. Wenn er sehr aufdringlich wird, können Sie ihm unauffällig etwas auf die Nase spritzen. Aber das muss unauffällig sein. Schauen Sie

Ihren Welpen dabei nicht an, sprechen Sie nicht mit ihm, machen Sie keine Bemerkung. Nur dann lernt Ihr Hund daraus, dass das Knabbern negative Konsequenzen für ihn hat, es kitzelt nämlich unangenehm an der Nase. Bringt er das Spritzen aber mit Ihnen in Verbindung, lernt er, dass er mit dem Knabbern Ihre Aufmerksamkeit erregen kann, zwar nur negative, aber immerhin.

Für viele Hunde sind Schimpfen und andere Maßnahmen zur Disziplinierung wie ein kleines Kampfspiel: Lustig, aufregend, spannend und am Ende steht ein Gewinner fest. Also bleiben Sie ruhig und lassen Sie sich nicht auf Machtkämpfe ein.

Schnappen ist deutlich schmerzhafter als Knabbern, vor allem mit kleinen Milchzähnen, fein wie Nadelspitzen. Es ist aber auch ein natürliches Verhalten für Welpen. Welpen schnappen im Spiel nach ihren Wurfgeschwistern und klären so auch ihre Rangordnung. Auch die Mutter wird gebissen, aber nur sehr zart und vorsichtig. Wenn Sie Ihren Welpen mit nach Hause nehmen, behält er dieses Verhalten natürlich noch bei.

Ein Welpe möchte wissen, wer ein Welpe ist und wer etwas anderes. Denn danach richtet sich die Art des Schnappens: vorsichtig oder spielerisch und fest. Die meisten Menschen erscheinen dem Welpen als Hunde. Warum? Nun, ganz einfach, sie ziehen ihre Hände zurück, wenn der Welpe danach schnappt. Wir schützen uns dadurch vor den spitzen Zähnchen. Aber für den Hund ist es eine Spielaufforderung. Selbst wenn Sie versuchen würden, Ihrem Welpen dieses Verhalten abzugewöhnen, würde es wahrscheinlich kaum klappen. Er ist einfach noch zu jung. Versuchen Sie einmal einem Baby von einem Jahr beizubringen, nicht an den Haaren zu ziehen! Ihre Vorgehensweise muss sich nach dem Alter des Welpen richten:

Welpen unter 16 Wochen

Kleine Welpen schnappen und kauen viel. Sie schnappen, wenn sie spielen, sie knabbern, um Ihnen zu sagen, dass sie etwas brauchen. Wenn Ihr Hund anfängt zu knabbern, überlegen Sie erst einmal, ob es sein könnte, dass er etwas braucht: Könnte er hungrig oder durstig sein? Ist es Zeit, Gassi zu gehen? Zeit für ein Spielchen? Ist der Kleine vielleicht einfach müde oder überdreht? Welpen knabbern oder schnappen manchmal, wenn sie überfordert sind oder etwas brauchen, so wie Babys, die weinen. Wenn Ihr Welpe immer weitermacht, überlegen Sie genau, was ihm fehlen könnte.

Folgende Anhaltspunkte sollen Ihnen weiterhelfen:

- ✔ Wenn Ihr Welpe nichts braucht, aber trotzdem knabbert oder schnappt und auf Ihrer Hand kaut, setzen Sie ihn in die Transportbox oder legen Sie ihn auf seiner Hundedecke ab. Geben Sie ihm ein Spielzeug oder den Hundeknochen dazu. Schimpfen Sie nicht mit ihm, sondern legen Sie ihn einfach ab.
- ✔ Lecken ist ein Zeichen von Zuneigung und Unterordnung. Wenn Ihre Hände nach etwas Leckerem riechen und Sie das Händelecken mit Lob und Streicheleinheiten belohnen, können Sie Ihren Hund davon abhalten, im Gesicht zu lecken.

- ✔ Ziehen Sie die Hand nicht weg, wenn Ihr Welpe daran knabbert oder kaut. Das wäre eine Aufforderung zum Spielen oder aber eine Aufforderung, fester zuzubeißen oder zu schnappen.
- ✔ Wenn Ihr Welpe kräftiger zubeißt, sagen Sie deutlich »Aus!« und sehen ihm fest in die Augen. Danach verhalten Sie sich wieder völlig ruhig. Wenn das nicht ausreicht, können Sie entweder Ihre Hände mit etwas einreiben, was Ihr Hund nicht mag (Sie werden es aber vermutlich auch nicht mögen) oder Sie legen ihm eine kurze Leine an (siehe hierzu den entsprechenden Abschnitt in Kapitel 5). Dann können Sie ihn beim Kauen und Knabbern kurz und ruckartig zur Seite ziehen. Manchmal ist ein Hund einfach überdreht und reagiert nicht mehr gut auf Korrekturversuche. Eine kurze Pause in der Hundebox oder auf der Hundedecke kann dann Abhilfe schaffen.

Welpen über 16 Wochen

Wenn Sie einen Welpen haben, der immer noch viel zwickt und schnappt, obwohl er schon älter als 16 Wochen ist, müssen Sie etwas unternehmen. Das Knabbern und Zwicken wird zwar noch einige Wochen anhalten, aber Ihr Welpe muss langsam lernen, dass Sie davon gar nicht begeistert sind. Hier ein paar hilfreiche Tipps:

Spielen Sie keine Spiele, bei denen es um Siegen oder Verlieren geht. Tauziehen gehört dazu, aber auch Verfolgungsspiele oder Ringen. Ärgern Sie Ihren Hund auch nicht zum Spaß. Diese Spiele unterstützen aggressive oder dominante Verhaltensweisen. In Kapitel 28 finden Sie Alternativen.

- ✔ Unterbinden Sie jede Art von Knabbern oder Kauen an Ihrem Körper. Es gilt die Regel, dass Hundezähne nichts an menschlicher Haut zu suchen haben.
- ✔ In Kapitel 12 wird erklärt, wie Sie die Trainingsleine zur Erziehung einsetzen können. Ich glaube, es wird Zeit, dass Sie sich damit beschäftigen.
- ✔ Es gibt einige Methoden, schnell gegen Schnappen vorzugehen. Legen Sie sich eine Blumenspritze, eine Wasserpistole oder andere Hilfsmittel zurecht (Alkohol, Essig, aber beides nur verdünnt!).

Schauen Sie Ihren Hund *niemals* an, während diese Hilfsmittel zum Einsatz kommen. Anstarren kann schnell zu Konfrontation führen.

- ✔ Befestigen Sie am normalen Halsband eine kurze Leine, damit Sie die Möglichkeit haben, Ihren Hund zu beeinflussen. Sie können entweder die Trainingsleine dafür benutzen (beschrieben in Kapitel 12) oder ein normales Halsband mit einer kurzen Leine (siehe Kapitel 5).
- ✔ Wenn Ihr Welpe schnappt oder beißt, ziehen Sie ihn ruckartig an der Leine oder am Halsband weg oder verwenden eines der Hilfsmittel, die oben beschrieben wurden: eine Wasserpistole oder Blumenspritze. Nehmen Sie keinen Blickkontakt auf, sonst fordern Sie Ihren Hund eventuell heraus, seine Kräfte mit Ihnen zu messen.

- Wenn das Schnappen oder Beißen nicht aufhört, überlegen Sie: Sind Sie überzeugend? Rucken Sie an der Leine oder ziehen Sie einfach, was ein Hund auch als Aufforderung zum Spielen verstehen kann? Nimmt Ihr Hund Sie ernst? Viel Training verhilft Ihnen zu mehr Respekt bei Ihrem Welpen.

Hunde und Kinder

Kinder benehmen sich oft wie kleine Hunde. Sie spielen auf dem Boden und interessieren sich für alles. Wenn Sie Kinder haben, müssen Sie Ihrem Hund von Anfang an beibringen, nicht nach ihnen zu schnappen und weder an ihnen zu knabbern noch sie zu beißen. So geht es:

- Lassen Sie Ihren Hund an einer kurzen Leine (etwa 1,2 Meter lang), wenn er mit den Kindern spielt. Wird es zu wild, nehmen Sie die Leine auf und rucken kurz daran, verbunden mit dem Kommando: »Aus!«.
- Wenn es nicht besser wird, müssen Sie deutlicher werden. Besorgen Sie sich eine Blumenspritze oder eine gute Wasserpistole (genug Druck und hohe Zielgenauigkeit). Füllen Sie sie mit einem Essig-Wasser-Gemisch und spritzen Sie damit auf Ihren Hund, sobald er wieder zu grob wird. Bleiben Sie dabei diskret im Hintergrund.
- Wenn alles nichts nützt, müssen Sie den Welpen eine Zeit lang von den Kindern trennen, entweder auf der Hundedecke ablegen, in eine Hundebox sperren oder mit der Trainingsleine (siehe hierzu Kapitel 12) mit sich nehmen. Versuchen Sie, die Kinder in die Hundeerziehung mit einzubinden. In Kapitel 10 finden Sie Anregungen zu diesem Thema.

Schreien Sie nicht Ihre Kinder an, wenn mal wieder das Chaos tobt. Zum einen sind die Kinder nicht dafür verantwortlich und zum andern hört sich Schreien für einen Hund wie Bellen an und verführt zum Mitmachen. Nehmen Sie lieber den Hund aus der Situation heraus, bis sich die Wogen geglättet haben.

Jagd- und Beutespiele

Es ist wunderbar für Ihren Welpen, Ihnen die Mütze zu klauen und damit durch die Wohnung zu rasen, natürlich immer in der Hoffnung, Sie rasen hinterher. Was für ein tolles Spiel! Handelt es sich nur um einen alten Ball oder ein Quietschtier, ist es ja kein Problem. Aber bei Kleidungsstücken, Kinderspielzeug oder gar Kinderarmen hört der Spaß auf! Also ist es Ihre nächste Aufgabe, Ihrem Hund beizubringen, was gejagt und erbeutet werden darf und was nicht.

Das Wasserpistolenattentat

Wenn Ihr Hund gerne an Ihrer Kleidung zerrt, füllen Sie Wasser und Essig in eine Wasserpistole. Warten Sie den nächsten Überfall ab und spritzen Sie Ihren Hund an, ohne Kommentar und ohne Blickkontakt mit ihm aufzunehmen. Gehen Sie einfach weiter und beachten Sie Ihren Hund gar nicht.

Wenn Sie das Problem so nicht in den Griff bekommen, sprechen Sie mit Ihrem Tierarzt oder einem Hundetrainer. Hunde mit diesem Verhalten werden nach der Pubertät häufig aggressiv.

Kindliche Beute

Kinder, die mit lautem Geschrei durch Wohnung, Haus oder Garten stürmen, am besten noch in Gruppen, sind sehr verführerisch, für die meisten Welpen zu verführerisch. Wenn Ihr Welpe es einfach nicht lassen kann, die Kinder nicht nur zu verfolgen, sondern auch an ihnen hochzuspringen und nach ihnen zu schnappen, müssen Sie einschreiten.

1. **Legen Sie Ihrem Hund die Trainingsleine an (siehe auch Kapitel 12) und bitten Sie Ihre Kinder, wild herumzurennen.**
2. **Sobald Ihr Welpe einen Impuls zeigt, hinterherzuspurten, rucken Sie an der Leine und sagen »Aus!«.**
3. **Wiederholen Sie die Übung, bis Ihr Welpe gelernt hat, die Kinder in Ruhe zu lassen.**

Trainieren Sie diese Übung zunächst in der Wohnung, dann im Garten. Wenn es gut klappt, können Sie die Trainingsleine durch eine lange Leine ersetzen.

Ist Ihr Hund ein Zweibeiner?

Jeder kennt diese Hunde, die einen im Flur umwerfen, die mit dreckigen Pfoten auf jede Couch springen und die die Küchenarbeitsplatten täglich inspizieren. Da könnte ja noch etwas Leckeres zu finden sein. Wer hochspringt, bekommt immer Aufmerksamkeit, so einfach ist das aus Hundesicht. Und Sie haben ein Problem, wenn Ihre Freunde nicht mehr zu Besuch kommen wollen. Als Erstes müssen Sie verstehen, warum sich Ihr Welpe so verhalt.

Welpen sehen uns als Hunde an und Blickkontakt ist sehr bedeutungsvoll in der Hundesprache. Also versucht der Welpe, uns in die Augen zu schauen. Nun sind unsere Augen aber unglücklicherweise viel weiter oben, also muss er hochspringen. Und was machen Sie? Oh, ist der Kleine nicht süß, wie er hochspringt? Und Ihr Welpe wird liebevoll umarmt! Nach den ersten schlammigen Pfotenabdrücken auf dem frisch gebügelten Hemd ist er allerdings dann nicht mehr ganz so süß. Der Welpe wird sanft zur Seite geschubst. Das ist für einen kleinen Hund ein lustiges Raufspiel. Also versuchen Sie es als Nächstes mit einem zarten Tritt auf die Zehen oder Sie halten die Vorderpfoten fest. Alles mit der gleichen Wirkung, nämlich gar keiner.

Am Tisch hochzuspringen ist eine andere beliebte Beschäftigung. Irgendetwas Tolles muss da ja sein, alle gucken immer oben auf den Tisch. Also will Ihr kleiner Hund auch mal gucken. Aber kaum guckt er, schreien alle und schubsen ihn wieder runter. Ja, da muss ja was ganz Tolles sein! So denkt ein Hund. Da Sie ihn aber immer dabei stören, den Tisch gründlich zu inspizieren, muss er warten, bis Sie abgelenkt oder, noch besser, draußen sind. Das ist keines falls boshaft von Ihrem Hund, sondern sogar wirklich intelligent. Die folgenden Abschnitte werden Ihnen helfen, die verschiedenen Probleme mit Hunden, die lieber Zweibeiner wären, in den Griff zu bekommen.

Hunde, die hochspringen, müssen die Vier-Pfoten-Regel lernen. Es gibt keine Form von Aufmerksamkeit, bevor nicht alle vier Pfoten auf dem Boden sind!

Endlich bist du wieder da!

Der beste Weg, einem Hund das Hochspringen zur Begrüßung abzugewöhnen, besteht darin, es oder ihn zu ignorieren. Versuchen Sie das nur eine Woche lang.

- ✔ Wenn Sie nach Hause kommen, ignorieren Sie Ihren Hund, bis er aufhört hochzuspringen.
- ✔ Legen Sie ein Hundespielzeug in die Nähe der Tür. Wenn Sie hereinkommen, legen Sie das Spielzeug auf den Boden, um Ihren Hund abzulenken und seine Energie zu kanalisieren.
- ✔ Wenn Ihr Hund in der Hundebox oder angeleint ist, während Sie weg waren, lassen Sie ihn erst raus bzw. frei, wenn er sich ruhig verhält.

Wenn Sie einen sehr großen Welpen haben oder einen ausdauernden Springer, können Sie auch wieder zur Blumenspritze greifen. Eine Wasser-Essig-Mischung an Hals und Bauch wird Ihren Hund schnell auf den Boden der Tatsachen zurückkehren lassen. Ignorieren Sie Ihren Hund dabei. Ignorieren Sie ihn so lange, bis er sich ruhig verhält, egal ob das 20 Sekunden oder 20 Minuten dauert.

Wenn Sie Kinder haben, lassen Sie sie »um Regen beten«, wie es in Kapitel 10 erklärt wird. Diese Körperhaltung kann auch für Sie eine Hilfestellung sein. Kreuzen Sie die Arme vor der Brust und richten Sie den Blick gen Himmel. Ihre Konsequenz entscheidet über den Erfolg. Wenn manche in der Familie Ihren Hund hochspringen lassen, wird er bei allen ausprobieren, ob sie das Hochspringen erlauben oder nicht.

Hunde ahmen ihre Menschen nach. Wenn Sie zu Ihrem aufgeregten Hund kommen und sich prompt auch aufregen, wird Ihr Hund denken, die Aufregung ist gut und richtig. Wenn Sie ruhig bleiben, wird Ihre Ruhe sich auf ihn übertragen.

Juhu – Besuch!

Es klingelt an der Haustür und es folgt immer das gleiche Spiel: Ihr Hund rast wie ein geölter Blitz zur Tür, rennt alle Leute um, springt an allen hoch, verwüstet alle Mäntel und Hosen, bis Sie ihn endlich geschnappt und im Bad eingesperrt haben. Sie entschuldigen sich bei Ihren Gästen, aber die fragen sich (oder Sie), warum Sie den kleinen Hund nicht einfach ein bisschen besser erziehen. Sehr witzig!

Unzählige Hundebesitzer kennen dieses Problem. Nichts funktioniert, niemand ist glücklich mit der Situation, der Welpe spätestens dann nicht mehr, wenn er im Badezimmer sitzt. Glücklicherweise kann man das Problem anders und erfolgreicher angehen. Kennen Sie den alten Spruch: Gutes Benehmen fängt zu Hause an? Das gilt auch für Hunde.

Alle müssen jetzt an einem Strang ziehen und Sie müssen wirklich konsequent und unnachgiebig sein:

- ✔ **Die Türklingel.** Sie stellen sich mit Ihrem Hund an der Trainingsleine in den Flur. Bitten Sie jemand von außen (für den Hund nicht sichtbar) etwa 10 bis 20 Mal die Klingel zu drücken, etwa alle 20 Sekunden für ein paar Sekunden, ohne hereinzukommen. Jedes Mal, wenn die Klingel geht, rufen Sie Ihren Hund mit Namen, sagen »Aus!« und gehen von der Haustür weg in die Wohnung. Üben Sie zweimal am Tag, bis Ihr Hund deutlich schwächer auf die Klingel reagiert.

  Wenn Sie trotz regelmäßigem Üben kaum weiterkommen, können Sie eventuell auch ein Halti oder ein Gentle-Leader benutzen. Lesen Sie dazu mehr in Kapitel 5.

  Wenn Sie in einem Mehrfamilienhaus wohnen, sollten Sie daran denken, Ihre Nachbarn zu Kaffe und Kuchen einzuladen.

- ✔ **Das Rückwärts-Jo-Jo.** Befestigen Sie eine 1,20 Meter lange Leine am Hundehalsband (keine Trainingshalsband). Lassen Sie die Leine auf den Boden fallen und markieren Sie die Stelle der Leine, die den Boden berührt mit einem Knoten. Bevor Sie die Tür öffnen, um Besuch hereinzulassen, stellen Sie sich auf den Knoten. Ihr Hund wird hochspringen wie immer, aber die Leine wird ihn daran erinnern, dass er ein Vierbeiner ist. Wenn Ihr Hund sich beruhigt hat, kann er von allen begrüßt werden.

- ✔ **Ein Platz für die Begrüßung.** Richten Sie in der Nähe der Wohnungstür einen Hundeplatz ein, auf den Sie ihren Hund schicken können, wenn Besuch kommt. Schaffen Sie eine Möglichkeit, ihn dort anzubinden, richten Sie den Platz mit einer Hundedecke und einem Spielzeug ein. Wenn es an der Tür klingelt, legen Sie Ihren Hund mit dem Kommando »Geh auf deine Decke!« auf diesem Platz ab. Dann öffnen Sie die Tür. Bitten Sie Ihren Besuch, den Hund als Letzten zu begrüßen und erst dann, wenn er sich ruhig verhält, auch wenn das eine Stunde dauert.

- ✔ **Das Begrüßungsspielzeug.** Wenn Ihr Hund ein bestimmtes Spielzeug besonders liebt, können Sie es zum Begrüßungsspielzeug erklären. Geben Sie es Ihrem Hund, wenn Besuch kommt. Sagen Sie dazu: »Hol das Bällchen!« (oder was es auch sein mag). Wenn die wilde Begrüßung trotzdem nicht verhindert werden kann, ignorieren Sie ihn und benutzen Sie die Wasserpistole oder Blumenspritze.

Wenn Sie sich setzen, können Sie es Ihrem kleinen Wusel erleichtern, zur Ruhe zu kommen, indem Sie die Methode anwenden, die ich in Kapitel 12 im Abschnitt »Halt und Anlehnung« beschrieben habe. Zur Begrüßung ist auch später noch Zeit.

Hallo, hier bin ich!

Die wirkungsvollste Methode, auf einen Hund zu reagieren, der hochspringt, ist einfach und doch schwer durchzuhalten: Ignorieren! Ich würde ganz schnell aufhören, Sie zu einer gemeinsamen Runde »Mensch ärgere Dich nicht« überreden zu wollen, wenn Sie noch nicht einmal den Kopf heben. Wenn Ihr Hund anfängt hochzuspringen, schicken Sie ihn zu seinem Spielzeug auf seinem Hundeplatz und lassen ihn sich damit beschäftigen.

Eine wahre Nervensäge macht es vielleicht notwendig, stärker zu reagieren. Legen Sie Ihrem Hund auch im Haus eine kurze Leine an. Wenn er hochspringt, rucken Sie die Leine kurz zur Seite und ignorieren ihn dann wieder (kein Augenkontakt, kein Kommando).

Der Ruck mit der Leine sagt so viel wie »Wage es nicht!«, aber auf eine sehr passive Weise, nicht grob. Ein kleiner Ruck reicht völlig aus, Sie müssen die Leine oder das Halsband nur mit Daumen und Zeigefinger greifen. Vielleicht versteht Ihr Hund den Ruck beim ersten Mal nicht gleich, aber das wird schon noch werden. Wenn er dann wieder mit allen vier Pfoten auf dem Boden ist und vielleicht einen etwas verwirrten Eindruck macht, können Sie ihn ruhig loben, so ein braver Hund, hält prima die Vier-Pfoten-Regel ein!

Mit der Blumenspritze oder Wasserpistole können Sie das Hochspringen ebenfalls wirkungsvoll unterbinden, indem Sie zwischen sich und den Hund spritzen.

Was ist da auf dem Tisch?

Die Neugier auf alles, was auf dem Tisch und der Küchenarbeitsplatte, in den Regalen und auf der Fensterbank ist, ist einfach zu groß. Einem Hund das Schnüffeln an Tischen und Schränken abzugewöhnen, ist nicht gerade die leichteste Übung. Ich habe zwar schon so oft gehört, dass der Hund aus Gier vom Tisch klaut, aber das erfasst das Problem nicht ganz. Ihr Hund klaut lieber in unbeobachteten Momenten vom Tisch, weil er damit einer Auseinandersetzung aus dem Weg gehen kann. Der Welpe sieht Sie den ganzen Tag mit Augen und Mund (Ihre Hände sind wie ein Hundemund) mit allem Möglichen auf dem Tisch herumhantieren. Wenn er Sie aber nachmacht, bellen Sie laut (beim Menschen nennt man das, glaube ich, schreien) und nehmen ihm alles wieder weg, was er erobert hat. Was ist die logische Konsequenz? »Tolle Sachen gibt es da oben auf dem Tisch, aber besser ist es, ich hole sie mir erst, wenn keiner guckt, sonst muss ich gleich wieder alles abgeben!«

Lösen Sie das Problem auf anständige Art und Weise:

1. **Nehmen Sie Ihren Hund an die Trainingsleine und legen Sie etwas sehr Verführerisches auf den Tisch oder in ein Regalfach entsprechender Höhe.**

2. **Sobald Ihr Hund auch nur zur vermeintlichen Beute schielt, rucken Sie kurz und kräftig an der Leine und sagen »Aus!«. Dann beschimpfen Sie die Beute auf dem Tisch: »Böse Leberwurst!«**

3. **Arbeiten Sie weiter in der Küche und reagieren Sie auf jeden Versuch, den Tisch zu erkunden, entsprechend.**

Wenn Ihr Hund einmal die Wurst geklaut hat, ist es zu spät für Erziehungsmaßnahmen. Aufmerksamkeit könnte jetzt genau das Gegenteil bewirken und sein Verhalten sogar bestärken. Wenn das Kommando »Aus!« schon gut funktioniert, können Sie ihm die Wurst so abnehmen und dann – die Wurst beschimpfen, nicht den Hund!

Wenn Ihr Hund während der Vorbereitungen für die Mahlzeiten sehr viel bettelt, können Sie ihn auch einfach in dieser Zeit in einem anderen Raum ablegen. In Kapitel 12 steht noch einiges zum Thema Ablegen.

Was für ein gemütliches Sofa wir haben

Die meisten Leute lassen ihren Welpen auf das Sofa – und später ärgern sie sich darüber. Wenn Sie nicht möchten, dass Ihr Hund später auf dem Sofa liegt, gewöhnen Sie es ihm erst gar nicht an. Wenn Ihr Hund schon ein echter Fan Ihrer Couchgarnitur geworden ist, können Sie es ihm mit etwas Konsequenz und Geduld auch wieder abgewöhnen.

1. **Nehmen Sie Ihren Hund an die Trainingsleine und gehen Sie zum Sofa (oder Bett).**
2. **Genau dann, wenn Ihr Hund schon zum Sprung ansetzt, ziehen Sie kurz und ruckartig an der Leine und sagen deutlich »Nein!«.**
3. **Geben Sie ihm das Kommando »Sitz!« und loben Sie ihn dann.**
4. **Gehen Sie so lange vor dem Sofa auf und ab, bis die Übung sicher klappt.**

Führen Sie die Übung durch, während jemand auf dem Sofa sitzt. Als Nächstes gehen Sie mit dem Kleinen zum Sofa und setzen sich selbst hin. Rucken Sie wieder an der Leine, wenn er sich neben Sie setzen will. Ignorieren Sie ihn so lange, bis er auf dem Boden sitzt. Wenn Ihr Hund gut mitgearbeitet hat, ist Belohnung fällig, ein Streicheln, liebe Worte, ein Spiel oder ein Leckerli.

Ihr Hund geht nicht nur deswegen gern auf das Sofa, weil es dort so gemütlich ist. Nein, das ist nicht alles. Er sitzt dort auch auf Augenhöhe mit dem Big Boss. Für viele Hunde spielt das keine große Rolle. Ist Ihr Hund aber sowieso eher dominant und ordnet sich nicht gerne Ihren Anweisungen unter, sollten Sie ihm nicht erlauben, auf erhöhten Plätzen zu liegen oder sitzen, egal ob es ein Sofa, die Eckbank, ein Sessel oder ein breites Fensterbrett ist. Die Höhe der Position spiegelt für einen Hund immer auch den Platz in der Hierarchie wider, also auf den Boden mit Ihrem Hund!

Hilfe, mein Hund ist ein Kläffer

Ein echter Kläffer kann Sie in den Wahnsinn treiben. Und Ihre Nachbarn gleich mit. Also, ganz im Ernst, ein dauernd bellender Hund ist der Albtraum eines jeden Hundebesitzers. Versuchen Sie herauszufinden, wodurch das Bellen eigentlich ausgelöst wird oder ursprünglich einmal ausgelöst wurde. Der größte Fehler ist es übrigens, einen kläffenden Hund anzubrüllen. Ihr

Hund denkt, Sie bellen auch. Und wissen Sie, was dann passiert? Genau, er bellt zurück. »Wunderbar, so ein Bell-Duett!«, denkt Ihr Hund. Also, erst einmal einen klaren Kopf behalten.

Bellen an der Haustür

Gegen einen kleinen Haustüralarm ist ja nichts einzuwenden – aber ein paarmal »Wuff« reicht da völlig aus. Schrecklich wird es, wenn sich der Alarm gar nicht mehr ausstellen lässt. Ich erkläre Ihnen, wie man einen Aus-Schalter am Türalarm installiert:

1. **Stellen Sie sich an der Haustür eine Blumenspritze gefüllt mit einem Wasser-Essig-Gemisch oder eine Pfennigbüchse bereit.**

   Für eine Pfennigbüchse geben Sie Münzen oder kleine Steinchen in eine leere Getränkedose und kleben sie zu. Das Geräusch beim Schütteln ist höllisch!

2. **Bitten Sie jemand, in Abständen von etwa 20 Sekunden draußen an der Tür zu klingeln.**

3. **Wenn Ihr Hund anfängt zu bellen, gehen Sie langsam zur Tür. Sprühen Sie ihn entweder mit der Blumenspritze an oder schütteln Sie die Pfennigdose. Benutzen Sie dabei das Kommando »Aus!« und schicken Sie ihn dann auf die Hundedecke.**

4. **Achten Sie darauf, dass Ihr Hund hinter Ihnen bleibt, wenn Sie die Tür öffnen. Vielleicht müssen Sie ihn dazu an die Leine nehmen oder anbinden.**

   Es ist nicht einfach, mit der einen Hand den Hund zu halten und mit der anderen die Tür zu öffnen. Ihre Anspannung überträgt sich dabei auf den Hund. Einfacher ist es da, den Hund anzubinden.

5. **Wiederholen Sie diese Übung täglich, bis Ihr Hund es lernt, ruhig zu bleiben und Ihre Kommandos zu befolgen.**

Wenn Ihr Hund aggressiv reagiert, lesen Sie bitte Kapitel 15. Eventuell brauchen Sie beide Hilfe von einem Hundetrainer. Nehmen Sie das Problem nicht auf die leichte Schulter.

Bellen bei jeder Gelegenheit

Bellt Ihr Hund dauernd, egal was er sieht oder hört? Ist jeder Fahrradfahrer, jedes Nachbarskind und jede Amsel im Garten ein Grund zum Bellen. Es gibt ja Menschen, denen fällt es gar nicht auf, dass ihr Hund bei jedem nichtigen Anlass bellt, andere stört es aber gewaltig. Wenn Sie auch eher zur zweiten Kategorie gehören, wird ein solcher Hund schnell zur Nervensäge.

Ihr Hund bellt nicht grundlos, auch wenn es Ihnen manchmal so vorkommt. Stellen Sie sich vor, Ihr Hund guckt aus dem Wohnzimmerfenster in den Garten. Da taucht doch rechts am Gartenzaun eine kleine Amsel auf! Ihr Hund bellt laut, die Amsel hüpft noch ein bisschen durch den Garten und fliegt dann weg. Oder wenn Sie in einem Mehrfamilienhaus wohnen: Unten geht die Haustür auf, Schritte nähern sich auf der Treppe, Ihr Hund bellt und die Schritte entfernen sich wieder. Wie, Sie meinen, die Schritte wären auch so wieder verschwunden, die Amsel wäre sowieso wieder weggeflogen? Nein, die wurden von Ihrem Hund verjagt, weil er so schön laut bellen kann. Ja, das stärkt das Selbstbewusstsein.

- ✔ Beginnen Sie sofort mit dem Training. Hunde, die alles und jeden verbellen wollen, nehmen sich selbst (und nicht ihre Menschen) als Rudelchef wahr. Der Rudelchef muss das Territorium überwachen und das Rudel vor Eindringlingen beschützen. Ihr Hund muss dringend lernen, dass er nicht der Boss ist.
- ✔ Lassen Sie Ihren Welpen nicht längere Zeit alleine draußen. Hunde, die lange Zeit allein angebunden oder eingesperrt sind, langweilen sich häufig und entwickeln Territorialverhalten. Diese Kombination kann schnell zur Kläfferei führen.
- ✔ Fensterbänke oder das Sofa können beliebte Wachposten sein, um die Umgebung der Wohnung zu kontrollieren. Verhindern Sie, dass Ihr Hund sich solche Beobachtungsposten einrichtet. Wenn das Problem eher nachts auftritt, binden Sie ihn an einer Leine im Schlafzimmer an. Die Leine muss nur 1,50 Meter lang sein, gerade lang genug, um sich bequem auf der Hundedecke ausstrecken zu können.

Denken Sie daran, dass Schreien und Bellen für einen Hund das Gleiche ist. Wenn Sie also jetzt anfangen zu schreien, unterstützen Sie das Bellen des Hundes und stärken noch seinen Anspruch auf die Rudelleitung. Geben Sie das Kommando:»Aus!« und rufen Sie ihn zu sich. Wenn das nicht klappt, nehmen Sie ihn an die Trainingsleine oder an eine kurze Leine (siehe Kapitel 5), um ihn schnell unter Kontrolle zu bekommen. Auch die Blumenspritze kann jetzt zum Einsatz kommen.

Es gibt verschiedene Trainingshalsbänder, die Ihnen die Erziehung eines Kläffers erleichtern sollen. Ich kenne nur die, die Citronella-Lösung auf ein Funksignal hin versprühen. Halsbänder, die mit elektrischen Signalen arbeiten, habe ich nie ausprobiert, da meine Hunde völlig die Nerven verlieren würden, wenn sie kleine Stromschläge bekämen.

Bellen im Auto

Allein die Vorstellung, mit einem bellenden Hund in einem Auto eingesperrt zu sein, löst bei mir schon Platzangst aus. Vom Prinzip her passiert für den Hund das Gleiche, was ich im vorherigen Abschnitt beschrieben habe: Er bellt und vertreibt damit alles aus seinem Gesichtsfeld. Da das Auto sich auch bewegt, geht es noch schneller.

Schreien und Schimpfen bringt nichts, glauben Sie mir. Das Bellen hört dann auf, wenn Ihr Hund Sie als Chef akzeptiert. Bis dahin können Sie aber noch einiges tun, um den Vorgang zu beschleunigen:

- ✔ Schnallen Sie Ihren Hund im Auto immer an. In Kapitel 5 finden Sie Hinweise zu Rückhaltesystemen und eine Möglichkeit, wie Sie Ihren Hund selbst im Auto befestigen können.
- ✔ Ihr Hund soll kurz zur Ruhe kommen, bevor er ins Auto steigt oder aussteigt. Die entsprechenden Kommandos sind: »Stopp!«und »Weiter!«.

- Lassen Sie im Auto ruhige Musik spielen und lassen Sie sich selbst nicht aus der Ruhe bringen. Ihre Unzufriedenheit überträgt sich auf den Hund und führt zu noch mehr Bellen!
- Wenn es gar nicht geht, können Sie versuchen, ein Halti im Auto zu verwenden (siehe Kapitel 5). Lassen Sie sich beraten!
- Während der Fahrt können Sie Ihren Hund nicht erziehen. Versuchen Sie es bitte auch nicht, Auto zu fahren erfordert die volle Konzentration.
- Wenn Sie anhalten, können Sie die Blumenspritze einsetzen – aber bitte diskret. Drehen Sie sich dabei möglichst nicht um und vermeiden Sie Blickkontakt.

In Kapitel 15 finden Sie noch mehr Tipps, wie Sie damit umgehen können, wenn Ihr Hund bellt und aggressiv wird, um sein Territorium zu verteidigen. Professionelle Hilfe kann hier sinnvoll sein.

Bellen aus Protest und um Aufmerksamkeit zu bekommen

Die meisten Welpen durchleben eine Phase, in der sie es nicht ertragen können, allein gelassen zu werden. Das Bellen aus Protest oder um Aufmerksamkeit kann zu einer schrecklichen Angewohnheit werden. Bevor Ihr Partner Sie irgendwann vor die Entscheidung stellt: »Er oder ich!«, befolgen Sie besser meine Ratschläge:

- Ignorieren Sie den Kläffer so gut es geht. Schreien Sie ihn nicht an!
- Vermeiden Sie dramatische Begrüßungs- oder Abschiedsszenen mit Ihrem Hund. Alles viel zu aufregend!
- Kennen Sie diese Spielzeuge, in denen man Futter verstecken kann? Präparieren Sie ein solches Spielzeug und geben Sie es Ihrem Hund, bevor Sie gehen. Aber verabschieden Sie sich trotzdem nicht.
- Setzen Sie die Blumenspritze oder Wasserpistole ein, sobald er anfängt zu bellen. Sie können auch die Pfennigbüchse durch die Wohnung rollen, um den Hund abzulenken. Aber denken Sie daran: Der Hund darf niemals merken, woher das Wasser bzw. die Büchse kommt.
- Wenden Sie sich erst dann wieder Ihrem Hund zu, wenn er sich beruhigt hat. Wenn Sie das Bellen dringend unterbrechen müssen (weil das Baby schläft oder das Telefon klingelt), gehen Sie ruhig zu Ihrem Hund hin, nehmen Sie ihn an die Trainingsleine, ohne Blickkontakt aufzunehmen, und führen Sie ihn herum oder legen Sie ihn ab.

Für jedes Alter die richtige Lektion

14

In diesem Kapitel

- Was kleine Welpen schon lernen sollten
- Der nächste Schritt: Übungen für Heranwachsende
- Ihr Welpe kommt ins Rüpelalter
- Worauf Sie während der Pubertät achten sollten
- Dem Teenager Grenzen setzen

Willkommen in der Hundeschule! In diesem Kapitel finden Sie die wichtigsten, grundlegenden Kommandos, geordnet nach dem Alter Ihres Hundes.

Ich nehme an, Sie üben jedes Kommando etwa 5 bis 10 Minuten am Tag. Dabei werden Sie immer wieder feststellen, dass Ihr Hund manche Kommandos sofort versteht, bei anderen dauert es Wochen. Keine Sorge, das ist ganz normal. Denken Sie daran, was Sie eigentlich gerade machen: Sie versuchen, einer anderen Spezies Ihre Sprache beizubringen. Also: Haben Sie Geduld mit Ihrem armen Schüler. Am leichtesten lernt es sich bei einem verständnisvollen Lehrer.

Sie müssen Ihren Hund motivieren, Ihren Kommandos zu folgen. Einen Hund mit gutem Appetit können Sie gut mit Leckerli motivieren. Lesen Sie dazu in Kapitel 20 den Abschnitt über Leckerli. Wenn Ihr Hund kein guter Fresser ist, können Sie ihn vielleicht besser mit lieben Worten oder, am Ende einer Übungseinheit, mit einer Runde Streicheln, Kuscheln oder einem Spiel motivieren. Die Leckerli sollten Sie in jedem Fall mit der Zeit reduzieren, Ihr Hund sollte die Kommandos auch befolgen, wenn er dafür »nur« gelobt wird!

Der Hundekindergarten: 8 bis 12 Wochen

Erwarten Sie nicht allzu viel von Ihrem kleinen Welpen. Natürlich lernt er auch in diesem Alter bereits einiges, aber das Gehirn entwickelt sich noch (etwa bis zur 12. Woche). Nutzen Sie die Spielzeit, um einfache Übungen auszuprobieren. Rufen Sie Ihren Hund bei seinem Namen, um mit ihm zu spielen oder ihm ein Leckerli zu geben, fangen Sie an, ihn an die Leine zu gewöhnen, alles ganz einfache Dinge. Denken Sie daran, alles ist neu und fremd für Ihren Welpen und statt seiner Mutter und seiner Geschwister sind Sie jetzt da. Das sind große Veränderungen für einen kleinen Hund. Seien Sie nicht streng mit ihm, er ist einfach noch zu klein dafür. Eine harte Hand führt nur zu Angst und Menschenscheu.

Der eigene Name

Gewöhnen Sie Ihren Hund an seinen Namen. Suchen Sie einen einfachen, kurzen Namen aus oder überlegen Sie sich einen schönen Spitznamen. Immer dann, wenn Sie Ihrem Hund etwas Gutes tun, egal ob es ein Leckerli, das Futter, Streicheleinheiten oder ein neues Spielzeug ist, sprechen Sie ihn mit seinem Namen an. Sprechen Sie mit warmer, freundlicher Stimme (Hunde hören auf den Klang, sie verstehen nicht den Inhalt) und ganz schnell wird Ihr Hund sich freuen, wenn Sie ihn rufen.

Das Leinentraining

Legen Sie Ihrem kleinen Schatz ein Halsband um. Vielleicht mag er das anfangs gar nicht gerne, keine Sorge, er wird sich daran gewöhnen. Besorgen Sie sich eine leichte Nylonleine, die Sie daran befestigen. Am nächsten Tag nehmen Sie die Leine auf und folgen Ihrem Kleinen. Rufen Sie ihn beim Namen und locken Sie ihn, damit er Ihnen folgt.

Sie können nach Herzenslust albern sein, um seine Aufmerksamkeit zu erregen. Wenn er Ihnen folgt, vergessen Sie nicht, ihn überschwänglich zu loben. Sagen Sie: »Auf geht's!« und streicheln Sie ihn immer wieder. Wenn er so gar nicht will, gehen Sie bitte nicht zu ihm hin, das könnte ihn in seiner Weigerung bestätigen. Hocken Sie sich hin und ziehen Sie sanft an der Leine. Loben und locken Sie ihn dabei.

Welpen wachsen wirklich schnell. Kontrollieren Sie alle paar Tage das Halsband und stellen Sie es neu ein, wenn es zu eng wird.

»Sitz!« und »Weiter!«

Geben Sie das Kommando »Sitz!« und helfen Sie Ihrem Welpen gleichzeitig, die Sitzposition einzunehmen: Mit der einen Hand fassen Sie ihn unter dem Kinn und heben den Kopf etwas an, mit der anderen Hand drücken Sie sanft die Rückenmuskulatur hinter den Rippen nach unten.

Sagen Sie »Weiter!«, wenn Ihr Welpe wieder aufstehen und weitermachen darf. Benutzen Sie dieses Kommando, wenn Sie ihm Futter geben oder er loslaufen darf.

Das Treppensteigen

Treppen können eine Herausforderung sein. Kleine Hunderassen sind als Welpen oft einfach zu klein, um die Stufen zu erklimmen, und müssen deswegen getragen werden. Machen Sie sich keine Sorgen, schon in ein paar Monaten wird Ihr Hund groß genug sein. Welpen großer Hunderassen sind zwar körperlich groß genug, aber ihr Gleichgewichtssinn ist manchmal noch nicht so weit entwickelt und sie haben Angst vor Treppen.

Wenn Ihr Hund Angst vor Treppen hat, helfen Sie ihm, indem Sie ihn etwas unter dem Bauch halten und die Pfoten vorsichtig auf die nächste Stufe setzen. Einfacher ist natürlich, wenn eine zweite Person von oben lockt.

Körperkontakt und Sozialisation

Wenn Sie Ihren Welpen anfassen und streicheln, lernt er, dass der Kontakt zu Menschen etwas Schönes ist. Hunde, die nicht regelmäßig freundlich und liebevoll berührt und gestreichelt werden, entwickeln Ängste gegenüber Menschen. Wenn Ihr Hund zusätzlich wenig Erfahrungen mit fremden Menschen und Umgebungen macht, entwickelt er auch Ängste in ungewohnten Situationen. Die Gewöhnung an Menschen (fremde Menschen und die eigene Familie), andere Hunde und fremde Umgebung nennt man Sozialisation. Nur ein Hund, der Kontakt zu Menschen gewohnt ist und als junger Hund viele Erfahrungen in unterschiedlichen Situationen gemacht hat, kann als erwachsener Hund gelassen und souverän auf Neues reagieren. Solch einen Hund nennt man »gut sozialisiert«.

Körperkontakt

Spielen Sie doch einfach mal Tierarzt mit Ihrem Hund. Während einer gemütlichen Schmusestunde gucken Sie ihm in die Ohren, inspizieren die Zähne und die Augen und tasten vorsichtig den Bauch ab. Schauen Sie unter den Schwanz (als ob Sie Fieber messen wollten) und nehmen Sie jede Zehe einzeln in die Hand. Loben Sie Ihren Welpen, wenn alles gut klappt. Auch ein kleines Leckerli kann hier gegeben werden. Mit dieser Übung helfen Sie nicht nur Ihrem Tierarzt, sondern erleichtern auch sich selbst den ersten Tierarztbesuch. Gehen Sie zu Ihrem Welpen, während er frisst. Bieten Sie ihm ein Leckerli an und loben Sie ihn. Wenn er das Leckerli haben will, streicheln Sie ihn und nehmen ihm den Futternapf weg. Stellen Sie den Futternapf wieder hin, loben Sie ihn und gehen Sie. Wenn Sie Kinder haben, lassen Sie auch ihre Kinder die Übung machen. Ein Hund, der von klein auf daran gewöhnt wird, das Futter abgenommen zu bekommen, wird Ihren Kindern auch später nicht die Grillwürstchen abnehmen.

Sozialisation

Noch ist Ihr Welpe zu klein, um ihn in die Stadt mitzunehmen. Aber Sie können schon die Freunde und Nachbarn einladen und sich am besten auch regelmäßig eine Horde wilder Kinder ausleihen. Auch für eine kleine, altersgemäße Welpenspielgruppe ist es nicht zu früh. Erkundigen Sie sich bei Hundesportvereinen in Ihrer Gegend, wer eine Welpenspielgruppe für kleine Welpen anbietet.

Schlechtes Benehmen

Manche Welpen sind sehr grob beim Spiel oder springen bei jeder Gelegenheit an jedem hoch. Das ist nicht schön. Befestigen Sie eine kurze Leine am Halsband. Jedes Mal, wenn Ihr Hund zu grob wird, springt oder sonst eine Unart zeigt, ziehen Sie kurz und ruckartig an der Leine. Nehmen Sie nicht die Hände, Hände bedeuten Körperkontakt und Spiel und sind positiv besetzt.

Wenn Ihr Hund an der Leine ist, können Sie jede Art von unerwünschtem Verhalten ohne Probleme unterbinden. Wenn Minnie, ein Bullmastiff, ihre Vorderpfote auf meinen Schoß legt und ich stupse sie weg, denkt sie, ich will mit ihr spielen und gleich ist die Pfote wieder auf meinem Schoß. Wenn ich sie aber mit der Leine kurz zur Seite ziehe und sie ansonsten ignoriere, bis sie ruhig ist, lernt sie, dass Welpen gestreichelt werden, wenn sie brav sind.

Eine schwierige Zeit: 12 bis 16 Wochen

In diesen Wochen lernt Ihr Hund, wie er Ihre Aufmerksamkeit nachhaltig fesseln kann, welche Spiele besonders lang dauern (es sind nicht immer die, die Sie gerne spielen) und wer zu Hause der Big Boss ist (es könnte sein, dass er dazu eine andere Meinung hat als Sie). Obwohl der Kleine vielleicht schon einen ganz selbstbewussten Eindruck macht, braucht er immer noch viel Anleitung von Ihnen. Mit meinen Vorschlägen will ich Ihnen und Ihrem Hund helfen, diese schwierige Zeit gut zu überstehen. (Noch mehr über die einzelnen Entwicklungsstufen von Hundewelpen und was Sie wann erwartet, finden Sie in Kapitel 9.)

Alles unter Kontrolle

Behalten Sie Ihren Hund im Auge, wenn Sie zu Hause sind. Ein kleiner Hund, der völlig sich selbst überlassen ist, fängt gerne mal an, die Regale auszuräumen, den Müll zu inspizieren oder die Stuhlbeine zu benagen. Denken Sie daran: Ihr Hund ist immer noch ein Welpe. Behalten Sie ihn auf eine der vier folgenden Arten in Ihrer Nähe:

- ✔ Wenden Sie die Trainingsleinenmethode an (in Kapitel 12 finden Sie eine genaue Erklärung dazu).
- ✔ Schließen Sie die Tür, wenn Sie sich länger in einem Raum aufhalten.
- ✔ Setzen Sie ihn in die Hundebox.
- ✔ Wenn Sie im Haus und Garten unterwegs sind, nehmen Sie ihn an die kurze Leine.

Wenn Sie Ihren Hund anbinden, vergessen Sie nicht, ihn für gutes Benehmen zu loben. Nehmen Sie sich genug Zeit, um sich regelmäßig mit ihm zu beschäftigen. Wenn Sie nicht die Möglichkeit haben, sich in einem sicher eingezäunten Grundstück mit ihm zu beschäftigen, ist die Trainingsleine eine gute Alternative.

Wenn Ihr Welpe schon recht gut hört, können Sie ihn im Garten auch schon einmal frei laufen lassen. Befestigen Sie aber eine kurze Leine an seinem Halsband, damit Sie ihn wieder leichter greifen können. Manche Hunde gehorchen sehr gut, solange man mit ihnen alleine trainiert. Ist aber Besuch da, klappt gar nichts mehr. Benutzen Sie lieber die Trainingsleine, wenn Gäste kommen.

Das Clicker-Training

Das Clicker-Training erleichtert Ihnen die Arbeit mit Ihrem Hund. Man mag es gar nicht glauben, aber es beruht auf Prinzipien der Verhaltensforschung. Mit dem Clicker-Geräusch wird erwünschtes Verhalten für den Hund deutlich gekennzeichnet.

Nehmen Sie zehn Leckerli zur Hand und fangen Sie an. Einmal Klick-Klack, ein Leckerli (zum Thema Leckerli siehe Kapitel 20), ganz einfach. Ganz schnell wird Ihr Hund das Clicker-Geräusch mit der positiven Belohnung verbinden.

Jetzt können Sie anfangen, mit dem Clicker erwünschtes Verhalten zu verstärken.

✔ **Sauberkeitserziehung:** Wenn Ihr Hund an der richtigen Stelle sein Geschäft erledigt hat, sagen Sie »Schön Geschäftchen gemacht!«, geben eine Belohnung und klicken.

✔ **Hochspringen:** Ignorieren Sie das Hochspringen. Aber sobald er mit allen vier Pfoten wieder auf dem Boden ist, gibt es ein Lob, ein Klick-Klack und vielleicht auch eine Belohnung.

✔ **Kauen und Nagen:** Immer, wenn Ihr Hund auf dem Kauspielzeug kaut und nicht auf Ihren Hausschuhen, klicken und loben Sie.

Viele Alltagsprobleme im Umgang mit Ihrem Hund lassen sich mit dem Clicker-Training lösen. Sie können den Clicker benutzen, um Ihrem Hund zu helfen, sich zu beruhigen und um ihm beizubringen, sich zu melden, wenn die Blase drückt. Sie können das Verhältnis zwischen Kindern und Hund verbessern und vieles mehr.

Auch die Grundkommandos können so eingeübt werden:

✔ **»Sitz!«:** Geben Sie das Kommando »Sitz!«, helfen Sie Ihrem Hund in die richtige Position und dann ein Klick-Klack, eine Belohnung und viel Lob.

✔ **»Platz!«:** Geben Sie das Kommando »Platz!«. Wenn Ihr Hund Platz macht (vielleicht müssen Sie auch hier etwas mithelfen), gibt es wieder ein Klick-Klack, Lob und Belohnung.

✔ **»Komm!«:** Wenn Ihr Hund in der Nähe von Ihnen ist, geben Sie das Kommando »Komm!«. Wenn Sie sich mit den Händen an die Augen fassen, wird der Hund Ihrer Handbewegung folgen und automatisch Blickkontakt zu Ihnen aufnehmen. Vergessen Sie nicht das Klick-Klack und das Lob. Mit der Zeit können Sie die Entfernung vergrößern und es auch bei mehr Ablenkung wagen, Ihren Hund zu sich zu rufen.

In Kapitel 29 werden Tricks vorgestellt, die Sie Ihrem Hund beibringen können. Der Clicker kann beim Einüben sehr hilfreich sein.

Wichtig ist es, dass jedem Klick-Klack eine Belohnung folgt und zu einer Belohnung gehört in erster Linie Lob, nicht immer ein Leckerli. Sie sollten nicht zu viel klicken, sonst gewöhnt sich Ihr Hund irgendwann an das Geräusch und es hat keine Bedeutung mehr für ihn. Viel Spaß beim Training!

Die Kommandos

Ihr Welpe ist immer noch sehr jung. Er kann zwar schon eine Menge lernen, aber er ist immer noch sehr sensibel und verletzlich. Also bleiben Sie geduldig. Ärger und Ungeduld erschrecken ihn nur, und dann kann er sich gar nichts mehr merken.

- ✔ Jede Trainingseinheit sollte nur ein paar Minuten dauern, alles andere wäre zu lang.
- ✔ Sagen Sie Ihre Kommandos klar und deutlich. Wiederholte Kommandos klingen anders als lediglich ein Mal gegebene. (Denken Sie nur an das völlig unverständliche Wort »Sitzsitznunmachschonsetzdichdochendlichhinmeinschatz!«.)
- ✔ Benutzen Sie immer die gleichen Kommandos.

Ich finde auch Handsignale sehr hilfreich, weil Ihr Hund dann häufiger Blickkontakt zu Ihnen aufnimmt. Leckerli (die einfache Trockenfutterpellets sein können, siehe Kapitel 20) sind ebenfalls hilfreich. Wenn das Kommando allerdings erlernt ist, sollte man die Leckerli langsam wieder reduzieren und schließlich ganz weglassen. Im Alter von vier Monaten kann Ihr Hund übrigens schon zehn verschiedene Wörter verstehen.

Der Name

Ihr Hund muss lernen, auf seinen Namen zu hören. Machen Sie die folgende Übung zweimal täglich:

1. **Lassen Sie Ihren Hund sich hinsetzen.**
2. **Knien oder stellen Sie sich dicht vor ihn. Ihre Füße sollten seine Pfoten fast berühren.**
3. **Halten Sie sich gerade und schnipsen Sie über seiner Nase mit den Fingern.**
4. **Sagen Sie seinen Namen und führen Sie gleichzeitig Ihre Hand schnell zu Ihren Augen. Ihr Hund wird Ihrer Hand mit den Augen folgen.**
5. **Wenn er Sie anschaut, rühren Sie sich nicht. Wenden Sie erst dann den Blick ab, wenn er wegschaut.**

Versuchen Sie, drei Sekunden Blickkontakt herzustellen.

»Auf geht's!«

Benutzen Sie dieses Kommando immer, wenn Sie mit Ihrem Hund weitergehen wollen. »Auf geht's!« ist ein Kommando, keine Frage. Wenn Ihr Hund nicht mitwill, und Sie drehen sich zu ihm hin, um ihn mit guten Worten und einer kleinen Streicheleinheit zum Weitergehen zu bewegen, untergraben Sie Ihre Autorität und bestärken ihn in seinem Ungehorsam.

»Sitz!«

Üben Sie zweimal täglich vier Tag lang:

1. **Nehmen Sie eine Hand voll Leckerli.**
2. **Nehmen Sie ein Leckerli zwischen Daumen und Zeigefinger und geben Sie das Kommando »Sitz!«. Dabei nähern Sie sich mit dem Leckerli langsam seiner Nase (siehe Abbildung 14.1).**
3. **Sobald er sich setzt, geben Sie ihm das Leckerli, sagen »Braver Hund!« und loben ihn (siehe Abbildung 14.2).**

Machen Sie die Übung nicht mehr als fünf Mal hintereinander. Der gehobene Zeigefinger über der Hundenase ist das Handzeichen für »Sitz!«. Wenn Ihr Welpe die Übung begreift, können Sie den Ablauf in den Alltag einbauen und ohne Leckerli üben. Nach vier Tagen lassen Sie bitte die Leckerli weg und benutzen das Kommando dann nur noch im Alltag, nicht mehr während des Hundetrainings.

Abbildung 14.1: Um Ihrem Hund »Sitz!« beizubringen, halten Sie ihm das Leckerli über die Nase.

Abbildung 14.2: Wenn Ihr Hund sitzt, geben Sie ihm das Leckerli und loben Sie ihn.

»Platz!«

Nach »Sitz!« kommt »Platz!«. Üben Sie zweimal täglich vier Tage lang folgende Aufgabe:

1. **Bewaffnen Sie sich wieder mit ein paar Leckerli.**
2. **Nehmen Sie ein Leckerli zwischen die Finger und geben Sie das Kommando »Sitz!«. Aber bevor es das Leckerli gibt, legen Sie Ihre Hand zwischen die Vorderpfoten Ihres Hundes und sagen »Platz!«.**
3. **Vielleicht weiß Ihr Hund jetzt gar nicht, was er eigentlich machen soll. Wenn er sehnsuchtsvoll das Leckerli anguckt (und deswegen den Kopf senkt), ergreifen Sie mit Ihren Händen seine Ellbogen und drücken ihn zart nach unten (siehe Abbildung 14.3).**
4. **Wenn er mit den Ellbogen auf dem Boden ist, geben Sie ihm das Leckerli, loben ihn und entlassen ihn. Braver Hund!**
5. **Wiederholen Sie die Schritte 2 bis 4 fünf Mal.**

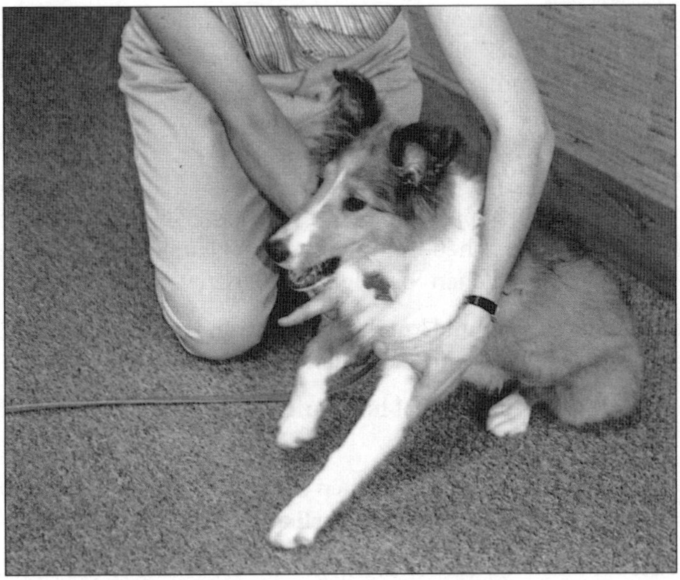

Abbildung 14.3: Sie können Ihrem Hund »Platz!« beibringen, indem Sie ihn an den Ellbogen ergreifen und ihn vorsichtig nach unten drücken.

Das dazugehörende Handsignal ist die flache Hand, die mit der Handfläche nach unten Richtung Boden geführt wird. Versuchen Sie, das Kommando auch außerhalb der Übungsstunde und ohne Leckerli anzuwenden. Nach vier Tagen lassen Sie das Leckerli weg und üben das Kommando nicht mehr während der Trainingseinheit, aber verwenden Sie es bitte im Alltag regelmäßig.

»Steh!«

Dieses Kommando ist sehr praktisch, um dreckige Hundepfoten sauber zu machen oder einen zerzausten Hund zu bürsten. Auch diese Übung sollte zweimal täglich vier Tage lang geübt werden. Schnappen Sie sich ein paar Leckerli und schon geht's los:

1. **Nehmen Sie ein Leckerli zwischen die Finger, geben Sie das Kommando »Steh!« und machen Sie eine Handbewegung, als wollten Sie Ihrem Welpen an einer imaginären Leine von der Nase aus nach vorne ziehen.**
2. **Wenn Ihr Welpe steht, halten Sie die Hand an, legen Ihre Hand von unten an seinen Bauch und sagen noch einmal »Steh!«.**
3. **Warten Sie einen Augenblick, geben Sie ihm das Leckerli und entlassen Sie ihn mit dem Kommando »Braver Hund!«.**

   Ihr Hund versucht vielleicht, Ihnen das Leckerli schon vorher wegzunehmen. Halten Sie es fest, bis er wirklich steht.
4. **Wiederholen Sie die Übung fünf Mal.**

Das Handsignal zu diesem Kommando ist ein Fingerzeig auf die Nase. Sobald Sie die ersten Erfolge sehen, üben Sie auch dieses Kommando ohne Leckerli. Nach vier Tagen wird es ohne Leckerli in den Alltag übernommen.

»Bring es her!« und »Gib!«

Die meisten Welpen lieben dieses Spiel. Wenn Sie es das erste Mal probieren, nehmen Sie Ihren Hund an die Trainingsleine und gehen mit ihm in einen kleinen, ruhigen Raum. Nehmen Sie sein Lieblingsspielzeug mit und gehen Sie folgendermaßen vor:

1. **Knien Sie sich auf den Boden und knuddeln Sie Ihren Hund bestimmt eine Minute lang. Dann packen Sie das Lieblingsspielzeug aus.**
2. **Werfen Sie das Spielzeug ein paarmal hoch, um seine Aufmerksamkeit darauf zu lenken. Dann werfen Sie es vor sich.**
3. **Wenn Ihr Hund das Spielzeug nimmt, gehen Sie zu ihm hin, sagen »Braver Hund – gib's her!« und bieten ihm gleichzeitig ein Leckerli an.**
4. **Wiederholen Sie die Schritte, bis Sie merken, dass er, sobald er das Spielzeug hat, schon zu Ihnen schielt.**
5. **Mit dem Kommando »Bring es her!« locken Sie ihn zu sich.**

   Er sollte das Spielzeug gleich fallen lassen. Klappt das nicht, können Sie ihm über den Oberkiefer greifen und seitlich hinter den Eckzähnen auf die Maulspalte drücken. Natürlich nur sanft! Loben Sie ihn für das Loslassen und belohnen Sie ihn.
6. **Wiederholen Sie diese Übung fünf Mal und ganz zum Schluss gibt es noch mal ein dickes Lob und viele Streicheleinheiten.**

Üben Sie diese Kommandos fünf Tage lang in einem kleinen Raum, danach üben Sie in einer Alltagsumgebung weiter. Reduzieren Sie langsam die Leckerli.

»Geh auf deine Decke!«

Je nachdem, wie groß Ihre Wohnung ist, sollten Sie ein oder mehrere Hundeplätze einrichten, so dass Sie in jedem Raum, in dem Sie sich länger aufhalten und Ihren Hund mitnehmen wollen, die Möglichkeit haben, ihn abzulegen. Ein Hundeplatz besteht eigentlich nur aus einer Hundedecke, eventuell einer Anbindemöglichkeit und etwas Spielzeug. Wenn Sie Besuch haben oder das Essen vorbereiten, kann es eine Erleichterung sein, den Welpen einfach auf seinen Platz schicken zu können. Bevor das aber klappt, müssen Sie ihm das richtige Kommando beibringen. Nehmen Sie Ihren Welpen an die Leine und gehen Sie mit ihm zur Hundedecke. Deuten Sie mit dem Zeigefinger auf die Hundedecke und geben Sie dazu das Kommando: »Geh auf deine Decke!«. Anfangs werden Sie sicher mitgehen und ihn mehr oder weniger auf die Decke ziehen müssen, aber die meisten Hunde lernen dieses Kommando sehr rasch. Bald geht es schon umgekehrt und Ihr Hund zieht Sie auf die Hundedecke. Wenn er sich dann noch zum ersten Mal ganz freiwillig auf den Hundeplatz legt, um sein Mittagsschläfchen zu machen, lacht das Hundehalterherz! Was für ein braves Hundchen!

Bevor Sie anfangen, das Kommando zu trainieren, lesen Sie ruhig einmal Kapitel 12, da finden Sie noch mehr Informationen zum Thema Ablegen auf dem Hundeplatz.

»Stopp!« und »Weiter!«

Wenn Sie an Türen oder Treppen kommen, geben Sie das Kommando »Stopp!« und sorgen dafür, dass sich Ihr Hund hinter Ihren Füßen befindet. Am besten ziehen Sie dazu die Trainingsleine hinter Ihren Rücken. Warten Sie eine paar Sekunden und sagen Sie dann »Weiter!«. Sie gehen zuerst durch die Tür, Sie wissen ja: Big Boss hat immer Vortritt!

»Pardon!«

Welpen finden es toll, Ihnen zwischen den Füßen herumzulaufen. Dauernd stolpern Sie über Ihren kleinen Wusel und der genießt die Aufmerksamkeit und das lustige Spiel. Wird der Hund größer und stärker, kann das gefährlich werden. Und lästig ist es von Anfang an. Immer, wenn Ihr Hund Sie anrempelt, auf der falschen Seite läuft oder Ihnen ansonsten in die Quere kommt, benutzen Sie das Kommando »Pardon! und ziehen ihn mit der Leine auf die richtige Stelle an Ihrer Seite. Sie können ihm auch mit Ihren Schuhen unter dem Bauch langstreichen, aber natürlich niemals treten! Die Hände sollten außen vor bleiben, sonst hält Ihr Hund das Ganze für die Vorstufe eines Ringkampfes. Loben Sie ihn, wenn er Platz macht, und schon wird er fröhlich mit dem Schwanz wedeln.

»Aus!«

»Aus!« ist kein Kommando, um etwas zu tun. Es soll, wenn es gut klappt, Ihren Hund abhalten, etwas Verbotenes zu tun, Katzen zu jagen, hochzuspringen oder den Mülleimer zu leeren. Aber erst mal muss Ihr Hund verstehen, was Sie mit dem Wort überhaupt meinen.

1. **Nehmen Sie Ihren Hund an die Leine.**
2. **Legen Sie ihn im Nachbarzimmer ab und stellen Sie im Übungsraum einen Teller mit Keksen auf den Boden.**
3. **Gehen Sie mit Ihrem Hund an der Leine an den Keksen vorbei.**
4. **Sobald er anfängt, in die Richtung der Kekse zu drängen, ziehen Sie die Leine mit einem deutlichen Ruck zurück und sagen dazu mit scharfer Stimme das Kommando »Aus!«.**
5. **Lassen Sie die Leine wieder locker und gehen Sie weiter.**

   Wirken die Kekse immer noch magnetisch, wiederholen Sie das Kommando mit dem Ruck an der Leine, aber gehen weiter.
6. **Loben Sie Ihren Hund, wenn er es schafft, seine Aufmerksamkeit wieder Ihnen zuzuwenden.**

7. **Gehen Sie so oft wie notwendig am Keksteller vorbei, bis Ihr Hund die Kekse nicht mehr beachtet.**

   Nun hat er aber wohl ein dickes Lob verdient, oder?

Körperkontakt und Sozialisation

Sie werden eines Tages sehr froh sein, wenn Sie Ihrem wilden Fellknäuel schon früh beigebracht haben, sich überall anfassen zu lassen. Und auch Ihr Tierarzt wird es Ihnen danken, glauben Sie mir. Üben Sie immer wieder die Untersuchung von Pfoten, Ohren, Augen und Zähnen. Besorgen Sie sich beim Tierarzt ein schnelles, digitales Fieberthermometer und üben Sie, die Körpertemperatur im Po zu messen. Zupfen Sie an Ihrem Hund herum wie ein neugieriges Kind. Quietschen Sie laut auf, rudern Sie mit den Armen und rupfen Sie an den Haaren. Loben Sie Ihren Hund, wenn er alles brav über sich ergehen lässt und geben Sie ihm ein Leckerli. Machen Sie sich keine Sorgen, ein Welpe liebt Spiele und Durcheinander. Er schließt neue Freunde schnell ins Herz, sowohl Zweibeiner als auch Vierbeiner. Also laden Sie ein, wen Sie kennen, und nehmen Sie Ihren Welpen überall mit hin. Achten Sie aber darauf, dass der Trubel nicht zu lange anhält, und gehen Sie, wenn Ihr Welpe müde wird. Zu viel Trubel kann es für ihn kaum sein. Gewöhnen Sie Ihren Welpen an den Umgang mit Kindern (mehr dazu in Kapitel 10).

Fragen Sie Ihren Tierarzt nach einer Welpenspielgruppe in einer empfehlenswerten Hundeschule. Erkundigen Sie sich nach den notwendigen Impfungen und melden Sie sich an. Wenn Ihr Hund gesund ist, steht einer regelmäßigen Spielstunde nichts mehr im Weg. Sie werden beide viel Spaß haben!

Wenn Sie Ihren Hund von klein auf an viele Menschen gewöhnen, bedeutet das nicht, dass er später nicht mehr Ihr Haus bewachen wird. Ein gut sozialisierter Hund weiß ganz einfach, dass er sich auf Ihre Einschätzung der Menschen um ihn herum verlassen kann und dass Ihre Freunde auch seine sind. Ein wenig sozialisierter Hund ist zu stark an seine Familie gebunden und kann Gäste nicht akzeptieren. Je nach Rasse und Temperament wird er ängstlich oder vertreibt jeden Fremden. Solche Hunde sind schwer zu halten und stellen ein Risiko dar. Ersparen Sie sich viel Ärger und sozialisieren Sie Ihren Welpen ausgiebig!

Das Rüpelalter: 16 bis 24 Wochen

Wenn Ihr Hund dieses Alter erreicht hat, wissen Sie, wieso ich von »Rüpelalter« spreche. Manche Tage sind erträglich, an anderen packen Sie schon vor dem Frühstück im Geiste Ihre Koffer. Ihr Hund ist taub geworden. Kommandos, die er schon lange kennt, sind ihm plötzlich völlig fremd. Er rennt bei jeder Gelegenheit weg, er jagt, er schnappt, nach allem, was sich bewegt. Dauernd fordert er Ihre Aufmerksamkeit, er bellt, winselt und stupst, wenn Sie ihn nicht beachten. Er will im Mittelpunkt stehen, keine Frage, und das permanent.

Erinnern Sie sich an Kapitel 9? Es ist völlig normal. Ich habe es überlebt und Sie werden es auch überleben. Spätestens jetzt sollten Sie mit den regelmäßigen Übungen beginnen. Jede Trainingseinheit sollte kurz und übersichtlich sein. Jedes neue Kommando sollte in der ersten Woche nur während des Trainings angewendet werden. So haben Sie und Ihr Hund mehr Erfolgserlebnisse. Kinder lässt man ja auch erst in der Schule rechnen üben, bevor sie ihre Fähigkeiten im Alltag beweisen müssen.

Behalten Sie den Überblick

Sie sollten immer wissen, wo Ihr Hund gerade ist, wenn Sie zu Hause sind. Ansonsten wird er zwangsläufig irgendwann etwas anstellen und dann müssen Sie ihm schlechte Angewohnheiten mühsam wieder abgewöhnen. Hunde lieben es einfach, die schmutzige Wäsche zu inspizieren, den Müll neu zu sortieren oder aus Ihren Sommerschuhen wunderbare Kaugummis herzustellen. Und Ihr Hund ist einfach noch ein Welpe. Also behalten Sie ihn im Auge! Hier gibt es folgende Möglichkeiten:

- ✔ an der Leine an Ihrer Seite
- ✔ in einem geschlossenen Raum
- ✔ mit einer kurzen Leine frei laufen lassen

Loben Sie Ihren Welpen immer wieder für gutes Benehmen. Bis Sie wieder Zeit haben, ihm Ihre ungeteilte Aufmerksamkeit zu widmen, nehmen Sie ihn an die Trainingsleine (wie das funktioniert, lesen Sie in Kapitel 12). Sobald er besser hört und sich auch schon ein wenig selbst beschäftigen kann, können Sie ihn mit einer kurzen Leine im Haus frei laufen lassen. Aber überstürzen Sie nichts. Viele Hunde benehmen sich schon sehr schön, wenn man mit ihnen allein zu Hause ist, aber die ganze Erziehung scheint vergessen zu sein, sobald Gäste kommen. Nehmen Sie Ihren Kleinen dann lieber an die Trainingsleine.

Einfache Regeln nicht vergessen

Verwenden Sie weiterhin das Kommando »Sitz!«, bevor Sie Ihrem Hund etwas geben, ihn streicheln, aus der Tür lassen oder der Besuch ihn begrüßt. Denken Sie daran, das Kommando nur ein Mal zu geben. Wenn es nicht klappt, folgt ein klares »Nein!« und ein kurzer Ruck an der Leine. Wenn Ihr Hund noch nicht sicher weiß, was »Sitz!« bedeutet, können Sie ihm in die richtige Position helfen.

Lob und Kraulen – alles zu seiner Zeit!

Es ist sehr aufregend für einen Welpen, so viel Neues zu lernen. Also beherrschen Sie sich ein bisschen. Wenn Sie sehr begeistert sind, wird sich auch Ihr Welpe begeistern und aufregen. Und aufgeregt lernt es sich nicht so gut, denn Lernen erfordert Konzentration. Also bedenken Sie den Unterschied zwischen einem verbalen Lob und einer ausgiebigen Streicheleinheit. Das Streicheln und Kraulen machen Sie mit Ihrer Hand, es könnte auch der Anfang eines Spiels sein. Das Lob wird dagegen mit Mund und Augen gegeben und Lob kommt von oben, es beruhigt Ihren Hund und unterstreicht Ihren Anspruch, der Boss zu sein. Merken Sie sich die einfache Regel: *Zwischen den Übungen loben und am Ende knuddeln, kraulen und streicheln!*

Fünf neue Kommandos

Ihr Welpe wird größer und entwickelt sich weiter, sowohl körperlich als auch mental. Fangen Sie an, fünf weitere Kommandos mit ihm zu üben: »Fuß!«, »Nein!«, »Bleib!«, »Komm!« und »Bleib stehen!«. Diese Kommandos sind wirklich nützlich im Alltag. Und Sie erinnern Ihren Welpen immer wieder daran, dass da doch noch jemand war, ach ja, der Boss!

»Fuß!«

Kennen Sie diesen wunderschönen Anblick: Ein Welpe steht ruhig neben Frauchen, geht los, wenn sie los geht, und wenn sie an einer Kreuzung hält, setzt das kleine Hundchen sich gleich hin. Man könnte vor Neid erblassen. Oder es üben, mit viel Geduld klappt es. Natürlich dauert es etwas, bis Ihr Hund in einer belebten Straße völlig ungerührt mitläuft, aber es geht. Der Anfang ist, wie so oft, nur ein kleiner Schritt. Die Übungen helfen Ihnen, Ihrem Hund beizubringen, bei Fuß zu gehen.

Übrigens, es gibt nur eine Art, richtig bei Fuß zu gehen, genauso wie es nur ein richtiges Ergebnis bei einer Rechenaufgabe gibt. Denken Sie immer daran: Ihr Welpe steht neben Ihren Füßen, die Vorderpfoten auf einer Höhe mit Ihren Zehen und beide haben den Blick nach vorne gerichtet. Exakt so!

Einfach im Kreis

Üben Sie diese Aufgabe auf einem freien, ruhigen Platz (draußen oder drinnen). Bringen Sie Ihren Welpen an Ihre linke Seite, Sie schauen beide in dieselbe Richtung und sind mit den Füßen bzw. Vorderpfoten auf einer Höhe (siehe Abbildung 14.4). Nun brauchen Sie um sich herum nur genug Platz, um einen Kreis laufen zu können, und schon geht es los:

1. **Lassen Sie die Arme entspannt gerade herunterhängen, der linke Daumen soll sich hinter dem Oberschenkel befinden. Ziehen Sie die Leine mit einem Ruck zurück, wenn Ihr Welpe Sie zur Seite zieht.**
2. **Geben Sie das Kommando »Ben (oder wie auch immer Ihr Hund heißt), bei Fuß!« und beginnen Sie gleichzeitig, gegen den Uhrzeigersinn im Kreis zu gehen (Hund auf der Innenseite).**

   Gehen Sie ruhig, halten Sie den Kopf erhoben und die Schultern etwas nach hinten gezogen, um mit Ihrer Körperhaltung Ihre Autorität zu unterstreichen.
3. **Loben Sie Ihren Hund, wenn er gut mitgeht, und rucken Sie an der Leine, wenn er anfängt, vom Weg abzukommen.**

Abbildung 14.4: So sieht es aus, wenn Ihr Welpe mit Ihnen »bei Fuß« im Kreis geht!

4. **Wenn Sie eine Runde gegangen sind, werden Sie langsamer und wiederholen das Kommando »Bei Fuß!«.**

5. **Lassen Sie den Hund sich neben Sie setzen.**

   Geben Sie das Kommando »Sitz!«, fassen Sie mit der rechten Hand die Leine nahe beim Halsband und drücken Sie ihn vorsichtig mit der linken Hand in die richtige Position.

6. **Gehen Sie zweimal täglich fünf Kreise mit Ihrem Hund.**

Wenn Ihr Hund Sie bei jedem Stopp anschaut, kann das eine kleine Machtprobe sein. Fassen Sie die Leine wieder nahe am Halsband an und ziehen Sie ihn in die richtige Haltung. Dann gibt es aber ein dickes Lob.

Wenn Sie an der Leine rucken, sollten Sie nicht Ihren ganzen Körper dabei einsetzen müssen. Üben Sie einmal ohne Leine eine kleine ruckartige Bewegung des Ellbogens nach hinten. Stellen Sie sich vor, ich halte meine Hand hinter Ihren Rücken. Sie versuchen, meine Hand zu treffen, ohne dafür den ganzen Arm knicken zu müssen. Versuchen Sie das Gleiche noch einmal mit der Leine, nur eine kleine ruckartig Bewegung des Ellbogens! Ja, sehr gut!

Ein langsamer Stopp

Wenn Sie den Kreis ein Mal gelaufen sind und anhalten wollen, tun Sie dies langsam. Machen Sie mit Ihrem linken Fuß eine übertriebene Gehbewegung (wie ein militärischer Stechschritt), um Ihrem Welpen ein klares Signal zu geben, dass er gleich anhalten und sich setzen soll.

Das Tempo ändern

Wenn Sie Ihre Geschwindigkeit verändern wollen, tun Sie dies langsam und gemächlich. Gehen Sie schneller und ziehen Sie ein wenig an der Leine. Wenn Sie langsamer werden, lassen Sie die Leine lockerer. Unterstützen Sie den Wechsel mit Ihrer Stimme (schnalzen und »Sch!«). Ihr Kleiner ist schließlich ein Hund und kein Porsche.

Eine Wendung

Gehen Sie in Ihrem normalen Tempo, geben Sie das Kommando »Bei Fuß!« und machen Sie eine Drehung nach rechts. Sie können Ihrem Welpen die Sache erleichtern, wenn Sie vorher etwas langsamer werden und ihm ein zusätzliches Zeichen geben, vielleicht einen Klaps mit der Hand auf den Oberschenkel. Gehen Sie nur ein paar Schritte, halten Sie an und lassen Sie Ihren Hund sich setzen. Jetzt gibt es aber eine schöne Streicheleinheit für diese Übung. (Stellen Sie sich vor, Sie würden an einer Leine um die Ecken gezogen. Ihr Hund mag das genauso wenig wie Sie!)

Im Alltag bei Fuß

Wenn Ihr Welpe mitkommt, ohne am Halsband zu ziehen, können Sie ihn auch im Alltag bei Fuß gehen lassen. Üben Sie überall:

- ✔ Lassen Sie zu Hause eine kurze Leine am Halsband. Hin und wieder nehmen Sie einfach die Leine auf und üben das Gehen bei Fuß auf dem Weg in ein anderes Zimmer.
- ✔ Üben Sie bei jedem Spaziergang das Gehen bei Fuß. Anfangs reicht es, wenn Sie nur auf einem Viertel der Strecke das Kommando trainieren, im Laufe eines Monats können Sie es auf weite Teile des Spaziergangs ausdehnen.
- ✔ Wenn Sie beide schon Fortgeschrittene sind, können Sie auch auf Parkplätzen oder in der Stadt üben. Es dürfen ruhig noch mehr Leute in der Nähe sein. Nur meiden Sie Menschenmassen. Üben Sie mit ihm auch, an anderen Hunden »Bei Fuß!« vorbeizulaufen. Nicht jeder Hund muss begrüßt werden.

Wenn alles außer Kontrolle zu geraten scheint, bleiben Sie trotzdem ruhig. Wenn Sie »Fuß! Fuß! Fuß!« brüllen und ihn in alle Richtungen an der Leine herumziehen, wird er nur verwirrt und aufgeregt. Vielleicht dauert es einfach noch ein bisschen, bis das Kommando auch in der Öffentlichkeit sitzt.

Denken Sie daran, Ihre Hand schön hinter Ihrem Bein zu lassen (siehe Abbildung 14.5). Wenn Ihre Hand zu weit vorne ist, geht Ihr Hund weiter vorne und Sie führen nicht Ihren Hund, sondern er Sie!

Abbildung 14.5: So halten Sie die Leine richtig!

»Aus!«

Es gibt so ein paar Missverständnisse, was die Verwendung dieses Kommandos angeht, so dass es Hunde oft schwer haben, ihre Menschen richtig zu verstehen:

✔ **Leute brüllen »Aus!«.** Rufen hört sich aber für den Hund wie Bellen an. Sorgt Bellen für Aufregung oder beruhigt es eine Situation eher?

✔ **Leute benutzen »Aus!« in Verbindung mit dem Hundenamen.** (Wahrscheinlich meinen die meisten Hunde, sie heißen »Benaus«, »Kiraaus« oder »Lenaaus«.) Sie sollten den Hundenamen nur dann benutzen, wenn Sie zufrieden sind mit Ihrem Hund, nicht wenn Sie wütend auf ihn sind.

✔ **Leute rufen »Aus!«, wenn schon alles vorbei ist.** Ihr Hund versteht Sie einfach nicht, wenn Sie ihn anbrüllen, wenn er die Wurst schon längst verschlungen hat. Ein »Aus!« im falschen Moment bedeutet nichts, zumindest nichts, was Ihr Hund versteht.

✔ **Leute wiederholen »Aus!« mehrmals hintereinander.** »Ausausaus!« hört sich anders an als »Aus!«.

Was können Sie als Hundebesitzer tun, um zu verhindern, dass Ihr Hund Ärger bekommt, welcher Art auch immer? Glücklicherweise kann ich Ihnen weiterhelfen. Als Erstes müssen Sie Ihrem Welpen beibringen, was »Aus!« bedeutet. Sie müssen Situationen inszenieren, in denen Sie eingreifen können, wenn Ihr Welpe noch dabei ist, darüber nachzudenken, etwas

Verbotenes zu tun. Beginnen Sie mit dem Training im Haus. Wenn es drinnen gut klappt, können Sie die ersten Versuche im Freien machen.

Bitten Sie jemand, im Nachbarzimmer ein Stück Käse auf den Boden zu legen (Käse gehört Ihnen!). Nehmen Sie Ihren Hund an die Trainingsleine und gehen Sie schrittweise vor. Beachten Sie unbedingt das Timing, ein Kommando zur falschen Zeit verwirrt nur.

1. **Lassen Sie Ihren Hund bei Fuß laufen und gehen Sie wie zufällig in Richtung Käse.**
2. **In dem Augenblick, in dem Ihr Hund den Käse bemerkt, rucken Sie an der Leine und sagen »Aus!«.**

Die Gedanken Ihres Hundes können Sie an seinen Ohren ablesen. An den Ohren sehen Sie, wann er den Käse entdeckt und die Reaktion auf Ihr Kommando. Sie müssen in dem Augenblick »Aus!« sagen, in dem er das Verbotene entdeckt.

3. **Gehen Sie weiter, als sei nichts passiert.**

   Denken Sie daran: Sie sind der Big Boss – »Aus!« heißt »Aus!«.

4. **Gehen Sie mehrmals am Käse vorbei, bis Sie sich sicher sind, dass Ihr Welpe verstanden hat, wem der Käse gehört: Ihm nicht!**

Wenn Sie es nicht mögen, »Aus!« zu sagen, können Sie auch jedes andere Wort oder jeden Klang nehmen, der Ihnen besser gefällt. Wichtig ist es, konsequent zu sein und immer das Gleiche zu sagen. Ich benutze »Ep, Ep!«, es hört sich freundlicher an, aber mein Hund weiß genau, was es heißt: »Wage es nicht, Freundchen!«.

Nachdem Sie drinnen fleißig geübt haben, können Sie »Aus!« auch auf einem Spaziergang ausprobieren. Wenn Ihr Welpe einen vorbeikommenden Jogger, einen Kinderwagen oder eine Amsel im Gebüsch wahrnimmt, sagen Sie genauso »Aus!« wie in der Übung mit dem Käse. Machen Sie noch einen Schritt in die entgegengesetzte Richtung, um den Ruck an der Leine zu unterstützen. Loben Sie Ihren Hund, dass er es geschafft hat, sich auf Sie statt auf die interessante Amsel zu konzentrieren.

»Bleib!«

Wer träumt nicht von einem Hund, der jederzeit auf Kommando auf der Stelle verharrt. Ehrlich gesagt, weiß ich gar nicht, warum es so oft nicht klappt. Vielleicht haben wir es immer zu eilig. »Bleib!« lässt sich nicht an einem Tag erlernen. Versprechen Sie mir eins: Lassen Sie sich Zeit mit diesem Kommando! Wenn Sie Schritt für Schritt üben, werden Sie es schaffen.

So bereiten Sie die erste Übungseinheit vor:

1. **Gehen Sie mit Ihrem Welpen in einen ruhigen Raum.**

   Kein Fernseher. Keine Kinder. Keine Katzen. Nur Sie und Ihr Hund.

2. **Ziehen Sie Ihrem Hund das Trainingshalsband an (siehe Kapitel 5). Schieben Sie das Halsband weit nach oben Richtung Kopf. Den Ring des Halsbandes zur Befestigung der Leine legen Sie zwischen die Hundeohren.**

3. Nehmen Sie die Leine in die linke Hand und halten Sie sie auf Hüfthöhe.

4. Lassen Sie Ihren Welpen seitlich etwas hinter Ihnen stehen.

Jetzt können Sie mit der ersten Stunde anfangen. Wiederholen Sie die Übung sechs Mal, nicht mehr und nicht weniger. Beachten Sie dabei folgende Regeln:

✔ Schauen Sie Ihrem Hund während der Übung nicht in die Augen, das schüchtert ihn ein, gucken Sie lieber knapp über den Kopf hinweg.

✔ Stellen Sie sich aufrecht hin. Gebückt sehen Sie aus, als ob Sie spielen wollten.

✔ Stellen Sie sich direkt neben Ihren Hund, etwas 20 cm Abstand sind ausreichend. Dann ist die Kommunikation besser.

✔ Versuchen Sie, während der Übung die Leine gerade über dem Hundekopf zu halten. Sollte Ihr Hund »Bleib!« mit »Los!« verwechseln, können Sie direkt korrigieren.

✔ Bleiben Sie mal länger, mal kürzer vor Ihrem Hund stehen. Wenn die Dauer der Übung immer gleich ist, hört Ihr Hund auf, sobald diese Zeit abgelaufen ist. Schließlich will er Ihnen ja gefallen und alles richtig machen.

✔ Streicheln Sie Ihren Hund erst nach der Übung; Streicheln signalisiert Spiel und Feierabend. Es fällt ihm danach schwerer, sich wieder zu konzentrieren.

Lesen Sie sich die folgenden Schritte durch, nehmen Sie die richtige Position ein und los geht es:

1. **Geben Sie das Kommando »Sitz!« und stellen Sie sich neben Ihren Hund!**

2. **Während Sie das Kommando »Bleib!« geben, fahren Sie einmal mit der flachen Hand vor der Nase Ihres Hundes entlang. Geben Sie dieses Signal noch einmal und machen Sie fünf Sekunden Pause.**

3. **Geben Sie das Kommando »Weiter!«, lassen Sie Ihren Arm nach vorne schwingen und verändern Sie Ihre Position. So geben Sie Ihrem Hund das Signal, dass die Übung abgeschlossen ist.**

4. **Und noch einmal. Geben Sie erst das Kommando »Sitz!«, dann »Bleib!«. Dieses Mal gehen Sie, nachdem Sie die Kommandos gegeben haben, vor Ihren Hund, bleiben dort zehn Sekunden stehen und gehen dann wieder in die Ausgangssituation neben ihm. Sagen Sie wieder »Weiter!« als Signal, dass die Übung vorbei ist.**

5. **Und noch einmal. Nach dem »Bleib!« stellen Sie sich wieder vor Ihren Welpen. Und jetzt gehen Sie los.**

   Ja, richtig gelesen, gehen Sie. Zunächst langsam und bedächtig. Wenn Ihr Welpe still hält, werden Sie schneller und die Bewegungen ausholender.

6. **Wieder von vorn. Geben Sie das Kommando »Bleib!«, gehen Sie vor Ihren Hund und machen Sie eine Pause. Nun hüpfen Sie hoch und rudern mit den Armen.**

   Bewegen Sie sich zunächst langsam und vorsichtig. Werden Sie dann schneller, machen Sie ruhig ein paar Geräusche.

7. **Drehen Sie sich und bellen Sie Ihren Hund an. Gehen Sie wieder in die Ausgangsposition neben Ihren Hund und lassen Sie ihn gehen.**

   Denken Sie daran, Ihren Hund nicht anzustarren, gucken Sie weiter über seinen Kopf. Sie können auch miauen, wenn Sie meinen, er kann damit umgehen.

8. **Geben Sie wieder von der Ausgangsposition aus das Kommando »Bleib!«, stellen Sie sich vor Ihren Hund und bleiben Sie dort 30 Sekunden stehen.**

   Stellen Sie sich aufrecht hin, entspannen Sie Ihre Schultern und halten Sie die Leine über den Kopf Ihres Hundes; 30 Sekunden sind ganz schön lang, er könnte einen Satz zu Ihnen machen.

9. **Wenn die halbe Minute vorbei ist, gehen Sie wieder neben Ihren Hund und bleiben dort noch einen Augenblick stehen. Entlassen Sie ihn dann mit einem »Weiter!«.**

10. **Jetzt ist es aber wirklich Zeit für eine liebevolle Umarmung nach so einer anstrengenden Übung.**

Gehen Sie die Schritte 1 bis 10 zweimal täglich durch, und zwar so lange, bis Ihr Welpe die Übung beherrscht.

Jetzt sind Sie bereit für die Fortgeschrittenenversion mit den drei As: Ablenkung, Ausdauer und Abstand:

- ✔ **Ablenkung:** Marschieren Sie im Stechschritt, bauen Sie akrobatische Einlagen ein, laufen Sie um Ihren Hund herum und kreischen Sie wie ein Affe. Können Sie das alles machen, ohne Ihren Welpen dazu zu verführen, seinen Platz zu verlassen?

  Sie fragen sich, warum Sie sich vor Ihren Hund zum Affen machen sollen? Es gibt Situationen, in denen Sie froh sein werden, wenn Ihr Hund auf Kommando auf seinem Platz bleibt, ohne sich zu rühren, während um ihn herum das Chaos tobt.

- ✔ **Ausdauer:** Bleiben Sie statt 30 Sekunden zwei Minuten vor Ihrem Hund stehen.

- ✔ **Abstand:** Gehen Sie einen Schritt weiter weg von Ihrem Hund. Und noch einen. Und noch einen. Wenn es gut klappt, entfernen Sie sich immer mehr und nehmen die anderen beiden As mit dazu.

Herzlichen Glückwunsch und willkommen in der Profi-Liga!

»Komm!«

Jetzt kommen wir zum gebräuchlichsten Kommando. Aber gehen Sie erst einmal in sich. Sagen Sie manchmal »Komm!« mehrmals hintereinander? Schreien Sie es manchmal? Sind Sie schon mit einem Leckerli in der Hand hinter Ihrem Hund her gerannt und haben dabei »Kommkommkommkomm!« gerufen? Wenn es so ist, wundern Sie sich nicht, dass Sie bisher vielleicht noch nicht so erfolgreich waren. Ihr Hund meint »Komm!« bedeutet Ungehorsam oder Spielbeginn. Aber noch können Sie es wieder richten, nur müssen Sie Zeit, Konsequenz, Regelmäßigkeit, Geduld und viel Lob investieren. Lesen Sie weiter!

Handsignale helfen Ihrem Welpen, sich zu konzentrieren

Wenn Sie Ihrem Hund Handsignale beibringen, helfen Sie ihm, sich auf Sie zu konzentrieren. Geben Sie das Handsignal vor dem Gesicht Ihres Hundes, dann können Sie seine Aufmerksamkeit gut auf sich lenken. Hier sind drei einfache Handsignale:

✔ **Sitz!** Zeigen Sie mit Ihrem Zeigefinger auf die Nase Ihres Hundes.

✔ **Bleib!** Fahren Sie mit der flachen Hand einmal vor der Nase Ihres Hundes entlang (als wollten Sie ihm den Weg abschneiden).

✔ **Weiter!** Machen Sie mit Ihrer rechten Hand eine schwungvolle Bewegung von der Hundenase weg nach vorne (der Weg wird wieder freigegeben). »Weiter!« bedeutet so viel wie »Gut gemacht!« und beendet das vorher gegebene Kommando.

Die Bedeutung des Kommandos »Komm!«

Als Erstes müssen Sie Ihrem Hund beibringen, was das Kommando »Komm!« genau bedeutet. Wenn Sie es dann später als Kommando über eine räumliche Distanz anwenden, wird Ihr Hund von alleine kommen, um die richtige Position einzunehmen.

Das Kommando bedeutet, dass Ihr Hund vor Ihnen ist und zu Ihnen aufschaut. Um Ihrem Hund das beizubringen, gehen Sie schrittweise vor:

1. **Stellen Sie sich gegenüber von Ihrem Hund auf. Er soll dabei ruhig stehen.**
2. **Stellen Sie sich gerade hin und geben Sie das Kommando »Ben, komm!«. Führen Sie dabei Ihren Zeigefinger von seiner Nase an Ihrem Bauch entlang zu Ihren Augen.**

   Ein kleines Geräusch wie mit der Zunge schnalzen erhöht seine Aufmerksamkeit.
3. **Wenn er zwar schaut, aber nicht sitzt, helfen Sie ihm in die richtige Position.**

   Ziehen Sie sein Halsband etwas nach oben und drücken Sie ihn mit den Fingern sanft hinter seinen Rippen seitlich der Wirbelsäule nach unten. Drücken Sie nicht auf sein Hinterteil (manche Hunde lieben das), vermeiden Sie ruckartige Bewegungen und sagen Sie kein Kommando dazu. Er soll ja das Kommando »Komm!« lernen.
4. **Wenn Ihr Hund sitzt und sie anschaut, ist es geschafft. Ein Lob!**

Wiederholen Sie die Übung immer mal wieder, wenn Sie etwas Gutes haben, um es Ihrem Hund zu geben: die Futterschüssel, eine Streicheleinheit, ein Stück Apfel oder ein Spielzeug. Ihr Hund sollte das Kommando mit etwas Positivem verbinden.

Üben mit etwas Abstand

Ihr Hund hat verstanden, dass »Komm!« einen bestimmten Punkt in Ihrer unmittelbaren Nähe, an dem er sitzt und Sie anschaut, bedeutet? Gut, dann können Sie jetzt etwas Abstand zwischen sich bringen. (Lassen Sie ihn bitte noch an der Leine, haben Sie etwas Geduld!)

Üben Sie in ruhiger Umgebung, am besten drinnen. Kein Fernseher, keine Kinder und keine anderen Geräusche sollten für Ablenkung sorgen. Die Übungsstunde sollte kurz sein und darf ruhig Spaß machen.

Legen Sie Ihrem Hund die Leine an und dann Schritt für Schritt vorgehen:

1. **Üben Sie dreimal hintereinander »Sitz! Bleib!«. Stellen Sie sich dann wieder neben Ihren Hund und entlassen Sie ihn mit »Weiter!«.**
2. **Geben Sie ihm wieder das Kommando »Bleib!« und gehen Sie dann an das Ende der Leine.**
3. **Warten Sie! (Jedes Mal unterschiedlich lang.)**
4. **Rufen Sie »Ben, komm!« mit Ihrer Kommandostimme. Machen Sie dabei eine rasche Armbewegung zu Ihrem Körper.**
5. **Im gleichen Augenblick, in dem Sie das Kommando geben, rucken Sie kurz an der Leine und gehen einen Schritt zurück.**
6. **Sobald Ihr Hund bei Ihnen ist, führen Sie Ihren Zeigefinger von der Hundenase wieder an Ihrem Bauch entlang zu Ihren Augen und klopfen mit einem Fuß auf den Boden.**
7. **Um die Aufforderung zum Augenkontakt noch zu unterstützen, können Sie wieder ein kleines Geräusch machen.**
8. **Entlassen Sie ihn mit dem Kommando »Weiter!«. So ein braver Hund!**

Üben Sie immer drei Mal hintereinander. Mehr kann zu viel sein.

Leiten Sie die »Komm!«-Übung immer mit einigen »Sitz! Bleib!«-Kombinationen ein. Sonst kommt ihr Hund schon angelaufen, bevor Sie das Kommando gegeben haben. Er will so gerne alles richtig machen!

Üben mit Ablenkung

Wenn Ihr Hund voller Freude zu Ihnen kommt, sobald er das Kommando hört, haben Sie es sehr gut gemacht. Jetzt können Sie ein paar Ablenkungen einbauen. Üben Sie, während in der Ecke der Fernseher läuft, wenn die Kinder daneben sitzen und malen, wenn die Kinder daneben spielen, üben Sie während des Essens. Vergrößern Sie den Abstand zwischen sich und dem Hund. Sie können auch eine Flexi-Leine (Kapitel 5) verwenden und in der Garage oder auf dem Flur üben.

Je mehr Ablenkung um Sie ist, umso schwerer ist es für Ihren Hund, sich auf Sie zu konzentrieren. Die meisten Hunde versuchen, sich auf den Chef *und* die interessanten Dinge in der Umgebung zu konzentrieren, das kann nicht funktionieren. Wenn Sie merken, dass Ihr Welpe zwischen beidem hin und her gerissen ist, sagen Sie »Nein!« und rucken an der Leine. Loben Sie ihn, wenn er sich wieder voll auf Sie konzentriert.

Vielen Hunden fällt es wirklich schwer, sich nicht von allem und jedem ablenken zu lassen, sondern allein Augen für Sie zu haben. Bleiben Sie hartnäckig. Machen Sie Ihrem Hund klar, dass es nur eine akzeptable Art gibt, das Kommando »Komm!« zu befolgen: herkommen, sich vor Sie setzen und Sie anschauen. Üben Sie in einem ruhigen Raum. Loben Sie Ihren Hund überschwänglich bei jedem Erfolg. Jetzt probieren Sie die Sache noch einmal bei laufendem Fernseher:

1. **Geben Sie das Kommando »Bleib!«.**
2. **Warten Sie mindestens eine Minute (das erhöht die Anspannung).**
3. **Mit einer ausladenden Handbewegung und einer tiefen, autoritären Kommandostimme rufen Sie Ihren Hund zu sich: »Ben, komm!«**
4. **Unterstützen Sie ihn mit Ihrem Zeigefinger, Ihnen in die Augen zu sehen.**
5. **Wenn er es schafft, den Fernseher nicht zu beachten, loben Sie ihn. Wenn nicht, treten Sie vom Fernseher weg, sagen »Nein!« und rucken an der Leine.**
6. **Auch wenn die Konzentration auf Sie nur kurz ist, strengen Sie sich an, den Augenblick zu erwischen und loben Sie Ihren Hund.**

Für Ihren Hund ist es unglaublich schwer, sich trotz Ablenkung auf Sie zu konzentrieren. Schrauben Sie die Anforderung nur langsam hoch. Wenn Ihr Hund überfordert ist, nehmen Sie die Geräuschkulisse wieder etwas zurück. Denken Sie daran: Sie üben, Sie veranstalten kein Wettrennen. Und lassen Sie sich nicht frustrieren: Frustration macht alle Begeisterung zunichte.

Benutzen Sie das Kommando »Komm!« zweimal täglich in den folgenden Situationen (Sie können die Liste natürlich um weitere Situationen ergänzen, aber verwenden Sie das Kommando trotzdem nur zweimal am Tag): wenn Ihr Welpe auf einem Spaziergang abgelenkt wird, während des täglichen Trainings oder beim Laufen an der Flexi-Leine, wenn Ihr Hund aus einem Schläfchen erwacht, wenn Sie ihn aus dem Auto rufen möchten oder wenn jemand aus der Nachbarschaft gerade am Grundstück vorbeigeht.

Was geht und was nicht geht

Beachten Sie beim Üben des Kommandos »Komm!« ein paar Grundsätze:

✔ **Verwenden Sie es sparsam.** Wenn Sie dauern »Komm!« rufen, schenkt Ihr Hund Ihnen bald keine Aufmerksamkeit mehr.

Wenn Ihr Hund das Kommando einmal verstanden hat, vermeiden Sie, es ständig zu benutzen. Benutzen Sie es unregelmäßig und machen Sie es für Ihren Hund zu einer lohnenden Sache zu gehorchen. Vernachlässigen Sie die übrigen Kommandos nicht: »Bring es her!«, um ihn ein Spielzeug bringen zu lassen, »Auf geht's!«, wenn Sie mit ihm losgehen wollen oder »Bei Fuß!«, wenn er an Ihrer Seite bleiben soll.

✔ **Jagen Sie Ihrem Hund nicht hinterher, wenn er nicht auf Sie hört.** Lassen Sie Ihren Hund an der Leine.

- **Rufen Sie ihn nicht für unangenehme Dinge zu sich.** Wenn Sie Ihren Hund baden, bürsten oder in die Box setzen wollen, rufen Sie ihn nicht mit »Komm!« zu sich. Rufen Sie ihn auch nicht, wenn Sie wütend sind. Das erschreckt Ihren Hund nur.
- **Rufen Sie Ihrem Welpen nicht mehrmals hinterher.** Ich weiß, wie schrecklich es ist, durch eine kalte, regnerische Nacht zu stapfen und einen kleinen Hund zwischen den Hecken und Mülltonnen zu suchen. Aber mehrmals zu rufen, verwässert die Bedeutung des Kommandos. Und wenn Sie mit Ihrem Hund schimpfen, wenn er wieder da ist, wird er daraus lernen, dass es besser ist, nicht zu kommen.
- **Verwenden Sie ein anderes Kommando, um Ihren Hund ins Haus zu holen.** Wieder in die Wohnung zu gehen, bedeutet das Ende von Spiel und Spaß, fast so schlimm wie alleine zu sein. Verknüpfen Sie das Kommando »Komm!« nicht mit unangenehmen Erfahrungen und sagen Sie liebe »Hinein mit dir!«, wenn Sie ins Haus gehen. Anfangs legen Sie Ihrem Hund dazu vielleicht die Leine an.

»Steh und bleib!«

Dieses Kommando ist eine praktische Sache, wenn Sie dreckige Hundepfoten sauber machen müssen oder wenn Sie Ihrem Hund Zecken entfernen müssen. Es ist gar nicht so schwer beizubringen:

1. **Knien Sie sich neben Ihren Hund.**
2. **Legen Sie Ihre rechte Hand auf das Halsband.**
3. **Legen Sie Ihre linke Hand unter den Bauch Ihres Hundes.**
4. **Geben Sie das Kommando »Steh und bleib!«, während Sie Ihren Hund in die richtige Position bringen.**
5. **Entspannen Sie die rechte Hand und schieben Sie die linke Hand nach hinten, bis Sie zum Oberschenkel kommen.**
6. **Halten Sie 2, 3, 4, 5 Sekunden inne – und lassen Sie ihn dann mit einem »Weiter!« gehen.**
7. **Verlängern Sie die Übung schrittweise bis zu einer Minute.**
8. **Wiederholen Sie die Schritte 2 bis 7 im Stehen.**

   Sobald Ihr Hund still stehen kann, machen Sie weiter mit dem nächsten Schritt.
9. **Bringen Sie Ihren Hund in die richtige Ausgangsposition.**
10. **Geben Sie das Kommando »Steh und bleib!« und ziehen Sie Ihre linke Hand weg.**
11. **Wenn es so weit gut geklappt hat, ziehen Sie beim nächsten Mal auch die rechte Hand weg.**

    Erinnern Sie Ihren Hund hin und wieder mit einem »Bleib!« daran, dass Sie noch nicht fertig sind.

Wenn Ihr Hund die Übung begriffen hat, wenden Sie das Kommando immer an, wenn es notwendig ist. Ihr Hund hat den halben Wald an den Pfoten hängen? Geben Sie ihm das Kommando »Steh und bleib!«. Natürlich wird er hin und wieder ungeduldig werden, sagen Sie »Schsch!«, um ihm die Sache zu erleichtern. Es gibt viele Gelegenheiten zum Üben, das tägliche Bürsten ist nur eine.

Die Pubertät: 6 bis 9 Monate

In diesem Alter gibt es zwei miteinander streitende Impulse im Herzen Ihres Hundes: Einerseits möchte er Ihnen gefallen, andererseits möchte er auch immer wieder ausprobieren, ob Sie auch wirklich halten, was Sie versprechen. Nehmen Sie es nicht persönlich. Sobald Ihr Welpe verstanden hat: »Big Boss bleibt Big Boss!«, haben Sie die Sache im Griff. Hier noch ein paar Spielregeln:

- ✔ **Bleiben Sie ruhig.** Lassen Sie es sich nicht anmerken, wenn Sie ärgerlich oder frustriert sind. Alle Teenager, egal welcher Spezies, genießen es, Sie wahnsinnig zu machen.
- ✔ **Lassen Sie es nicht zu, dass Ihr Hund Sie ignoriert.** Wenn Ihr Hund an der Leine ist und nicht gehorcht, verleihen Sie Ihren Forderungen Nachdruck. Wenn er frei läuft und Sie ignoriert, drehen Sie den Spieß um, ignorieren Sie ihn und gehen Sie. Ein würdevoller Abgang kann kein Fehler sein. Natürlich nicht neben einer Hauptverkehrsstraße!
- ✔ **Setzen Sie Grenzen.** Bringen Sie ihm die Bedeutung des Kommandos »Aus!« bei. Details hierzu finden Sie im betreffenden Abschnitt weiter hinten in diesem Kapitel.

Mit Ihrem pubertierenden Welpen richtig kommunizieren

Um Ihrem Hund eine Chance zu geben, Sie trotz Pubertät zu verstehen, müssen Sie einiges im Hinterkopf behalten:

Gewinnen Sie Abstand. Abstand zu gewinnen klingt eher nach Meditationsübung als nach Hundeerziehung. Einatmen – ausatmen. Gewinnen Sie Abstand von Ihrem Hund. Nehmen Sie sein Verhalten nicht persönlich. Sie denken vielleicht, Sie haben Ihre Zeit mit Hundeerziehung vergeudet, aber glauben Sie mir: Die Welpenzeit erfordert Geduld und Durchhaltvermögen.

Bleiben Sie ruhig. Auch wenn um Sie herum das Chaos in Form Ihres Hundes tobt. Ihr Hund hat gewonnen, wenn er merkt, dass Sie sich aufregen oder angespannt sind. Dann übernimmt er das Kommando.

Denken Sie an die Bedeutung des Blickkontakts. Welpen in diesem Alter stellen gerne die Machtfrage. Achten Sie darauf, dass Sie nicht mehr nach Ihrem Hund gucken als er nach Ihnen. Ignorieren Sie seine Versuche, Ihre Aufmerksamkeit auf ihn zu lenken. Belohnen Sie ihn mit Aufmerksamkeit, wenn er nicht damit rechnet.

Gehen Sie einen Schritt zurück. Auch wenn Sie Ihren Welpen schon erfolgreich frei laufen lassen konnten, nehmen Sie ihn ruhig wieder an die Leine, wenn er müde ist oder von der Umgebung abgelenkt wird.

Denken Sie an Plan B. In außergewöhnlichen Situationen (Besuch an der Tür, Kindergeburtstag) neigen Hunde zu vorübergehender Taubheit. Wenn Ihre Kommandos überhört werden, denken Sie an Plan B, er wird im nächsten Abschnitt beschrieben.

Alltagsprobleme bewältigen

Manche Probleme tauchen auf – oder tauchen wieder auf –, wenn Ihr Hund pubertiert. Plötzlich müssen Gäste an der Tür umgerannt werden oder jedes offen stehende Fenster wird zur Flucht genutzt. Im Folgenden ein paar Vorschläge von mir für die Katastrophen des Alltags:

Stürmische Begrüßung

Bitten Sie Ihre Gäste, den Hund zu ignorieren, bis er sich beruhigt hat. Plan B kann sein, ihn in einer Ecke des Flurs anzubinden, ihn mit der Trainingsleine bei sich zu behalten oder ihn in die Hundebox zu setzen. Lassen Sie ihn wieder frei, wenn er sich beruhigt hat.

Beutezug

Wenn Ihr Welpe Ihnen etwas geklaut hat, ist es sinnvoller, das Zimmer zu verlassen und die Tür hinter sich zu schließen. In dem Alter sind junge Hunde mehr am Spielen interessiert als am Herumkauen. Wenn Sie ihn ignorieren, ist das Spiel gleich viel langweiliger.

Oder gehen Sie doch gleich ganz: Ziehen Sie sich die Jacke an, nehmen Sie Ihren Schlüssel, schon wird er lieber mitkommen wollen, als sich mit Ihren Socken zu beschäftigen. Ein oder zwei Minuten frische Luft reichen aus, um Ihren Trick zu verschleiern.

Die letzte Möglichkeit ist es, Ihren Hund ohne Kommandos oder Blickkontakt zu verfolgen, bis er Ihnen in einer Ecke nicht mehr ausweichen kann. Nehmen Sie ihm die Beute ab, indem Sie mit dem Oberkiefergriff sein Maul öffnen (siehe hierzu weiter vorn in diesem Kapitel) und dabei »Gib!« sagen.

Die wilde Hatz

Lassen Sie Ihren Welpen nicht unkontrolliert frei herumlaufen. Weglaufen ist nicht nur ärgerlich, sondern auch gefährlich. Wenn es doch einmal passiert, denken Sie an Plan B:

- ✔ Geben Sie ein- oder zweimal das Kommando »Komm!«. Verlieren Sie nicht die Nerven, wenn er nicht hört.
- ✔ Rennen Sie wie ein Wahnsinniger herum, schreien Sie, rudern Sie mit den Armen, aber nehmen Sie keinen Blickkontakt auf und geben Sie keine Kommandos. Lassen Sie sich auf den Boden fallen, hüpfen Sie. Viele Hunde finden das so interessant und irritierend, dass sie gleich kommen.
- ✔ Springen Sie in Ihr Auto und lassen Sie den Motor an, kein Welpe will ausgesetzt werden.

✔ Wenn nichts hilft, versuchen Sie, ihm zu folgen. Schreien Sie nicht, wiederholen Sie Ihr Kommando erst dann, wenn er seine Aufmerksamkeit wieder Ihnen zuwenden kann.

Schimpfen Sie nicht mit Ihrem Hund, wenn Sie ihn wiederhaben. Sonst wird er das nächste Mal gar nicht kommen, wenn Sie sich nicht freuen, ihn zu sehen. Locken Sie ihn nicht mit Leckerli. Damit belohnen Sie ihn für seinen Ungehorsam.

Die fünf wichtigsten Kommandos

Natürlich sollten Sie *alle* Kommandos, die Sie bisher geübt haben, weiter trainieren. Aber das sind die fünf wichtigsten, sie sollten am häufigsten geübt werden.

»Bei Fuß!«

Üben Sie dieses Kommando immer wieder, um Ihren Welpen beim Spaziergang neben sich zu halten. Aber Sie können das Kommando auch nutzen, um ihn an Ihre Seite zu rufen:

1. **Nehmen Sie ihn an die Leine und lassen Sie ihn vor sich laufen.**
2. **Rufen Sie plötzlich seinen Namen und »Fuß!«. Klatschen Sie gleichzeitig auf Ihren linken Oberschenkel.**
3. **Bringen Sie ihn durch den Zug an der Leine an Ihre Seite.**

   Führen Sie ihn im Bogen an Ihrer linken Seite oder sogar hinter Ihrem Rücken lang auf Ihre rechte Seite. Bevor Sie ihn gehen lassen, muss er sich setzen.

Wenn Ihr Hund dieses besondere »Fuß!« mit dem Klatscher auf den Oberschenkel gelernt hat, können Sie ihm beibringen, sich trotz Ablenkungen neben Sie zu setzen. Üben Sie erst mit der Leine. Wie das Kommando »Komm!« sollte auch dieses Kommando immer mit etwas Positivem verbunden sein. Ihr Hund soll gerne zu Ihnen kommen.

»Sitz!«

Fordern Sie Ihren Welpen immer wieder in verschiedenen Situationen auf, »Sitz!« zu machen. Das Kommando soll nur einmal gegeben werden, wenn er nicht hört, rucken Sie kurz an Halsband oder Leine und wiederholen das Kommando ein Mal. Gehorcht er immer noch nicht, bringen Sie ihn mit Nachdruck in die richtige Position.

»Platz!«

Üben Sie auch dieses Kommando immer wieder, auch wenn Ihr Welpe davon nicht sonderlich begeistert ist. Stellen Sie einen Fuß auf die Leine und zeigen Sie auf den Boden, während Sie das Kommando geben. Sie können gleichzeitig die Leine unter Ihrem Fuß entlang nach oben ziehen und so den Hund nach unten. Wenn er sich weiter stur stellt, drücken Sie ihn mit der Hand nach unten (siehe Abbildung 14.6). Herumrollen auf dem Fußboden oder Knabbern an

Leine oder Schuhsohlen sollten Sie ignorieren. Erklären Sie die Übung erst dann für beendet, wenn er sich ruhig verhält.

Wenn Ihr Hund einmal angefangen hat, das Kommando zu verstehen und es befolgt, können Sie es im Alltag gut einüben. Stellen Sie den Futternapf auf den Boden, decken Sie ihn mit der Hand ab. Das Futter wird erst freigegeben, wenn Ihr Welpe auf Kommando »Platz!« macht. Ebenso können Sie es mit Spielzeug oder Leckerli machen.

»Stopp!«

Dieses Kommando bedeutet, dass Ihr Welpe in seiner Bewegung innehalten soll und Sie vorausgehen lässt. Eine praktische Sache, wenn Sie durch enge Türen gehen oder ins Auto einsteigen wollen! Aber auch beim Betreten von belebten Räumen, wie das Wartezimmer beim Tierarzt oder bei einer Party, können Sie das Kommando gut anwenden, um Ihren Hund auf sich zu fokussieren. Wenn Sie mit Ihrem Hund die Situationen, die weiter vorn in diesem Kapitel im Abschnitt »Stopp und weiter!« beschrieben sind, bereits beherrschen, können Sie mit der normalen Leine oder der Flexi-Leine Folgendes üben:

1. **Geben Sie während des Spaziergangs das Kommando »Stopp!« und halten Sie dabei an.**
2. **Wenn Ihr Welpe nicht anhält, ziehen Sie die Leine zurück.**
3. **Entlassen Sie ihn mit »Weiter!«.**

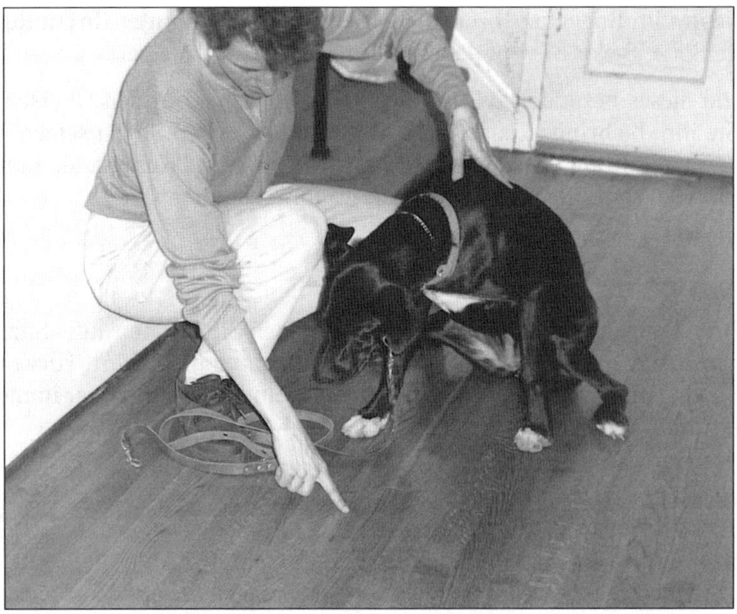

Abbildung 14.6: Wenn Ihr Welpe noch nicht »Platz!« machen will, unterstützen Sie Ihr Kommando nicht nur mit einem Handzeichen, sondern bringen ihn auch mit der anderen Hand in die richtige Position. Die Leine ist unter dem Fuß fixiert.

»Aus!«

Auch dieses Kommando haben wir schon in vorherigen Abschnitten besprochen. Sobald Ihr Hund in Übungssituationen das Kommando versteht, üben Sie im Alltag. Wenden Sie das Kommando an, wenn Sie anderen Hunden, Fahrradfahrern oder sonstigen Verlockungen des Lebens begegnen. Ziehen Sie die Leine ruckartig zurück und geben Sie das Kommando mit autoritärer Kommandostimme.

Teenager testen Grenzen: 9 bis 12 Monate

Während der vorhergehenden Entwicklungsstufen Ihres Hundes habe ich Ihnen immer empfohlen, sanfte Erziehungsmethoden zu wählen. Mittlerweile ist Ihr Welpe ein Teenager geworden und er weiß, dass Sie nicht mit allem einverstanden sind, was er macht. Ihr Hund probiert aus, ob Sie immer genau dasselbe meinen, wenn Sie ein bestimmtes Kommando geben oder ob da nicht vielleicht doch ein bisschen Spielraum ist.

Bisher haben Sie Ihrem Hund beigebracht, was Sie genau mit einem Kommando meinen, jetzt weiß es Ihr Hund. Jedes Mal, wenn er nicht gehorcht oder das Kommando nicht exakt ausführt, stellt er Ihre Autorität in Frage. Wenn Sie Ihr Kommando dann jedes Mal wiederholen oder ihn in die richtige Position bringen, lernt er nicht, es selbst zu machen.

Zwei Dinge werden vorausgesetzt:

- ✔ Legen Sie fest, was Sie erreichen wollen, wenn Sie ein bestimmtes Kommando geben.
- ✔ Ziehen Sie es durch. Wenn Ihre Erwartungen schwammig sind, bleibt auch die Reaktion Ihres Hundes schwammig.

Wiederholen Sie Kommandos nicht und korrigieren Sie Ihren Hund nicht. Wenn er nicht gehorcht, nehmen Sie die Leine, rucken so kräftig wie notwendig daran und sagen »Aus!«. Wenn er immer noch nicht reagiert, überprüfen Sie Ihre Ausstrahlung: Körperhaltung, Stimme, alles stark und klar genug? Wenn es trotz Nachbesserungen nicht klappt, legen Sie Ihren Hund ohne Lob auf seinem Platz ab.

Wenn Ihr Hund Kommandos nur halb ausführt, mehr vor Ihnen läuft statt bei Fuß, beim Platzmachen immer halb in der Sitzposition ist usw., testet er Sie aus. Ihn dann voller Verständnis und Güte in die richtige Haltung zu bringen, ist falsche Aufmerksamkeit für seinen Ungehorsam. Rucken Sie hart an der Leine, sagen Sie deutlich »Aus!« und ziehen Sie ihn mit der Leine auf die richtige Stelle. Das klappt vielleicht nicht auf Anhieb und Ihr geliebter Hund wird nicht wirklich begeistert von Ihnen sein, aber wenn Sie jetzt nicht hart bleiben, werden Sie es in Zukunft kaum wagen können, ihn von der Leine zu lassen. (In Kapitel 17 finden Sie Informationen zum Training ohne Leine.)

Jetzt reicht's: Das ertrage ich nicht!

15

In diesem Kapitel

- Der Umgang mit einem aggressiven Hund
- Verschiedene Verhaltensprobleme
- Angst als spezielles Verhaltensproblem

Welches Verhalten dulden Sie nicht? Sicherlich Aggression. Zwar gehört ein gewisses Maß an Aggression zum normalen Hundeverhalten dazu, aber die Grenze ist schnell erreicht, ab der wir Menschen nicht mehr bereit sind, Aggression zu tolerieren. Andere Verhaltensweisen sind Kotfressen, Fressen von Unverdaulichem, weitreichende Ausgrabungsaktivitäten oder Pinkeln vor Freude und Aufregung oder zur Unterwerfung. Viele Verhaltensprobleme werden durch Ängste verursacht. Unklare Machtverhältnisse zu Hause können Ängste auslösen, manche Welpen sind aber auch einfach etwas sensibler als andere.

Der Umgang mit Aggression

Das Wort *Aggression* löst bei den meisten Hundebesitzern schon Beklemmungen aus. Niemand möchte einen aggressiven Hund, ein dunkles Knurren ist schon beängstigend. Aber auch ein gutmütiger Hund kann sich einmal überfordert fühlen oder meinen, sich verteidigen zu müssen.

Denken wir immer daran, dass ein Hund kein Mensch ist und deswegen seine Gefühle nicht in Worte kleiden kann. Hunde kommunizieren über Laute, Blickkontakt und Körpersprache. Wir können unserem Ärger mit Worten Luft machen, ein Hund knurrt. Je nachdem, wie Sie mit diesem Verhalten umgehen, wird Ihr Hund lernen, mit Gefühlen umzugehen.

Aggression ist ein ernstes Thema. Immer wieder hören wir von Hunden, die Menschen angreifen und schwer verletzen oder sogar töten, scheinbar allein aus Aggression. Wenn Sie mit Ihrem Hund ein Problem haben, weil er aggressiv ist, suchen Sie sich Hilfe bei einem erfahrenen Hundetrainer oder Verhaltenstherapeuten. Vielleicht kann Ihr Tierarzt Ihnen einen Tipp geben. Meine Empfehlungen sind Empfehlungen, nicht weniger, aber auch nicht mehr.

Wenn Ihr Welpe jemanden gebissen hat, besteht immer die Möglichkeit, dass er es wieder tut. Ihre einzige Möglichkeit ist, zu versuchen, dass Problem zu lösen. Denken Sie daran, dass es höchst unverantwortlich ist, einen bissigen Hund abzugeben, ohne sicherzustellen, dass der neue Besitzer das Problem kennt und damit umgehen kann.

Wie ernst ist das Problem?

Um herauszufinden, wie ernst das Problem ist, legen Sie sich eine Liste an:

Rasse: Haben Sie einen Terrier oder einen Schlittenhund? Manche Rassen neigen eher dazu, ihre Futterschüssel mit einem lauten Knurren zu verteidigen als andere. Ein 17 Wochen alter Golden Retriever, der Sie anknurrt, wenn Sie ihm seinen Knochen wegnehmen, ist sicher ungewöhnlicher als ein gleichaltriger Rottweiler. Keiner von beiden sollte knurren, aber während Sie bei einem Rottweiler eher mit einem solchen Verhalten rechnen müssen, kann bei einem knurrenden Retriever ein tiefere Störung zu Grunde liegen. Informieren Sie sich über die Rasse Ihres Hundes und das rassetypische Verhalten, damit Sie von Anfang an richtig mit ihm umgehen.

Die Zeit, die Sie jetzt in die Erziehung Ihres Hundes stecken, wird sich später auszahlen! Beschäftigen Sie sich mit seinen Schwächen und Stärken!

Alter: Ein Welpe unter 20 Wochen sollte außer im Spiel überhaupt keine Aggressivität zeigen. Mit 20 Wochen fängt der Hund an, Geschlechtshormone zu produzieren. In diesem Kapitel werde ich Ihnen einiges dazu erklären. Tiefes Knurren oder Fixieren mit starrem Blick sollten Sie bei Ihrem Hund nie erleben, ansonsten brauchen Sie Hilfe von einem Hundetrainer.

Temperament: Meist sind dickköpfige Hunde aggressiv. Sie wollen wissen, wer der Chef zu Hause ist. Wenn Sie diese Rolle nicht ausfüllen, macht es Ihr Hund. Wenn er älter wird, wird er knurren oder schnappen, um sein Rudel immer wieder in seine Schranken zu verweisen. Aber auch passive Hunde können aggressiv werden, wenn sie zu sehr verhätschelt werden. Sie sind aber unsichere Chefs, die insbesondere auf Veränderungen aggressiv reagieren.

Spielgewohnheiten: Mit wilden Rauf- und Kampfspielen fördern Sie aggressives Verhalten. Warum sollte Ihr Hund später ein »Aus!« akzeptieren, wenn er schon so viele Kämpfe gegen Sie gewonnen hat?

Erziehungsmethoden: Wenn ein kleiner Hund mit einer entsprechenden Veranlagung mit harter Hand erzogen wurde, wird er aus Furcht sein Verhalten kontrollieren. Er wird nie in Ihrer Gegenwart einen Schuh klauen, aber einen geklauten Schuh vielleicht aggressiv verteidigen. Lesen Sie den nächsten Abschnitt, um solche Fehler zu vermeiden.

Wenn Sie einen Hund haben, der zu Aggression neigt, lassen Sie ihn keinesfalls ins Bett. Lassen Sie ihn auf dem Boden schlafen, und wenn Sie ihn festbinden müssen! Ein erhöhter Schlafplatz signalisiert Macht, Ihr Hund wird denken, er müsste Sie gegen Fremde verteidigen (und beißt am nächsten Tag den Paketboten), oder er wird versuchen, sich Ihnen gegenüber zu behaupten (und beißt Sie!).

Aggression vorbeugen

Es gibt verschiedene Formen von Aggression. Wenn Sie sie kennen, können Sie angemessen reagieren. In diesem Abschnitt werde ich Ihnen verschiedene Arten von Aggression zeigen und Ihnen Tipps geben, wie Sie vorbeugen können.

Wenn Ihnen ein aggressiver Hund begegnet, laufen Sie nicht weg. Wenn Sie nicht stehen bleiben können, nähern Sie sich dem Hund seitlich. Von vorne auf den Hund zuzugehen, wäre eine Kriegserklärung. Nehmen Sie nach Möglichkeit einen Stock zur Hand, mit dem Sie sich den Hund vom Leib halten können.

Die folgenden Empfehlungen sind Empfehlungen und ersetzen nicht eine professionelle Unterstützung.

Aggression und Dominanz

Haben Sie einen kleinen König großgezogen – der aus Freude Dinge klaut und immer bellt, um Aufmerksamkeit zu bekommen? Wenn Sie ihm Ihre ungeteilte Aufmerksamkeit schenken und ihm jeden Wunsch von den Augen ablesen, machen Sie sich selbst zu seinem Diener. Wenn der Diener aber beginnt, sich gegen seinen Chef aufzulehnen, muss der Chef doch die alte Ordnung wiederherstellen, oder? Falls Sie aber doch lieber selbst Chef wären, fangen Sie so an:

- ✔ Wenn Ihr Welpe zwischen Ihre Füße läuft, benutzen Sie das Kommando »Pardon!«. Das ist ein erstes Zeichen, wer hier eigentlich der Chef ist. (Kapitel 14 erklärt dieses und ein ganze Reihe anderer Kommandos.)
- ✔ Ignorieren Sie seine Versuche, Ihre Aufmerksamkeit zu bekommen, egal ob es Wimmern, Bellen, Anstoßen oder Hinterherlaufen ist.
- ✔ Legen Sie jeden Tag zwei bis fünf Trainingseinheiten ein, jede ungefähr drei Minuten lang. Wiederholen Sie alle Kommandos, die Ihr Hund kennt. Wenn er knurrt, lassen Sie ihn sich ablegen. Sie sollten sich dann einen professionellen Hundetrainer suchen, der Ihnen hilft.
- ✔ Wenn Ihr Hund kein »Platz!« machen will, wiederholen Sie diese Übung den ganzen Tag. Aber denken Sie daran, wiederholen Sie nicht das Kommando, sondern bringen Sie ihn wiederholt in die richtige Position.
- ✔ Anstarren kann ein Machtkampf werden. Vermeiden Sie es, einen Machtkampf zu verlieren, weil Sie zuerst weggucken! Es ist besser, einer Machtprobe aus dem Weg zu gehen, als sie zu verlieren.
- ✔ Füttern Sie nur zweimal täglich. Leckerli gibt es erst wieder, wenn die richtige Rangordnung hergestellt ist.
- ✔ Legen Sie Ihren Hund einmal am Tag für eine halbe Stunde ab. Binden Sie ihn an oder setzen Sie ihn in seine Box ohne Spielzeug oder Futter.

Wenn Ihr Hund bei diesen Übungen knurrt, haben Sie zwei Möglichkeiten: Entweder Sie schaffen es, sich gegen ihn durchzusetzen und sei es mithilfe eines Besens, oder Sie müssen sich Hilfe bei einem Hundetrainer suchen. Nehmen Sie die Sache nicht auf die leichte Schulter.

Aggression aus Selbstschutz

Ein Hund, der aggressiv wird, wenn man ihm sein Futter wegnimmt, wenn er gebürstet oder untersucht werden soll, egal ob von einem Fremden oder einem Familienmitglied, zeigt Aggression aus Selbstschutz.

Wenn Sie bei Ihrem Welpen diese Form von Aggression sehen, schreien Sie ihn nicht an, schlagen Sie ihn nicht, bleiben Sie beherrscht. Sonst verstärken Sie noch seinen Impuls, sich zu verteidigen. Mit der folgenden Übung können Sie Ihrem Welpen helfen zu begreifen, dass Sie nicht bedrohlich für ihn sind. Als Beispiel dient hier der Fressnapf. Gehen Sie Schritt für Schritt vor:

1. **Machen Sie aus der Fütterung keinen Machtkampf.**
2. **Schütteln Sie eine Kunststoffdose, die mit kleinen Leckerli gefüllt ist (ähnlich der Rassel mit Leckerli, die ich Ihnen in Kapitel 13 gezeigt habe). Belohnen Sie Ihren Hund mit einem Leckerli. Machen Sie das so lange, bis Ihr Welpe das Geräusch der Dose mit der Belohnung in Verbindung bringt. Informationen zur Auswahl der richtigen Leckerli finden Sie in Kapitel 20.**
3. **Einmal am Tag gehen Sie während der Fütterung mit Ihrer Leckerli-Dose zum Hund. Wenn er nicht knurrt, belohnen Sie ihn mit ein paar zugeworfenen Leckerli.**
4. **Wiederholen Sie Schritt 3, bis Sie direkt über ihm stehen und die Leckerli in seine Schüssel fallen lassen können.**
5. **Dann nähern Sie sich der Schüssel. Sprechen Sie dabei ruhig und freundlich mit ihm, aber rasseln Sie nicht mit der Dose. Wenn Sie den Napf berühren können, geben Sie ihm ein paar Leckerli.**
6. **Als Nächstes knien Sie sich neben ihn, während Sie mit der Dose rasseln und werfen dann die Leckerli in den Napf.**
7. **Wenn es so weit gut geklappt hat, legen Sie die Leckerli mit der Hand direkt in den Napf.**
8. **Als Nächstes versuchen Sie, mit der einen Hand Ihrem Welpen die Leckerli direkt zu geben und mit der anderen im Futter zu rühren. Üben Sie diesen Schritt eine Woche lang.**
9. **Dann heben Sie den Napf an, während Sie Leckerli geben. Stellen Sie ihn wieder ab. Wiederholen Sie die Übung einen Monat lang.**
10. **Genauso üben Sie auch mit anderen Gegenständen, die Ihrem Welpen viel bedeuten.**

Hunde bemerken Angst. Wenn Sie ängstlich sind, wird Ihr Hund misstrauisch. Es gibt professionelle Hundetrainer, die Ihnen weiterhelfen können.

Leider kann ich Ihnen nicht versprechen, dass Sie bei diesen Übungen nicht gebissen werden. Verlassen Sie sich auf Ihr Gefühl; wenn Ihr Welpe bei jedem neuen Schritt gut mitkommt, machen Sie weiter, wenn nicht, brauchen Sie vielleicht doch Hilfe.

Aggression gegen Eindringlinge

Bellen, wenn jemand Unbekanntes kommt, ist ein ganz natürliches Verhalten. Aber es gibt auch Hunde, die ein übersteigertes Territorialverhalten zeigen und jeden, der sich dem Haus oder Grundstück nähert, am liebsten anfallen wollen (Briefträger können ein Lied davon singen). So kommt dieses Verhalten zustande:

- ✔ Wenn Briefträger oder Paketboten kommen und wieder gehen, denkt der Welpe, er hat sie mit seinem Bellen vertrieben. Sein Territorialverhalten wird bestärkt.
- ✔ Wenn Sie als Hundebesitzer auf das Bellen mit Geschrei oder Aufregung reagieren, interpretiert Ihr Hund das als Unterstützung. Also war sein Bellen wohl gut und richtig.
- ✔ Wenn ein Hund in einem Garten oder Auto aggressiv bellt, kommt niemand freiwillig näher. Er ist also erfolgreich in der Verteidigung seines Reviers. Sein Verhalten wird dadurch verstärkt.
- ✔ Wenn ein Hund Besuch nie begrüßen darf, sondern immer weggesperrt bleibt, bis die Gäste wieder gehen, widerspricht das seinem natürlichen Verhalten. Sie als Rudelchef müssen entscheiden, wer hereinkommen darf, dann darf Ihr Hund als Rangniedrigerer den Besuch beschnüffeln. Ein Hund, der immer weggesperrt wird, wird beim nächsten Klingeln noch aggressiver reagieren.

Um Aggression gegen Fremde vorzubeugen, dürfen Sie Ihrem Hund nicht erlauben, auf Sesseln oder Sofas zu liegen. (Keine erhöhten Plätze!) Üben Sie regelmäßig und konsequent, verwenden Sie dabei besonders folgende Kommandos:

- ✔ **»Stopp!«:** an Türen, Stufen und Durchgängen
- ✔ **»Bei Fuß!«:** nach einer Übungsphase auf allen Spaziergängen
- ✔ **»Sitz!«:** bei allen Begrüßungen, drinnen wie draußen

Verbieten Sie Ihrem Hund zu markieren. Das Geschäftchen soll immer an der gleichen Stelle erledigt werden.

Wenn die Dinge schon aus dem Ruder gelaufen sind, besorgen Sie sich ein Halti (siehe Kapitel 5) und leinen Sie Ihren Hund an, wenn der Besuch hereinkommt. Das Halti erfordert weniger Gezerre am Halsband und bringt den Hund eher in eine unterwürfige Haltung.

Ein Würgehalsband mit Dornen wirkt auf Ihren Hund so, als ob Sie jemandem, der sehr wütend ist, den Arm auf den Rücken drehen: Es verhindert zwar im Moment das Schlimmste, macht ihn aber noch wütender. Mit dem Halti lässt es sich gut arbeiten, aber nur, wenn Sie sich genau einweisen lassen und das Halti nur zu Trainingszwecken nutzen.

»Versüßen« Sie Ihrem Hund den Besuch:

- ✔ Lassen Sie Ihren Besuch (*nachdem* er Sie begrüßt hat) mit der Leckerli-Dose arbeiten. Wenn Ihr Hund brav »Sitz!« gemacht hat, bekommt er ein Leckerli.
- ✔ Vergessen Sie alles Geschrei und Gezerre. Wenn Ihr Hund sich ruhig verhalten soll, gehen Sie ihm mit leuchtendem Beispiel voraus.

Wenn Ihr Hund Besuch ernsthaft bedroht (knurrend und zähnefletschend auf die Gäste losgeht), brauchen Sie Unterstützung von einem erfahrenen Hundetrainer. Hunde mit ausgeprägtem Territorialverhalten können gefährlich sein.

Zwar kennen wir alle Wachhundrassen, von denen bekannt ist, dass sie gegenüber Fremden aggressiv sein können. Aber vergessen Sie nicht, dass in jedem Hund mehr oder weniger viel Territorialverhalten steckt.

Aggression und Beschützerinstinkt

Fühlt sich Ihr Hund für Sie verantwortlich? Reagiert er auch außerhalb seines Territoriums aggressiv auf jeden, der sich Ihnen nähert? Wenn Ihnen das bekannt vorkommt, müssen Sie ein schwerwiegendes Missverständnis beseitigen: Er meint, er muss Sie verteidigen. Geben Sie Ihrem Hund zu verstehen, dass Sie der Big Boss sind:

- ✔ **Besorgen Sie sich ein Halti.** Sie und Ihr Welpe brauchen beide ein Training. Sie müssen lernen, Ihren Hund zu dominieren.
- ✔ **Üben Sie mit Ihrem Welpen.** Sie gehen immer zuerst durch alle Engpässe. Er folgt Ihnen.
- ✔ **Lassen Sie sich von einem Hundetrainer helfen, wenn Sie nicht allein zurechtkommen.**

Es ist nicht ungewöhnlich, dass sich ein Hund gegenüber einem Kind oder einem unerfahrenen, unsicheren Hundehalter so verhält. Der Hund nimmt den Besitzer – egal ob Mann, Frau oder Kind – als schwach und hilfebedürftig wahr.

Aggression und Jagdinstinkt

Den starken Jagdtrieb als eine Form der Aggression zu betrachten, ist zwar aus verhaltenstherapeutischer Sicht nicht korrekt, wir tun es aber der Übersichtlichkeit halber doch an dieser Stelle.

Auch der Jagdinstinkt ist ein, wie die Bezeichnung schon sagt, instinktives oder natürliches Verhalten, ein Erbe der Wolfsvorfahren. Die meisten Hunde haben immer noch einen Trieb, zu jagen und Beute zu machen. Bei Terriern, Jagdhunden und Schlittenhunden ist dieser Trieb sehr stark ausgeprägt – und bei manchem Hund auch nicht zu unterdrücken.

Wenn Sie einen leidenschaftlichen Jäger haben, haben Sie ein echtes Problem. Verhindern Sie zumindest, dass Ihr Hund kleine Haustiere jagt. In Kapitel 28 finden Sie Spielvorschläge, die für Ihren Hund geeignet sind.

Aggression aus Angst

Auch bei den anderen Formen der Aggression mag Angst eine Rolle spielen, aber bei diesen Hunden ist für jeden offensichtlich: Sie brauchten schon die beschützende Hundemama mehr als ihre Wurfgeschwister. Und genauso geht es auch bei ihren Menschen weiter. In neuen Situationen wird aus anfänglicher Schüchternheit und Unsicherheit schnell überwältigende Angst, wenn Sie dem nicht entgegensteuern. Und als erwachsener Hund reagiert ein solches Tier dann auch aggressiv, wenn es sich nicht mehr anders zu helfen weiß.

Schüchternheit ist zwar ein individuelles Persönlichkeitsmerkmal, aber dieses Verhalten kann durch die Erziehung leider unbeabsichtigt noch unterstützt werden: Ein ängstliches Tier zu trösten verstärkt die Angst.

Wenn Ihr Welpe Anzeichen von Ängstlichkeit zeigt (Flucht, Angst vor Annäherung, Bellen aus einem Versteck), müssen Sie viel Geduld mitbringen. Ein ängstlicher Welpe darf nicht massiv zurechtgewiesen werden, sonst verstärken Sie seine Angst noch. Aber Sie dürfen ihn auch nicht trösten, auch das verstärkt die Angst.

Ein großer Teil des Problems ist, dass Ihr Welpe glaubt, niemand, noch nicht einmal Sie, können ihn wirklich beschützen. Also müssen Sie ihm das Gefühl geben, dass Sie alles im Griff und die Situation unter Kontrolle haben. Hier noch eine paar Tipps:

✔ Lassen Sie Ihren Hund an der Leine, wenn Sie anderen begegnen. Halten Sie die Leine fest und bleiben Sie ruhig, strahlen Sie Sicherheit aus, wenn Sie zusammen in neue Situationen kommen.

✔ Bitten Sie jeden, Ihren Hund so lange zu ignorieren, bis er freiwillig näher kommt.

Wenn Menschen vor einem bellenden Hund zurückweichen, lernt der Hund daraus, dass sein Verhalten erfolgreich ist.

✔ Benutzen Sie die Leckerli-Dose, um Ihrem Hund einen positiveren Eindruck von beängstigenden Situationen zu vermitteln.

Wenn Sie sich einen Hundetrainer suchen, dürfen Sie mit einem ängstlich-aggressiven Hund auf keinen Fall zu jemand gehen, der sehr autoritäre Methoden anwendet. Das würde Ihren Hund nur noch mehr erschrecken.

Aggression unter Hunden

Aggression unter Hunden kann dann zum Problem werden, wenn Hunde meinen, ihre Reviere würden sich überschneiden (einige Hunde halten ihre Reviere für sehr groß – mein Revier ist, wo ich bin) oder wenn in einer Gruppe mit mehreren Hunden die Hierarchie in Unordnung gerät. Besonders Letzteres passiert leicht, wenn gutmeinende Hundebesitzer sich in die Auseinandersetzung ihrer Hunde einmischen, die Hunde herausziehen oder anschreien. Leider wird das Problem dadurch nur größer.

Auseinandersetzungen im Freien

Dieses Problem entsteht meist, weil Hunde nicht früh genug mit anderen Hunden sozialisiert wurden (siehe Kapitel 14). Als Erstes müssen Sie herausfinden, wie schwerwiegend das Problem ist. Ideal ist der Besuch einer Hundeschule. Dort müssen Sie lernen, sich als Big Boss zu behaupten, sowohl Ihrem Hund gegenüber als auch den anderen.

Gehen Sie sobald wie möglich in eine Welpengruppe. In meinen Welpengruppen spielen wir immer zehn Minuten ohne Leine, so gewöhnen sich die Welpen an andere Hunde und Menschen.

Auseinandersetzungen im Haus

Immer, wenn in einem Haushalt mehr als ein Hund lebt, bildet sich unter den Hunden eine Hierarchie heraus. Der Hundechef bekommt zuerst Aufmerksamkeit und bestimmt über Futter und Spielzeug. Und er darf zuerst durch die Tür gehen.

Probleme treten dann auf, wenn Sie diese Hierarchie untergraben, indem Sie beispielsweise den rangniedrigeren Hund zuerst füttern wollen. Um Konflikte zu vermeiden, müssen Sie mehr Zeit mit dem ranghöheren Hund verbringen. Spielen Sie zuerst mit ihm, begrüßen Sie ihn zuerst, füttern Sie ihn zuerst. Der rangniedrigere Hund muss warten. Wenn die beiden Streit miteinander haben, loben Sie den ranghöheren Hund und ignorieren Sie den rangniederen. Ich weiß, es klingt grausam und es ist schwer durchzuhalten (ich weiß, wovon ich spreche, ich habe es selbst erlebt), aber vertrauen Sie mir. Wenn Ihnen die Sache über den Kopf wächst, lassen Sie sich von einem Hundetrainer beraten.

Krankhafte Aggression

Hunde mit krankhafter Aggression sind glücklicherweise sehr selten, aber es gibt sie. Viele dieser Hunde, aber keineswegs alle, stammen aus Vermehrerhaltungen. Krankhafte Aggression bedeutet, dass ein Hund in untypischen Situationen oder sehr wechselhaft übermäßig aggressiv oder ängstlich-aggressiv reagiert. Diese Aggressivität tritt häufig schon bei sehr jungen Hunden auf. Das sind die beiden Arten von krankhafter Aggression:

- ✔ **Unberechenbare Aggressivität:** In ganz unterschiedlichen Situationen knurrt der Welpe sehr beeindruckend. Das kann passieren, wenn sich jemand seinem Futternapf nähert, wenn einfach eine Person zu nah an im vorbeigeht, aber auch ohne erkennbaren Auslöser. Zu anderen Zeiten ist der Hund in den gleichen Situationen lieb und brav, eine Persönlichkeit mit zwei völlig gegensätzlichen Gesichtern.

✔ **Angstbeißer:** Diese Welpen zeigen furchtbare Angst oder beißen in Situationen, die gar nicht beängstigend sind, wie beispielsweise eine Armbewegung oder das Umschlagen einer Zeitungsseite. Sie wirken sehr verwirrt und erschreckt, wenn Fremde sich nähern.

Viele Hundetrainer oder andere, die professionell mit Hunden arbeiten, verwenden den Begriff »Angstbeißer« falsch. Viele Hunde beißen oder verhalten sich aggressiv, weil sie Angst haben, sind aber keine Angstbeißer in engeren Sinn. Also bekommen Sie bitte keinen Schreck, wenn Sie diese Bezeichnung in Zusammenhang mit Ihrem Hund hören.

Geraten Sie nicht in Panik, wenn Ihr Hund Sie anknurrt oder den Postboten anbellt. Viele Welpen verteidigen ihr Futter und viele Rassen zeigen einen ausgeprägten Instinkt, Haus, Wohnung oder Garten zu bewachen. Das sind aber Probleme, die mit einem konsequenten Training in den Griff zu bekommen sind. Ernsthafte Aggression bedeutet gebleckte Zähne, ein tiefes Knurren aus dem Bauch, ein starrer Blick und Bisse, die man eher von einem Polizeihund erwarten würde. Dieses Verhalten zeigt sich meist schon in Ansätzen im Alter von ungefähr vier Monaten.

Hunde mit krankhafter Aggression sind nicht nur gefährlich, sondern haben auch ein trauriges Schicksal, meist sind sie das Ergebnis profitgieriger Hundevermehrung. In meiner ganzen Zeit als Hundetrainerin habe ich erst sechs Mal solche Welpen gesehen, alle stammten aus dubiosen Verhältnissen. Sprechen Sie sofort mit Ihrem Tierarzt, dem Züchter und bitten Sie einen erfahrenen Hundetrainer oder Verhaltenstherapeuten, Ihren Hund zu testen.

Mein Hund arbeitet beim Tiefbau

Graben ist für viele Welpen eine Leidenschaft – besonders Terrier neigen dazu. Exzessives Graben kann aber auch durch Langeweile verursacht werden oder eine Reaktion auf Stress sein (ein Umzug, ein neues Baby, ein neuer Partner, Handwerker im Haus – siehe Kapitel 26). Manchmal ist es auch einfach ein Hilferuf eines einsamen Teenagers, der sich nach Gesellschaft sehnt.

Alle Hunde erleben Phasen, in denen sie es kaum aushalten, allein zu sein. Sie regen sich auf, und aufgeregte Hunde graben! Leider kann man einem Hund nicht beibringen, nicht zu graben. Aber Sie können ihm einen Raum schaffen, der allein ihm gehört. Hier ein paar Vorschläge:

✔ Suchen Sie eine Stelle, wo Ihr Hund nach Herzenslust graben darf, entweder in Ihrem Garten oder in einem Waldstück in Ihrer Nähe.

✔ Nehmen Sie Spielzeug und Leckerli mit, wenn Sie mit dem Graben anfangen. Und vergessen Sie nicht Ihre Gummistiefel.

✔ Gehen Sie nach Möglichkeit täglich zu dieser Stelle und geben Sie ein Kommando wie »Schön buddeln!«.

✔ Lassen Sie Ihren Hund graben. Feuern Sie Ihren Hund an, wenn er gräbt.

- Wenn Ihr Hund allerdings an einer Stelle gräbt, wo er es nicht darf, korrigieren Sie ihn mit einem energischen »Aus!«. Gehen Sie mit ihm nach Möglichkeit sofort zu seiner Ausgrabungsstätte und sagen Sie zu ihm: »Schön buddeln!«

Einen Hund mit einem Gartenschlauch nass zu spritzen oder gar gespannte Mausefallen aufzustellen, finde ich grausam und unnötig. Liebevolle Erziehung und Geduld sind genauso erfolgreich. Wenn Sie die Löcher wieder zuschütten, könnte Ihr Hund die Sache für ein lustiges, gemeinsames Spiel halten.

Gärtnern Sie? Raten Sie mal, was passiert, wenn Ihr Hund Ihnen zuschaut? Affen machen alles nach! Gärtnern Sie lieber allein und bringen Sie Ihren Hund so lange ins Haus. Es ist einfach sehr verführerisch, es Ihnen gleichzutun. Sie können gemeinsam an einem geeigneten Platz graben.

Viele Welpen fangen an zu graben, wenn sie alleine im Garten sind, während Sie im Haus bleiben. Graben ist dann eine sehr sichere Methode, ausreichend Aufmerksamkeit zu bekommen. Versuchen Sie es sich so einzurichten, dass Ihr Hund bei Ihnen bleiben kann.

Der verführerische Mülleimer

Die Plünderung eines Mülleimers bringt immer Aufmerksamkeit, und zwar sofort. Am besten beugen Sie vor: Verschließen Sie alle Mülleimer mit Deckeln und stellen Sie sie in einen Schrank. Füttern Sie keine Essensreste vor oder nach Ihren Essenszeiten. Ich weiß, Hundeaugen sind groß und kleine Reste werden sonst weggeschmissen, aber ein Hund kann nicht verstehen, dass das Gleiche einmal in seinem Napf landet und zu anderen Zeiten in der Mülltonne.

Wenn Ihr Welpe immer noch im Müll wühlt, probieren Sie eine der folgenden Methoden:

- **Die Drei-Meter-Leine:** Befestigen Sie eine Nylonleine am Hundehalsband und werfen Sie etwas Unwiderstehliches in den Mülleimer. Genau dann, wenn Ihr Hund darauf losstürzen will, treten Sie auf die Leine und stoppen ihn. Schnappen Sie sich den Mülleimer und beschimpfen Sie ihn. Beachten Sie Ihren Hund dabei gar nicht. Machen Sie dann weiter mit Ihrer Beschäftigung und wiederholen Sie die kleine Szene. Wenn Ihr Hund die Mülltonne gar nicht mehr beachtet, loben Sie ihn.
- **Die Dosenpyramide:** Wenn Sie einen Welpen haben, der sensibel auf Geräusche reagiert, können Sie sechs alte Getränkedosen mit ein paar Münzen bestücken, zukleben und daraus eine kleine Pyramide bauen. Lassen Sie die Pyramide mit Ihrem Fuß oder mithilfe einer Schnur einstürzen, wenn sich Ihr Hund für den Abfall interessiert. Ansonsten verhalten Sie sich genauso wie oben beschrieben und beschimpfen Sie die Dosen. Der Krach unterstützt Ihre Erziehung.

Wenn Ihr Welpe schlau ist, klaut er nur Müll, wenn Sie nicht dabei sind. Wer möchte die Beute schon immer mit seinem Chef teilen müssen? Und Sie kommen immer zu spät, um ihn zum richtigen Zeitpunkt zu korrigieren. Versuchen Sie einmal Folgendes:

- Tränken Sie ein Papiertaschentuch mit Tabasco oder Japanischem Heilpflanzenöl und legen Sie es oben auf den Müll. Wenn Sie das konsequent einige Tage durchhalten, dürfte das Interesse Ihres Hundes am Mülleimer deutlich abnehmen.
- Wenn Sie ein Technikfreak sind, können Sie mit einer Webcam den Mülleimer von Ihrem Schreibtisch aus überwachen.
- Bastler können den Mülleimerdeckel mithilfe einer Schnur mit der untersten Reihe einer Dosenpyramide (siehe oben) verbinden. Kaum berührt der Hund den Mülleimerdeckel, fällt die Pyramide um und verursacht einen Höllenlärm.

Mmmhhh, lecker Socken (und anderes Unverdauliches)

Steine, Stöcke und Socken zu zerkauen ist völlig normal. Aber es ist nicht normal, sie einfach aufzuessen. Wenn Ihr Welpe alles in Sichtweite auffrisst und selbst Kinderunterwäsche und Schuhe verschlingt, haben Sie ein echtes Problem.

Eine Ursache kann Ihr Verhalten sein. Wenn Ihr Welpe etwas mit dem Maul aufnimmt, was er nicht haben darf, denken Sie: »Böser Hund, gib es her!«. Das sieht Ihr Hund an Ihrer Körpersprache. Wenn Sie ihm hinterherrennen, um den Gegenstand wiederzubekommen, kann der Hund ihn entweder mit den Zähnen festhalten oder abschlucken. Manche Sachen werden bevorzugt festgehalten und zerreißen eventuell, wenn Sie daran ziehen. Andere werden lieber abgeschluckt. Um dieses Verhaltenmuster zu durchbrechen, lesen Sie weiter:

- Rennen Sie Ihrem Hund nicht wütend hinterher.
- Haben Sie immer ein paar Leckerli, am besten in einer Dose, griffbereit. Das Rasseln der Dose lenkt Ihren Hund von seiner Beute ab. Dann können Sie das Leckerli gegen Ihre Socken eintauschen.
- Wenn Sie beide etwas Interessantes auf dem Fußboden entdecken, stürzen Sie sich nicht darauf. Lenken Sie Ihren Hund lieber ab.
- Räumen Sie ruhig mal wieder gründlich auf. Gelegenheit macht Diebe.

Nehmen Sie das Fressen von Unverdaulichem nicht auf die leichte Schulter. Rufen Sie sofort den Tierarzt an, wenn Ihr Hund Kies oder Putzlappen frisst. Aus dem Magen kann man vieles leichter wieder nach draußen befördern als aus dem Darm.

Trennungsangst

Einsamkeit. Welpen hassen es, allein zu sein. Sie laufen Ihnen lieber hinterher, als allein zu bleiben. (Es sei denn, sie sind soooo müde!) Aber manchmal muss es einfach sein. Welpen mit Trennungsangst machen ins Haus, zerkauen die Einrichtung oder bellen und winseln zum Steinerweichen. Diese Welpen sind entweder Alpha-Welpen oder zurückhaltende Welpen (siehe Kapitel 4).

Um Trennungsangst in den Griff zu bekommen, beginnen Sie mit dem Training. Der zurückhaltende Welpe bekommt dadurch Selbstvertrauen und weiß sich in starken, sicheren Händen. Der Alpha-Welpe lernt, dass er in einer untergeordneten Position ist. Holen Sie sich Hilfe, wenn Sie sie benötigen und befolgen Sie folgende Grundregeln:

- ✔ Korrigieren Sie Ihren Hund niemals nach dem Fehlverhalten! Niemals! Dann verbindet Ihr Hund die Strafe oder das Schimpfen mit Ihrer Ankunft, nicht mit seinem Fehlverhalten und wird das nächste Mal, wenn er allein gelassen wird, noch ängstlicher sein.
- ✔ Verabschieden Sie sich nicht von Ihrem Hund, bevor Sie gehen. Begrüßen Sie ihn ruhig und ohne großes Aufheben.
- ✔ Lassen Sie Ihren Hund ruhige Musik während Ihrer Abwesenheit hören.
- ✔ Eine schummrige Beleuchtung verleitet Ihren Hund vielleicht dazu, Ihre Abwesenheit für ein kleines Nickerchen zu nutzen.
- ✔ Geben Sie Ihrem Hund ein schönes Kauspielzeug, bevor Sie gehen. Besonders schön ist es, wenn Sie es vorher reiben, damit es gut nach Ihnen riecht.

Wenn Sie mehr als sechs Stunden weg bleiben, versuchen Sie jemanden zu finden, der während Ihrer Abwesenheit mit Ihrem Hund Gassi geht. Falls es notwendig ist, legen Sie Ihren Hund während Ihrer Abwesenheit an die Leine oder setzen Sie ihn in einen Laufstall oder eine ausreichend große Transportbox (in Kapitel 5 finden Sie noch mehr dazu).

In der letzten halben Stunde, bevor Sie gehen, ignorieren Sie Ihren Hund, so gut es geht. Dadurch verliert der Abschied an Dramatik und Ihr Hund gewöhnt sich an das Alleinsein. Große Abschiedsszenen mögen Ihr Gewissen erleichtern, nutzen dem Hund aber gar nichts. Und da Ihr Hund die Fernbedienung vom Fernseher nicht benutzen kann und sich auch nicht für gute Literatur interessiert, zerlegt er vielleicht Ihr Sofa, wenn Sie weg sind.

Ein zweiter Hund kann das Problem auch lösen, allerdings sollte der erste dafür schon gut erzogen sein. Auch eine kleine Katze kann Ihrem Hund die Langeweile vertreiben und gemeinsam aufgezogen verstehen sich Hund und Katze auch meist. Aber natürlich sollte man sich nicht ein zweites Tier allein als Gesellschaft für das erste anschaffen.

Üben Sie das Alleinsein:

1. **Legen Sie Ihren Hund an einem ihm vertrauten Platz ab.**
2. **Geben Sie das Kommando »Bleib!« und gehen Sie 15 Sekunden aus dem Raum.**
3. **Kommen Sie zurück und ignorieren Sie ihn, bis er ganz ruhig ist. Dann loben Sie ihn ausgiebig.**
4. **Wiederholen Sie diese Übung mindestens zehn Mal oder bis Ihr Hund ruhig bleibt.**

Wiederholen Sie diese kurzen Trennungsphasen, bis Ihr Hund keine Angst mehr zeigt. Verdoppeln Sie dann die Dauer Ihrer Abwesenheit, bis Sie schließlich 30 Minuten aus dem Raum gehen können.

Wenn Sie für 30 Minuten aus dem Raum gehen können, ohne dass Ihr Hund Angst zeigt, beginnen Sie mit der nächsten Übung: Verlassen Sie für kurze Dauer die Wohnung bzw. das Haus. Arbeiten Sie sich auch hier auf 30 Minuten hoch. Dann wiederholen Sie die Übung von vorn, aber lassen draußen den Motor Ihres Autos an. (Diese Übung macht nur Sinn, wenn Ihr Hund das Starten des Motors hört und Ihnen zuordnen kann.) Mit viel Geduld können Sie sich so das Vertrauen Ihres Hundes erarbeiten und ihn länger und länger alleine lassen.

Es gibt Medikamente, mit denen Sie das Training unterstützen können. Dazu gehören homöopathische Medikamente, Bachblüten und Psychopharmaka. Jedes Medikament muss von einem Profi für Ihren Fall ausgesucht werden; sprechen Sie mit Ihrem Tierarzt darüber.

Während Sie mit Ihrem Hund das Alleinsein zu Hause üben, dürfen Sie ihn niemals länger allein zu Hause lassen, das würde alle Übungsfortschritte zunichte machen.

Ein Bächlein vor Freude oder Aufregung

Ihrem Hund geht hin und wieder etwas daneben? Die häufigste Frage, die mir dazu gestellt wird, lautet: »Wächst sich das aus?« Ja und nein. Ja, wenn Sie richtig damit umgehen, nein, wenn Sie es nicht tun. Welpen pinkeln vor Freude, vor Aufregung oder vor Angst, sie tun es nicht, um Sie zu ärgern. Strafen machen die Sache nur noch schlimmer.

Ignorieren Sie Ihren Hund, wenn Sie nach Hause kommen, bis er sich beruhigt hat. Lenken Sie ihn, wenn Sie ihn begrüßen, mit einem Leckerli ab. Knien Sie sich lieber neben ihn, als sich über ihn zu beugen.

Wenn Ihr Hund bei manchen Leuten ängstlich ist, sollten alle Anwesenden ihn ignorieren. Wenn Sie ihn trösten, meint er, seine Angst wäre begründet. Angst einflößende Gäste sollten ihn mit einem Leckerli begrüßen, wenn er sich in ihre Nähe traut. Schön ist es, wenn die Gäste sich dazu neben den Hund knien.

Wenn während einer Begrüßung oder beim Spiel plötzlich ein Bächlein fließt, ignorieren Sie es oder unterbrechen Sie das Spiel, bis der Hund sich wieder beruhigt hat.

Kotfressen (ja, lecker, ich weiß!)

Manche bevorzugen den Kot anderer Tierarten, manche mögen lieber den eigenen. Ob Sie es glauben oder nicht, beides ist weit verbreitet.

Der Kot anderer Tiere

Kot anderer Tiere ist eine echte Delikatesse für Ihren Hund. Egal ob Pferdeäpfel, Schaf- oder Kaninchenköttel, alles kleine Leckerbissen. Die Ursachen dieses Verhaltens sind unbekannt, aber die weite Verbreitung der Angewohnheit lässt auf angeborenes Verhalten schließen. Die meisten Hunde hören damit auf, wenn sie älter werden. Ignorieren Sie es und füttern Sie zweimal täglich ausgewogene Nahrung.

Versuchen Sie, Ihren Hund abzulenken, und spielen Sie beim Spaziergang mit ihm. Wertvolle Hinweise finden Sie vielleicht auch im Abschnitt »Der verführerische Mülleimer« weiter vorn in diesem Kapitel. Und seien Sie über eines froh: dass Sie kein Hund sind.

Der eigene Kot

Für uns ist es ein sehr merkwürdiges Verhalten, für Hunde scheint es irgendwie logischer zu sein, auf jeden Fall fressen viele Hunde ihren eigenen Kot. Es gibt Theorien, dass sie damit das Verhalten ihrer Hundemütter imitieren oder auch des Besitzers, der ihren Kot aufsammelt. Obwohl die Theorie umstritten ist, treffen Sie besser ein paar Vorsichtsmaßnahmen:

- ✔ Räumen Sie den Kot Ihres Hundes nicht weg, wenn er Sie dabei sehen kann.
- ✔ Verbieten Sie Ihrem Hund nicht, an Kot zu schnuppern. Ihr Interesse könnte ihn zum Fressen bewegen.
- ✔ Lenken Sie ihn lieber ab, indem Sie ein Bällchen werfen.
- ✔ Fragen Sie Ihren Tierarzt um Rat. Ein Futter mit höherem Ballaststoffanteil kann das Problem auch lösen.
- ✔ Besprühen Sie die Hundehaufen mit Essig oder Tabasco.

Wie Sie einem unsicheren Hund mehr Selbstvertrauen schenken können

Schüchterne, ängstliche Hunde sehen so bemitleidenswert aus. Natürlich will man sie trösten. Halt, tun Sie es nicht! Es sind keine Kinder, die Ihre Worte verstehen. Ihr Hund wird meinen, Sie hätten auch Angst. Also ist auch seine Angst berechtigt.

Um Ihrem Hund helfen zu können, müssen Sie Sicherheit ausstrahlen, wenn er sich ängstigt. Stellen Sie sich aufrecht hin, atmen Sie ruhig, sprechen Sie mit klarer Stimme und lächeln Sie. Egal ob es donnert, ein Tüte im Wind raschelt oder ein Bagger vorbeifährt, Sie bleiben ruhig, lächeln und schauen dem Bösen ins Gesicht (und ignorieren Ihren Hund!). Irgendwann wird Ihr Hund anfangen, Sie nachzuahmen.

Wenn Ihr Hund aus Angst aggressiv reagiert, lesen Sie den Abschnitt »Aggression aus Angst« weiter vorn in diesem Abschnitt und suchen Sie sich Hilfe, wenn es notwendig ist.

Angst vor Donner

Hier ist eine Liste mit Tipps für den Umgang mit Hunden mit Gewitterangst. Zuerst die Sachen, die Sie nicht machen dürfen: Verwöhnen Sie Ihren Hund nicht. Erlauben Sie ihm nicht, sich aufs Bett oder Sofa zu legen. Lassen Sie ihn nicht alleine. All das kann die Angst noch verschlimmern. Je nachdem, wie schlimm es ist, versuchen Sie einen der folgenden Vorschläge:

- ✔ Stellen Sie ruhige Musik an.
- ✔ Binden Sie den Hund mit der Trainingsleine an Ihre Hüfte. Gehen Sie ihm mit gutem Beispiel voraus und ignorieren Sie seine Angst. Wenn er sich beruhigt, loben Sie ihn.
- ✔ Es gibt CDs mit Gewittergeräuschen. Lassen Sie sie während einer Spielstunde oder beim Fressen laufen. Erst mit geringer Lautstärke, dann lauter.
- ✔ Es gibt Medikamente gegen starke Gewitterangst (homöopathische Arzneimittel, Bachblüten und Psychopharmaka). Fragen Sie Ihren Tierarzt danach.

Ich glaube, ich brauche Hilfe

16

In diesem Kapitel

- Wie Sie mit gutgemeinten Tipps umgehen
- Worauf Sie bei einem Hundetrainer achten müssen
- Arbeiten mit Büchern und Videos
- Pro und Contra: Den Hund beim Hundetrainer abgeben
- Die Verhaltenstherapeuten

Wenn Sie Hilfe brauchen, ist es am wichtigsten, jemanden zu finden, der wirklich gut ist. Meine Klienten werden es Ihnen bestätigen: Erziehung und Hundetraining sind eine Übung für Sie und Ihren Hund. Sie müssen die Leine richtig halten, die richtigen Kommandos zum richtigen Zeitpunkt geben, die richtige Körperhaltung haben und vieles mehr. Nur dann kann Ihr Welpe verstehen, was Sie von ihm wollen. In meinen Kursen beharre ich darauf, dass scheinbare Kleinigkeiten genau eingehalten werden, bis sie jedem in Fleisch und Blut übergegangen sind. Wenn diese Beharrlichkeit in diesem Buch nicht ausreichend bei Ihnen ankommt, gehen Sie lieber zu einem Hundetrainer und lassen Sie sich helfen, aber richtig – so wie ich es in diesem Kapitel erkläre.

Die selbsternannten Fachleute

Es ist wirklich erstaunlich. Kaum strecken Sie mit Ihrem neuen Hund die Nase zur Tür raus, wimmelt es von selbsternannten Experten. Jeder, der schon einmal eine Hundeleine in der Hand hatte, weiß Bescheid. (Trösten Sie sich, jungen Eltern ergeht es nicht anders!) Versprechen Sie sich, Ihrem Hund und mir bitte eines: *Hören Sie nicht auf diese Ratschläge.* Es ist nett gemeint, ich weiß. Aber jeder Welpe ist anders, die Ansprüche der Besitzer sind unterschiedlich. Und vielleicht hat Ihr Nachbar auch einfach keine Ahnung.

Wie sieht es mit Tierärzten, Hundefriseuren und dem Zoofachhandel aus?

Zwar wissen Tierärzte und Co. oft gut Bescheid über Hundetraining, aber meist ist es ja mit einem Ratschlag nicht getan. Und wie gut kennt ein Futterverkäufer Ihren Hund? Fragen Sie lieber nach einem erfahrenen Hundetrainer oder bitten Sie um einen speziellen Beratungstermin, wenn Ihr Tierarzt sich mit Hundeerziehung beschäftigt.

Ein hingeworfener Ratschlag nützt meist wenig. Wenn Sie Hilfe brauchen, werden Sie in der Regel auch dafür bezahlen müssen. Und ein bisschen von diesem und ein bisschen von jenem wird Ihren Hund nur verwirren.

Der richtige Hundetrainer

Ein guter Hundetrainer mit viel Erfahrung und einem sicheren Händchen kann ein echter Lebensretter sein. Viele Klienten rufen mich völlig verzweifelt an und schließlich entdecke ich einen wunderbaren Welpen, der nichts lieber will, als seinem Frauchen oder Herrchen zu gefallen. Meist sind eher die Hundehalter verwirrt, also trainiere ich die Hundehalter und die Hunde benehmen sich anschließend. Tatsächlich ist es oft so einfach. Wenn Sie Hilfe brauchen, suchen Sie sich einen Hundetrainer und rufen noch heute an, Ihr Hund wird es Ihnen danken. Es gibt verschiedene Trainingsmöglichkeiten.

Adressen von Hundetrainern und Hundeschulen finden Sie im Telefonbuch, in den Gelben Seiten oder im Internet. Leider gibt es noch nicht flächendeckend überregionale Hundeschulenverbände, die einen bestimmten Qualitätsstandard garantieren.

Einzelunterricht

Ich biete Einzeltraining an. Aber ich trainiere eher die Besitzer als die Hunde. Wenn Sie Einzelunterricht suchen, werden Sie zusammen mit Ihrem Hund unterrichtet. Ich habe einige Trainingsgrundsätze, die Ihr zukünftiger Hundetrainer ebenfalls beachten sollte:

- ✔ Versetz dich in die Lage des Hundebesitzers!
- ✔ Halte dir vor Augen, dass der Hundebesitzer sich bemüht, es richtig zu machen!
- ✔ Schau dir die Persönlichkeit des Hundes an und versuche zu verstehen, was er dir mit seinem Verhalten sagen will!
- ✔ Erkenne deine Grenzen und sei ehrlich zum Besitzer des Hundes!
- ✔ Helfe dem Besitzer zu verstehen, warum sich sein Hund so benimmt! Helfe dem Besitzer, wie sein Hund zu denken!
- ✔ Bring dem Besitzer bei, sich mit Stimme, Ton und Körpersprache so auszudrücken, dass sein Hund ihn versteht (siehe Kapitel 8 zum Thema Hundesprache)!
- ✔ Hilf dem Hundebesitzer, seine Wohnung hundegerecht zu gestalten!
- ✔ Lehre den Hundebesitzer Geduld, Toleranz, Verständnis und Mitgefühl. Er liebt seinen Hund.

Manche Leute sind Hundetrainer, weil sie damit Geld verdienen wollen, und nicht weil sie Hunde lieben. Halten Sie sich von solchen Trainern fern.

Gruppentraining

Gruppenunterricht kann eine echte Strafe sein. Es kann zum Albtraum werden. Was ist der entscheidende Faktor? Nein, es hängt nicht davon ab, wie sich Ihr Welpe mit anderen Hunden versteht. Es hängt vom Hundetrainer ab. Bevor Sie sich in einer Hundeschule oder bei einem bestimmten Trainer anmelden, sprechen Sie mit ihm und versuchen Sie herauszufinden, wie er unterrichtet. Das könnten Ihre Fragen sein:

- ✔ **Wie viele Hunde sind in einer Gruppe? Wird die Gruppe nach Alter oder Graden unterteilt?** Eine Gruppe sollte eine bestimmte Größe nicht überschreiten (meine Gruppen umfassen nicht mehr als acht Hunde) und muss nach Alter und Erfahrung unterteilt sein. Es gibt Welpengruppen für kleine und große Welpen, Anfängergruppen und Gruppen für fortgeschrittene Hunde.
- ✔ **Unterrichten Sie meist nur eine Hunderasse oder haben Sie Erfahrung mit vielen verschiedenen Rassen?** Die Antwort kann eine starke Vorliebe des Hundetrainers für eine bestimmte Hunderasse zeigen. Jeder Welpe hat seine eigene Persönlichkeit, auch innerhalb einer Rasse unterscheiden sich die Individuen sehr. Ein Hundetrainer sollte zwar die rassetypischen Verhaltensweisen kennen, aber trotzdem jeden Hund als eine eigenständige Persönlichkeit betrachten.
- ✔ **Was unterrichten Sie in Ihren Gruppen?** Die Grundkommandos sind wichtig: »Fuß!«, »Sitz!«, »Bleib!«, »Komm!« und »Platz!«. Es muss genug Zeit sein, um zu erklären, wie diese Kommandos in den Alltag eingebaut werden können.
- ✔ **Findet der Unterricht draußen oder drinnen statt?** Ideal ist es, wenn beides möglich ist.
- ✔ **Wird über Verhaltensprobleme gesprochen?** Neben dem Einüben der Kommandos sollte auch genug Zeit sein, um über Verhaltensprobleme zu sprechen. Schließlich gehen viele ja deswegen in eine Hundeschule.
- ✔ **Können Sie die Unterrichtsinhalte mitbestimmen?** Vielleicht können Sie Zusatzstunden vereinbaren, um spezielle Lerninhalte zu vertiefen?
- ✔ **Können andere Familienmitglieder oder kann der Lebenspartner am Training teilnehmen?** Können Kinder mitkommen? Der Hundetrainer sollte Ihnen helfen, die Beziehung zwischen Ihrem Welpen und den einzelnen Familienmitgliedern zu verstehen. Daher sollten auch andere Haushaltsmitglieder am Training teilnehmen können.

Bücher und Videos

Sind Sie mehr der Do-it-yourself-Typ? Das ist ganz in Ordnung, solange Sie die richtigen Ratschläge befolgen. Ja, Sie lesen mein Buch, also vertrauen Sie meinen Methoden wohl, aber nicht jeder legt so viel Wert auf konsequentes Training. Suchen Sie Ihre Bücher gut aus und suchen Sie sich Unterstützung, wenn Sie nicht weiterkommen. Sie erziehen Ihren Welpen nur ein Mal.

Den Hund zum Unterricht abgeben

Ich empfehle es nicht, den Hund zum Training bei einem erfahrenen Hundetrainer abzugeben. Hier die Vor- und Nachteile:

Dafür spricht:

- ✔ Sie haben Ihren Hund nicht zwischen den Füßen.
- ✔ Sie müssen nicht bei der Erziehung dabei sein.
- ✔ Ihre Probleme werden gelöst – vielleicht nur vorübergehend, aber ein Fortschritt wird sofort sichtbar sein.
- ✔ Wenn Sie zu Hause alles richtig machen, wird Ihr Welpe sich prima erziehen lassen.
- ✔ Einige Probleme können dauerhaft gelöst werden.

Dagegen spricht:

- ✔ Ihr Hund ist nicht bei Ihnen.
- ✔ Sie können bei der Erziehung nicht dabei sein.
- ✔ Es ist teurer.
- ✔ Probleme können wieder auftauchen oder sogar schlimmer werden, weil die Übungssituation sich völlig von der Situation zu Hause unterscheidet.
- ✔ Wenn Sie zu Hause nicht alles richtig machen, wird das teure Training schnell wieder vergessen sein.

Wenn Sie Ihren Hund lieber zum Training abgeben wollen, schauen Sie sich die Hundeschule oder den Trainer vorher genau an. Ein Hund ist kein Auto, das man in der Werkstatt abgibt. Ihre Mitarbeit ist entscheidend.

Was ist besser – Einzelunterricht oder Gruppenunterricht

Ich werde oft gefragt, was besser ist – Einzelunterricht oder Gruppe. Ehrlich gesagt, am besten ist eine Kombination aus beidem. Einzelunterricht gibt mir die Möglichkeit, den Fortschritt genau zu beobachten. In der Gruppe lernen Welpen, mit Ablenkungen umzugehen.

Der Verhaltenstherapeut

Ein Verhaltenstherapeut ist meist ein Tierarzt mit Zusatzausbildung. Der Arbeitsschwerpunkt liegt mehr bei der Problemanalyse als bei der praktischen Erziehung. Wenn Sie einen speziellen Verhaltenstherapeuten suchen, seien Sie vorsichtig. Diese Spezialisten sind meist teuer. Auch viele Tierärzte, die sich mit Homöopathie oder Bachblütentherapie beschäftigen, haben gute Kenntnisse in Verhaltenstherapie und kombinieren beide Verfahren.

Wenn es unbedingt erforderlich ist, Psychopharmaka anzuwenden, sind Sie sicher bei einem Tierarzt mit der Zusatzbezeichnung Verhaltenstherapie ganz gut aufgehoben.

Verhaltenstherapie ist in Deutschland eine geschützte Zusatzbezeichnung für Tierärzte, die eine umfassende Fortbildung erfordert. Auch ein Tierheilpraktiker kann sich Verhaltenstherapeut nennen. Allerdings ist die Bezeichnung Tierheilpraktiker genauso wenig gesetzlich geschützt, wie auch die Fachgebietsbezeichnungen der Tierheilpraktiker nicht festgelegt sind. Hier können also der Kenntnisstand und die Ausbildung ganz unterschiedlich sein. Es gibt auch Biologen oder Psychologen, die sich auf Verhaltenstherapie spezialisiert haben. Auch hier ist die Bezeichnung nicht gesetzlich geschützt. Die Qualität der Therapeuten kann also ganz unterschiedlich sein.

Teil V

Welpen-Knigge für Fortgeschrittene

The 5th Wave By Rich Tennant

In diesem Teil ...

Sie haben den Anfängerkurs gemeistert und jetzt geht es weiter. In diesem Teil finden Sie alles über das Training ohne Leine, den Auftritt in der Öffentlichkeit und welche Sportmöglichkeiten Sie mit Ihrem Hund wahrnehmen können.

Training ohne Leine

17

In diesem Kapitel

- Bereiten Sie sich auf das Training ohne Leine vor
- Die richtige Ausstattung
- Häufige Fragen zum Training ohne Leine
- Rettung in der Not: das Kommando »Platz!«

Nichts ist wunderbarer als ein gut erzogener Hund! In Kapitel 14 habe ich Ihnen viel über das Training an der Leine beigebracht. Diese Übungen sind Voraussetzung für die Übungen ohne Leine.

Die Kontrolle über einen frei laufenden Hund müssen Sie sich erarbeiten. Denken Sie daran, dass Hunde einem starken Chef folgen, also verhalten Sie sich selbstsicher und vertrauenerweckend (auch, wenn Sie sich gar nicht so fühlen). Dann wird auch Ihr Hund Ihnen vertrauen.

Bereiten Sie sich vor

Seien Sie nicht ungeduldig. Ohne Leine haben Sie weniger Kontrolle über Ihren Hund. Ihr Welpe kann sich aussuchen, ob er kommen will oder nicht, wenn Sie ihn rufen. Sie können ihn lange rufen, wenn er nicht will, wird er nicht kommen. Um ohne Leine arbeiten zu können, müssen Sie Ihren Hund einschätzen können. Und Ihr Hund wird herausfinden wollen, ob er Sie überhaupt ernst nehmen muss. Also: Strotzen Sie vor Selbstbewusstsein und Zuversicht, dann wird Ihr Hund sich Ihnen anvertrauen. Gehen Sie nach diesen drei Schritten vor:

- ✔ **Bleiben Sie ruhig.** Ihre Enttäuschung empfindet der Hund als Schwäche. Zunächst mag Ihr Hund ohne Leine verwirrt wirken, er vermisst die Zeichen, die Sie ihm mit der Leine gegeben haben. Ohne Leine fühlt sich alles ein bisschen anders und fremd an. Wie auch immer er reagiert, bewahren Sie die Nerven. Halten Sie eine kleine aufmunternde Rede an sich selbst, das bringt Ihre Körpersprache wieder auf Vordermann und lenkt die Aufmerksamkeit Ihres Hundes auf Sie.

- ✔ **Konzentrieren Sie sich.** Blickkontakt bedeutet Kontrolle. Ihr Hund sollte Sie anschauen. Wenn das Gegenteil der Fall ist, ist der Hund der Chef. Wenn Sie in einem umzäunten Gelände sind oder den Hund an der Leine haben, können Sie ihn einfach ignorieren, wenn er nicht gehorcht. Wenn Sie in der Nähe des Hauses sind, gehen Sie einfach hinein. Ein würdevoller Abgang ist kein Gesichtsverlust.

- ✔ **Schalten Sie einen Gang runter.** Eigentlich klappt alles ganz toll, auch ohne Leine. Aber plötzlich hupt ein Auto oder ein Eichhörnchen flitzt über die Wiese und alles ist vergessen. Möchten Sie ein Geheimnis erfahren? Es dauert. Wenn Ihr Hund sich immer noch leicht ablenken lässt, wiederholen Sie noch einmal die Übungen an der Leine mit viel Ablenkung um Sie beide (siehe Kapitel 14). Durch die Leine haben Sie nicht nur die Kontrolle über die Situation, sondern Ihr Hund macht auch einmal mehr die Erfahrung, dass Sie alles unter Kontrolle haben.

Die richtige Ausstattung

Wenn Sie anfangen, ohne Leine mit Ihrem Hund zu arbeiten, müssen Sie Ihren Hund über eine immer größer werdende Reichweite kontrollieren können. Schaffen Sie sich ein paar hilfreiche Dinge vorher an:

- ✔ **Die Flexi-Leine** – Jeder kennt diese praktischen Leinen mit Aufrollspule. Je länger, umso besser ist sie für diesen Zweck geeignet.
- ✔ **Die kurze Zugleine** – Eine leichte Nylonleine, ein bis zwei Meter lang, zum Beispiel eine Wäscheleine oder ein leichtes Seil.
- ✔ **Der Griff am Halsband** – Eine ganz kurze Leine am Halsband, nur etwa 20 bis 30 Zentimeter lang.
- ✔ **Die Anbindeleine** – Eine lange Leine, ungefähr sechs bis sieben Meter lang, mit der Sie Ihren Hund an einem Baum oder Pfosten festbinden können, um die Kommandos »Stopp!«, »Bei Fuß!«, »Platz!« und »Komm!« zu üben.
- ✔ **Die lange Leine** – Eine einfache Leine mit 10 bis 20 Metern Länge.

Befestigen Sie diese Leinen immer am einfachen Halsband, nicht an einem Korrektur- oder Würgehalsband! (In Kapitel 5 werden die verschiedenen Halsbänder vorgestellt.)

Freilaufende Hunde gehorchen nicht über Nacht. Auch wenn es Ihnen in den Fingern juckt, sollten Sie schrittweise vorgehen. Ich werde Ihnen den Einsatz der verschiedenen Leinen einzeln erklären, aber während Ihrer Trainingseinheiten können Sie sie abwechselnd nutzen. Lassen Sie sich Zeit!

Die Flexi-Leine

Diese Leine ist eine tolle Erfindung. Einerseits lässt sie Ihrem Hund Bewegungsfreiheit, andererseits behalten Sie die Sache in der Hand. Sie können sie während der täglichen Spaziergänge nutzen, um ein paar Kommandos zu wiederholen:

- ✔ **Name:** Rufen Sie freudig Ihren Welpen beim Namen: »Ayka!« Wenn Ayka guckt, loben Sie sie. Wenn sie gar nicht guckt, rucken Sie an der Leine, sagen »Nein!« und loben Sie erst, wenn sie Blickkontakt aufnimmt.

- ✔ **»Stopp!«:** Anfangs soll Ihr Hund 1 m vor Ihnen anhalten. Rucken Sie an der Leine, wenn er weiterlaufen will. Vergrößern Sie die Entfernung Meter für Meter. (Wie lang ist Ihre Flexi-Leine?)
- ✔ **»Sitz! – Bleib!«:** Vergrößern Sie auch bei dieser Übung langsam die Distanz (siehe Abbildung 17.1). Ihr Hund muss sich erst an den Zug der Flexi-Leine gewöhnen.
- ✔ **»Bei Fuß!«:** Mit diesem Kommando rufen Sie Ihren Hund an Ihre Seite. Rufen Sie zuerst seinen Namen und dann das Kommando »Bei Fuß!«, klatschen Sie dabei auf Ihren Oberschenkel. Loben Sie Ihren Welpe, wenn er kommt, lassen Sie ihn eine kurze Strecke bei Fuß gehen und dann wieder laufen.
- ✔ **»Aus!«:** Jedes Mal, wenn Ihr Welpe anfängt, sich für etwas Verbotenes zu interessieren, rucken Sie an der Leine und sagen »Aus!«. Lenken Sie ihn gleich mit einem Spielzeug oder einem anderen Kommando ab.

Abbildung 17.1: So können Sie mit der Flexi-Leine nach und nach die Reichweite Ihrer Kommandos vergrößern.

Die kurze Zugleine

Um Ihren Hund im Haus unter Kontrolle zu haben, verwenden Sie eine leichte Leine, die ungefähr ein bis zwei Meter lang sein sollte. Immer wieder können Sie tagsüber ein einfaches Kommando geben. Wenn Ihr Hund nicht reagiert, treten Sie auf das Ende der Leine und bringen ihn, wenn notwendig, in die richtige Position. Loben Sie den Hund, auch wenn Sie ihm in die richtige Position helfen mussten, belohnt wird die Aufmerksamkeit. Ihr Hund muss sich erst daran gewöhnen, Kommandos ohne Leine auszuführen.

Wenn Ihr Hund allerdings in seiner Hundesprache Protest ausdrückt (Bellen oder Ausweichen), treten Sie auf die Leine, nehmen sie auf, rucken scharf daran und sagen deutlich »Aus!«. Legen Sie ihn auf seinem Platz ab und beachten Sie ihn 15 Minuten lang nicht – das ist Fernsehverbot übersetzt in die Hundesprache!

Der Griff am Halsband

Nach den Übungen mit der kurzen Leine, können Sie eine ganz kurze Leine wie einen Griff an seinem Halsband befestigen. Wiederholen Sie die Kommandos »Sitz!«, »Platz!«, »Bleib!«, »Bei Fuß!« und »Komm!«.

Legen Sie diese kurze Leine an, wenn Sie zu Hause sind. Zusätzlich machen Sie einmal täglich folgende Übung: Bringen Sie Ihren Hund in einen ruhigen Raum und üben Sie die Kommandos mit ihm. Anfangs halten Sie dabei die kurze Leine in der Hand, aber beim zweiten Durchgang lassen Sie die Leine los. Verwenden Sie die Handsignale (siehe Kapitel 14) und achten Sie auf Ihre Körpersprache, damit unterstützen Sie die Konzentration Ihres Hundes.

Die Anbindeleine

Mit dieser Leine können Sie Ihren Hund an einem Pfosten oder etwas Ähnlichem festbinden. Knoten Sie die Leine fest und gehen Sie folgendermaßen vor:

1. **Zum Aufwärmen machen Sie fünf Minuten lang die bekannten Übungen mit einer normalen Leine.**

2. **Befestigen Sie die Anbindeleine möglichst unauffällig zusätzlich am Halsband.**

3. **Nehmen Sie die normale Leine ab und legen Sie sie für Ihren Hund sichtbar auf den Boden. Jetzt haben Sie die Hände frei.**

4. **Geben Sie das Kommando »Bleib!« und entfernen Sie sich drei Meter.**

   Wenn Ihr Hund gut mitarbeitet, können Sie die Entfernung langsam vergrößern. Zeigen Sie dem Hund, dass Sie keine Leine in der Hand haben, rudern Sie mit den Armen oder streichen Sie sich durchs Haar.

5. **Wenn es bis hierhin gut klappt, machen Sie mit dem Kommando »Sitz! – Bleib!« weiter. Geben Sie anschließend das Kommando »Platz!« und dann wieder »Bleib!«.**

   Sie können auch das Kommando »Komm!« verwenden, müssen dabei aber natürlich darauf achten, dass die Leine genug Bewegungsfreiheit lässt. Wiederholen Sie die Übung.

Wenn Ihr Hund verwirrt oder gar ängstlich reagiert, gehen Sie zu ihm und bringen ihn mit Ruhe und Geduld in die richtige Position. Wiederholen Sie die Übung mit weniger Abstand. Immer, wenn Ihr Hund in die Leine läuft, muss ein deutliches »Aus!« von Ihnen folgen. Hören Sie auf, bevor die Konzentration nachlässt. Viel Glück!

Die lange Leine

Legen Sie Ihren Hund an die lange Leine (etwa 10 bis 20 Meter) und lassen Sie ihn frei herumlaufen. Erkunden Sie gemeinsam die Umgebung, spielen Sie und genießen Sie die Zeit. Geben Sie so wenig Kommandos wie möglich. Alle fünf Minuten geben Sie mit klarer, freundlicher Stimme ein Kommando, Sie sollten dann möglichst in der Nähe der Leine sein.

Wenn Sie ein Kommando zum Stoppen benutzen – wie »Sitz!«, »Stopp!« oder »Platz!« –, bleiben Sie abrupt stehen und geben ein deutliches Handzeichen dazu (siehe Kapitel 14). Wenn Sie ein Kommando geben, das ihn zur Bewegung auffordert – wie »Komm!« oder »Bei Fuß!« –, gehen Sie ein paar Schritte zurück, um Ihren Hund dazu aufzufordern, zu Ihnen zu kommen. Wird das Kommando gut ausgeführt, gibt es ordentlich Streicheleinheiten zur Belohnung. Wenn nicht, folgt ein strenges »Aus!«. Nicht schreien! Schließen Sie die Übungseinheit mit einer einfachen Übung ab und spielen Sie dann noch ein schönes Spiel mit Ihrem kleinen Schatz, zur Belohnung nach der Anstrengung.

Häufige Fragen zum Training ohne Leine

Ein kleiner Fehler kann zu einer großen Katastrophe führen, wenn Sie Ihren Hund nicht mehr an der Leine haben. Bevor Sie nicht beide wahre Freilaufprofis sind, reicht eine interessante Ablenkung oder reiner Übermut, und schon ist Ihr kleiner Liebling auf der Straße. Also üben Sie bitte erst auf einem umzäunten Gelände, bis alle Übungen wirklich sitzen.

Sicher haben Sie schon eine ganze Reihe von Fragen im Kopf. Hier die häufigsten:

Woran erkenne ich, dass ich meinen Hund von der Leine lassen kann?

Sie sollten es spüren. Anfangs geht es auf und ab, es gibt Tage, da läuft alles wie am Schnürchen und schon am nächsten Tag scheint gar nichts mehr zu klappen. Enttäuschung signalisiert Ihrem Hund Schwäche, und einen schwachen Chef muss man nicht respektieren. Bleiben Sie auf einem eingezäunten Gelände, so dass Sie im Notfall eingreifen können, und zögern Sie nicht, wieder zur langen Leine oder Trainingsleine zu greifen.

Manchmal bin ich so enttäuscht, dass ich meinen Hund am liebsten schlagen würde. Gibt es überhaupt Situationen, in denen Schläge richtig sind?

Schlagen zu wollen ist zwar verständlich, aber tun Sie es nicht! Wenn Sie so wütend und aufgebracht sind, gehen Sie am besten ganz ruhig weg. Sie wissen ja: Ein würdevoller Abgang ist kein Gesichtsverlust.

Das »Sitz! – Bleib!«-Kommando an der Flexi-Leine klappt bei uns überhaupt nicht. Was kann ich tun?

Üben Sie mit kurzen Distanzen. Üben Sie eine Woche lang in einer Distanz, in der Ihr Hund noch gehorcht, vergrößern Sie erst dann die Distanz, und zwar nur um einen Meter in jeder Woche. Schauen Sie Ihren Hund nicht an, während Sie sich entfernen. Wenn Sie rückwärts gehen und ihn dabei anschauen, ist das wie ein »Komm!«-Kommando. Gehen Sie geradeaus, kehren Sie Ihrem Hund den Rücken und strahlen Sie Autorität aus. Wiederholen Sie dabei ruhig das Kommando »Bleib!« noch einmal.

Manchmal duckt sich mein Hund vor mir und bellt mich an. Was kann ich dagegen tun?

Gucken Sie ihn nicht an, er will spielen, anstatt zu üben. Warten Sie, bis er mit seinen Mätzchen fertig ist oder nehmen Sie ihn an die Trainingsleine (siehe Kapitel 12).

Kann eine Leine sich nicht in Sträuchern oder Zäunen verfangen?

Ja, das kann sie. Befestigen Sie die Leine deshalb immer am normalen Halsband und nie an einem Korrektur- oder Würgehalsband. Lassen Sie Ihren Hund nicht unbeaufsichtigt.

Wenn ich bei meinem Hund nur diese ganz kurze Leine (den Griff) am Halsband befestige, komme ich nicht mehr an ihn ran. Soll ich es aufgeben?

Arbeiten Sie noch ein oder zwei Wochen mit der kurzen Leine (1 bis 2 Meter). Legen Sie dann die ganz kurze Leine zusätzlich an. Wenn er sich dann nicht greifen lässt, können Sie auf die andere Leine treten, um ihn zu stoppen.

Kein Training ohne Leine in freier Wildbahn. Das Leben Ihres Welpen ist sehr verletzlich, Sie müssen ihn beschützen.

Rettung in der Not: Das Kommando »Platz!«

In Kapitel 14 wird das Kommando »Platz!« erklärt. Aber für die Sicherheit beim Training ohne Leine müssen Sie noch einen Schritt weiter gehen. Üben Sie für Notfälle ein »Platz!«-Kommando ein, das Ihren Welpen sofort in den Staub wirft. Ich habe es selbst einmal benutzt, um einen meiner Welpen davon abzuhalten, einem Ball auf eine Hauptverkehrsstraße zu folgen.

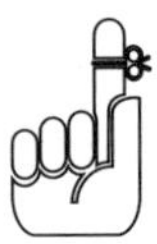

Anfangs wird Ihr Welpe vielleicht ein bisschen verwirrt sein. Seien Sie geduldig während der Übung. Bevor Sie allerdings überhaupt mit dieser Übung anfangen können, muss Ihr Hund das Kommando »Platz!« (erklärt in Kapitel 14) sicher beherrschen.

1. **Stellen Sie sich ganz locker neben Ihren Hund.**
2. **Rufen Sie plötzlich »Platz!«, und zwar sollten Sie nicht einfach rufen, sondern so rufen, als ob es um Leben und Tod ginge (denn dafür üben Sie ja). Geben Sie dabei auch das entsprechende Handsignal (auf den Boden zeigen).**

   Legen Sie Ihr ganzes schauspielerisches Talent in dieses Kommando, Sie müssen sich selbst erschrecken, dann sind Sie überzeugend.
3. **Knien Sie sich sofort hin, um Ihren Welpen in die richtige Position zu bringen.**
4. **Sie sind doch erschrocken, oder?**

Ihr Hund wird die Übung schnell verstehen und sich selbst hinwerfen. Sobald das klappt, üben Sie mit mehr Abstand.

Diese Übung wird vielleicht einmal das Leben Ihres Hundes retten. Stellen Sie sich vor, er steht auf der anderen Seite einer Straße und will zu Ihnen, aber ein Auto kommt. Es ist wirklich wahr, dieses Kommando kann Leben retten. Als ich einmal von der Hundeschule mit meiner Hündin Kira nach Hause ging, fiel mir ein Hundeball aus meinem Beutel und rollte Richtung Straße. Kira, die Liebe, wollte mir wohl den verlorenen Ball zurückbringen und rannte hinterher. Voller Panik schrie ich »Platz!« und tatsächlich warf sie sich sofort auf den Gehweg, direkt an der Bordsteinkante. Was für ein wunderbarer Hund!

Dieses Kommando zu üben ist für alle Beteiligten wirklich anstrengend. Machen Sie es deshalb wirklich nur einmal am Tag, aber für Ihren Hund überraschend.

Erste Schritte in die große, weite Welt

18

In diesem Kapitel

- Der erste Auftritt in der Öffentlichkeit
- Neue Leute, groß und klein, treffen und begrüßen
- Ein Ausflug – wir fahren Auto
- Ängste überwinden
- Die ersten Nächte in fremder Umgebung

Der schönste Lohn für das viele Üben ist es, einen Welpen überall mitnehmen zu können. Ein gut erzogener kleiner Hund ist immer ein gern gesehener Gast, bei Picknicks oder Spaziergängen sogar eine besondere Attraktion. Und Ihre Kinder werden begeistert sein, wenn neben den Eltern noch ein kleiner Fellknäuel am Rand des Sportplatzes auf sie wartet.

Ein Welpe kann ein Kommando nicht aus der ruhigen Atmosphäre Ihres Wohnzimmers auf einen belebten Sportplatz übertragen. Das müssen Sie ihm beibringen. In diesem Kapitel lernen Sie es.

Aber denken Sie daran: Erst impfen, dann raus. Ungeimpfte Hunde können sich sehr schnell gefährliche Viren einfangen, auch ohne dass sie direkten Kontakt mit anderen Hunden haben. Sprechen Sie mit Ihrem Tierarzt über die notwendigen Impfungen (siehe Kapitel 22). Auch heute gibt es noch tödlich verlaufende Infektionskrankheiten.

Die Vorbereitungen

Bereiten Sie sich auf den ersten Auftritt in der Öffentlichkeit vor. Sonst kann es wirklich peinlich werden. Sie sind unsicher, Ihr Hund ist zu abgelenkt, um Sie überhaupt zu hören, und schon werden Sie jedem, der Ihnen begegnet, erzählen, dass er aber zu Hause ein ganz braves Hundchen ist. Woher ich das weiß? Ich habe es selbst erlebt.

Bevor Sie sich ins Getümmel stürzen, üben Sie doch erst einmal in einer ruhigen, überschaubaren Gegend, so dass Sie sich ganz auf Ihren Hund konzentrieren können. Vielleicht klappt ja auch alles auf Anhieb, aber es kann auch wirklich anstrengend und frustrierend sein. Warum Sie sich überhaupt damit quälen sollen? Hier sind drei gute Gründe:

- ✔ Es wird einfacher.
- ✔ Es ist wunderbar, mit einem gut erzogenen Hund durch die Gegend zu ziehen.

- Es unterstützt Ihre Chefposition, Sie kennen sich schließlich aus in der Welt, nur für Ihren Hund ist alles neu.

Die harte Realität

Der erste Spaziergang auf belebten Straßen ist meist chaotisch, aber lassen Sie sich nicht entmutigen. Sogar ich musste diese Erfahrung mit meiner Hündin Shayna May machen, als wir uns das erste Mal in die Innenstadt wagten. Ich versuchte, sie bei Fuß zu führen, und rannte gegen einen Laternenpfahl. Als eine Familie stehen blieb, um sie zu streicheln, sprang sie hoch und leckte allen erst mal das Gesicht ab. Aber dieser schreckliche erste Ausflug ging vorbei und mit der Zeit lernte Shayna, dass es Regeln gibt, die immer gelten, egal ob sie meine Freundin an der Haustür begrüßt oder von zehn Schulmädchen im Park umringt wird. Sie sah hübsch aus und war freundlich, das machte die Sache leichter, aber auch wir waren nicht perfekt, sondern mussten viel üben. Und so wird es Ihnen wahrscheinlich auch ergehen.

Es kostet einige Mühe, mit einem Hund durch die Innenstadt zu laufen, vergessen Sie die Grundregeln nicht:

- **Lassen Sie Ihren Hund an der Trainingsleine.** Sie erinnert ihn daran, dass der Chef auch da ist. Werden Sie nicht übermütig, Sie können wirklich leicht die Kontrolle über das Geschehen verlieren.
- **Seien Sie überzeugend.** Ihr Hund wird sich von Ihrer Selbstsicherheit überzeugen lassen.
- **Pfoten hinter die Füße.** Immer daran denken: Big Boss geht vor, der Hund folgt.
- **Kommunizieren Sie mit Ihrem Hund.** Ein Kommando von Zeit zu Zeit erhöht die Aufmerksamkeit und lässt den Kontakt nicht abreißen.
- **Kein Geschäftchen auf dem Gehweg.** Das sollten Sie vorher schon erledigt haben. Aber nehmen Sie sicherheitshalber eine Plastiktüte mit.
- **Setzen Sie Grenzen.** Ihrem Hund setzen Sie mit dem Kommando »Aus!« Grenzen, fremden Menschen können Sie erklären, warum ein kleiner Hund keine Currywurst fressen soll.

Lassen Sie sich nicht entmutigen, eines nicht zu fernen Tages werden Sie über Ihre Anlaufschwierigkeiten lachen. Im Grunde machen Sie alles, wie Sie es schon immer geübt haben. Und nicht vergessen: Sie sind der Boss.

Begegnungen mit fremden Menschen

Kein Grund zum Haareraufen, es ist gar nicht so schwer, einen kleinen Hund jemandem vorzustellen, wenn der Kleine an der Leine gut mitarbeitet, seine Kommandos kennt und ansonsten ein freundlicher kleiner Kerl ist. Aber bevor es losgeht, lesen Sie die drei folgenden Punkte.

Wenn auch nur einer davon auf Sie und Ihren kleinen Schatz zutrifft, folgen Sie bitte, bitte meinem Ratschlag und experimentieren Sie nicht auf eigene Faust herum:

- ✔ Wenn Sie Probleme mit Aggressivität haben, müssen Sie Ihren Welpen nur einem Hundetrainer oder Verhaltensspezialisten vorstellen, sonst niemandem. Wie Sie einen finden? Fragen Sie Ihren Tierarzt. Besser jetzt auf Nummer sicher gehen, als sich später mit einer Klage herumschlagen zu müssen.
- ✔ Wenn Ihr Welpe in der Anwesenheit Fremder nervös oder angespannt ist, gehen Sie lieber in eine Hundeschule. Gruppentraining oder Einzelunterricht werden Ihnen helfen, dass Problem zu lösen.
- ✔ Wenn Sie es sich nicht wirklich zutrauen, einen Hund zu erziehen und zu trainieren, lassen Sie sich lieber helfen. Unsicherheit ist genauso ansteckend wie Vertrauen. Mit professioneller Hilfe kann Ihnen geholfen werden.

Fünf wichtige Regeln

Das sind die fünf wichtigen Regeln beim ersten Ausflug in die harte Wirklichkeit da draußen:

- ✔ **Regel Nr. 1:** Bevor Sie Ihren Hund jemandem vorstellen, vergewissern Sie sich noch einmal, ob er (der Hund natürlich) sich wohl fühlt. Am ersten Tag müssen Sie ihn überhaupt noch niemandem vorstellen.
- ✔ **Regel Nr. 2:** Füße vor Pfoten. Unterbinden Sie jeden Versuch, loszustürmen.
- ✔ **Regel Nr. 3:** Erzählen Sie allen, die sich für Ihren Hund interessieren, was Sie gerade tun: »Wir sind mitten im Unterricht!«
- ✔ **Regel Nr. 4:** Konzentrieren Sie sich auf Ihren Hund, nicht auf die Menschen. Bleiben Sie konsequent.
- ✔ **Regel Nr. 5:** Vertrauen Sie sich und Ihrem Wissen und Ihrer Erfahrung, die Sie sich erarbeitet haben. Nicht alle gut gemeinten Tipps sind hilfreich. Und es spielt auch keine Rolle, ob Ihr Gegenüber dreckige Hundepfoten auf der Jacke akzeptiert, *Sie* akzeptieren es nicht.

Die Draufgänger

Wie Sie Ihren Hund jemand Fremdes auf der Straße begrüßen lassen, hängt von ihm selbst ab. Wenn Ihr Welpe sich vor Begeisterung überschlägt, müssen Sie ihn etwas zügeln können. Er muss sich Ihrer Anwesenheit bewusst bleiben.

Bitten Sie die Leute zu warten, bis er sich beruhigt hat. »Sitz – Bleib!«, die Pfoten immer hinter Ihren Füßen. Halten Sie eine Hand seitlich an seinem Brustkorb, mit der anderen Hand greifen Sie das Halsband. Er darf nicht springen. Wer will, darf jetzt Ihren Hund streicheln und begrüßen. Wiederholen Sie das Kommando »Bleib!«, wenn die Spannung im Hundekörper steigt. Lassen Sie Ihren Hund einfach sitzen, bis sich die Leute wieder von Ihnen abgewendet haben. Wow – das war Arbeit!

Die schüchternen Mäuschen

Bitten Sie die Leute, einen Augenblick zu warten. Lassen Sie Ihren Hund »Sitz – Bleib!« machen, hocken Sie sich neben ihn, halten Sie mit einer Hand seinen Bauch von der Seite und mit der anderen Hand seine Brust. Heben Sie ruhig seinen Kopf etwas an, das stärkt das Selbstvertrauen während der Begrüßung.

Irgendwelche Probleme?

Wenn Ihr Hund eher ängstlich reagiert, wenn sich andere Menschen nähern, bitten Sie sie um einen Augenblick Geduld. Geben Sie das Kommando »Sitz – Bleib!«, hocken Sie sich neben Ihren Hund und halten Sie ihn, wie im vorigen Abschnitt beschrieben. Geben Sie Ihrem Gegenüber ein paar Leckerli. Bevor die fremde Hand streichelt, gibt sie etwas Gutes, das flößt Ihrem Hund Vertrauen ein. Dann wird er sich auch gerne streicheln lassen. Wenn er aber ängstlich bleibt, brechen Sie ab. Zwingen Sie Ihren Hund nicht, sich streicheln zu lassen.

Damit Ihr Hund nicht süchtig nach Leckerli wird, müssen Sie die Leckerli-Gaben einschränken: Ein Leckerli pro Person, nur noch jeder zweite ein Leckerli usw. (mehr zum Thema Leckerli siehe Kapitel 20).

Begegnungen mit fremden Hunden

Schon beim Gedanken daran schüttelt es Sie? Sie sehen Ihren kleinen Liebling schon laut kläffend an der Leine zerren. Hallo – es ist nur ein böser Traum. Und wenn Sie schon unangenehme Erfahrungen gemacht haben, vergessen Sie sie und wagen Sie einen neuen Anfang, es lohnt sich! Bei der Begegnung mit anderen Hunden müssen Sie zunächst die Kontrolle über Ihren Hund behalten und wenn die Situation vertrauenerweckend ist, Ihren Hund mit einem »Auf geht's!« laufen lassen.

Zuerst Kontrolle

Wenn Sie beim Spaziergang einen anderen Hund treffen, gehen Sie nicht direkt auf ihn zu. Bringen Sie erst einmal Ihren Hund unter Kontrolle:

1. **Wenn sich Ihr Welpe aufregt, rucken Sie an der Leine und geben das Kommando »Bei Fuß!«.**

2. **Gehen Sie einfach weiter und bleiben Sie auf Ihrer Wegseite.**

3. **Meiden Sie Blickkontakt mit dem anderen Hund, gehen Sie ihm weder direkt entgegen noch hinterher.**

4. **Wenn sich Ihr Hund weiter wild gebärdet, legen Sie einen Schritt zu und ziehen hin und wieder ruckartig an der Leine.**

5. **Loben Sie ihn, sobald Sie merken, dass er wieder auf Sie achtet.**
6. **Im Zweifelsfall müssen Sie einfach dickköpfiger sein als Ihr Hund, sonst haben Sie verloren.**

Und wenn jemand mit Ihrem Hund üben möchte ...

Stellen Sie sich vor, Sie machen mit Ihrem Hund einen kleinen Spaziergang im Park und jemand kommt Ihnen entgegen, an der Leine einen Welpen. Er spricht Sie an und erzählt, dass er gerade mit seinem Hund den Umgang mit fremden Hunden übt. Müssen Sie Ihren Hund für eine kleine Übung zur Verfügung stellen, wenn Sie darum gebeten werden? Nein. Wenn Sie nicht möchten oder Ihr Hund zu aufgeregt ist oder zu müde, lehnen Sie freundlich, aber bestimmt ab. Aber wenn Sie einverstanden sind, bringen Sie Ihren Hund an Ihrer Seite unter Kontrolle (Pfoten hinter die Füße) und lassen ihn dann mit einem freundlichen »Auf geht's!« laufen. Rufen Sie ihn bei Fuß, wenn Sie das Spiel beenden möchten.

Das Kommando »Auf geht's!«

Wenn Sie Ihren Welpen kontrollieren können, erlauben Sie die Begrüßung eines anderen Hundes mit dem Kommando »Auf geht's!«. Vorher sollten Sie sich allerdings vergewissern, dass der andere Hund freundlich ist und der Hundebesitzer Sie in Ihren Erziehungsbemühungen unterstützt. Sobald Sie die Begrüßung oder das Spiel beenden möchten, rufen Sie Ihren Hund mit dem Kommando »Bei Fuß!« wieder zu sich und weiter geht's.

Wenn Sie sich mit Freunden verabreden, damit Ihre Hunde sich kennen lernen, treffen Sie sich an einem neutralen Ort. Eine Wiese oder ein Park ist ein neutrales Gelände, niemand muss hier sein Territorium verteidigen. Bei der ersten Begegnung werden Sie vielleicht Gebell oder auch das eine oder andere Knurren hören. Schnuppern gehört genauso dazu wie Stupsen oder auch Schnappen. Zerren Sie nicht gleich an der Leine, die Hunde müssen sich einigen, wer von ihnen das Sagen hat. Wenn Sie sich einmischen, kommt es eher zu einem ernsthaften Kampf. Bleiben Sie ruhig, lassen Sie im Zweifelsfall die Leine gehen. Wird es gefährlich, treten Sie mit dem Fuß auf die Leine, nehmen sie auf und versuchen, die Hunde auseinander zu ziehen. Gehen Sie niemals zwischen kämpfende Hunde, die Verletzungsgefahr ist viel zu groß!

Wenn Sie einem frei laufenden Hund ohne Mensch begegnen, gehen Sie ihm aus dem Weg. Beachten Sie ihn gar nicht und legen Sie einen Schritt zu. Konzentrieren Sie sich darauf, Ihren Hund unter Kontrolle zu halten. Sobald der Hund merkt, dass Sie gehen, wird er Sie in Ruhe lassen, er hat seine Stärke unter Beweis gestellt und kann seine Kräfte für die nächste Herausforderung schonen.

Einfacher ist die Begegnung mit anderen Hunden meist, wenn alle Hunde frei laufen können. Viele Hunde meinen, sie müssten ihr Frauchen oder Herrchen am anderen Ende der Leine verteidigen, insbesondere wenn Frauchen oder Herrchen beim Anblick anderer Hunde schon blass um die Nase wird. Weniger mutige Hunde würden dem anderen Hund eigentlich lieber ausweichen, können es aber nicht, weil sie angeleint sind.

Die erste Autofahrt

Sinn einer Autofahrt ist es, heil anzukommen, wo immer Sie hin wollen. Wenn Sie mit dem Gedanken spielen, es erst gar nicht zu versuchen, kann ich es verstehen. Die erste Autofahrt kann der blanke Horror sein, Ihr Welpe hüpft wie ein Gummiball von Sitz zu Sitz und bellt alles an, was sich draußen bewegt. (Oder bewegen nur wir uns?)

Stellen Sie sich vor, Sie wären ein Hund. Ihr Auto sieht aus wie ein Glaskasten. Für Sie ist es normal, permanent an Menschen, anderen Hunden oder herumflitzenden Eichhörnchen vorbeizukommen, aber in Ihrem Hund erwacht der Jagdtrieb. Oder er meint, sein Gebiet verteidigen zu müssen. Oder beides. Auf jeden Fall bellt er. Und was passiert? Alle fliehen vor ihm – er ist ein Held, Superman auf vier Pfoten. Und das ist das Problem.

Verbote helfen Ihnen jetzt nicht weiter. Brüllen hört sich an wie Bellen – auch Fehlanzeige. Außerdem sollen Sie sich ja auf die Straße konzentrieren. Gehen Sie systematisch vor, die nächsten Abschnitte zeigen Ihnen, wie Sie das bewerkstelligen.

Ins Auto einsteigen

Halten Sie sich immer streng an folgenden Ablauf:

1. **Führen Sie Ihren Welpen bei Fuß zum Auto.**
2. **Öffnen Sie die Tür und geben Sie das Kommando »Stopp!«.**
3. **Geben Sie ihm immer das gleiche Kommando, mit dem er sich auf seinem Platz im Auto oder in seiner Transportbox ablegen muss (siehe Kapitel 5).**
4. **Sichern Sie Ihren Hund und geben Sie das Kommando »Bleib!«. Informationen über das Sichern im Auto finden Sie auch in Kapitel 5.**

Und schon geht es weiter. Wenn man sich vorher ein paar Gedanken macht, bleibt einem viel Ärger erspart.

Aus dem Auto aussteigen

Jetzt soll er wieder aussteigen. Aus der Hundeperspektive gesehen ist das wieder eine sehr aufregende Sache: neue Gerüche, andere Umgebung, neue Menschen. Nehmen Sie es nicht persönlich, wenn Sie gerade nicht so wichtig sind. Aber das können Sie ändern:

1. **Geben Sie ihm das Kommando »Stopp!«.**
2. **Wenn er gleich losstürzt, rucken Sie an der Leine und es folgt ein deutliches »Aus!«.**
3. **Und noch einmal »Aus!«, dann warten Sie einfach, bis er sich beruhigt hat.**

4. **Legen Sie ihm seine Trainingsleine an und lassen Sie ihn mit dem Kommando »Weiter!« aussteigen.**
5. **Danach kommt sofort das Kommando »Fuß!« und mit der Leine sorgen Sie dafür, dass es befolgt wird.**
6. **Sagen Sie »Stopp!«, um die Möglichkeit zu haben, das Auto abzuschließen.**
7. **Weiter geht es mit »Fuß!«.**

Toll, genauso soll es sein.

Befestigen Sie die Leine nie an einem Korrektur- oder Würgehalsband, das ist viel zu gefährlich. Stellen Sie sich vor, Sie müssen plötzlich bremsen!

Angst im Auto

Manche Hunde haben einfach Angst im Auto. Eine schlechte Erfahrung im frühesten Welpenalter kann der Grund dafür sein, solche Ängste können aber auch später auftreten. Versuchen Sie, Ihren Hund weder übermäßig zu bedauern, noch mit harter Gewalt ihn zu Ruhe und Disziplin zu bringen. Tragen Sie ihn zum Auto, wenn er schläft. Bereiten Sie seine Hundedecke schon vor, stellen Sie das Radio mit ruhiger Musik an. Sprechen Sie ruhig mit ihm. Eine Behandlung mit Bachblüten oder homöopathischen Medikamenten kann helfen, insbesondere wenn Sie das Problem zusätzlich verhaltenstherapeutisch angehen. Fragen Sie Ihren Tierarzt danach. Ansonsten finden Sie auch in Kapitel 27 noch etwas zu diesem Thema.

Reisekrankheit

Vielen Hunden wird einfach schlecht im Auto. Eigentlich würden sie lieber zu Hause bleiben, aber manchmal muss es einfach sein. Gewöhnen Sie Ihren Hund langsam an die Fahrten im Auto. Übrigens wird Welpen häufiger schlecht als erwachsenen Hunden.

1. **Bestimmen Sie einen Platz im Auto für Ihren Hund, entweder auf der Rückbank oder auf der Ladefläche.**
2. **Stellen Sie Ihr Auto mit geöffneten Türen und Heckklappe vors Haus und spielen Sie mit Ihrem Hund im Auto.**

   Leckerli und Spielzeug helfen, ihn ins Auto zu locken. Besser geht es natürlich, wenn er vorher noch nicht Auto fahren musste.
3. **Nach einer Weile machen Sie eine Pause, füttern Sie Ihren Hund im Auto und geben Sie ihm auch Wasser. Nein, wie schön ist es doch im Auto!**
4. **Spielen Sie mit Ihrem Hund »Wo ist das Auto?«.**

   Sagen Sie: »Wo ist das Auto?«, und schon rennen Sie los und locken Ihren Hund, Ihnen zu folgen. Mit der Zeit wird Ihr Hund das Auto lieben.

5. **Wiederholen Sie die ganzen Übungen mit laufendem Motor.**
6. **Schnallen Sie Ihren Hund an und fahren Sie ein Stückchen vor und zurück. Das wiederholen Sie so oft, bis Ihr Hund sich auch daran gewöhnt hat.**
7. **Langsam können die Fahrten länger werden, halten Sie zwischendurch an und spielen Sie ein bisschen mit ihm.**

Vor einer längeren Autofahrt sollten Sie ihm zwei Stunden vorher nichts mehr zu trinken geben und drei Stunden vorher nichts mehr zu fressen. Gehen Sie kurz mit ihm raus. (Er soll nicht durstig sein, aber eine leere Blase und ein leerer Darm sind im Auto schon angenehmer.) Packen Sie Papiertaschentücher, alte Handtücher und Plastiktüten ein und los geht es!

Irgendwelche Probleme?

Will Ihr Hund nicht ins Auto springen? Vielleicht ist er einfach zu klein und Sie müssen ihm helfen. Aber fangen Sie erst gar nicht an, Ihren 60-kg-Bernhardiner ins Auto zu wuchten. So entsteht erlernte Hilflosigkeit. Und Sie werden alle Mühe haben, es ihm wieder abzugewöhnen. Versuchen Sie, ihn mit Leckerli ins Auto zu locken. Klappt nicht? Dann setzen Sie sich auf die Rücksitzbank und helfen Sie mit der Leine nach. Funktioniert auch nicht? Bitten Sie einen Freund, sich auf die Rücksitzbank zu setzen. Er zieht und Sie schieben von hinten. Wenn er immer noch nicht will, heben Sie eine Pfote nach der anderen in den Kofferraum, aber heben Sie um Himmels willen nicht den Hund hoch!

Angekommen am Ziel

Wenn Sie nach einer hoffentlich angenehmen Autofahrt am Ziel angekommen sind, ist der erste Eindruck der fremden Umgebung auf Ihren Hund der entscheidende. Egal, was Sie sich für diese Übung ausgesucht haben, eine einsame Wiese, das Haus eines Freundes oder einen interessanten Park, Sie müssen sofort die Kontrolle übernehmen, der Rest klappt dann von ganz allein.

Sobald Sie ausgestiegen sind, lassen Sie Ihren Hund bei Fuß gehen. Manche Hunde wollen gleich losstürzen und alles erkunden, andere drücken sich ängstlich an Frauchen oder Herrchen.

Die Draufgänger

Wenn Ihr Welpe mehr zur wilden Sorte gehört, wird sein Körper vor Aufregung zittern und er wird losstürzen wollen, um alles und jeden zu erkunden und zu beschnuppern. So können Sie Ihren Wirbelwind unter Kontrolle halten:

- ✔ Beharren Sie darauf, dass er bei Fuß geht.
- ✔ Bitten Sie Fremde, Abstand zu halten, damit er nicht völlig aus dem Ruder läuft. Das ist zwar unangenehm, aber es muss sein. Sie möchten doch nicht, dass Ihr Hund das nächste Kind anspringt und umwirft, auch wenn es keine böse Absicht ist.

- ✔ Bestehen Sie darauf, dass alle Kommandos perfekt ausgeführt werden. »Sitz! – Bleib!« bedeutet genau das und nichts anderes!
- ✔ Auch wenn zu Hause alles klappt, in einer fremden Umgebung sollten Sie noch einmal einen Gang zurückschalten und die Kommandos langsam aufbauen. Üben Sie erst einmal die »bremsenden« Kommandos wie »Bei Fuß!«, »Stopp!«, »Sitz!« und »Platz!«.

Die schüchternen Mäuschen

Wenn Ihr Hund eher ruhig oder ängstlich ist, kann eine fremde Umgebung sehr einschüchternd sein. Der Schwanz verschwindet zwischen den Hinterbeinen, er duckt sich und sucht Schutz hinter Ihren Beinen. Trösten Sie ihn nicht zu sehr und nehmen Sie ihn nicht hoch, das verstärkt seine Angst noch – ich weiß, man kann kaum widerstehen! Aber beten Sie es wie ein Mantra: »Bedauern bestätigt die Angst! Bedauern bestätigt die Angst!«, und machen Sie es lieber so:

- ✔ Strahlen Sie die Welt an und stellen Sie sich aufrecht hin, wie ein Fels in der Brandung. Ihr Hund wird sich sicherer fühlen und Sie nachahmen.
- ✔ Nehmen Sie Leckerli und Spielzeug mit, das lenkt ab. Es darf ruhig etwas sein, was es zu Hause nicht gibt.
- ✔ Geben Sie die immer wieder die Kommandos »Bei Fuß!« und »Bleib!«. Das klingt vertraut und ein klarer Auftrag beruhigt die flatternden Nerven.
- ✔ Wenn er zu aufgeregt ist, um Sie überhaupt zu hören, wiederholen Sie das Kommando, nachdem Sie seine Aufmerksamkeit wieder auf sich gelenkt haben.
- ✔ Bleiben Sie ruhig und strahlen Sie positive Energie aus. Halten Sie andere davon ab, sich auf Ihr süßes Hundebaby zu stürzen, bis es sich etwas beruhigt hat.

Irgendwelche Probleme?

Und wenn das so gar nicht klappt mit der Kontrolle und dem Bei-Fuß-Laufen in einer fremden Umgebung? Ein paar Probleme treten häufig auf und ich gebe Ihnen gerne ein paar Tipps mit auf den Weg:

Bei Fuß? Machen Sie Witze? Das macht er ja wunderbar zu Hause, aber überall sonst spinnt er total!

Es gibt zwei kleine Gegenmaßnahmen:

- ✔ **Ein Schritt zur Seite:** Wenn Ihr Hund etwas auf der linken Seite ins Visier genommen hat, machen Sie einen großen Schritt nach rechts, rucken kräftig an der Leine und geben deutlich das Kommando »Bei Fuß!«. Es dürfen ruhig mehrere Schritte zur Seite sein, wenn einer nicht ausreicht.

- ✔ **Der Schritt zurück:** Wenn Sie eine wahre Rakete an der Leine haben, legen Sie die linke Hand (mit der Sie die Leine halten) auf den linken Oberschenkel. Sobald Ihr Hund vorstürmt, geben Sie das Kommando »Bei Fuß!« und machen mit dem linken Bein rasch einen Schritt zurück. Das können Sie so lange wiederholen, bis wieder klar ist, was das »Bei Fuß!«-Kommando bedeutet: Pfoten hinter die Füße!

Wenn Sie immer noch Probleme haben, können Sie ein anderes Halsband ausprobieren oder versuchen, die Leine hinter Ihrem Rücken zu halten.

Sobald ich meinen Kleinen aus dem Auto lasse, bellt er wie verrückt. Wie kann ich das verhindern!

Offensichtlich ist er sehr aufgeregt. Üben Sie erst einmal auf einem einsamen Parkplatz am Wochenende. Nehmen Sie vielleicht eine mit Wasser oder einem Wasser-Essig-Gemisch gefüllte Spritze mit. Wenn er bellt, spritzen Sie ihm ins Maul und sagen dazu »Aus!«. Er sollte möglichst wenig von der Spritze in Ihrer Hand sehen!

Mein Hund ist so ängstlich, dass er nur dasitzt und wie Espenlaub zittert. Er tut mir so Leid – was kann ich nur machen, um ihm zu helfen?

Locken Sie ihn mit Leckerli und dann immer wieder loben. Auch hier hilft es, erst einmal auf einem einsamen Parkplatz zu üben und dann die Anforderungen langsam zu steigern.

Fremde Gebäude

Suchen Sie sich ein Gebäude aus, das Sie vielleicht häufiger mit Ihrem Hund betreten müssen, die Tierarztpraxis, das Zoogeschäft oder die Schule Ihrer Kinder. Viel hängt davon ab, wer zuerst durch die Tür geht: Der Chef geht vor, der Hund hinterher. Wollen Sie lieber Chef oder lieber Hund sein?

1. **Lassen Sie Ihren Hund bei Fuß gehen.**
2. **Wenn Sie zur Tür kommen, nehmen Sie die linke Hand, mit der Sie die Leine halten, hinter Ihren Rücken.**

   Welpen saugen neue Eindrücke förmlich auf. Sprechen Sie beruhigend mit Ihrem Hund, wenn er anfängt, nervös zu werden.
3. **Halten Sie vor der Tür an und geben Sie das Kommando »Stopp!«.**

   Öffnen Sie nicht die Tür, bevor der Hund sitzt.
4. **Öffnen Sie die Tür und sagen Sie wieder »Stopp!«.**
5. **Wenn Ihr Hund losstürzen will, rucken Sie kräftig an der Leine, sagen »Aus!« und warten, bis er sich benimmt.**
6. **Gehen Sie los und lassen Sie ihn mit einem »Weiter!« nachkommen.**

Üben Sie immer mit derselben Vorgehensweise. Dann fällt es Ihrem Hund nicht schwer, Ihnen auch in völlig fremde Gebäude zu folgen.

Manchen Hunden sind fremde Gebäude einfach unheimlich. Versuchen Sie, die Angst Ihres Hundes nicht zu verstärken. Zeigen Sie Selbstvertrauen und Mut. Streicheln oder trösten Sie ihn nicht übermäßig, sondern locken Sie ihn lieber mit einem Leckerli rein. Versuchen Sie, seine Angst zu ignorieren, und stellen Sie sich aufrecht hin. Nur wenn es so gar nicht weitergeht, können Sie sich neben ihn hocken und Stück für Stück, Pfote für Pfote durch den Eingang bugsieren, sanft, aber bestimmt.

An der Bordsteinkante

Es ist einfach praktisch, wenn Sie ihrem Hund von klein auf beibringen, an der Bordsteinkante innezuhalten. Und es kann Leben retten! Üben Sie an jeder Bordsteinkante, auch wenn die Fußgängerampel schon Grün zeigt.

1. **Schon vor der Bordsteinkante sollte Ihr Hund bei Fuß gehen.**
2. **Wenn Sie die Bordsteinkante erreichen, geben Sie das Kommandos »Bleib!«.**
3. **Wenn Ihr Welpe aber weiterwill, rucken Sie an der Leine und sagen »Aus – Bleib!«, Pfoten wieder hinter die Füße.**
4. **Mit »Weiter!« geht es dann über die Straße.**

Beängstigendes in Ihrer Umgebung

Manches in Ihrer Umgebung wirkt auf Ihren Hund beängstigend. Wenn Sie Ihren Hund dann trösten, wird er lernen, dass Angst Aufmerksamkeit nach sich zieht. Wenn Sie aber mutig das Neue und Fremde anschauen und untersuchen, beweisen Sie Ihren Mut und Ihr Hund wird Ihnen vertrauen und folgen. Vor manchen Dingen haben viele Hunde Angst:

- ✔ **Gitter oder Roste auf dem Boden:** Stopfen Sie sich die Taschen mit Leckerli voll und setzen Sie sich auf das Gitter. Ermutigen Sie Ihren Hund, sich ein Leckerli von Ihnen zu holen. Loben Sie ihn für jeden Schritt, den er macht. Es kann Wochen dauern, bis er entspannt über ein Gitter laufen kann, aber die Mühe ist es wert.
- ✔ **Treppen:** Es ist einer der bezauberndsten Tricks, Welpen den Umgang mit Treppen beizubringen. Erst muss der Hund einmal groß genug sein, um die Stufen überhaupt schaffen zu können. Dann dürfen Sie ihn nie mehr tragen. Umfassen Sie mit den Händen seinen Brustkorb und bugsieren Sie ihn langsam Schritt für Schritt die Stufen hinauf. Etwas Unterstützung von einer zweiten Person kann sehr hilfreich sein.
- ✔ **Menschen in Uniform:** Manche Hunde haben Angst vor Uniformen. Sie können Ihrem Hund helfen, wenn Sie zu Menschen in Uniform immer besonders freundlich sind. Bitten Sie sie, Ihrem Hund ein Leckerli anzubieten. Noch leichter geht es, wenn sie sich neben Ihren Hund hocken, ohne ihm in die Augen zu sehen. Oder leihen Sie sich doch mal eine Uniform in einem Kostümverleih und üben Sie damit! Das macht auch noch mehr Spaß!

Beim Tierarzt Eindruck schinden

Ich will Ihnen ein Geheimnis verraten: Tierärzte lieben wohl erzogene Hunde! Das erleichtert ihnen ihre Arbeit ungemein. So können Sie Ihren Tierarzt beeindrucken:

1. **Nehmen Sie ein schönes Kauspielzeug mit, falls Sie warten müssen.**

   Wenn Sie in der Praxis ankommen, wird Ihr Hund sicherlich aufgeregt oder ängstlich sein.

2. **Gehen Sie mit Ihrem Hund bei Fuß zum Praxiseingang. Dort geben Sie das Kommando »Bleib!«.**

3. **Mit »Weiter!« geht es in die Praxis und bei Fuß zur Anmeldung oder ins Wartezimmer.**

4. **Wenn Sie warten müssen, legen Sie ihn mit »Platz! – Bleib!« neben sich ab. Jetzt kommt der Kauknochen zum Einsatz.**

5. **Auch im Behandlungsraum kann Ihr Hund bei Fuß gehen und sich dort auf Kommando ablegen.**

Einige Welpen (es sind gar nicht so viele) gehen nicht gern zum Tierarzt. Bitten Sie die Sprechstundenhilfe, Ihnen zu helfen. Füllen Sie eine Kunststoffdose mit Leckerli und geben Sie sie ihr. Damit kann sie den Hund ins Behandlungszimmer locken. Augenkontakt sollte dabei vermieden werden. Wenn Ihr Hund sehr angespannt ist, zwingen Sie ihn nicht zu sehr. Wenn er aber gerne mitkommt, hat er natürlich eine Belohnung verdient.

- ✔ **Männer (selten Frauen):** Manche Hunde mögen Männer nicht. Dass Hunde Frauen nicht leiden können, kommt nur sehr selten vor. Oft ist es fehlende Sozialisierung mit dem entsprechenden Geschlecht. Zu Hause können Sie Ihren Hund an die Trainingsleine nehmen, wenn Besuch kommt und so verfahren wie oben im Abschnitt über Menschen in Uniform beschrieben. Wenn Sie deutliche Aggression bemerken, sollten Sie sich lieber mit einem Hundetrainer darüber unterhalten.

- ✔ **Kinder:** Wenn Ihr Hund Angst vor Kindern hat, können Sie versuchen, sich wie ein Kind ihm gegenüber zu benehmen. Zupfen Sie an ihm, kreischen Sie ein bisschen, hüpfen Sie um ihn herum. Ein hohe Stimme und aus der Hocke in die Augen starren gehören auch mit dazu. Üben Sie Kommandos in der Nähe von Spielplätzen und Schulhöfen, aber halten Sie dabei Abstand. Langsam sollte es besser werden. Wenn eher Babys das Problem sind, leihen Sie sich eine benutzte Windel (für den richtigen Geruch) und eine Babypuppe aus, tragen Sie die Puppe durchs Haus und tun Sie so, als ob Sie ein Baby hätten. Wenn es nicht besser wird, suchen Sie sich eine Hundeschule, in der Sie lernen, das Problem zu lösen. Am besten ist es, der ganzen Sache durch frühe Sozialisation mit Kindern vorzubeugen (siehe Kapitel 10).

Gewöhnen Sie Ihren Hund an das Geräusch, wenn eine mit Leckerli gefüllte Kunststoffdose geschüttelt wird. Bitten Sie Kinder, mit der Dose zu rasseln und Ihrem Hund ein Leckerli anzubieten. Wenn er begeistert ist, können die Kinder das Leckerli vorsichtig in seine Richtung werfen oder es ihm sogar aus der Hand anbieten.

Wenn Ihr Hund aber immer angespannter wird, knurrt und fixiert, sollten Sie sofort abbrechen und lieber mit einem professionellen Hundetrainer weiterarbeiten.

Über Nacht außer Haus

Eine Übernachtung bei Freunden oder Verwandten kann lustig sein und Spaß machen, aber auch eine schreckliche Erfahrung sein. Es hängt von Ihnen ab. Packen Sie eine Hundedecke, eine Transportbox, Spielzeug, Futter, Leckerli, Näpfe und Halsband und Leinen ein. Und nehmen Sie noch ein kleines Radio mit, es kann fremde Geräusche überdecken.

Wenn Sie am Ziel angekommen sind, begrüßen Sie alle ruhig und ohne Aufregung oder lassen Sie den Hund erst einmal mit Radio im Auto. Bestehen Sie darauf, dass er für jede Begrüßung »Sitz!« und vor jedem Durchgang »Bleib!« macht. Gehen Sie in Ihr Zimmer, bauen Sie ihm Hundeplatz und Transportbox auf, stellen Sie das Radio an und bieten Sie ihm sein Spielzeug an.

Es sollte nicht gerade Punk oder Heavy Metal sein, was da aus dem Radio dröhnt, lieber etwas Ruhiges.

Setzen Sie Ihren Hund nach Möglichkeit nicht gleich in die Transportbox. Spielen Sie ein bisschen mit ihm. Wenn Sie gehen müssen und können ihn nicht mitnehmen, binden Sie ihn am besten an seinem Platz an und stellen das Radio an. Und bitte keine herzzerreißenden Abschieds- und Begrüßungsszenen! Das mag zwar Ihr Gewissen erleichtern, hilft dem Hund aber überhaupt nicht, ganz im Gegenteil.

Vielleicht finden sich ja jemanden, der in Ihrer Abwesenheit mit dem Hund ein bisschen spazieren geht. Eine Dose gefüllt mit Leckerli macht den Beginn einer neuen Freundschaft gleich leichter. Wenn Ihr Hund das Geräusch kennt, kann man ihn damit in der fremden Umgebung ablenken und gemeinsam Haus und Umgebung erkunden.

Wenn Ihr Hund aggressiv reagiert oder Sie vermuten, er könnte aggressiv reagieren, lassen Sie ihn besser zu Hause. Wenn es unvermeidbar ist, ihn mitzunehmen, müssen Sie natürlich dafür sorgen, dass er keinen Kontakt zu anderen hat, vor allem nicht in Ihrer Abwesenheit. Der einzige Mensch, den Ihr Hund jetzt kennen lernen sollte, ist ein Hundetrainer, der Erfahrung mit aggressiven Hunden hat.

Tolle Abenteuer für sportliche Typen

19

In diesem Kapitel finden Sie alles über

- Agility
- Hundeführerschein und andere Ausbildungen
- Natürliche Verhaltensweisen im Sport fördern und ausbauen
- Spiel und Spaß

Ihr Hund bewegt sich gerne? Er ist eine echte Kanone? Er liebt es, im Mittelpunkt zu stehen? Sie haben alle Grundkommandos und Übungen mit ihm durchgearbeitet und er will immer noch mehr? Na, dann sind Sie nicht allein. Die meisten Hunde lieben Hundesport und genießen die Zeit, in der sie sich mal so richtig austoben können, egal, ob sie Schlitten ziehen, einen Parcours überwinden oder Frisbee spielen. Oder sie mögen es einfach, mit neuen Leuten und Hunden zusammenzukommen.

Wenn Sie Interesse an Hundesport haben, sollten Sie dieses Kapitel mit Ihrem Hund neben sich lesen, sicherlich finden Sie etwas, das Ihnen beiden Spaß macht.

Damit Sie Hundesport oder andere Aktivitäten so richtig genießen können, sollte Ihr Hund alle Grundkommandos sicher beherrschen und gut sozialisiert sein. Auch wenn schon ein Welpe alle in diesem Kapitel vorgestellten Sportarten ausführen kann, sollten Sie doch einen jungen Hund nicht zu sehr drillen. Viele der Übungen sind besser für ausgewachsene Hunde geeignet.

Agility

Agility findet immer mehr Anhänger unter den Hundehaltern und steht deswegen hier an erster Stelle. Viele Hundesportvereine bieten neben anderen Aktivitäten auch Agility an, daneben gibt es reine Agility-Gruppen. Das Wort kommt aus dem Englischen, wird »ädschility« ausgesprochen und bedeutet so viel wie »Flinkheit, Behändigkeit, Aufgewecktheit«. Agility ist für Hunde jeder Rasse und beinahe jeder Größe geeignet, nur sehr kleine Hunde scheitern aufgrund ihres geringen Körpergewichts an manchen Hürden. Der Aufbau des Parcours erinnert nicht zufällig ans Springreiten, einer der »Erfinder« der Agility war passionierter Reiter. Ziel ist es, seinen Hund mit Hand- und Stimmzeichen möglichst schnell und ohne Fehler durch einen Hindernisparcours zu dirigieren. Es gibt verschiedene Arten von Hindernissen, die Anforderungen an verschiedene körperliche und mentale Fähigkeiten stellen. Als Hundeführer müssen Sie gut zu Fuß sein, auch mal ein paar Meter rennen können und die Reihenfolge der Hindernisse genau kennen.

Hundeführerschein und andere Ausbildungen

Von verschiedenen Verbänden werden unterschiedliche Ausbildungen mit Prüfungen angeboten, die die Kontrolle des Hundehalters über seinen Hund verlangen. Während Hundeführerschein, Begleithundprüfung und Unterordnung eher den Familienhund im Blickfeld haben, gehen Schutzhundausbildung und Mondioring einen Schritt weiter. Hier wird das natürliche Schutzverhalten des Hundes ausgebildet, allerdings nur so weit, wie es der so genannte Hundeführer unter Kontrolle halten kann. Die Bedeutung der Schutzhundausbildung – früher sehr wichtig in Deutschland – geht jedoch immer mehr zurück.

Hundeführerschein

Der Verband für das Deutsche Hundewesen (VDH – die Adresse finden Sie am Ende des Kapitels) bietet auch den so genannten Hundeführerschein an. Verbandsmitglieder prüfen die Sachkunde des Hundehalters und den Gehorsam des Hundes sowie seine Sozialverträglichkeit. Zwar sind die Anforderungen ähnlich wie bei der Begleithundprüfung, aber die Unterordnung wird nicht so stark gewertet. Hund und Mensch sollen ein sozialverträgliches Gespann in der Öffentlichkeit darstellen. Empfohlen wird, dass alle Familienmitglieder mit dem Hund die Prüfung ablegen. Die Prüfung steht auch Nichtmitgliedern des VDH offen.

Begleithundausbildung

Die Begleithundausbildung wird von vielen Hundevereinen angeboten und ist ein echter Klassiker. Die Prüfung wird durch Richter des VDH abgenommen und setzt eine Sachkundeprüfung voraus. Anschließend werden eine Unbefangenheitsprobe, ein Prüfungsteil auf dem Hundeplatz und ein Prüfungsteil im Verkehr durchgeführt. Voraussetzung für eine erfolgreiche Prüfung sind gute Sozialisation, Leinenführigkeit und Gehorsam.

Unterordnung (Obedience)

Diese Sportart stammt aus Großbritannien, wird auch als »Obedience« (sprich: o-bieh-diens) bezeichnet und beinhaltet verschiedene Übungen zum Gehorsam des Hundes. Einige Elemente sind aus der Grundausbildung bekannt, werden hier aber in einem Wettkampf getestet. Hund und Mensch sollen partnerschaftlich zusammenarbeiten. Neben bekannten Kommandos wird auch das Apportieren und Arbeiten mit dem Geruchssinn geübt.

Schutzhundausbildung

Neben Gehorsam und Unterordnung wird hier der Hund zur Abwehr von Angriffen ausgebildet. Oberste Priorität hat dabei die Kontrolle des Hundeführers über seinen Hund. Die Schutzhundausbildung umfasst mehrere Stufen, Ansprechpartner vor Ort sind Schäferhundvereine. Dort können Sie sich erkundigen, ob eine Teilnahme mit Ihrem Hund möglich ist.

Mondioring

Diese Art von Ausbildung wird auch als French oder Belgian Ring bezeichnet. Sie ist ähnlich wie die Schutzhundausbildung, umfasst aber mehr Disziplinen und gilt in der untersten Stufe als schwieriger.

Die natürlichen Instinkte

Es gibt eine Reihe von Ausbildungen und Sportmöglichkeiten für Hunde, die bestimmte Instinkte oder natürliche Verhaltensweisen von Hunden in den Vordergrund stellen. Geeignet sind hierfür natürlich in erster Linie Rassen, die speziell für diese Zwecke gezüchtet wurden. Entscheidend ist aber immer die individuelle Eignung eines Hundes. Ich will Ihnen hier nur einige vorstellen, weitere Informationen bekommen Sie über die Adressen am Ende des Kapitels.

Früher wurden Hunde als Hilfe für bestimmte Tätigkeiten des Menschen gebraucht und entsprechend ihrer Fähigkeiten gezüchtet. In vielen Fällen spielen aber diese ursprünglichen Nutzungsarten von Hunden schon seit Jahrzehnten bei der Zucht keine Rolle mehr. Viele Hunde wurden mehr aufgrund ihres Aussehens zur Zucht ausgewählt. Rassetypische Fähigkeiten spielen da oft kaum mehr eine Rolle. Nicht jeder Retriever ist ein guter Apportierhund und mancher Dackel liegt lieber auf der Couch, als sich durch enge, dreckige Dachsgänge zu quetschen. Genauso kann auch ein Dobermann hervorragend einen Schlitten ziehen (natürlich nicht auf Grönland, denn sein Fell ist kurz) und ein Mischling ein hervorragender Rettungshund werden.

Schlittenhunde

Bei Schlittenhunden denken die meisten an Huskys und andere nordische Rassen mit dickem Fell und wuscheligen Schwänzen. Aber auch andere Rassen können Hunde hervorbringen, die hervorragende Leistungen in dieser Sportart zeigen. Als ich fünf Jahre alt war, war ich Zuschauerin bei einem Schlittenrennen, bei dem ein Schlitten von zwei Pudeln und ein anderer von drei Dobermännern gezogen wurde. Wenn Sie Schnee lieben und mehrere Hunde haben, können Sie auch mit anderen Rassen diesen Sport ausüben. Vielleicht ist ein Schoßhund nicht wirklich geeignet, aber sonst wirklich fast alle Hunderassen. Auch in Deutschland, Österreich und der Schweiz finden große Schlittenhundrennen statt, nicht nur in Nordamerika oder Skandinavien. Am Ende des Kapitels finden Sie Kontaktadressen.

Jagdhunde

Wer selbst jagdlich interessiert ist, möchte vielleicht seinen Hund zum Jagdhund ausbilden. Die Jagdhundeprüfung umfasst, grob gesagt, zwei Teile: die so genannte Schweißprüfung am Riemen, bei der eine ausgelegte Blutspur (in der Jägersprache ist Blut gleich Schweiß) verfolgt werden muss, und die Fuchsschleppe. Dabei muss der Hund freilaufend geschossenes Wild (wie Fuchs, Ente oder Hase) finden und bringen. Natürlich darf der Jagdhund gefundenes Wild nicht fressen oder zerlegen. Geeignet sind keineswegs nur Jagdhundrassen, auch andere Hunde können gute Jagdhunde werden, auch wenn man vielleicht anfangs auf Skepsis stößt.

Windhunde

Hunde können für Rennen oder so genannte Coursings ausgebildet werden – Rennen durch eine naturnahe oder der Natur nachempfundene Umgebung. Besonders geeignet sind hierfür natürlich die Windhundrassen, aber je nach Ehrgeiz und Talent auch andere Hunde. Wettkämpfe finden häufig nach Rassen und Geschlecht getrennt statt. Voraussetzung ist, dass der Hund körperlich gut trainiert ist. Hunde mit organischen Erkrankungen oder Fehlstellungen im Bewegungsapparat sollten nicht an solchen Rennen teilnehmen. Auch eine gewisse Nervenstärke muss ein Wettkampfteilnehmer mitbringen. Doping, nicht artgerechte Tierhaltung und Überforderung kommen im Hunderennsport genauso wie im Pferdesport vor, auch siegt Profitgier oft über Sportsgeist.

Rettungshunde

Ähnlich wie bei der Jagdhundeausbildung betrifft auch die Rettungshundausbildung nicht nur den Hund. Hier ziehen Mensch und Hund an einem Strang und opfern viel Freizeit und Mühe, um im Katastrophen- oder Unglücksfall Menschen zu helfen. Voraussetzung ist die Begleithundprüfung und dann kann mit der rund zweijährigen Ausbildung begonnen werden. Die Rettungshundeprüfung wird jährlich wiederholt und gliedert sich in die Flächen-, Trümmer-, Wasser- und Lawinensuche. Der Hund lernt ohne Drill und Gebrüll, in unterschiedlichsten Umgebungen Menschengeruch aufzunehmen und zu verfolgen. Die größte Belohnung für den Rettungshund ist es, einen Menschen zu finden. Die Ausbildung erfolgt für Mensch und Hund innerhalb einer Rettungsstaffel. Gearbeitet wird mit dem eigenen, aber auch mit anderen Hunden. Der Hund muss lernen, sich zwischen den Einsätzen auszuruhen, der Mensch muss sich in ein Team einfügen und lernen, mit psychisch sehr belastenden Situationen umzugehen. Rettungshundestaffeln kommen weltweit bei Katastrophen wie Erdbeben, Lawinenabgängen oder Stürmen zum Einsatz. Wer hier mitmacht, opfert einen großen Teil seiner Freizeit und viel Herzblut der Rettung anderer Menschen, eine verantwortungsvolle und wichtige Aufgabe.

Blindenhunde

Blinden- oder Führhunde ermöglichen sehbehinderten Menschen mehr Unabhängigkeit und Bewegungsfreiheit. Sie zeigen Hindernisse an, führen über viel befahrene Straßen und können auf Kommando den Aufzug, die Treppe oder eine Sitzgelegenheit finden. Ihre Ausbildung ist mühevoll und dauert rund sechs bis neun Monate. Ein spezieller Ausbilder bringt ihnen in dieser Zeit verschiedene Kommandos bei, das können über 40 verschiedene sein. Danach übt der Hundetrainer noch ein paar Wochen gemeinsam mit dem neuen Besitzer und seinem Führhund. Natürlich müssen Führhunde sehr gut sozialisiert sein.

Auch für Menschen mit anderen körperlichen Beeinträchtigungen werden Hunde speziell ausgebildet, die dann Türen öffnen, den Lichtschalter betätigen oder Gegenstände vom Boden aufheben können.

Therapiehunde

Therapiehunde werden für zwei verschiedene Zwecke ausgebildet:

Der Besuchshund

Ein Besuchshund ist ein besonders verträglicher Hund, der zusammen mit seinem Menschen als Team Besuche in Pflegeeinrichtungen macht. In den letzten Jahren wird besonders viel von den Erfolgen in Altenheimen berichtet. Viele Demenzkranke, die kaum Kontakt mit ihrer Umwelt aufnehmen können, blühen in Anwesenheit eines Besuchshundes regelrecht auf.

Der Hund muss tolerant gegen ungewohnte Geräusche und fremde Gegenstände sein und sich auch ungeschickte Berührungen gern gefallen lassen. Im Bereich der Altenpflege gibt es mittlerweile eine ganze Reihe von Mitarbeitern und Mitarbeiterinnen, die ihren eigenen Hund als Besuchshund stundenweise mit zur Arbeit nehmen. Neben regelmäßigen Entwurmungen und Impfungen müssen noch ein paar andere Dinge abgeklärt werden: Ist der Träger der Einrichtung prinzipiell einverstanden? Ist der Hund ausreichend erzogen? (Begleithundprüfung kann verlangt werden.) Ist der Hund versichert? Leidet niemand der Mitarbeiter oder Patienten an einer Hundehaarallergie? Wichtig ist es, den Hund nicht zu überfordern und genug gut verträgliche Leckerli einzustecken. Nach dem Besuch im Altenwohn- oder -pflegeheim können Sie die abendliche Fütterung wahrscheinlich ausfallen lassen.

Der Therapiebegleithund

Der Therapiebegleithund kooperiert mit einem ausgebildeten Pädagogen, Psychologen, Mediziner oder Sozialarbeiter als Co-Therapeut im Rahmen einer Behandlung. Behandelt werden neben erwachsenen Patienten auch Kinder. Die Ausbildung des Hundes muss intensiver und natürlich fachgebunden sein.

Spiel und Spaß

Wer selbst gerne Sport treibt und auch einen Hund hat, der immer für ein schnelles Spiel zu haben ist, ist hier genau richtig. Diese Spiele bedeuten Action und Spaß und erfordern Geschwindigkeit und Koordination. In Deutschland sind diese Sportarten noch nicht so weit verbreitet wie in Nordamerika. Sie werden eventuell ein bisschen suchen müssen, bis Sie eine Gruppe in Ihrer Umgebung finden, der Sie sich anschließen können. Frisbee können Sie allerdings auch sehr schön allein mit Ihrem Hund oder mit Freunden oder Nachbarn spielen. Sie brauchen nur eine ebene Wiese und eine Frisbeescheibe dafür.

Frisbee

Wenn Sie mit Ihrem Hund Frisbee spielen wollen, muss er wissen, wie er die Scheibe fangen und wieder zurückbringen muss. Und Sie müssen sie werfen können (siehe den Kasten »Frisbeetraining für Zweibeiner«).

So bringen Sie Ihrem Hund bei, die Scheibe zu fangen:

1. **Benutzen Sie die Frisbeescheibe als Futternapf.**

   Sie sieht ja auch wie ein Teller aus, oder? Füttern Sie Ihren Hund eine Woche lang von der Scheibe. Nehmen Sie sie aber lieber nach dem Fressen weg, damit der Hund sie nicht mit dem Nachtisch verwechselt. Waschen Sie sie ab und legen Sie sie bis zur nächsten Mahlzeit beiseite.

2. **Üben Sie erst im Haus. Bringen Sie Ihrem Hund spielerisch bei, die Scheibe zu nehmen. Wählen Sie ein Kommando wie »Nimm das Frisbee!« dafür aus.**

   Wenn er die Scheibe in den Mund nimmt, ziehen Sie vorsichtig daran, um ihm beizubringen, ausreichend fest zupacken. Beim Abgeben gibt es ein Leckerli oder viel Lob.

3. **Jetzt werfen Sie das Frisbee.**

   Zeigen Sie dem Hund das Frisbee und laufen Sie ein paar Meter weg, bevor Sie ihm erlauben, die Scheibe zu nehmen. Dann werfen Sie die Scheibe ein paar Meter weit, nur knapp über dem Boden. Wenn der Hund sie packt, loben Sie ihn ausgiebig. Vielleicht will er sie am Anfang gar nicht wieder hergeben, aber daran arbeiten wir später.

4. **Üben Sie auch mit einer neuen Frisbeescheibe, aus der er noch nicht gefressen hat.**

   Vielleicht reagiert Ihr Hund jetzt ganz anders. Also: Weiter kräftig loben für jede gefangene Frisbeescheibe.

Liebt Ihr Hund Frisbeescheiben? Dann haben Sie es geschafft. Jetzt wird das Zurückgeben geübt.

1. **Legen Sie Ihrem Hund eine sehr lange, leichte Leine an.**

2. **Wenn er die Scheibe genommen hat, rufen Sie ihn wieder zu sich.**

   Egal ob er mit oder ohne Scheibe kommt, Sie loben ihn, und zwar kräftig. Wenn er nicht kommen will, rucken Sie kräftig an der Leine.

3. **Wenn es so weit gut klappt, üben Sie ohne Leine weiter.**

   Sicherer ist es, auf einer eingezäunten Wiese zu üben.

4. **Üben Sie mit mehreren Scheiben, die Sie nacheinander werfen, aber immer erst dann, wenn er die letzte wiedergebracht hat.**

Frisbeetraining für Zweibeiner

Diese Zeilen sind nicht für Ihren Hund bestimmt, sondern für Sie. Wenn Sie die Frisbeescheibe nicht einigermaßen werfen können, wird Ihr Hund keine Lust mehr haben, mit Ihnen zu spielen. Also suchen Sie sich eine schöne, nicht zu kleine Scheibe aus und fangen Sie an:

- ✔ Der Griff: Der Daumen liegt außen auf der gerundeten Kante, die anderen Finger abgewinkelt auf der Innenseite der Kante. Fassen Sie fest zu, Sie brauchen sich aber nicht an der Scheibe festzukrallen. Üben Sie diesen Griff.
- ✔ Der Stand: Stellen Sie die Füße auf Schulterbreite auseinander. Wenn Sie die Scheibe mit der rechten Hand halten, ist die rechte Schulter vorn, sonst die linke. Verteilen Sie das Gewicht auf beide Füße.
- ✔ Der Wurf: Der Wurf soll zwar kraftvoll, aber auch elegant und schnell sein. Ziehen Sie den Ellbogen nach hinten, drehen Sie die Scheibe aus dem Handgelenk und lassen Sie los, wenn Ihre Hand nach vorne zeigt. Richten Sie dabei Ihre Schultern zum Ziel aus. Und nicht vergessen: Loslassen!

Flyball

Flyball (Flugball) ist eine Art Staffelsportart für Teams aus jeweils vier Hunden, die gegeneinander antreten. Der Mensch bewegt sich hierbei kaum. Nach einem Startzeichen rennen die Hunde über eine Strecke mit Hürden, an deren Ende sie mit der Pfote die Taste der Flyballbox auslösen. Ein Ball wird herausgeschleudert, der Hund fängt ihn und rennt zurück. Gewonnen hat das schnellste Team.

In Deutschland ist Flyball noch nicht sehr verbreitet, aber die Popularität wird sicher zu nehmen. Es ist ein Spiel für schnelle, energiegeladene Hunde, die es lieben, Bällchen zu fangen. Als Mensch muss man gute Nerven haben!

Freestyle

Freestyle bedeutet Freistil. Entstanden ist es in Kanada als Variation zu Gehorsamsübungen. Zu Musik leitet der Mensch seinen Hund zu verschiedenen Seitwärts- und Drehbewegungen an, die an einen Tanz erinnern. Bewertet werden die technischen Raffinessen und der Einklang mit der Musik. Das Hauptaugenmerk liegt auf dem Hund, der Mensch steht im Hintergrund. Weitere Variationen sind »Heelwork to music« (bei Fuß zu Musik) und »Dog dancing« (Hundetanz).

Adressen und Kontakte

Wichtige Ansprechpartner sind immer örtliche Hundesportvereine und Hundeschulen. Die Hundesportszene in Deutschland befindet sich seit einiger Zeit im Umbruch. Während es noch vor 20 Jahren fast ausschließlich Schäferhundvereine gab, spielen diese heute nicht mehr so eine große Rolle bzw. öffnen sich immer mehr für andere Rassen und Sportarten. Viele stehen zwar noch mit der Bezeichnung Schäferhundverein im Telefonbuch, haben sich aber vom Image vergangener Zeiten längst verabschiedet.

Also suchen Sie selbst ein bisschen herum in den Telefonbüchern und lokalen Zeitungen, fragen Sie andere Hundebesitzer oder machen Sie einen Aushang im Zoofachhandel. Eine gute Informationsquelle ist das Internet. Allerdings sind viele Sportgruppen oder Vereine nicht bundesweit organisiert. Hier einige Adressen

Allgemeiner Deutscher Rassehundverband e.V.
ADRV e.V.
Biggenhammer 1
34474 Diemelstadt
Internetseite: `www.adrv-ev.de`

Bundesverband Rettungshunde e.V.
c/o Helmut Haller
Karpfenweg 5
63110 Rodgau
Internet: `www.rettungshunde-brh.de`

Deutsche Hundesport Union e.V.
c/o Monika Reichelt
Breitenfelderstr. 55
91126 Schwabach
Internetseite: `www.dhsu.de`

Deutscher Berufsverband für Therapie- und Behindertenbegleithunde e.V.
c/o Ines Pawlizki
Groningerstr. 78
27753 Delmenhorst
Internetseite: `www.behindertenbegleithunde.de`

Deutscher Hundesportverband e.V.
Gustav-Sybrecht-Str. 42
44536 Lünen
Internetseite: `www.dhv-hundesport.de`

Deutscher SchlittenhundeSport Verband e.V.
c/o Eric Paul
Stadl 6
86579 Waidhofen
Internetseite: `www.dssv.org`

Deutscher Sporthund Verband e.V.
Internetseite: `www.dsv-dog.de`

Internationaler Rasse-Jagd- und Gebrauchshundeverband e.V.

Leider funktionierte bei Fertigstellung des Buches die Internetseite nicht. Geben Sie einfach den Namen bei Google ein und Sie kommen auf die Internetseiten der verschiedenen Orts- und Landesgruppen des Vereins.

Verband für das Deutsche Hundewesen (VDH)
Westfalendamm 174
44141 Dortmund
Internetseite: www.vdh.de

Teil VI

Fitness und Gesundheit

»In den Papieren stand ›Deutscher Schläferhund‹. Wir dachten, das sei ein Schreibfehler.«

In diesem Teil ...

Um einen Hund großzuziehen, brauchen Sie mehr als viel Zeit für die Erziehung. Vergessen Sie nicht Gesundheit und Wohlbefinden! Gutes Futter, ausreichend Bewegung und ein bisschen Körperpflege sind selbstverständlich. Darüber brauchen Sie gar nicht mit Ihrem Hund zu diskutieren, er braucht einfach Ihre Vorsorge, um gesund zu bleiben. In diesem Teil erzähle ich Ihnen etwas über Ernährung, Bewegung, Körperpflege und verschiedene andere Themen rund um die Gesundheit. Ein Kapitel ist Notfällen gewidmet.

Der Hund ist, was er isst

20

In diesem Kapitel

- Die Unterschiede zwischen verschiedenen Fertigfuttermitteln
- Dem Hund selbst Mahlzeiten zubereiten
- Trocken oder nass – was ist besser
- Die sechs wichtigsten Futterbestandteile
- Ein Wort zu Leckerli
- Diätfütterung bei Allergien
- Was Sie bei speziellen Diäten beachten müssen

Mal ehrlich: Sind nicht alle Hundefutter ähnlich? Nein, das stimmt wirklich nicht! Ähnlich sind häufig die Angaben zu den Nährstoffgehalten, die Inhaltsstoffe aber, das heißt aus welchen Zutaten das Futter besteht, unterscheiden sich gewaltig.

Um das richtige Futter für Ihren Hund auszusuchen, müssen Sie lernen, die Etiketten der Futtermittelverpackungen richtig zu lesen und zu verstehen. Und Sie müssen die Individualität *Ihres* Welpen berücksichtigen. Denn nicht jedes Futter passt zu jedem Welpen, und was dem einen gut tut, kann für einen anderen ungünstig sein. Es ist keineswegs gesagt, dass das teuerste Futter mit der tollsten Verpackung, für das überall Werbung gemacht wird, auch das beste Futter ist.

Ein falsches Futter kann nicht nur die körperliche Entwicklung und Gesundheit Ihres Welpen schädigen, sondern auch sein Verhalten beeinflussen. So kann zum Beispiel die Anfälligkeit für Organerkrankungen, Infektionen und Nervosität oder Aggression steigen.

Vier-Sterne-Küche oder Discounter: Alles über Hundefutter

Wie soll ich meinen Hund nur füttern? Sie haben die Qual der Wahl: Selbst kochen oder kaufen? Teures Markenfutter oder Handelskettenmarken? Trocken, Dose oder Frischebeutel? Wenn jede Firma für sich reklamiert, das beste Futter zu verkaufen, wie sollen Sie sich entscheiden?

Nun, liebe Leserin, lieber Leser, keine Panik! Ich habe mich für Sie auf dem großen Markt der Welpenfutter umgesehen, um herauszufinden, wie Sie wertvolle Futter von weniger guten unterscheiden können.

Gutes muss nicht teuer sein – oder doch?

Es gibt wirklich viele Hundefuttersorten. Zunächst einmal ein paar Hinweise, was eigentlich die Unterschiede zwischen ihnen sind. Ich unterteile Hundefutter in drei Kategorien: No-Name-Produkte (oder Handelskettenmarken), Premium-Futter und besondere Futtermittel von Spitzenqualität. Spezielle Diätfuttermittel für kranke Hunde sind eine andere Sache. Abbildung 20.1 zeigt, welche Futtermenge ein mittelgroßer Hund von den unterschiedlichen Qualitäten zur Deckung seines Tagesbedarfs benötigt.

Abbildung 20.1: Der tägliche Futterbedarf eines mittelgroßen Hundes

- ✔ **Handelskettenmarken:** Diese Hundefutter finden wir in jedem Supermarkt und jede Handelskette vertreibt eine Produktreihe. Bestandteile dieser Futtermittel sind Schlachtabfälle wie Tiermehl, aufgeschlossene Geflügelfedern und Klauen. Als Kohlenhydratquellen werden häufig Mühlenabfallprodukte eingesetzt, preiswerte Fette aus Raffinerien sorgen für einen ausreichenden Fettgehalt. Um die Futtermittel länger haltbar zu machen, werden Konservierungsstoffe eingesetzt. Zucker, Karamell und Geschmacksverstärker führen dazu, dass Hunde diese Futtermittel sogar häufig gegenüber qualitativ besseren bevorzugen. Da die Verdaulichkeit der einzelnen Bestandteile häufig nicht sehr hoch ist, müssen größere Mengen gefüttert werden, damit der Hund mit allen notwendigen Stoffen versorgt ist.
- ✔ **Premium-Futter:** In speziellen Tierbedarfsgeschäften oder bei Ihrem Tierarzt können Sie diese Futtermittel kaufen. Der Gehalt an Fleisch und hochverdaulichen Inhaltsstoffen, insbesondere hochverdaulichen Fetten, ist deutlich höher.
- ✔ **Spitzenfuttermittel:** Auf dem deutschen Markt gibt es erst sehr wenige Produkte, die dieser Kategorie zugeordnet werden können. Hier ist die Qualität so hoch, dass eigentlich kein Unterschied mehr zu Lebensmitteln für Menschen besteht. Oft werden nur biologisch erzeugte Produkte verwendet. Diese Produkte sind zwar deutlich teurer als andere, aber die tägliche Ration ist auch erheblich kleiner. Und wer weiß, vielleicht sind Sie eines Tages wirklich hungrig, aber der Kühlschrank ist leer und alle Geschäfte schon geschlossen ...

Die Entwicklung des Hundefertigfutters

Seit dem Beginn der Domestikation des Hundes bis zum Ende des zweiten Weltkrieges gab es nur eine Form der Hundefütterung – Essensreste. Erst während des Krieges kamen in den USA findige Unternehmer auf die Idee, wie sich die Teile von Schlachttieren, die für die menschliche Ernährung nicht nutzbar waren, vermarkten ließen: Sie verarbeiteten die vermeintlichen Abfälle zu Hundefutter und verkauften das neue Produkt über Lebensmittelgeschäfte. Ja, eine geniale Geschäftsidee! Erst in den 50er und 60er Jahren wurde Fertigfutter auch in Deutschland populär und bezahlbar. Noch später entstanden die uns vertrauten Tierbedarfsgeschäfte, die heute in jedem Einkaufszentrum zu finden sind. Erst durch diese Fachgeschäfte kamen Futtermittel höherer Qualität auf den Markt. Seit einigen Jahren steigen angesichts der vielen ernährungsbedingten Erkrankungen bei Hunden die Ansprüche ans Hundefutter und führen zur Entwicklung echter Spitzenprodukte.

Wenn Sie nach dem »richtigen« Futter für Ihren Hund suchen, dann schauen Sie auch auf den Hund: Wie ist seine Verdauung? Qualitativ schlechtere Futtermittel sind weniger leicht verdaulich, die Nährstoffe können von Magen und Darm nicht so gut aufgeschlossen und aufgenommen werden. Das kann zu weichem Kot führen. Lesen Sie die Liste der Inhaltsstoffe gut durch. Achten Sie darauf, dass neben Fleisch, Fisch, Eiern und Milchprodukten auch Getreide und Gemüse verarbeitet wurden. Ein gutes Futter sorgt für zwei bis drei schön geformte, unauffällig riechende Häufchen am Tag.

Selbst kochen als Alternative?

Ja, Sie können auch selbst den Kochlöffel schwingen, aber: Ausgewogen muss das Futter sein! Wobei Kochen gar nicht unbedingt notwendig ist, es gibt auch gute Rezepte für die so genannte Rohfütterung. Das Futter Marke »selbst gemacht« soll dem Alter des Welpen, seiner Rasse und den individuellen Bedürfnissen angepasst sein. Manche Hunde vertragen Fertigfuttermittel nicht gut, das Hundefutter selbst zuzubereiten, kann hier viele Probleme lösen. Aber es ist auch eine Menge Arbeit und eine große Verantwortung, ausgewogene Mahlzeiten frisch zuzubereiten.

Lassen Sie Ihren Hund keine Schokolade fressen! Schokolade enthält eine Substanz, die in größeren Mengen für Ihren Hund giftig ist, unter Umständen sogar tödlich. (In Kapitel 24 gibt es noch mehr Informationen zu möglichen Vergiftungen.)

Trocken oder nass – nur eine Frage des Geschmacks

Was ist eigentlich der Unterschied zwischen Trockenfutter und Nassfutter? Allein aufgrund des hohen Wassergehalts von 65 bis zu 78 Prozent sind die Transport- und Verpackungskosten für Nassfutter erheblich höher. Es gibt keine einheitlichen Empfehlungen, welches Futter besser für den Hund ist; viele fressen Dosenfutter lieber, vertragen aber Trockenfutter besser.

Beobachten Sie, wie Ihr Hund verschiedene Futterzubereitungen verträgt, und entscheiden Sie dann, vielleicht ist ja eine Kombination aus beidem sinnvoll.

Trockenfutter ist nicht unbegrenzt haltbar! Im Kontakt mit Luftsauerstoff zerfallen Vitamine und Fette; das Futter beginnt, alt und ranzig zu schmecken.

Die Grundbestandteile des Welpenfutters

Jedes Hundefutter enthält sechs Grundbestandteile: die Nährstoffe *Eiweiß* (= Protein), *Fett* und *Kohlenhydrate*, zusätzlich *Vitamine*, *Mineralstoffe* und *Wasser*. Aus welchen Zutaten der Hersteller aber sein Futter zusammenmischt, um einen bestimmten Nährstoffgehalt zu erreichen, bleibt ihm selbst überlassen. So kann ein Futter Fleisch, Fisch oder Ei als Eiweißquelle verwenden, aber auch Federn, Tiermehl, Fischereiabfälle und Gemüse. Für Sie sind folgende Fragen entscheidend: Welche Eiweißquelle ist für meinen Hund hochverdaulich, damit das Eiweiß im Darm aufgeschlossen und aufgenommen werden kann? Welches Eiweiß enthält die Eiweißbausteine, die ein Hund braucht? Die Antwort ist eindeutig: Der Hund ist ein Fleischfresser, darauf ist seine Verdauung ausgelegt. Zwar frisst auch sein Vorfahr, der Wolf, die Beute mit Haut und Haaren und mit Mageninhalt, also nicht nur reines Muskelfleisch. Aber Fleisch und andere Teile des Tierkörpers sollen rund die Hälfte eines guten Futters ausmachen. Pflanzliche Eiweißquellen wie Soja sind schlechter verdaulich und weniger ergiebig. In den nächsten Abschnitten werde ich näher auf die einzelnen Nährstoffgruppen eingehen.

Eiweiß

Eiweiß wird auf dem Etikett als Rohprotein mit 21 bis 26 Prozent deklariert.

Mit den Eiweißträgern steht und fällt die Qualität eines Futtermittels. Wenn Sie das Etikett genau lesen, sehen Sie, aus welchen Zutaten sich das Futter zusammensetzt. Einige davon sind Eiweißquellen:

- ✔ **Fleisch:** Fleisch bedeutet Muskelfleisch, aber auch innere Organe (die frisst der Wolf auch mit). Das ist sicherlich die hochwertigste Eiweißquelle, sollte aber nicht alleiniger Bestandteil des Futters sein.
- ✔ **Tierische Nebenerzeugnisse:** Hiermit sind Federn, Hufe, Klauen, Pansen und viele andere Schlachtabfälle, die für die menschliche Ernährung nicht geeignet sind, gemeint.
- ✔ **Pflanzliche Eiweißextrakte und Getreide:** Pflanzen werden im Ganzen für die Futterherstellung verarbeitet oder es werden nur bestimmte Anteile isoliert verwendet. Ein hoher Gehalt an Pflanzen und Getreide ist für die Hundeernährung ungünstig. Die Eiweißausbeute aus Pflanzen ist erheblich schlechter, also muss Ihr Hund eine größere Menge fressen und entsprechend mehr Kot absetzen. Außerdem belasten pflanzliche Eiweiße die Nieren stärker als tierische Eiweiße.

Viele Hunde entwickeln Allergien gegen Getreide, auch Spritzmittelrückstände werden als Auslöser allergischer Reaktionen diskutiert. Wenn Ihr Hund sein Futter nicht mag oder unter Verdauungsstörungen leidet, besprechen Sie mit Ihrem Tierarzt die Fütterung. Bringen Sie ein Etikett des Futters mit in die Sprechstunde.

Hier noch einige interessante Hinweise zum Eiweiß:

- ✔ Der Eiweißbedarf ändert sich im Laufe eines langen Hundelebens. Niedrige oder hohe Temperaturen und Stress führen zu erhöhtem Eiweißbedarf.
- ✔ Je nach Aktivität des Hundes ist der Eiweißbedarf höher oder niedriger; auch ein Welpe, der ja noch hoch hinauswill, benötigt einen höheren Eiweißgehalt im Futter. Deswegen gibt es unterschiedliche Futter für Welpen, erwachsene Hunde und Senioren, für sportliche Hunde und und und ...
- ✔ **»Je mehr, desto besser« gilt hier nicht!** Liegt der Eiweißgehalt des Futters über dem Bedarf des Hundes, werden die Nieren übermäßig belastet und der Hund wird möglicherweise hektisch und unruhig. Bei jungen Hunden kann ein zu hoher Gehalt an Protein zu Erkrankungen des Bewegungsapparates führen.

Fett

Fett wird auf dem Etikett als Rohfett deklariert. Ein Gehalt von 7 bis maximal 13 Prozent ist bedarfsgerecht.

Fett ist ein teurer und leicht verderblicher Bestandteil des Futters. Fett ist wichtig für die Schmackhaftigkeit des Futters, hilft bei der Temperaturregulierung des Körpers und ist unerlässlich für eine schöne Haut und seidig glänzendes Fell. Zu viel Fett kann zu Durchfall führen, zu wenig zu Verstopfung.

Typische Fettquellen sind Geflügelfette, Fischöle, pflanzliche Fette wie Sonnenblumenöl oder Milchprodukte, die keinen Milchzucker enthalten dürfen.

Milch aller Tierarten enthält als Zucker Milchzucker (= Laktose). Welpen bauen wie auch Babys anderer Tierarten in ihrem Darm Milchzucker mithilfe eines Enzyms namens Laktase ab. Mit dem Ende der Saugperiode verlieren die meisten Hunde auch die Fähigkeit des Milchzuckerabbaus, ihr Darm produziert keine Laktase mehr. Deswegen führen bei jugendlichen und erwachsenen Hunden Milchprodukte häufig zu Durchfall und Bauchweh. Gesäuerte Milchprodukte wie Jogurt, Quark, Hüttenkäse oder Dickmilch enthalten nur sehr wenig oder gar keinen Milchzucker, hier haben die Milchsäurebakterien die Arbeit übernommen. Daher können solche gesäuerten Milchprodukte gut an die meisten Hunde verfüttert werden und bilden beispielsweise einen wichtigen Bestandteil einer Diät bei akutem Durchfall und Erbrechen.

Und noch ein paar Informationen rund ums Fett:

- ✔ Einige Futtermittelhersteller verwenden auf der Suche nach preiswerten Fetten Abfallprodukte aus der Lebensmittelindustrie, beispielsweise Frittierfette. Diese Fette sind für

Hunde kaum verdaubar und damit wertlos. Lesen Sie die Deklaration auf der Packung genau durch, um herauszufinden, welche Fette für das Futter verwendet werden. Eine neue Rezeptur muss nicht besser sein als die alte!

- ✔ Normalerweise muss das Welpenfutter nicht ergänzt werden, auch der Fettgehalt ist ausreichend. Nur wenn Ihr Tierarzt es Ihnen empfiehlt, geben Sie eine kleine Menge eines guten Salatöls zur Mahlzeit, das kann Distel-, Oliven- oder Sonnenblumenöl sein. Diese Öle sind besonders reich an ungesättigten Fettsäuren. Für einen kleinen Hund reicht ein Teelöffel Öl pro Tag, ein mittelgroßer kann auch einen Esslöffel bekommen.

Kohlenhydrate

Kohlenhydrate werden auf dem Etikett nicht gesondert deklariert. Zieht man vom Gewicht des Futtermittels Wasser, Proteine und Fette ab, bleiben die Kohlenhydrate übrig. Die ausgewiesene Rohfaser ist ein Teil davon, hinzukommen noch Stärke und Zucker.

Besteht ein Futter zu einem großen Teil aus Getreide und Gemüse und wird nur wenig Eiweiß aus Fleisch bereitgestellt, erhöht sich automatisch auch der Kohlenhydratanteil des Futters. Viele Kohlenhydrate können von Hunden gar nicht verdaut werden, weil bei ihnen die Verdauung erst im Magen beginnt. Wir Menschen schließen bereits im Mund durch Kauen und Speichelenzyme die Stärke auf. Mal ehrlich: Oder kaut Ihr Hund sein Futter gründlich durch? Ohne das Kauen ist aber die Kohlenhydratverdauung sehr langwierig und kann zu Blähungen, Bauchweh und Verstopfung führen. Und die Haufen werden immer größer! Also wählen Sie besser ein Futter, das seine Eiweiße zu einem größeren Teil aus tierischen Quellen bekommt. Wie Sie das erkennen können? Ganz einfach: Auf der Liste der Inhaltsstoffe müssen unter den ersten fünf Zutaten zwei oder mehr tierischen Ursprungs sein!

Neigt Ihr Hund zu Blähungen? Manchmal liegt es einfach an der staubsaugerartigen Art zu fressen: Einmal tief einatmen und alles ist weg! Machen Sie aus dem Fressen ein Spiel: Nehmen Sie eine große flache Schüssel, legen Sie große Steine in die Schüssel und streuen Sie das Futter darüber. Nur mit Geduld und Zungenspitzengefühl kommt Ihr Hund an seine Portion! *Aber achten Sie unbedingt darauf, dass die Steine zu groß zum Schlucken sind!*

Konservierungsstoffe

Hundefutter sollte möglichst keine Konservierungsstoffe und Antioxidationsmittel enthalten. Einige dieser Stoffe stehen in Verdacht, Krebs und andere Erkrankungen wie Epilepsie zu begünstigen. Wenn Sie ein Futter ohne Konservierungsstoffe verfüttern, achten Sie darauf, dass das Futter kühl, trocken und lichtgeschützt aufbewahrt wird. Beachten Sie das Mindesthaltbarkeitsdatum. Nehmen Sie lieber eine kleine Packung, dann bleibt das Futter bis zum letzten Rest frisch.

Vitamine

Vitamine sind Substanzen, die der Körper nicht selbst herstellen kann, sondern die mit der Nahrung zugeführt werden müssen. Man unterscheidet fettlösliche und wasserlösliche Vitamine:

- ✔ Zu den fettlöslichen gehören die Vitamine A, D, E und K. Sie sind in fetthaltigem Gewebe und in Leber enthalten.
- ✔ Wasserlösliche Vitamine sind die Vitamine B und C; von ihnen kann der Körper nicht zu viel aufnehmen, sie werden problemlos über die Niere ausgeschieden.

Der tägliche Vitaminbedarf hängt von der Aktivität, dem Wachstum und der individuellen Verwertung Ihres Welpen ab. Wenn Sie wissen, dass der Vitamingehalt eines Futters von seiner Lagerung abhängig ist und wie individuell der Bedarf ist, können Sie verstehen, dass gegen eine Vitaminzufütterung in Form von Obst und Gemüse nichts einzuwenden ist. Viele Hunde sind geradezu Fans von Apfelschnitzen und Weintrauben.

Vitaminunterversorgung kann ebenso wie eine Überversorgung mit fettlöslichen Vitaminen zu Erkrankungen führen. Hochdosierte Vitaminpräparate sollten Sie Ihrem Hund nur dann geben, wenn sie vom Tierarzt verordnet wurden. Futtermittel werden in Deutschland immer vitaminisiert, in der Regel ist der Vitamingehalt ausreichend. Wasserlösliche Vitamine zuzufüttern ist kein Problem!

Lange Listen mit zugesetzten Vitaminen bedeuten nicht zwangsläufig, dass es sich um ein gutes Futter handelt. Weniger kann hier mehr sein!

Mineralstoffe

Neben Eiweißen, Fetten und Kohlenhydraten benötigt der Körper auch Mineralstoffe. Sie sind Bestandteile der Knochen, Zähne und des Haarkleids und werden für die Muskel- und Nervenfunktion gebraucht. Man unterscheidet Mengenelemente, die der Organismus »in Mengen« braucht, und Spurenelemente, von denen nur »winzige Spuren« ausreichend sind. Wie gut der Darm die einzelnen Mineralstoffe aufnehmen kann, hängt auch davon ab, in welcher chemischen Form sie vorliegen.

Obwohl Mineralstoffunterversorgung häufiger vorkommt als Vitaminunterversorgung, gilt auch hier: Finger weg von Mineralstoffpräparaten, es sei denn, sie werden verordnet. Gutgemeinte Kalktabletten oder andere Präparate können wirklich ernsthafte Schäden verursachen, wenn die Balance zwischen den Mineralien gestört wird!

Wasser

Sicher wissen Sie, dass ein Hund drei Wochen ohne Futter auskommen kann, aber nur drei Tage ohne Wasser! Wasser ist die Quelle allen Lebens und unersetzlich für alle Prozesse im

Körper wie Verdauung, Temperaturregulation und natürlich den Transport von Nährstoffen, Energie und Sauerstoff zu allen Organen.

Wie viel Wasser Ihr Welpe benötigt, hängt von der Umgebungstemperatur, der Aktivität und nicht zuletzt vom Wassergehalt des Futters ab. Hunde schwitzen nicht wie wir Menschen, sondern überschüssige Wärme wird zusammen mit viel feuchter Luft beim Hecheln abgegeben. Also, wenn Ihr Hund hechelt, bieten Sie ihm Wasser an. Da Trockenfutter nur etwa 10 Prozent Wasser enthält, braucht Ihr Welpe mehr Wasser, wenn er Trockenfutter frisst. Dosenfutter oder frisch zubereitetes Futter enthält dagegen viel mehr Wasser.

Viele Hunde bevorzugen zwar Regenwasser, aber verwenden Sie es bitte nicht für Ihren Hund, es kann Keime enthalten oder chemisch verunreinigt sein. Wenn Ihr Hund reguläres Leitungswasser nicht gerne trinkt, können Sie ausprobieren, ob er stilles Mineralwasser lieber mag. Auskünfte über die Wasserqualität Ihres Leitungswassers erhalten Sie bei Ihrem Wasserwerk oder bei staatlichen Medizinal- und Lebensmitteluntersuchungsämtern.

Leckerli

Was ist ein Leckerli? Ein Leckerli ist etwas, was der Hund besonders gerne frisst und als Belohnung bekommt. Es sollte keinen Zucker enthalten, es sollte nicht zu fett oder zu eiweißreich sein. Es kann ein Hundekeks sein oder ein kommerzielles Leckerli, aber viele Hunde nehmen auch ein Stück Apfel oder Birne als Leckerli. Es kann auch ein Teelöffel Quark oder Naturjogurt sein. Natürlich kann man auch das Trockenfutter als Leckerli benutzen, oder vielleicht ein besonders gutes und schmackhaftes Futter, das der Hund gerne nimmt. Wichtig ist, dass die verfütterten Leckerli mit in die Tagesration des Futters eingerechnet werden. So kann also durchaus einmal das Abendessen sehr bescheiden ausfallen, weil sich Ihr Kleiner beim Üben schon so viele Leckerli erarbeitet hat.

Chips, Kuchen und andere Menschennahrung sind kein Leckerli. Sie enthalten zu viel Gewürze, Salz und Zucker für den Hund. Bleiben Sie von Anfang an konsequent und geben Sie Ihrem Hund nichts dergleichen.

Geben Sie nicht nach jedem ausgeführten Kommando ein Leckerli. Auch liebe Worte oder ein Spiel sind Belohnung für den Hund. Je älter der Hund wird, umso mehr sollten Leckerli in den Hintergrund treten.

Futtermittelallergien

Futtermittelallergien werden immer häufiger diagnostiziert, mögliche Symptome sind Hauterscheinungen wie Pusteln und Pickel, vermehrter Juckreiz, Lecken an den Pfoten oder auch chronische Darmerkrankungen mit Durchfall. Eine Diätfütterung kann hier Wunder wirken. Fragen Sie Ihren Tierarzt, welches Futter er für Ihren Hund empfiehlt. Viele Firmen stellen spezielle Futter für Allergiker her, so genannte *hypoallergene Diäten*.

Hypoallergene Diäten verwenden seltene Inhaltsstoffe als Eiweißquelle – beispielsweise Eier, Fisch, Kaninchen oder Wild – und ebenso ausgefallene Kohlenhydratquellen – beispielsweise Kartoffeln, Dinkel, Reis. Diese Diäten sollten möglichst wenig verschiedene Inhaltsstoffe haben.

Auch Fressnäpfe können zu allergischen Reaktionen führen. Das verträglichste Material scheint rostfreier Stahl zu sein oder aber Ton oder Porzellan. Für die Reinigung der Näpfe sollten keine scharfen, chemischen Reiniger verwendet werden und das Reinigungsmittel muss gründlich abgespült werden.

In Kapitel 22 gibt es noch weitere Informationen zu Allergien.

Diätfuttermittel

Jeder Welpe ist anders. Ein Futter kann nicht in allen Situationen zu jedem Welpen passen. Informieren Sie sich so gut es geht über die Ernährung von Welpen – sprechen Sie mit Ihrem Tierarzt, dem Züchter und dem ausgebildeten Personal des Zoofachgeschäfts, um das beste Futter für Ihren kleinen Welpen zu finden. Behalten Sie dabei ein paar Punkte im Hinterkopf:

Für einen Welpen einer großen Rasse wird Ihr Tierarzt oder Ihr Züchter möglicherweise ein Futter für erwachsene Hunde empfehlen. Ein zu hoher Eiweißgehalt kann bei solchen Hunden zu Problemen mit dem Skelett führen – Sie sollten also dieser Empfehlung folgen.

Manche Welpen haben gesundheitliche Probleme, die eine Diät erfordern. Ihr Tierarzt kann Ihnen helfen, das richtige Futter zu finden. Medizinische Diätfutter unterliegen laufenden Kontrollen, so dass jeder Sack und jede Packung genau die gleichen Inhaltsstoffe enthält.

Hüftgelenksdysplasie (= HD) ist ein ernsthaftes Problem, das viel Schmerzen und Leiden für einen Hund bedeuten kann. Viele Hunde erben die Veranlagung zu dieser Fehlentwicklung der Hüftgelenke von ihren Eltern. Eine zu eiweißreiche Ernährung während der Wachstumsphase, zu viel Bewegung und ein sehr starker Muskelaufbau können ebenfalls zur Hüftgelenksdysplasie führen (siehe auch Kapitel 21). Daher Vorsicht mit den eiweißreichen Futtermitteln und so genannten Aufbaupräparate insbesondere für Welpen großwüchsiger Rassen.

Wenn Ihr Welpe älter wird, ändert sich sein Nährstoffbedarf. Für ihn gilt das Gleiche wie für uns alle: Weniger Fett, weniger Eiweiß! Denken Sie daran!

Sport und Spiel für Welpen

21

In diesem Kapitel

- Angemessene Bewegung für jedes Alter, jede Größe und jede Rasse
- Mensch und Hund – ein tolles Team zum Toben
- Was ist Spiel? Was ist Kampf?
- Der Umgang mit Erkrankungen des Skeletts

Es gibt ein großes Missverständnis: »Unser Hund ist den ganzen Tag im Garten. Die frische Luft tut ihm so gut!« Natürlich tut ihm die frische Luft gut. Aber den ganzen Tag allein im Garten, das kann Ihren Hund zu einem wilden Kläffer machen, über den sich schließlich die gesamte Nachbarschaft beschwert. Frische Luft ja, aber mit der richtigen Beschäftigung dazu, darauf kommt es an.

Jedes Spiel zu seiner Zeit

Das Gewebe des Welpen ist noch weich. Seine Knochen wachsen. Er ist ungeschickt wie ein kleines Kind, das anfängt, die Welt auf eigenen Beinen zu erkunden. Treppen machen ihm Angst. Am liebsten würden Sie ihn überall hin mitnehmen, aber Ihre Joggingrunde, auch wenn sie nur klein ist, ist noch viel zu anstrengend für den kleinen Körper im Wachstum. Nicht jeder Welpe lässt sich gerne tragen, wenn er müde ist und nicht mehr kann. So würde Ihr kleiner Freund vielleicht aufgeregt mitrennen, weit über seine Grenzen hinaus, und dann plötzlich anfangen zu lahmen. Natürlich sind Sport und Bewegung notwendig, aber kleine Welpen können einfach noch nicht kilometerweit laufen. Also lassen Sie ihm bitte die Zeit, die er braucht!

In den ersten vier Lebensmonaten soll der kleine Hund nur spielen, spazieren gehen ist noch gar nicht notwendig! Gehen Sie mit ihm auf eine große Wiese in der Nähe oder an den Waldrand, wo wenig Verkehr ist und spielen Sie. Die Spiele, die in Kapitel 28 beschrieben werden, sind dafür geeignet. Wenn der kleine Kerl müde ist, gehen Sie wieder nach Hause, und wenn das Spiel so schön war, dass er zu müde ist, können Sie ihn auch tragen!

Wählen Sie für Ihre Spiele Gelände mit weicher Oberfläche aus, Gras, Erde oder Ähnliches. Pflaster und Asphalt sind zu hart für die weichen Knochen und können wie auch Schotter leicht zu Verletzungen führen. Glatte Böden in der Wohnung können gefährliche Schlitterbahnen werden, schnell ist hier ein Gelenk überdehnt. Also verlegen Sie wilde Spiele in der ersten Zeit lieber auf den Wohnzimmerteppich, wenn Sie nicht an die Luft gehen.

Mitmachen ist jetzt angesagt

Welpen wollen nicht alleine spielen! Sie brauchen Gesellschaft zum Toben und Spielen. Und wenn Sie Ihrem Welpen kein Rudel anbieten können, müssen Sie selbst mitmachen. Je nach Alter und Rasse sollten fünf bis zwanzig Minuten zwei- bis viermal am Tag eingeplant werden. Das hört sich nach viel Arbeit an? Warten Sie ab, wenn Sie erst einmal damit anfangen, wird es Ihnen genauso viel Spaß machen wie Ihrem Spielgefährten.

Spielen und Toben gehört wie Wasser, Futter, Schlaf und das Erledigen des Geschäftchens zu den Grundbedürfnissen eines jungen Hundes. Also: Spielen ist Pflichtprogramm für Sie. Zwar verschaffen auch kleine Spaziergänge Bewegung, aber auf der Straße lauern für kleine Hunde viele Furcht erregende Dinge wie Autos, Mülleimer, Fahrradfahrer. Spiele, wie die, die in Kapitel 28 beschrieben sind, eignen sich besser zum Austoben und bieten eine gute Mischung von Anspannung und Entspannung, Herausforderung und Spaß.

Vermeiden Sie es, Ihren Welpen zum Spaß zu ärgern oder hart mit ihm zu kämpfen. Solche Spiele können frustrierend für den kleinen Kerl sein. Aus Spaß wird dann schnell Ernst und Ihr kleiner, süßer Schatz fängt an zu schnappen.

Das richtige Maß für jede Größe und Rasse

Natürlich beeinflusst die Größe eines Hundes das Ausmaß an Bewegung, das er braucht. Und natürlich brauchen auch die verschiedenen Rassen unterschiedlich viel Bewegung. Ein Irish Setter, gezüchtet für die Jagd, braucht mehr Bewegung als ein Schoßhund. Das sagt uns schon allein unser gesunder Menschenverstand. Aber ich wundere mich immer wieder, wie viele Menschen ihren Hund allein aufgrund des Aussehens aussuchen, ohne sich Gedanken über die Bedürfnisse der Rasse zu machen. In Tabelle 21.1 können Sie Informationen zu den unterschiedlichen Bewegungsbedürfnissen der verschiedenen Hunderassen finden (weitere Informationen hierzu finden Sie auch in Kapitel 2). Das Bewegungsbedürfnis sagt etwas darüber aus, wie häufig und wie lang Sie mit Ihrem Welpen pro Tag spielen und toben sollten:

Bewegungsbedürfnis	*Länge einer Spielphase*	*Spielphasen pro Tag*
sehr hoch	20 Minuten	2 bis 4
hoch	15 bis 20 Minuten	2 bis 3
mittel	10 bis 15 Minuten	2
niedrig	5 Minuten	2

Wenn Ihr Hund sich draußen nicht austoben kann, muss er in der Wohnung Dampf ablassen. Darunter können Ihre Nerven und Ihre Möbel leiden. Ist Ihr Hund deshalb boshaft? Nein, nur gelangweilt und unterbeschäftigt!

Rasse	Zuchtziel	Bewegungsbedürfnis
Vorstehhund	Jagdhund zum Aufstöbern von Wild	sehr hoch
Retriever	Jagdhund, holt Beute aus dem Wasser	hoch
Windhund	Jagd- und Rennhund	sehr hoch
Boxer	Jagd-, Wach-, Militär- und Polizeihund	sehr hoch
Dalmatiner	Begleithund mit vielfältigen Aufgaben	hoch
Bernhardiner	Bergrettungshund	niedrig bis mittel
Deutscher Schäferhund	Wach-, Hüte- und Begleithund	mittel
Rottweiler	Zughund und Hütehund für Vieh	mittel
Sennenhunde	Wach- und Treiberhund	mittel
Dobermann	Wach- und Polizeihund	hoch
Border Collie	Hütehund	sehr hoch
Sibirischer Husky	Schlittenhund	hoch bis sehr hoch
Yorkshire Terrier	Rattenfänger	mittel
Jack Russell Terrier	Jagdhund	hoch
Rauhaardackel	Jagdhund	mittel
West Highland White Terrier	Jagdhund	mittel
Tibet Terrier	Begleithund	mittel bis hoch
Toyrassen	Schoßhunde	niedrig

Tabelle 21.1: Rassen und ihr Bewegungsbedürfnis

Wo hört der Spaß auf und fängt der Ernst an?

Wenn Sie Ihren Welpen zu einem Spieltreff mitnehmen, machen Sie sich auf einiges gefasst! Da wird gebissen und geknurrt, gerempelt und gestoßen. Es sieht wild aus, ich weiß, aber so spielen Welpen miteinander. Haben Sie mal gesehen, wie Hunde sich gegenseitig am Genick packen und umwerfen? Solange es nur Spaß ist, kein Problem. Aber wie können Sie merken, wenn es Ernst wird? Hier ein paar Tipps:

- ✔ Streit fängt meist schon beim ersten Zusammenkommen an. Wenn zwei dominante Hunde aufeinander treffen (oft vom gleichen Geschlecht und ähnlicher Größe, aber nicht immer), *drohen* beide: Sie stellen den Kamm auf, machen sich groß und breit, knurren bedrohlich, fixieren den anderen. Wenn keiner nachgibt (Blick abwenden, Kopf senken, zurückweichen), fangen sie eventuell zu kämpfen an.
- ✔ Wenn zwei dominante Hunde miteinander spielen und einer von beiden zu grob wird, ordnet sich der andere möglicherweise nicht unter. Dann wird aus einer wilden Keilerei schnell ein ernsthafter Kampf.
- ✔ Manche Hunde werden aggressiv, wenn sie müde sind und nicht mehr weiterspielen können. Wenn Ihr Welpe erschöpft aussieht, holen Sie ihn zu sich.

- Wenn Sie einen sehr dominanten Welpen haben, lassen Sie eine kurze Leine am Halsband. Wenn das Spiel zu einer Schlägerei ausartet, können sie Ihren wilden Kerl bremsen. Wie praktisch, wenn jeder Hundehalter daran denkt!
- Wenn Ihr Hund sich unangeleint mit einem anderen frei laufenden Hund beißt, kann jeder Hundehalter versuchen, seinen Hund am Schwanz wegzuziehen. *Versuchen Sie nie Ihren Hund am Halsband aus einer Beißerei herauszuziehen, er könnte versehentlich Sie beißen!*

  Eine Alternative ist es, den Hunden einen Eimer Wasser über den Kopf zu gießen. Das lenkt zwar nur kurz ab, gibt Ihnen aber die Gelegenheit, Ihren Hund wieder unter Kontrolle zu bringen. Aber wer hat schon immer einen Eimer Wasser dabei?

Noch ein paar Punkte, an die Sie denken sollten:

- Oft verursachen wir Menschen Kämpfe zwischen Hunden. Ja, richtig gelesen, wir Menschen! Sich selbst überlassen, klären Hunde meist ohne Körperkontakt ab, wer der Boss ist und bauen eine Hierarchie auf. Die körperliche Auseinandersetzung fängt häufig erst an, wenn der Mensch sich einmischt, schreit und Kommandos erteilt. Manchmal ist es besser, den Hunden genug Platz zu geben, um einander ausweichen zu können und ansonsten: Weggucken!

  Untergraben Sie nicht die Autorität des dominanten Hundes, indem Sie sich in ein kämpferisches Spiel einmischen. Solche Spiele festigen oft die Hierarchie und bringen Frieden in das Zusammenleben. Hunde haben keine Probleme mit Autorität und Hierarchie. Eine gut gefestigte Hierarchie hilft den Hunden, sich in ihrer sozialen Gruppe zurechtzufinden und sicher zu fühlen.
- Hunde kennen sehr wohl den Unterschied zwischen Welpen und erwachsenen Hunden. Welpen genießen Welpenschutz. Wenn die kleinen es zu wild treiben, werden sie vielleicht weggestoßen oder auch einmal angeknurrt, aber das dient nur der Erziehung. Welpen lernen aus solchen Begegnungen, andere Hunde zu respektieren. »Sozialisation« wird das genannt.

Hüft- und Ellbogengelenksdysplasie – ein Thema auch für die Kleinen

Wenn Ihr Hund an bestimmten Erkrankungen leidet, müssen Sie beim Spielen Rücksicht darauf nehmen. Beispiele sind Dysplasien.

Bei einem gesunden Hüftgelenk liegt der Kopf des Oberschenkelknochens fest umschlossen in der Pfanne des Hüftgelenks. Die Hüftgelenkpfanne umschließt den Oberschenkelkopf so weit, dass zwar eine freie Bewegung des Oberschenkels möglich ist, der Oberschenkelkopf aber nicht seitlich aus der Pfanne gehoben werden kann. Die Hüftgelenksdysplasie, auch kurz HD genannt, ist eine Fehlentwicklung der Hüftgelenkpfanne (von dyplasia, griech.: Fehlentwicklung, Missgestaltung), bei der die Pfanne zu flach ist. Je nach Ausmaß der Abflachung spricht man von unterschiedlichen Graden der HD. Bei leichter HD ist der Oberschenkel übermäßig beweglich in der Hüftgelenkpfanne, der Gelenkspalt ist vergrößert und der Oberschenkel verdickt sich. Durch die erhöhte Beweglichkeit wird das Gelenk instabil, die Belastung der Bänder und Muskeln wird erhöht, Schmerzen können auftreten. Bei starker Hüftgelenksdysplasie sind Schmerzen ein Dauerthema. Der Oberschenkelkopf verändert sich, degeneriert mit der Zeit, das Gelenk wird so instabil, dass die Bewegungsfähigkeit eingeschränkt ist. Ihr Tierarzt kann Sie über verschiedene Behandlungsmöglichkeiten aufklären.

Schwimmen ist ein sehr guter Sport für Hunde mit HD. Vielleicht haben Sie die Gelegenheit, Ihrem Hund dies zu ermöglichen. Es gibt auch professionelle Hundephysiotherapeuten, die Trainingseinheiten auf einem Laufband im Wasserbecken anbieten. Eine gleichmäßige Bewegung an der Leine auf weichem Untergrund fördert den Muskelaufbau und stabilisiert die Gelenke. Verboten sind Stöckchen werfen und Herumtoben auf unebenem Untergrund.

Wenn Ihr Hund einen Rückfall hat und wieder anfängt zu lahmen, schonen Sie ihn und vereinbaren einen Termin beim Tierarzt. Nach Besserung sollte die Bewegung nur allmählich gesteigert werden. Denken Sie daran, dass Ihr Hund in seiner Beweglichkeit eingeschränkt ist. Er braucht Ihre Fürsorge.

Ellbogengelenksdysplasie, kurz ED genannt, ist eine Erkrankung ähnlich der HD. Meist sind Welpen großer Rassen im Alter von 6 bis 14 Monaten betroffen.

Eigentlich ist jetzt Bettruhe angesagt oder eine Operation, aber wie wollen Sie das Ihrem Welpen beibringen? Versuchen Sie, das Toben einzuschränken, insbesondere unkontrollierte Drehbewegungen. Haben Sie Geduld und Mitgefühl, diese Einschränkungen sind für bewegungsfreudige Tiere sehr schwer zu ertragen. Eine gut Alternative zum Toben ist Schwimmen.

Osteoporose bei Hunden

Füttern Sie Ihren Welpen niemals ausschließlich mit Fleisch. Fleisch hat zwar einen hohen Eiweiß- und Phosphorgehalt, enthält aber im Vergleich dazu zu wenig Kalzium. Der relative Kalziummangel kann zu Knochendeformationen und schließlich zu Osteoporose führen.

Die Veranlagung zu Fehlstellungen ist angeboren, aber mit einer guten Vorsorge und Pflege Ihres Hundes können ihm helfen, damit zu leben. Achten Sie auf die richtige Ernährung und reduzieren Sie zusätzliche Belastungen. Weitere Informationen finden Sie auch im Kasten »Hilfe bei Skeletterkrankungen«.

»Bettruhe« für den Welpen

Strikte Käfigruhe oder *Leinenzwang*, das verordnet Ihr Tierarzt Ihrem Hund möglicherweise nach einer Rückenverletzung, bei einem Beinbruch, bei einer Fehlstellung oder im Anschluss an eine Operation. Aber wie um Himmels willen können Sie das zu Hause durchsetzen? Ihr

Welpe guckt Sie mit großen Augen an und versteht die Welt nicht mehr: Kein Toben, kein Spiel, gar nichts? Im Interesse Ihres Hundes müssen Sie ihn nun ruhig halten, so schwer es auch fällt. Hier ein paar Tipps, wie es besser klappen kann:

- ✔ Geben Sie Ihrem Hund viel Spielzeug zum Nagen und Kauen und seine Lieblingskauknochen. Verwöhnen Sie ihn damit nach Strich und Faden!
- ✔ Lassen Sie ihn für sein Futter arbeiten! Nehmen Sie einen großen ausgehöhlten Knochen oder einen alten Ball und füllen Sie sein Trockenfutter in den Hohlraum. So wird aus der Fütterung ein Spiel!

Hilfe bei Skeletterkrankungen

Wenn Ihr Welpe unter einer Erkrankung wie Hüftgelenks- oder Ellbogengelenksdysplasie leidet, versuchen Sie, ihm das Leben angenehmer zu gestalten:

- ✔ Fehlentwicklungen der Gelenke treten familiär gehäuft auf! Züchten Sie nicht mit Ihrem Hund und informieren Sie den Züchter, von dem Sie Ihren Welpen bekommen haben. Ein verantwortungsvoller Züchter nimmt solche Tiere aus der Zucht.
- ✔ Füttern Sie kein Welpenfutter! Der hohe Eiweißgehalt des Welpenfutters führt zu starkem Muskelaufbau und übermäßig schnellem Knochenwachstum, dadurch werden die Gelenke stärker belastet.
- ✔ Geben Sie keine Vitamin- oder Mineralstoffpräparate, insbesondere Kalziumtabletten (auch Kalk genannt) sollten gemieden werden.
- ✔ Übergewicht belastet die Gelenke zusätzlich! Gerade bei Skeletterkrankungen ist eine konsequente Gewichtskontrolle wichtig!
- ✔ Wenn Ihr Hund Schmerzen hat, sollten Sie ihn nur an der Leine spazieren führen. Ansonsten gilt: Plötzliche Drehbewegungen vermeiden! Lieber häufiger und kürzer spazieren gehen! Ideal sind langsame, gleichmäßige Bewegungen. Springen und Treppensteigen kann besonders schmerzhaft sein, Sie sollten Ihren Hund nach Möglichkeit stattdessen tragen.
- ✔ Sorgen Sie für einen ausreichend großen Hundeschlafplatz, damit Ihr Hund sich bequem ausstrecken kann.
- ✔ Die Bodenbeläge der Wohnung sollten rutschhemmend sein. Befestigen Sie Läufer oder Matten mit Teppichklebeband auf dem Untergrund.
- ✔ Lassen Sie Ihren Hund bei niedrigen Temperaturen nicht draußen auf dem Boden liegen. Insbesondere nachts sollte er in einem trockenen, nicht zu kalten Raum bleiben können.
- ✔ Sie können Ihren Hund auch massieren. Behandeln Sie dabei nicht die Gelenke selbst, sondern massieren Sie nur das Bindegewebe und die Muskulatur um das Gelenk, so fördern Sie die Durchblutung.

- ✔ Lassen Sie ihn für sein Futter arbeiten! Nehmen Sie einen großen ausgehöhlten Knochen oder einen alten Ball und füllen Sie sein Trockenfutter in den Hohlraum. So wird aus der Fütterung ein Spiel!
- ✔ Massieren Sie Ihren Hund! Die Durchblutung ist gut für die Muskulatur und fördert die Heilung und der liebevolle Kontakt tut Ihnen beiden gut!
- ✔ Spielen Sie ruhige Musik, das hilft zu entspannen.
- ✔ Nehmen Sie sich Zeit, mit Ihrem Hund zu sprechen, aber lassen Sie sich nicht jederzeit an das Krankenlager rufen. Wenn Sie den Zeitpunkt der Schmusestunde bestimmen, helfen Sie Ihrem Hund, die Ruhephasen leichter zu ertragen.

Denken Sie daran: Sie müssen stark sein und Ihrem Hund helfen, wieder gesund zu werden. Halten Sie sich an die Anweisungen Ihres Tierarztes, auch wenn Ihr Hund meint, er könne schon längst wieder toben.

Immer schön sauber und gesund bleiben

22

In diesem Kapitel

- Bürsten und Krallenpflege
- Augen-, Ohren-, Nasen- und Zahnpflege
- Einen Tierarzt Ihres Vertrauens finden
- Kastration/Sterilisation – ja oder nein?

Vorsorge kann Ihnen und Ihrem kleinen Liebling eine Menge Leiden und Schmerzen ersparen. Widmen Sie der Pflege Ihres Hundes regelmäßig Ihre Aufmerksamkeit. So sieht Ihr Hund nicht nur gepflegt aus und fühlt sich wohl, sondern Sie bemerken auch kleine Veränderungen und Unpässlichkeiten frühzeitig. Dazu brauchen Sie nur ein paar Dinge: eine Bürste, eine Krallenschere, eine Hundezahnbürste, die entsprechende Zahnpasta (vielleicht mit Hühnchengeschmack?) und ein paar Kosmetiktücher oder Wattebäuschchen.

Dann fehlt noch ein Tierarzt Ihres Vertrauens, der Sie bei allen anfallenden Problemen und Fragen unterstützt und berät. Und schon sind Sie einen großen Schritt weitergekommen auf dem Weg zu einem langen und gesunden Hundeleben.

Bürsten: Kuschelstunde oder Kampf

Bürsten kann für Sie und Ihren kleinen Wollknäuel wie eine entspannende Kuschelstunde und Massage sein oder aber ein nervenaufreibender Machtkampf. Legen Sie schon in der Welpenzeit den Grundstein dafür, dass Ihr Hund sich gerne und willig von Ihnen bürsten lässt. Mit ein paar Tricks klappt es gleich besser:

- ✔ Suchen Sie für den kleinen Hund und seine zarte Haut eine weiche Bürste aus, keine harte Metallbürste. Lassen Sie sich beraten, welche Bürste für Ihren Welpen geeignet ist.
- ✔ Während einer Schmusestunde (Leckerli griffbereit) lassen Sie den Kleinen an der Bürste schnuppern. Fahren Sie mit der Bürste sanft und ohne Druck über das Fell, ausführlich loben und schon gibt's ein Leckerli! (Mehr zum Thema Leckerli erfahren Sie in Kapitel 20.)
- ✔ Nach und nach bürsten Sie länger und an weiteren Stellen des Körpers. Beginnen Sie am Rücken und den Außenseiten der Beine, arbeiten Sie sich langsam zum Hals, Bauch und den Beininnenseiten vor. Schwanz, Kopf (nur ganz sanft auf der Stirn und die Seiten) und Pfoten kommen ganz zum Schluss dran. Nach jedem erfolgreichen Bürsten viel Lob und ein paar Leckerli.

- ✔ Üben Sie nur kurz, aber häufiger mit Ihrem Hund. Kleine Hunde müssen Geduld erst lernen. Ihr Hund sollte so viel Vertrauen zu Ihnen entwickeln, dass er sich überall von Ihnen anfassen lässt.

Reagiert Ihr Hund sehr ängstlich oder aggressiv, brechen Sie die Übung ab und suchen Hilfe beim Tierarzt, in der Hundeschule oder bei einem erfahrenen Hundetrainer.

Baden

Manchmal ist es notwendig, einen Hund zu baden oder zu waschen: Auch aus medizinischen Gründen wird Ihr Tierarzt vielleicht eine Bade- oder Waschbehandlung verordnen. Gut, wenn Sie schon in der Welpenzeit geübt haben. Baden heißt, in der Badewanne zu bleiben und nass zu werden. Das ist neu für Ihren Hund und will gelernt sein.

Manche Hunde sind einfach Wasserratten, sie springen in jede Pfütze, jeden Bach, sie lieben es zu planschen und zu schwimmen. Wenn Sie einen solchen Hund haben, können Sie diesen Abschnitt getrost überspringen, aber: Es gibt viele andere! Meine Hündin Shawbee ist ein gutes Beispiel dafür. Ich glaube, sie hasste es, gebadet zu werden. Und sie sorgte dafür, dass ich es hasste, sie zu baden. Wenn wir nicht zu zweit auf ihr lagen, um sie in der Wanne zu halten, war sie schneller wieder rausgesprungen und die Treppe hinunter- und rausgeflitzt, als wir gucken konnten. Das Badezimmer sah danach renovierungsbedürftig aus. Aber ich habe daraus gelernt!

1. **Unten in die Wanne kommt ein großes Handtuch, ein paar Leckerli in die Hosentasche und schon geht's los. Legen Sie erst einmal ein paar Leckerli auf den Rand der Wanne und lassen Sie Ihren Hund sie herunterholen. Ist der Rand zu hoch, heben Sie den kleinen Kerl etwas hoch.**

2. **Die nächste Übung findet schon in der Wanne statt, aber ohne Wasser! Heben Sie den Hund vorsichtig in die Wanne (wieder Leckerli, loben und streicheln) und vorsichtig langsam wieder raus. Üben Sie dann, dass es Ihr Welpe auch einmal kurz in der Wanne aushält, ohne von Ihnen gehalten zu werden.**

3. **Außerdem wird der Wasserkontakt geübt, bei schönem Wetter geht das hervorragend draußen. Im Winter müssen Sie in der Wanne üben, sobald sich der kleine Badegast an die trockene Wanne gut gewöhnt hat.**

4. **Als Erstes gießen Sie vorsichtig und ohne Wasserdruck etwas lauwarmes Wasser neben die Füße, so dass diese nur von unten nass werden. Und wieder loben, streicheln und ein Leckerli.**

5. **Nach und nach gewöhnen Sie Ihren Hund daran, im Wasser zu stehen. Als Faustregel für die Wassertiefe gilt: nur bis zur Mitte der Beine, das ist ausreichend, um den Hund zu waschen.**

Sollten Sie für Ihr weiteres Leben mit Hund wilde Spaziergänge durch Matsch und Schlamm planen, gewöhnen Sie Ihren Hund schon im Welpenalter daran, sich draußen mit Gartenschlauch oder Gießkanne die Pfoten, Beine und den Bauch abwaschen zu lassen, das erleichtert Ihnen die zukünftige Hundepflege erheblich.

Hunde müssen von Natur aus eigentlich nicht gebadet werden. Wenn Sie aus medizinischen oder hygienischen Gründen oder um das Zusammenleben von Hund und Mensch zu erleichtern, Ihren Hund baden müssen, bedenken Sie bitte Folgendes: Die Haut des Hundes verliert durch den Kontakt mit Wasser und Shampoo ihren schützenden Talgmantel. Um diesen Verlust so gering wie möglich zu halten, verwenden Sie bitte nur kühles bis lauwarmes Wasser, ein Babyshampoo, ein Spezialshampoo für Hunde oder ein von Ihrem Tierarzt empfohlenes medizinisches Shampoo. Bitte baden Sie Ihren Hund nicht häufiger als einmal im Monat, sonst reagiert die empfindliche Haut leicht mit Schuppen und Juckreiz.

Warum lieben manche Hunde Kuhfladen?

Manche Hunde lieben es einfach, sich in Kuhfladen oder noch grässlicheren Sachen zu wälzen (alle Arten von Kot, Urin, Aas usw.). Und Sie fragen sich, ob das wirklich sein muss. Nein, muss es nicht, zumindest nicht bei jedem Hund, aber einige lieben dieses »Parfum« einfach zu sehr.

Die schlechte Nachricht zuerst: Wer sich als Welpe wälzt, tut dies meist ein Leben lang. Die gute Nachricht: Aber als ausgewachsener Hund seltener!

Denken Sie daran, dass das Wälzen nicht gegen Sie gerichtet ist, für Ihren Hund riecht es einfach toll. Strafen nützt nichts. Üben Sie immer wieder die Kommandos »Aus!« und »Bei Fuß!«, um das Schlimmste zu verhindern. Und wenn es schon zu spät ist, muss gebadet werden.

Krallenpflege

Die Krallenpflege ist Ihrem Hund ja völlig schnuppe, aber Krallen können brüchig sein, splittern oder einwachsen, deshalb ist es wichtig, sie regelmäßig zu kontrollieren und eventuell auch zu kürzen. Bei Ihrem Tierarzt oder im Zoofachhandel gibt es eine ganze Reihe verschiedener Modelle von Scheren und Zangen, die alle ihre Vor- und Nachteile haben. Lassen Sie sich beraten, welche für Ihren Hund geeignet ist. Fragen Sie nach, ob Sie unterschiedliche Modelle ausprobieren können. Sie sollten mit der Krallenzange gut zurechtkommen und sie sollte ein langes Hundeleben halten und Ihnen die Arbeit erleichtern.

Die vier Krallen, die an jeder Pfote Bodenkontakt haben, nutzen sich normalerweise von selbst ab. Hier achten Sie nur darauf, dass die Krallen nicht brüchig sind oder splittern. Die Daumenkralle sitzt an der Innenseite etwas höher an der Pfote. Sie hat zwar keinen Bodenkontakt, aber viele Hunde nagen sie selbst ab, ansonsten muss sie gekürzt werden. Genauso die Wolfskralle, die bei manchen Hunderassen regelmäßig, manchmal sogar doppelt, vorkommt. Auch hier ist das Kürzen eventuell notwendig. Krallen, die zu lang werden, können einwachsen und sich entzünden.

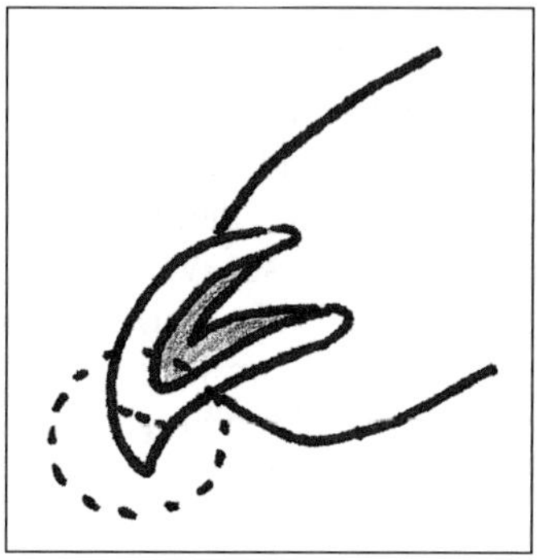

Abbildung 22.1: Schneiden Sie die Kralle nur an der Spitze – sonst verletzen Sie das Krallenbett!

So gehen Sie vor:

- ✔ Üben Sie zunächst die gründliche Untersuchung aller vier Pfoten. Auch Hunde sind häufig, wie wir Menschen, an den Füßen kitzelig. Also die Pfote vorsichtig festhalten, loben, streicheln, Leckerli! *Das wird immer wieder und überall geübt!*
- ✔ Als Nächstes kommt die Krallenschere ins Spiel, aber noch werden keine Krallen geschnitten, nur die Zehen einzeln kurz festhalten, ein kurzer Kontakt mit der Krallenschere, Krallenschere öffnen und schließen, und wieder gibt es eine Belohnung mit der Stimme, ein Streicheln oder ein Leckerli.
- ✔ Zum Üben kürzen Sie zunächst nur eine einzige Kralle, abgeschnitten wird nur ein winziges Stück.

  Wenn Ihr Hund helle Krallen hat, haben Sie Glück gehabt. Dann ist das Krallenbett, das keinesfalls getroffen werden darf, gut zu sehen. hat Ihr Hund dunkle Krallen, müssen Sie sich eventuell beim Tierarzt oder von erfahrenen Hundebesitzern das Krallenschneiden zeigen lassen.
- ✔ Nach und nach erhöhen Sie das Pensum und schneiden mehrere Krallen. Hält Ihr Hund schlecht still, ist es sinnvoll, sich von einer zweiten Person helfen zu lassen, damit es nicht zu versehentlichen Verletzungen kommt.

Haben Sie sich schon einmal mit dem Hammer auf den Finger gehauen? Dann wissen Sie, wie weh es tut, wenn Sie Ihrem Hund aus Versehen in das Krallenbett schneiden. Hier verlaufen viele Nerven und Blutgefäße, die nach einer Verletzung oft lange nachbluten. Etwas Jodlösung von Ihrem Tierarzt und ein einige Minuten lang aufgedrücktes Papiertaschentuch helfen am besten, die Blutung zu stillen.

Augen-, Ohren-, Nasen- und Zahnpflege

Hier gelten einige besondere Regeln, die Sie beachten sollten, um Ihren kleinen Welpen nicht nur gepflegt, sondern auch gesund zu erhalten.

Die Augenpflege

Neugierig und erwartungsvoll kann Ihr Kleiner Sie anstrahlen, seine Lebensfreude können Sie in den klaren Hundeaugen erkennen. Helfen Sie mit, diesen strahlenden Blick zu erhalten.

- ✔ Lassen Sie beim Autofahren Ihren Hund nicht zum geöffneten Fenster hinausschauen. Staub und Wind reizen die Bindehaut. Öffnen Sie die Fenster nur einen Spalt breit und stellen Sie sicher, dass sich Ihr Hund weit genug vom Fenster entfernt befindet.
- ✔ Beim Toben und Spielen müssen Sie besonders Acht geben, die Augen nicht zu verletzen!
- ✔ Bei langhaarigen Hunderassen sollten Sie das Fell um die Augen kürzen oder mit einer Haarspange die Augen freihalten. Haarspitzen können die Augen reizen.
- ✔ Wenden Sie im Gesicht keine Shampoos, Sprays oder Mittel gegen Parasiten an. Ist es notwendig, ein Medikament im Gesicht zu verwenden, tragen Sie es bitte mit den Fingerspitzen auf.
- ✔ Entfernen Sie Ihrem Hund morgens den Schlaf aus den Augen. Hierfür verwenden Sie am besten abgekochtes, abgekühltes Wasser und ein Kosmetiktuch oder einen Wattebausch.

Es gibt einige ansteckende Augenerkrankungen, also achten Sie darauf, dass Ihr Hund gesunde Spielkameraden hat.

Wenn Ihnen vermehrte Tränenbildung, Augenausfluss, Rötung, Gelbfärbung, Krustenbildung, Lichtempfindlichkeit oder Ähnliches an den Augen Ihres Hundes auffällt, sollten Sie zu Ihrem Tierarzt gehen. Er wird die Ursache herausfinden (oder Ihren Hund an einen Augenspezialisten überweisen). Wenn Ihr Hund Medikamente verschrieben bekommt, sollten diese sorgfältig verabreicht werden.

- ✔ Um Augentropfen anzuwenden, lassen Sie Ihren Hund »Platz!« machen.
- ✔ Halten Sie mit einer Hand seinen Kopf auf den Boden und spreizen Sie Ober- und Unterlid etwas auseinander.
- ✔ Die Hand mit der Tropfflasche stützen Sie auf dem Hundekopf ab und tropfen die verordnete Menge auf den Augapfel.

Berühren Sie bitte das Auge nicht mit der Tropfflasche. Stützen Sie die Hand, die die Flasche hält, immer auf dem Hundekopf ab, damit Sie plötzlichen Bewegungen Ihres Hundes automatisch folgen und nicht versehentlich mit der Tropfflasche in sein Auge stechen.

Die Anwendung von Augensalbe funktioniert ganz ähnlich, nur müssen Sie hier nach dem Aufbringen des Salbenstrangs die Lider einmal kurz verschließen, um den Salbenfilm über den Augapfel zu verteilen.

Wenn Ihr Hund nicht gut stillhalten kann, suchen Sie sich jemanden, der Ihnen hilft – zu zweit geht es viel leichter.

Lassen Sie sich beim Tierarzt genau zeigen, wie Augenmedikamente verabreicht werden sollen. Üben Sie es unter der Aufsicht des Tierarztes oder seines Personals.

Hunde haben genau wie Katzen ein drittes Augenlid. Es klappt unabhängig von Ober- und Unterlid vom inneren Augenwinkel her zur Seite hin zu. Es dient zum Schutz vor Staub und Fremdkörpern. Normalerweise ist das so genannte dritte Augenlid grau-weiß bis blassrosa. Sollte hier eine Entzündung vorliegen, verfärbt es sich rot. Da es spezielle Erkrankungen des dritten Augenlides gibt, sollten Sie zum Tierarzt gehen, wenn Ihnen Veränderungen an diesem Augenlid auffallen.

Die Hundeohren

Wer liebt es nicht, Hundeohren zu kraulen, zu massieren und sanft durchzukneten. Und glücklicherweise teilt Ihr Haustier Ihre Begeisterung für Ohrenmassagen.

Aber: Hundeohren brauchen außer Massage auch noch etwas Pflege. Verschiedene Infektionen können sich im Ohr ansiedeln und Sie müssen mithelfen, den Pilzen, Milben und Bakterien das Leben schwer zu machen. Im Ohr ist es warm, feucht und geschützt und die kleinen Plagegeister lieben das. Einigen Hunden wachsen Haare in den Ohren. Das verhindert, dass überschüssiges Ohrschmalz nach außen abgegeben werden kann. Außerdem verhindern viele Haare im Gehörgang, ebenso wie Schlappohren, eine gute Belüftung des Gehörgangs. Manche Hunde haben einen sehr engen Gehörgang, was ebenfalls die Ansiedlung ungeliebter Mitbewohner erleichtert.

Wie oft die Ohren Ihres Hundes gereinigt werden müssen und welcher Ohrenreiniger für Ihren Hund der richtige ist, besprechen Sie bitte mit Ihrem Tierarzt. Generell gilt Folgendes:

- ✔ Reinigen Sie regelmäßig die innere Fläche der Ohrmuschel mit einem Wattebausch oder Kosmetiktuch, das Sie mit Ohrreiniger getränkt haben.

  Gehen Sie niemals mit Wattestäbchen, Fingern oder irgendetwas anderem in den Gehörgang! Das kann nicht nur ausgesprochen schmerzhaft für Ihren Hund sein und sein Vertrauen zu Ihnen nachhaltig stören, sondern auch zu schweren Verletzungen führen.

- ✔ Achten Sie beim Baden darauf, dass kein Wasser in den Gehörgang eindringt. Verschließen Sie den Gehörgang mit einer Fingerkuppe, falls Sie den Kopf abduschen, und trocknen Sie die Ohren anschließend mit etwas Watte ab.

Infektionen des Ohres treten recht häufig auf. Achten Sie darauf, ob Ihr Hund sich vermehrt am Ohr kratzt, den Kopf schüttelt oder schief hält, das Ohr rot oder geschwollen ist oder sein Geruch sich verändert hat. Unbehandelte Ohrinfektionen können Allgemeinerkrankungen,

Fieber, Gleichgewichtsstörungen und Schwerhörigkeit nach sich ziehen. Gehen Sie deshalb rechtzeitig zum Tierarzt, er wird Ihnen ein geeignetes Medikament verschreiben. Und so wenden Sie es an:

- ✔ Wärmen Sie die Ohrentropfen in der Hosentasche oder in der Nähe der Heizung an (nicht mehr als 25° Celsius).
- ✔ Lassen Sie Ihren Hund »Platz!« machen. Bitten Sie jemanden, Ihnen zu helfen und den Kopf des Hundes zu halten (am besten auf dem Boden).
- ✔ Halten Sie mit einer Hand die Ohrmuschel auf und lassen Sie die verordnete Menge vorsichtig in den Gehörgang laufen.
- ✔ Massieren Sie den Ohrgrund und loben Sie Ihren Hund überschwänglich, ein Leckerli ist jetzt wirklich angebracht!

Die Hundenase

Kennen Sie auch die alte Regel: »Wenn die Nase feucht und kalt ist, ist der Hund gesund; wenn sie heiß und trocken ist, hat der Hund Fieber.« Leider ist es nicht ganz so einfach. Normalerweise ist die Hundenase kalt und feucht, das ist richtig, aber im Sommer nach dem Spielen, bei Durst usw. kann sie auch trocken sein und der Hund ist trotzdem gesund! Also, um Fieber festzustellen, benutzen Sie lieber ein Fieberthermometer, am besten ein digitales, und wo wird dann gemessen? Ja richtig, im Po, nur da lässt sich nämlich beim Hund die Körpertemperatur sicher bestimmen.

Hundenasen können helle oder dunkle Flecken bekommen. Das kann eine Reaktion auf das Material des Fressnapfes sein, dann wechseln Sie bitte die Näpfe aus. Rostfreier Stahl scheint ein unproblematisches Material zu sein. Auch aggressive Haushaltsreiniger sollten durch sanftere Mittel ersetzt werden. Fleckenförmige Verfärbungen können auch als Reaktion auf Sonneneinstrahlung auftreten. Verwenden Sie dann bitte einen Sunblocker mit einem Lichtschutzfaktor über 25 und sprechen Sie beim nächsten Besuch in der Praxis Ihren Tierarzt auf dieses Problem an.

Die Hundezähne

Hundezähne brauchen Pflege! Und dazu sind Kauknochen alleine nicht ausreichend. Sie reinigen zwar die Zähne von Futterresten, aber je nach Rasse und Veranlagung bekommen Hunde trotzdem Zahnstein. Das wiederum kann zu Zahnschmelzdefekten, Zahnausfall, Abszessen und Erkrankungen des Kieferknochens führen. Darüber hinaus belasten schlechte Zähne den gesamten Körper und können auch Herz- und Nierenerkrankungen fördern. *Also: Zahnhygiene!*

- ✔ Füttern Sie Trockenfutter! Knabbern reinigt die Zähne!
- ✔ Gewöhnen Sie schon Ihren Welpen an die Zahnreinigung. Geben Sie etwas Hundezahnpasta (nach Vorschrift dosieren) auf eine spezielle Hundezahnbürste und reinigen Sie damit

die Außenflächen der Zähne. Akzeptiert Ihr Hund die Zahnbürste nicht, wickeln Sie sich ein Stückchen rauen Stoff (Frottee) um Ihren Finger oder nehmen nur den Finger anstelle der Bürste. Gewöhnen Sie Ihren Hund langsam an die Zahnreinigung und wiederholen Sie sie einmal täglich.

Ihr Tierarzt wird regelmäßig die Zähne kontrollieren. Geringe Mengen Zahnstein können bei ruhigen Hunden von den vorderen Zähnen mit einem speziellen Zahnreinigungsinstrument entfernt werden, das beugt stärkerer Zahnsteinbildung vor. Hin und wieder ist vielleicht eine Zahnsteinentfernung mit einem Ultraschallgerät notwendig. Ein solches Gerät wird auch von Ihrem Zahnarzt verwendet. Hierzu muss Ihr Hund in Narkose gelegt werden. Nach der Zahnsteinentfernung werden die Zähne poliert und eventuell mit Wachs beschichtet, um erneuter Zahnsteinbildung vorzubeugen.

Check-ups beim Tierarzt

Genau wie Kinder brauchen junge Hunde regelmäßige Vorsorgeuntersuchungen und Impfungen. Sobald Sie einen Tierarzt gefunden haben, der Ihr Vertrauen genießt, besprechen Sie mit ihm, welche Impfungen, Behandlungen und Kontrollen wann notwendig sind, und vereinbaren die entsprechenden Termine.

Einen kompetenten und vertrauenswürdigen Tierarzt gefunden zu haben, ist nicht nur für die Gesundheit und das Wohlbefinden Ihres kleinen Lieblings wichtig, sondern auch für Sie.

Wie Sie den richtigen Tierarzt für sich finden

- ✔ Fragen Sie andere Tierbesitzer, die Sie kennen.
- ✔ Statten Sie der Praxis Ihrer Wahl einen Probebesuch ab, zunächst ohne Hund, um den Tierarzt und sein Team kennen zu lernen, und dann mit dem zukünftigen Patienten, der von dem ganzen Team mit ein paar Leckerli begrüßt werden sollte. So ist der erste Eindruck vom Tierarztbesuch gleich positiv.
- ✔ Schauen Sie sich um! Ist alles sauber und hygienisch? Ist der Geruch angenehm? Reagiert das Praxisteam offen und verständnisvoll auf Ihre Wünsche? Werden Ihnen die Räumlichkeiten gezeigt?
- ✔ Unterhalten Sie sich mit dem Tierarzt! Gibt es in dieser Praxis bestimmte Tätigkeitsschwerpunkte oder Spezialisierungen? Werden auch Naturheilverfahren angewendet? Welche diagnostischen Möglichkeiten wie Röntgen oder Ultraschall stehen zur Verfügung? Zu welchen Zeiten ist die Praxis geöffnet? Ist im Notfall immer jemand erreichbar? Mit welchen Kliniken wird zusammengearbeitet?
- ✔ Verlassen Sie sich auf Ihren Bauch, er sagt Ihnen, ob Sie mit diesem Menschen »können«! Ein »guter Draht« zwischen Tierarzt und Ihnen als sorgendem Tierbesitzer ist sehr wichtig!

- ✔ Was sagt Ihr Hund? Dreht er sich sofort wieder um, versuchen Sie es noch einmal in einer anderen Praxis. Wird er auch dort mit niemandem warm, liegt es vielleicht an Ihrem Hund.

Ein Wort zur Tollwut

Lena war eine etwas ängstliche Hündin, die in einer Familie mit vier wirklich wilden Kindern lebte. Was Lena schon alles in ihrem Leben erleiden musste, konnte sie uns leider nicht erzählen. Aber ihr ängstlicher Blick und ihr eingezogener Schwanz sprachen Bände. Sie hatte fürchterliche Angst, wenn ihr jemand nahe kam, und verkroch sich, so gut sie konnte, in einer ruhigen Ecke. Bei einem Kindergeburtstag wollten einige der Kinder Lena unbedingt streicheln. Sie umringten sie und ließen nicht von ihr ab. In ihrer Verzweiflung und Panik biss Lena zu. Es war kaum mehr als eine Schürfwunde, aber die Haut war verletzt. Der Kinderarzt fragte nach der Tollwutimpfung, die leider schon 14 Monate her war. Das Veterinäramt ordnete eine Quarantäne an. Lena musste wochenlang im Keller fern ihrer Familie eingesperrt werden, nur ein Erwachsener durfte sich um sie kümmern. Bei der Überprüfung wurden keine Tollwutsymptome gefunden und die Quarantäne wurde wieder aufgehoben. Das war noch einmal gut gegangen! Hätte sie irgendwelche Krankheitsanzeichen gezeigt, wäre sie wahrscheinlich eingeschläfert worden.

Tollwut ist eine sehr gefährliche Erkrankung für unsere Tiere, aber auch für den Menschen. Die Tollwutverordnung verbietet es Ihrem Tierarzt, ein an Tollwut erkranktes Tier oder ein Tier, bei dem auch nur der geringste Verdacht auf eine Tollwutinfektion vorliegt, zu behandeln. Dieses Verbot dient dem Schutz der Menschen, also Ihrem Schutz, da Sie mit dem Tier zusammenleben, aber auch dem Schutz der Personen, die ein solches Tier behandeln oder pflegen würden. Ein Haustier, das unter Tollwutverdacht steht, muss in Quarantäne verbracht werden. Erhärtet sich der Verdacht, wird das Tier eingeschläfert.

Der beste Schutz, den Sie Ihrem Tier geben können, ist eine regelmäßige Impfung. Und regelmäßig heißt in diesem Fall: Pünktlich alle zwölf Monate!

Die jährlichen Wiederholungsimpfungen

Die erste Impfung erfolgt in der Regel im Alter zwischen acht und zehn Wochen, wenn die Welpen abgesetzt werden. Die so genannte *Boosterung* ist, nach zwei bis vier Wochen notwendig. Der genaue Zeitpunkt hängt vom Impfstoff ab. Erste Impfung und nachfolgende Boosterung bezeichnet man als *Grundimmunisierung*. Ist diese abgeschlossen, sind die Wiederholungsimpfungen nur noch einmal im Jahr notwendig. Welpen, die nicht gesäugt werden, werden zusätzlich im Alter von sechs Wochen geimpft. Häufigere Impfungen gegen bestimmte Krankheiten können dann notwendig sein, wenn Ihr Hund einem besonderen Infektionsrisiko ausgesetzt ist. Informieren Sie sich, gegen welche Erkrankungen Impfungen angeboten und empfohlen werden.

Keine Impfung gibt einen 100-prozentigen Schutz vor einer Erkrankung. Außerdem können wie bei allen Medikamenten unerwünschte Nebenwirkungen wie allergische Reaktionen oder Unverträglichkeiten auftreten. Zugelassene Impfstoffe sind getestet und sollen sicher und wirksam sein, aber jedes Tier ist ein Individuum und kann empfindlich auf eine bestimmte Substanz reagieren, die andere gut vertragen, oder aufgrund einer Erkrankung trotz Impfung keinen ausreichenden Impfschutz aufbauen.

Belasten Sie Ihren Hund nach einer Impfung nicht, lassen Sie ihn in den ersten zwei Stunden nicht allein. Vielleicht bleiben Sie nach der Impfung einfach noch eine halbe Stunde im Wartezimmer, dann ist professionelle Hilfe bei einer allergischen Reaktion schnell verfügbar.

Der schwierige Umgang mit Allergien

Wir alle kennen Allergien aus unserem Familien- und Freundeskreis, ja, auch Allergien gegen Hundehaare sind weit verbreitet. Glücklicherweise werden Hunde nicht gegen Menschen allergisch, oder haben Sie das schon einmal gehört?

Wer Allergiker kennt, weiß, wie viele Behandlungsmöglichkeiten angepriesen werden. Merken Sie sich eine Grundregel: Je mehr unterschiedliche Therapieformen bei einer Krankheit angepriesen werden, umso kritischer müssen Sie sein. Gäbe es nämlich eine Therapie, die immer erfolgreich ist, wären die anderen einfach überflüssig und würden nicht mehr angewendet.

Hunde können gegen Futtermittel, Hausstaub, bestimmte Pflanzen, Tierhaare, Schimmelpilzsporen, Chemikalien, Reinigungsmittel, Synthetikfasern, Geruchsstoffe, Konservierungsstoffe, Geschmacksverstärker, Kunststoffe usw. allergisch sein. Die Liste ist lang und wird von Jahr zu Jahr länger. Auch die Symptome sind vielfältig. Allergien können sich in Hauterkrankungen, wie Juckreiz, Pusteln, Rötungen, Haarausfall, Schwellungen beispielsweise der Pfoten oder des Gesichts, äußern. Es können auch Magen- oder Darmprobleme, wie Bauchgrummeln, Durchfall, Erbrechen, Bauchkrämpfe oder schlechte Futterverwertung, auftreten. Ebenso kann die Schleimhaut des Mauls und die Zunge anschwellen, Niesen und Tränenfluss können auffallen und viele andere Symptome, die häufig gar nicht mit einer Allergie in Verbindung gebracht werden.

- ✔ Wenn Ihr Hund eine Allergie hat, notieren Sie sich alle Veränderungen, die Ihnen auffallen. Das können Kleinigkeiten wie die Verwendung eines anderen Haushaltsreinigers sein, aber auch Auffälliges, beispielsweise dass Symptome nur im Frühjahr auftreten.
- ✔ Verwenden Sie zum Waschen der Hundedecken keinen Weichspüler oder stark parfümierte Waschmittel.
- ✔ Kontrollieren Sie alle Haushaltsreiniger und andere Chemikalien, die Sie im Haus oder Garten verwenden. Vergewissern Sie sich, dass die verwendeten Mittel unschädlich für Haustiere sind.
- ✔ Verwenden Sie anstelle von Chemikalien lieber biologische Substanzen wie Spiritus oder Essigessenz zum Reinigen.

- ✔ Weniger ist oft mehr. Seien Sie sparsam mit der Verwendung von Flohpulver, Mückenspray usw., alle diese Substanzen können schädigend sein.
- ✔ Gerade bei Allergien sind ganzheitliche Behandlungsverfahren wie Homöopathie oder Akupunktur häufig erfolgreich. Erkundigen Sie sich, welche Tierärzte in Ihrer Umgebung diese Therapieverfahren anbieten.

Kastration, Sterilisation – ein Thema, viele Meinungen!

Zunächst einmal eine kleine Aufklärung: Kastration oder Sterilisation – das hat nichts mit männlich oder weiblich zu tun! Rüden produzieren ihre Geschlechtshormone in den Hoden, Hündinnen in den Eierstöcken (zumindest hauptsächlich). Kastration bedeutet das Herausnehmen dieser so genannten Geschlechtshormon produzierenden Drüsen, also der Hoden oder der Eierstöcke. Sterilisation heißt »Alles bleibt drin!«, aber der Weg nach draußen wird unterbrochen, beim Rüden wird der Samenleiter durchtrennt, bei der Hündin die Eileiter. Dadurch wird der Hund unfruchtbar, produziert aber weiter Geschlechtshormone. Tiere werden in aller Regel kastriert, aber nicht sterilisiert. So, das musste mal geklärt werden.

Natürlich ist für die Kastration genauso wie für die Sterilisation eine Narkose erforderlich. Da bei der Hündin der Eingriff etwas schwerwiegender ist, dauert die Erholung nach der Operation etwa fünf Tage bis zwei Wochen, Rüden sind meist nach zwei bis zehn Tagen schon wieder fit. Wann Sie Ihren Liebling nach der Operation endlich wieder abholen können und welche Einschränkungen Sie ihm (und sich selbst) dann auferlegen müssen, besprechen Sie bitte mit Ihrem Tierarzt.

Aber ist denn in welchen Fällen eine Kastration überhaupt notwendig? Dazu gibt es viele Meinungen und viele verschiedene Erfahrungen. Vielleicht wissen Sie schon jetzt, dass Sie mit Ihrem Hund züchten möchten, dann schätzen Sie sich glücklich und blättern Sie schnell weiter, Kastration kommt für Ihren Hund gar nicht in Frage!

Kastration – ja oder nein

Wenn einer der folgenden Punkte bei Ihnen zutrifft, kann eine Kastration die beste Lösung für alle Beteiligten sein:

- ✔ Im Haushalt lebt eine unkastrierte Hündin oder Ihr Hundesitter hat eine unkastrierte Hündin.
- ✔ Kinder, Jugendliche, ältere oder gebrechliche Erwachsene gehen häufig alleine mit dem Hund spazieren. Einen unkastrierten Rüden zu bändigen, wenn eine heiße Hündin in der Nähe ist, kann eine Herausforderung sein.
- ✔ Ihr Rüde ist ein absoluter Chef, jeder andere Rüde muss unterworfen werden, bevor es weitergehen kann beim Spaziergang. Jede Hündin, ob sie will oder nicht, wird besprungen. Und wenn auch nur irgendwo im Landkreis eine Hündin läufig ist, weiß Ihr Rüde Bescheid und ist für Tage verschwunden.

Aber: Die Kastration Ihres Rüden löst nicht alle Erziehungsprobleme. Ein Jäger bleibt ein Jäger und viele Rüden streunen auch ohne heiße Hündinnen in der Nachbarschaft. Denken Sie daran: Kastration hilft nur gegen geschlechtsgesteuertes Verhalten.

Auch für die Hündin gibt es schwerwiegende Gründe für die Kastration:

- ✔ In Ihrer Nachbarschaft leben unbeaufsichtigte Rüden, die Ihre Haustür belagern und Sie beim Spaziergang im Wald stellen, sobald Ihre Hündin heiß ist.
- ✔ Sie sind darauf angewiesen, Ihre Hündin von Zeit zu Zeit zu einem Hundesitter zu geben, der auch unkastrierte Rüden versorgt. Diese Termine können Sie nicht umlegen.
- ✔ Ihre Hündin hat gesundheitliche Probleme im Zusammenhang mit der Läufigkeit (ausgeprägte Scheinschwangerschaft, Gebärmutterveränderungen, zyklusabhängige Gesäugeleistentumoren). Hier empfiehlt Ihr Tierarzt möglicherweise eine Kastration.

Prinzipiell gilt, dass angesichts der vielen unversorgten Hunde in unseren Tierheimen keine unkontrollierte Vermehrung von Hunden stattfinden sollte. Andere Verhütungsmethoden für Hunde neben der Kastration sind aber bei längerer Anwendung reich an Nebenwirkungen. Kurz gesagt: Wer seinen Hund nicht ausreichend unter Kontrolle halten kann, sollte sich lieber zur Kastration entscheiden. In allen anderen Fällen sollten Sie die Problematik in Ruhe mit Ihrem Tierarzt besprechen. Holen Sie ruhig mehrere Meinungen ein. Eine Kastration ist wie jede Operation mit gewissen Risiken verbunden und nach dem deutschen Tierschutzgesetz sind Operationen nur mit medizinischen Indikationen erlaubt.

Wenn Sie Ihren Hund aus einem Tierheim bekommen haben, verpflichtet der Abgabevertrag Sie häufig zu einer Kastration.

Der richtige Zeitpunkt

Immer wieder kontrovers diskutiert wird auch der richtige Zeitpunkt für die Kastration. Manche plädieren für möglichst frühe Kastrationen aus unterschiedlichen Gründen (zum Beispiel geringeres Risiko für Gesäugeleistentumoren, insbesondere wenn vor der ersten Hitze kastriert wird). Andere halten dagegen, dass ein früh kastrierter Hund sein Leben lang kindlicher und unreifer bleibt. Außerdem können gesundheitliche Probleme aufgrund des Wegfalls der Geschlechtshormone auftreten.

Auch hier gilt: Holen Sie viele Informationen ein und bilden Sie sich Ihre eigene Meinung.

Gesundheitsversicherungen für Hunde

Erst langsam nimmt in Deutschland die Zahl der Versicherungsgesellschaften zu, die für Haustiere eine Versicherung ähnlich der Krankenversicherung anbieten. Wenn Sie Interesse an einer solchen Versicherung haben, sprechen Sie Ihre Versicherungsagentur oder Ihren Versicherungsvertreter an, um aktuelle Informationen zu erhalten. Eine kritische Kosten-Nutzen-Abwägung lohnt sich, viele tierärztliche Leistungen werden nur beschränkt oder gar nicht erstattet.

»Iiihh!« (Das Kapitel über Parasiten)

23

In diesem Kapitel

- Erfolgreiche Flohbekämpfung
- Schutz vor Zecken
- Würmer und andere Bewohner des Körperinneren

Wie soll ein Kapitel über Parasiten unterhaltsam sein? Eine echte Herausforderung für mich, zumal ich mich wirklich vor allem ekle, was auf oder in meinen Hunden lebt, egal ob Milben, Würmer, Flöhe oder sonst etwas. Manchmal ist ein gutes Vorstellungsvermögen wenig erstrebenswert!

In diesem Kapitel werden Sie mehr über die Mitbewohner Ihres Hundes erfahren, als Sie je wissen wollten. Nachdem Sie gelernt haben, sie zu erkennen, beschäftigen wir uns mit der Bekämpfung, aber auch damit, wie Sie einem Befall wirkungsvoll vorbeugen können.

Was sind überhaupt Parasiten?

Ein *Parasit* lebt auf oder in einem anderen Organismus (= Wirt). Und er lebt auch von ihm: von seinem Blut, seiner Haut, seinen Schuppen und vom Inhalt seiner Därme. Je nachdem, ob ein Parasit auf dem oder in dem Hund lebt, wird er als *Ektoparasit* (lebt auf dem Wirt) oder als *Endoparasit* (lebt im Wirt) bezeichnet.

Ektoparasiten – leben auf dem Hund

Ektoparasiten lieben Blut, meist das Ihres Hundes, aber in der Not ist auch menschliches Blut ein willkommener Ersatz. Gehen wir sie nacheinander durch:

Flöhe

Flöhe sind seit Menschengedenken ein Problem und sie werden es wohl auch bleiben. Sie finden sie bevorzugt am Bauch, in den Leisten und Achselhöhlen und auf der hinteren Kruppe Ihres Hundes. Um einen Flohbefall festzustellen, brauchen Sie einen Flohkamm mit feinen Zinken. Kämmen Sie Ihren Hund damit aus. Wenn Sie im Fell kleine trockene Krümel finden, die wie Dreck aussehen, legen Sie die Krümel auf ein feuchtes Taschentuch und verreiben sie mit etwas Wasser. Färbt sich das Taschentuch rot, handelt es sich leider nicht um Dreck, sondern um Flohkot. Die rote Färbung entsteht durch unverdauten Blutfarbstoff.

Um Flöhe wirkungsvoll bekämpfen zu können, müssen Sie einen Grundsatz verinnerlicht haben: Ein Floh auf Ihrem Hund bedeutet Hunderte von Flöhen, Floheiern, -puppen und -larven verteilt in Ihrer Wohnung! Also: Bei starkem Flohbefall müssen Hund und Wohnung behandelt werden!

Die Flöhe auf dem Hund

Ich bin eine fanatische Flohbekämpferin. Jedes Kräutlein, dem eine Wirkung gegen Flöhe nachgesagt wird, finden Sie in meiner Wohnung, egal ob Bierhefe, Knoblauch oder Citronella. Ob es daran liegt, dass ich bisher (toi, toi, toi!) noch keine Flohinvasion hatte? Wenn Sie sich übrigens schönere Beschäftigungen vorstellen können, als Knoblauch zu entsaften: Es gibt auch Knoblauchkapseln oder die Möglichkeit, Knoblauchöl selbst herzustellen (ein Marmeladenglas halbvoll mit geschnittenem, geschälten Knoblauch, mit Salatöl auffüllen und jeden Tag einen Teelöffel unter das Futter mischen). Manche Hunde vertragen kein Öl im Futter, dann müssen Sie doch auf Kapseln zurückgreifen.

Sprechen Sie mit Ihrem Tierarzt über die unterschiedlichen Möglichkeiten, Welpen gegen Flöhe zu behandeln und einem Befall vorzubeugen. Es gibt Flohhalsbänder, Shampoos, Sprays und Spot-on-Präparate, die sehr komfortabel in der Anwendung und besonders sicher sind.

Sprühen Sie Präparate gegen Flohbefall nicht in das Gesicht Ihres Welpen. Wenn ein Produkt auch auf dem Kopf aufgetragen werden muss, ziehen Sie sich Handschuhe an, geben das Medikament auf eine Hand und tragen es vorsichtig mit dem Finger auf. Denken Sie daran: Die meisten Präparate sind giftig.

Es gibt Präparate (Tabletten oder Suspensionen), die zwar nicht die erwachsenen Flöhe abtöten, aber die Vermehrung der Flöhe verhindern. Diese Produkte stören entweder die Fruchtbarkeit erwachsener Flöhe oder verhindern die Entwicklung von Flohpuppen zu erwachsenen Flöhen. Sie werden als Wachstumsregulatoren bezeichnet. Da sie von Ihrem Hund eingenommen werden und den Stoffwechsel von Warmblütern nicht beeinflussen, sind sie besonders ungefährlich in der Anwendung. Diese Präparate sollten vor allem bei starkem Flohbefall angewendet werden!

Hunde können allergisch auf Flohspeichel reagieren, eine Erkrankung die etwas irreführend als *Flohstichallergie* bezeichnet wird. Auch bei nur einem Flohstich ist der Juckreiz so intensiv, dass Hunde sich auflecken, kratzen und sogar selbst beißen. So genannte Hot spots können entstehen, auf denen sich häufig bakterielle Infektionen ausbreiten.

Mit wem wollen Sie sich Ihr Sofa teilen?

Das Sofa wirkt gleich weniger einladend, wenn Sie wissen, dass Sie es mit kleinen Blutsaugern teilen. Flohstiche an Ihrem eigenen Körper erkennen Sie daran, dass meist zwei bis drei flache, runde Quaddeln mit ungefähr drei bis sechs Millimeter Durchmesser nahe beieinander liegen. Was nun? Die ganze Wohnung und eventuell das Auto müssen behandelt werden, und zwar schleunigst! Entweder holen Sie jetzt den Kammerjäger oder Sie erklären den Eindringlingen selbst den Krieg!

- ✔ Bitten Sie Ihren Tierarzt um Hilfe.
- ✔ Staubsaugen, staubsaugen, staubsaugen! Damit können Sie zumindest die Anzahl an Flöhen, Puppen und Larven reduzieren. Wechseln Sie nach dem Staubsaugen den Staubsaugerbeutel, Flöhe können durch das Rohr wieder in die Wohnung kommen.
- ✔ Alle glatten Böden gründlich wischen.
- ✔ Alle Hundedecken müssen heiß gewaschen werden. Was nicht kochfest ist oder nicht in die Waschmaschine passt, wird eingefroren und anschließend mit Flohshampoo geschrubbt.
- ✔ Bei massivem Flohbefall können Umgebungsprodukte eingesetzt werden. Das sind Sprays oder so genannte Fogger. Welches Präparat für Sie sinnvoller ist, sprechen Sie bitte mit Ihrem Tierarzt ab.
- ✔ Jeder Raum der Wohnung muss behandelt werden. Flöhe können sich ausgezeichnet fortbewegen!
- ✔ Chemische Flohbehandlungen sind giftig. Halten Sie unbedingt die Sicherheitsvorschriften ein. Lesen Sie das Etikett gründlich durch. Unternehmen Sie am Tag des Sprayens einen schönen Ausflug und bringen Sie auch Ihre Katze oder andere Tiere sicher unter. Decken Sie Aquarien dicht ab.
- ✔ Nach der Behandlung und Einwirkzeit muss gründlich gelüftet werden. Danach noch einmal staubsaugen (Beutel wieder wechseln!), Betten frisch beziehen und alle Oberflächen gründlich abwischen.
- ✔ Wählen Sie ein Produkt, das alle Entwicklungsstadien miterfasst. Wenn eine Wiederholung der Behandlung empfohlen wird, halten Sie sich an diese Empfehlung.
- ✔ Freuen Sie sich: Sie haben nicht nur die Flöhe bekämpft, sondern gleichzeitig den Frühjahrsputz mit erledigt!

Zecken

Eine weitere Art unangenehmer Blutsauger sind Zecken. Sie bevorzugen zwar den dichten Pelz unserer Haustiere, sind aber im Zweifelsfall auch unbehaarter Haut nicht abgeneigt. Zecken kommen weltweit vor und übertragen je nach Region verschiedene Krankheiten.

Auch Zecken entwickeln sich wie Flöhe über mehrere Entwicklungsstadien: Eier, Larven, Nymphen und so genannte Adulte, das heißt erwachsene Tiere. Nymphen und Adulte saugen Blut. Einige Erkrankungen werden von der erwachsenen Zecke auf die Eier übertragen. Andere Erreger muss jede Zecke individuell aufnehmen; bei diesen Erkrankungen ist das Infektionsrisiko umso höher, je älter die Zecke ist und je mehr Blutmahlzeiten sie bereits bei anderen Wirten aufgenommen hat.

Zecken entfernen

Zecken klettern. Am liebsten klettern sie an Ihrem Hund hoch und lassen sich im Halsbereich nieder. Wenn sie sich festbeißen, benutzen sie Mundwerkzeuge mit Widerhaken. Die Widerhaken bleiben mit dem Zeckenkopf im Hund stecken, wenn Sie die Zecke einfach herausziehen wollen. Und damit Ihr Hund nicht lauter dicke, hässliche Beulen am Hals hat und Sie mit einem abgerissenen Zeckenkörper in der Hand dastehen, gehen Sie folgendermaßen vor:

1. **Entfernen Sie die Zecke, sobald Sie sie entdeckt haben. Längere Saugzeit erhöht das Infektionsrisiko!**

2. **Verwenden Sie eine Zeckenzange oder eine Zeckenkarte, um die Zecke zu entfernen.**

3. **Fassen Sie mit einer Hand die Haut um die Zecke und greifen Sie mit der Zange nach dem Kopf der Zecke oder schieben Sie die Zeckenkarte so dicht wie möglich an der Haut unter den Kopf.**

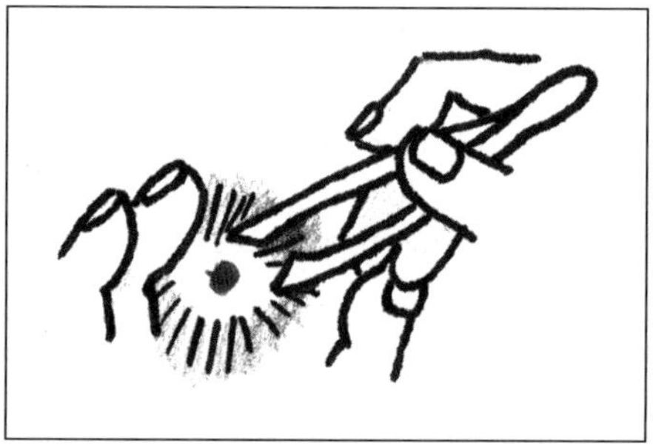

Abbildung 23.1: So fixieren Sie die Haut um die Zecke, um mit der Zeckenzange zugreifen zu können.

4. **Ziehen Sie die Zecke raus.**

   Zecken haben kein Gewinde, zwar lassen sie sich oft besser mit einer drehenden Bewegung entfernen, aber in welche Richtung Sie drehen, spielt keine Rolle.

5. **Waschen Sie sich anschließend die Hände.**

Zeckenprophylaxe

Auch gegen Zecken lässt sich vorbeugend einiges machen:

- ✔ Fragen Sie Ihren Tierarzt, welche Präparate er gegen Zecken empfiehlt. Die meisten Flohmittel sind auch gegen Zecken wirksam.

  Sprühen Sie Ihrem Hund keine Zeckenpräparate ins Gesicht. Ziehen Sie sich Handschuhe an, benetzen Sie Ihre Finger mit dem Präparat und verteilen Sie es mit dem Finger. Tragen Sie Sprays auch an den Pfoten auf.

Von Zecken übertragbare Krankheiten – ein Schnelldurchlauf

Borreliose: Die Borreliose oder Lyme-Krankheit ist die wichtigste und häufigste von Zecken übertragene Erkrankung. Borreliose ist für die meisten Säugetiere ansteckend, spielt aber vor allem beim Menschen und beim Hund eine große Rolle. Erreger sind Bakterien (Borrelia ssp.), Überträger ist der Gemeine Holzbock (Ixodes ricinus). In bestimmten Gegenden sind bis zu 50 Prozent der Zecken Träger von Borrelien. Das Infektionsrisiko ist im Herbst höher, da die Erreger nicht an die Zeckeneier weitergegeben werden, sondern jede Zecke sich im Laufe ihrer Entwicklung an einem infizierten Tier oder Mensch infizieren muss. Borreliose führt zu fieberhafter Allgemeinerkrankung. Wird die Infektion chronisch, können verschiedene Gewebe und Organe betroffen werden, häufig sind ein Befall der Gelenke, des Nervensystems und innerer Organe. Die Diagnose ist schwierig und erfordert meist mehrere Blutuntersuchungen.

Babesiose: Die auch als »Hundemalaria« bezeichnete Erkrankung wird in Deutschland durch die Auwaldzecke (Dermacentor reticulatus) übertragen. Erreger sind einzellige Blutparasiten (Babesia canis). Während die Babesiose noch vor einigen Jahren nur als unerwünschtes Mitbringsel nach Reisen in den Süden auftrat, findet man diese Erkrankung heute auch bei Hunden, die nie im Ausland waren. Der Parasit lebt in den roten Blutkörperchen. Auffällige Krankheitssymptome sind Müdigkeit, Konditionsverlust, blasse Schleimhäute und Gelbsucht. Da Zecken die Erreger auch an ihre Nachkommen weitergeben, ist zu befürchten, dass sich die Babesiose in den nächsten Jahren in Deutschland weiter ausbreiten wird.

Ehrlichiose: Verschiedene Erreger der Gattung Ehrlichia spielen bei der Erkrankung von Hunden eine Rolle. Einige werden vom Gemeinen Holzbock (Ixodes ricinus), andere von der Braunen Hundezecke (Rhipicephalus sanguineus) übertragen. Der Erreger kann von der Zecke nicht an die nachfolgende Generation weitergegeben werden, das heißt, infektiös ist nur eine Zecke, die sich bei einer früheren Blutmahlzeit infiziert hat. Auch die Ehrlichiose galt früher als Reisekrankheit, tritt aber mittlerweile auch bei Hunden auf, die nie außerhalb Deutschlands waren. Müdigkeit, Gewichtsverlust, blasse Schleimhäute, auch Fieber und Flüssigkeitsansammlungen im Gewebe sind typische Symptome.

FSME: Die so genannte Frühsommer-Meningoenzephalitis ist eine virale Erkrankung, die in einigen Gegenden Deutschlands gehäuft von Zecken übertragen wird. Infektionen sind auch beim Hund nachweisbar, führen aber nur sehr selten zu Krankheitsanzeichen.

Zeckenpräparate sind giftig. Lenken Sie Ihren Hund nach dem Auftragen des Medikaments mit einem Spiel oder Spaziergang ab, damit er sich nicht sauber leckt. Streicheln Sie Ihren Hund erst wieder, wenn das aufgetragene Medikament getrocknet ist. Wenn Ihr Welpe noch klein ist, fragen Sie in der Tierarztpraxis nach einem gut verträglichen Produkt.

- ✔ Meiden Sie schattige, dicht bewachsene Wege. Das sind die Lieblingsplätze der Blutsauger.

- ✔ Suchen Sie sich selbst und Ihren Hund nach dem Spaziergang nach Zecken ab und entfernen Sie sie sofort. Mit einem Flohkamm können Sie Zecken, die sich noch nicht festgesaugt haben, leicht herauskämmen.
- ✔ Um sich selbst zu schützen, sollten Sie helle, lange Kleidung tragen und keine offenen Schuhe. In der Apotheke und in Outdoor-Geschäften finden Sie pflanzliche Präparate, die auf die Haut aufgetragen werden und durch ihren Geruch Zecken abhalten.

Wenn Sie eine Zecke entfernt haben, bringen Sie sie um, so schwer es auch fällt. Manche verbrennen sie oder werfen sie in ein Gefäß mit Alkohol, ich zerdrücke sie mit der Zeckenzange im Waschbecken und spüle sie gleich weg.

Milben, Läuse und Haarlinge

Milben und Läuse leben zum größten Teil permanent auf Ihrem Hund. Manche ernähren sich von Blut, andere von Hautbestandteilen oder Haaren. Vor der Behandlung steht die Diagnose!

Ohrmilben

Ohrmilben leben im Ohr Ihres Hundes, sie ernähren sich von den obersten Hautschichten. Erste Anzeichen einer Infektion sind Juckreiz, auch Kopfschütteln und eventuell Schiefhalten des Kopfes tritt auf. Was manchmal nach einer Slapstick-Nummer aussieht, ist gar nicht so witzig, Die Milben verursachen eine starke Entzündung, die so schmerzhaft werden kann, dass Ihr Hund sich kaum mehr am Ohr anfassen lässt. Wenn Sie im Gehörgang dicke, braunschwarze Krusten entdecken, gehen Sie lieber zum Tierarzt. Das Ohr kann mit einem Otoskop untersucht werden, die Diagnose ist leicht gestellt, das Ohr wird gereinigt und mit einem speziellen Mittel gegen Ohrmilben behandelt. Die Behandlung muss über längere Zeit fortgeführt werden, um die lästigen Milben endgültig zu beseitigen. (Zur Anwendung von Ohrentropfen siehe auch Kapitel 22.)

Läuse

Glücklicherweise ist ein Läusebefall beim Hund nur sehr selten, und – auch sehr erleichternd – Hundeläuse bevorzugen eindeutig Hunde. *Hohe Wirtsspezifität* nennt man das. Läuse leben permanent auf dem Hund, mit einer Größe von 1,5 Millimeter sind sie gerade noch sichtbar für das menschliche Auge. Ihre Eier, Nissen genannt, kleben fest an den Haaren und lassen sich nicht auskämmen.

Haarlinge

Auch Haarlinge sind sehr wirtsspezifisch. Von Läusen sind sie für den Laien kaum unterscheidbar, Aufschluss gibt nur eine mikroskopische Untersuchung. Der Juckreiz ist wegen der Lebhaftigkeit der Haarlinge aber erheblich stärker als bei Läusebefall.

Räudemilben

Räudemilben sind Grabmilben, sie graben Tunnel in die Haut ihres Wirtes. Bei Hautkontakt werden sie leicht von einem Hund zum anderen übertragen und auch beim Mensch bleiben sie gerne einige Zeit. Der Juckreiz ist sehr stark, zunächst entsteht ein Hautausschlag mit Papeln, später kommen Krusten, Schuppen und Haarausfall hinzu. Da zwei bis acht Wochen vergehen können, bis sich die ersten Symptome nach der Ansteckung zeigen und nicht jeder Milbenträger erkrankt, ist die Krankheit oft schwer zu diagnostizieren. Empfehlenswert ist die Untersuchung von Haut- und Blutprobe.

Demodex-Milben

Fast bei jedem Hund kommen in den Haarfollikeln Demodex-Milben vor, nur eine sprunghafte Zunahme ihrer Anzahl verursacht Krankheitssymptome. Meist beginnt es mit leichter Rötung und Schuppung am Kopf oder den Beinen, Haarausfall kann auftreten, der Juckreiz ist nur wenig ausgeprägt. Schwere Demodekose führt zu einer tiefen Entzündung der Haut, die sich über den ganzen Körper ausbreiten kann. Da Demodex-Milben bei nahezu allen Hunden auftreten, ist die Diagnose schwierig. Auch die Behandlung erfordert viel Geduld.

Raubmilben

Raubmilben oder Cheyletiellen verursachen Juckreiz und Schuppen, die vor allem auf dem Rücken zu finden sind. Die Milben sehen aus wie sich bewegende Schuppen.

Herbstgrasmilben

Die Herbstgrasmilben sind eigentlich reine Pflanzenfresser, nur eines ihrer Larvenstadien braucht das Blut von Warmblütern. Auch der Mensch ist da ein gern genommener Wirt. Beim Hund finden sich meist Papeln und Krusten zwischen den Zehen und am Bauch. Milbenansammlungen auf der Haut sind manchmal als orangefarbene Häufchen sichtbar. Das blutsaugende Larvenstadium tritt in der Zeit zwischen Juli und September auf (daher der Name), die Larve selbst bleibt zwar nur kurz am Körper, der Juckreiz hält aber oft zwei Wochen an.

Endoparasiten – leben im Hund

Endoparasiten können bei Welpen zu großen Problemen führen. Starker Wurmbefall verursacht Durchfall und Bauchweh, die Entzündung im Darm führt zu schlechterer Futterverwertung. Und wenn Ihr Hundchen sich das Futter mit vielen Würmern teilen muss, bleibt für ihn selbst nicht mehr genug übrig.

Viele Würmer können auch Menschen infizieren. Insbesondere Haken- und Rundwürmer leben genauso gern in unseren Därmen. Kleine Kinder sind besonders gefährdet. Sie waschen sich ungern die Hände (oder sind Ihre Kinder da anders), sie fassen alles an, sie nehmen vieles in den Mund. Durchfall kann auftreten, muss aber nicht. Juckreiz um den After ist oft das einzige Symptom. Wenn Sie bei sich oder Ihren Kindern Wurmbefall vermuten, gehen Sie sofort zum Arzt. Nehmen Sie Ihre Verantwortung als Hundebesitzer ernst! Achten Sie darauf, dass sich Kinder nach dem Streicheln und vor dem Essen die Hände waschen. Nehmen Sie zum Spaziergang kleine Plastiktüten mit, sammeln Sie den Kot Ihres Hundes ein und entsorgen Sie ihn in die Hausmülltonne. Und Sie wissen ja: Spielplätze sind nur für Menschenkinder, nicht für Hundekinder!

Ein Überblick über die Darmbewohner

*Kokzidien*eier werden mit dem Kot ausgeschieden. Wenn Ihr Hund die Angewohnheit hat, an jedem Häufchen sehr intensiv zu riechen, kann er die Eier aufnehmen. Andere Kokzidienarten werden mit infizierten Mäusen verschluckt. Viele Wege führen nach Rom! Die Infektion verläuft meist harmlos, aber bei anhaltenden, wässrigen bis blutigen Durchfällen mit Fieber können sie eine Rolle spielen.

Giardien führen zu ranzig riechendem Durchfall, die Kotmenge ist vergrößert. Nach einer Behandlung wird es besser, dann kommt der Durchfall schnell zurück, bis spezifisch gegen Giardien behandelt wird. Die Ansteckung erfolgt häufig über verunreinigtes Wasser.

Hakenwürmer werden in der Regel mit der Muttermilch aufgenommen, später können Würmer durch die Haut oder über den Magen-Darm-Trakt eindringen. Bei kleinen Welpen kann ein starker Befall blutigen Durchfall verursachen.

Rundwürmer sind die häufigsten Würmer beim Welpen, sie werden schon im Mutterleib und über die Milch übertragen. Manche Rundwurmarten machen eine Körperwanderung durch Leber und Lunge und führen hier bei massivem Befall zu Schäden. Schließlich lassen sie sich im Dünndarm nieder und teilen sich das Futter mit Ihrem Welpen. Der hat dann schrecklichen Hunger und wird trotzdem immer dünner, nur der Bauch sieht groß aus, ein typischer Wurmbauch. Durchfall, Erbrechen und sogar Blutarmut können auftreten.

Bandwürmer – Um ehrlich zu sein: Ich musste meinen Bruder fragen, warum unserem Hund ein Reiskorn am After hängt. Es war gar kein Reis, aber so beschreibt jeder die ausgeschiedenen Glieder der Bandwürmer. Wenn Hunde Flöhe fangen, Mäuse fressen oder mit rohen Schlachtabfällen gefüttert werden, kann es zu Infektionen kommen. Meist sehen wir nur die »Reiskörner«. Der gefährliche Fuchsbandwurm tritt glücklicherweise nicht sehr häufig bei Hunden auf.

Peitschenwürmer werden aus der Umgebung aufgenommen, bei kleinen Saugwelpen spielen sie noch keine Rolle. Der Durchfall bei stark befallenen Hunden ist eher schleimig, selten blutig.

Regelmäßige Entwurmung ist die beste Vorsorge. Trächtige Hündinnen werden wöchentlich entwurmt, Saugwelpen alle zwei Wochen, so wird die so genannte Wumbürde gleich zu Beginn minimiert. Danach werden die Abstände länger, folgen Sie den Empfehlungen Ihres Tierarztes. Leider bieten Entwurmungen im Gegensatz zu Impfungen keinen anhaltenden Schutz gegen Parasiteninfektionen. Wenn Sie nicht regelmäßig »auf Verdacht« entwurmen möchten, lassen Sie den Kot Ihres Hundes untersuchen. Beim Tierarzt gibt es die entsprechenden Kotröhrchen. Und: Wechseln Sie hin und wieder einmal das Präparat, auch Würmer werden resistent!

Unfälle

24

In diesem Kapitel

- Unfälle vermeiden
- Erste Hilfe: Wie Sie Ihrem Welpen helfen können
- Für den Notfall: die Erste-Hilfe-Ausrüstung

Niemand möchte, dass ein Unfall passiert, aber niemand kann es mit Sicherheit ausschließen. Hilflos daneben zu stehen, wenn der kleiner Welpe verletzt, gebissen, angefahren oder vergiftet wird, ist schrecklich. Aber wenn wir wissen, was im Notfall zu tun ist, können wir helfen, ihm Leid und Schmerz zu ersparen und vielleicht sein Leben retten. In diesem Kapitel erhalten Sie wichtige Hinweise, was Sie direkt zu Hause oder auf dem Weg zum Tierarzt tun können. Denken Sie daran: Erste Hilfe ersetzt nicht eine professionelle medizinische Behandlung

Vorsicht ist die Mutter ...

Welpen sind neugierig, schrecklich neugierig. Gehen Sie durch Ihre Wohnung, stellen Sie sich vor, Sie wären Ihr eigener kleiner Hund und Frauchen oder Herrchen hat gerade gar keine Zeit! Welche Zimmerpflanze ließe sich denn jetzt ausgraben, an welchem Vorhang könnte man schön kauen, um seine Menschen dazu zu bringen, plötzlich doch Zeit zu haben? Überlassen Sie Ihrem Hund genug Spielzeug, aber versuchen Sie alles Gefährliche aus seiner Reichweite zu schaffen!

Machen Sie Ihre Wohnung welpensicher

Auch wenn es Ihnen albern vorkommt: Am besten krabbeln Sie einmal durch Ihre Wohnung wie ein kleiner Hund. Was sieht verführerisch aus? Sichern Sie Mülleimer und Altglasbehälter, räumen Sie niedrige Tische mit kostbaren chinesischen Vasen ab, bevor es Ihr Hund tut. Verstauen Sie Nähzeug und Süßigkeiten weit oben! Ich weiß, ich weiß ... Sie wollten Ihre Wohnung gar nicht umräumen, aber denken Sie daran: Kleine Hunde sind wie Krabbelkinder, sie probieren alles aus und nehmen alles in den Mund, um es zu erforschen!

Kabel und Drähte

Wie eine kleine Schlange hängt dieses Stromkabel verlockend direkt vor der Hundeschnauze, das kann so verführerisch sein und schon wird reingebissen. Ein kleiner Schreck, milde bis schwere Verbrennungen, aber auch ein tödlicher elektrischer Schlag kann die Folge sein. Wenn Sie ein angenagtes Kabel entdecken, untersuchen Sie bitte Ihren Hund am Kopf auf Verbrennungen (siehe auch den Abschnitt »Verbrennungen« weiter hinten in diesem Kapitel). Und wenn der Hund versorgt ist, tauschen Sie bitte das beschädigte Kabel aus!

Verhindern Sie Stromunfälle! Hängen Sie alle Kabel außerhalb der Reichweite Ihres Hundes an die Wand und befestigen Sie sie dort sicher und fest! Wenn Sie Kabel am Boden entlang führen müssen, befestigen Sie sie zuverlässig oder verstecken Sie sie hinter den Fußleisten!

Was alles geschluckt werden kann

Auch wenn es Ihnen merkwürdig vorkommt, manche Hunde schlucken einfach runter, was sie gerade im Mund haben. Und wenn gerade Frauchen kommt und es auch haben will, dann umso schneller! Aber nicht alles wird auf natürlichem Wege wieder ausgeschieden, ohne Schaden anzurichten. Husten tritt bei eingeatmeten Fremdkörpern auf, im Magen oder Darm steckende Fremdkörper können Würgen, Erbrechen, Durchfall oder Verstopfung verursachen, schließlich trinkt und frisst der Welpe nicht mehr. Bleibt die Sache unbehandelt, kann der Darm reißen.

Je eher Sie Ihren Hund zum Tierarzt bringen, umso besser ist die Prognose. Stumpfe Gegenstände können aus dem Magen entfernt werden, indem medikamentös Erbrechen ausgelöst wird. Ist der Fremdkörper schon in den Darm weitertransportiert worden, muss eventuell operiert werden. Manchmal ist eine Röntgenaufnahme hilfreich, oft kann die Diagnose aber allein durch die Untersuchung gestellt werden.

Räumen Sie auf! Alle kleinen Gegenstände können von Ihrem Hund ins Maul genommen werden, um darauf herumzukauen, weil sie gut riechen oder schmecken. Um all die kostbaren Funde vor Ihnen zu verstecken, schlucken manche Hunde sie einfach runter.

Was ist giftig für Welpen?

Alles wird von Ihrem Welpen untersucht! Schnell wird dabei etwas abgeschluckt, was vielleicht nicht den Darm verstopft, aber giftig ist.

Bringen Sie alle gefährlichen Sachen außerhalb der Reichweite Ihres Hundes unter, genauso wie Sie es auch für ein kleines Kind tun würden!

Haushaltsgifte

Im Abschnitt »Vergiftungen« weiter hinten in diesem Kapitel werden häufig vorkommende Haushaltsvergiftungen aufgezählt. Weitere Gefahrenquellen sind:

- ✔ Müll

  Decken Sie Ihre Müllbehälter mit Deckeln ab. Neben Infektionen sind geplünderte Mülleimer die häufigste Ursache für Magen-Darm-Erkrankungen und leichtere Vergiftungen.

- ✔ Frostschutzmittel

- ✔ Schokolade
- ✔ Farben und Lacke (und damit verunreinigte Lappen und Pinsel)
- ✔ Rattengift

Giftige Pflanzen

Hunde sind Pflanzenliebhaber, leider ist das umgekehrt nicht immer der Fall.

Einige Pflanzen sind giftig, manche sogar tödlich. Hier einige häufig vorkommende Giftpflanzen:

Zimmerpflanzen	Garten- und Wildpflanzen	
Kakteen	Fingerhut	Rittersporn
Wolfsmilchgewächse	Eisenhut	Schneeglöckchen
Christusdorn	Herbstzeitlose	Wiesenbärenklau
Weihnachtsstern	Engelstrompete	Hopfen
Diefenbachia	viele Pilze	Stechpalme
Alpenveilchen	Oleander	Goldregen
	Efeu	Osterglocken
	Liguster	Philodendron
	Herkulesstaude oder Riesenbärenklau	Rhabarber
	Maiglöckchen	Nachtschattengewächse
	Rosskastanie	Eibe
	Küchenzwiebel	Azalee
	Aaronstab	Marihuana
	Seidelbast	

Tabelle 24.1: Häufig vorkommende Giftpflanzen in Haus und Garten

Wenn Ihr Hund in eine Pflanze beißt oder Pflanzenteile im Maul mit sich trägt und es ist kein harmloser Stock, rennen Sie nicht panisch auf ihn zu und schreien. Bleiben Sie ruhig und sagen Sie deutlich »Nein!«. Nehmen Sie ihm die Pflanze ab und loben Sie ihn für seinen Gehorsam.

Erste Hilfe bei Welpen

Versuchen Sie ruhig zu bleiben, wenn Ihr Welpe einen Unfall hat. Atmen Sie tief durch! Wenn Sie in Panik geraten, weiß Ihr Hund, dass etwas Schreckliches passiert ist und gerät auch in Panik! Also: Vertrauen und Zuversicht ausstrahlen und nachdenken! Wenn es notwendig erscheint, bringen Sie ihn so schnell wie möglich zum Tierarzt. Rufen Sie kurz vorher an, so wissen Sie, ob die Praxis geöffnet ist, und das Praxisteam kann die Zeit für notwendige Vorbereitungen nutzen! Das Wichtigste ist, Ruhe zu bewahren. Jetzt zahlt es sich aus, wenn Sie sich schon vorher mit Erster Hilfe beschäftigt haben.

Sicherheit für alle Beteiligten

Auch der liebste Hund der Welt hat Zähne! Wenn Ihr Hund verletzt und im Schock ist, wenn er Schmerzen hat und nicht versteht, was um ihn herum geschieht, kann es sein, dass er schnappt. Nicht aus Aggressivität, sondern aus Angst. Bei der Untersuchung muss der Tierarzt vielleicht schmerzende Wunden untersuchen, die Helferin den verängstigten Hund festhalten. Schützen Sie die Menschen, die Ihrem Tier helfen wollen, und binden Sie Ihrem Hund schon vorher das Maul zu. Wenn Sie keinen passenden Maulkorb haben, können Sie ein Halstuch oder ein Stück Mullbinde verwenden. Ich zeige Ihnen, wie es gemacht wird (siehe auch Abbildung 24.1):

1. **Falten Sie das Halstuch so, dass ein Band entsteht.**
2. **Die Mitte des Bandes kommt oben auf die Nase des Hundes.**
3. **Kreuzen Sie beide Enden unter dem Kinn.**
4. **Verknoten Sie die Enden hinter den Ohren.**
5. **Überprüfen Sie den Sitz des Bandes.**

   Wenn das Band zu lose ist, kann der Hund trotzdem schnappen oder das Band abstreifen, ist es sehr fest und sitzt es weit vorn auf der Nase, bekommt er schlecht Luft.

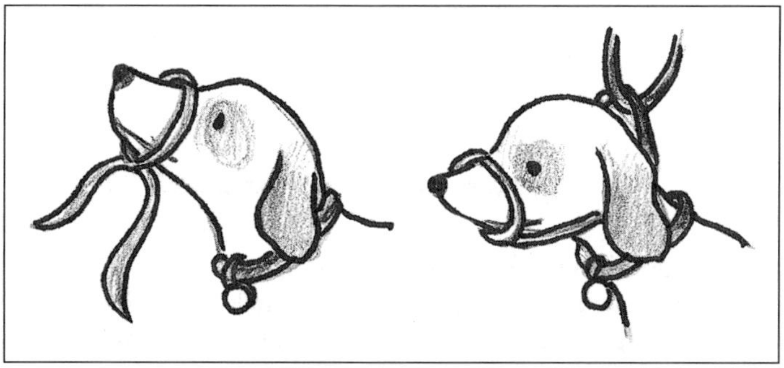

Abbildung 24.1: Verhindern Sie, dass Ihr verletzter Welpe jemanden aus Versehen beißt!

Der Transport zum Tierarzt

Einen Hund mit inneren Verletzungen zum Tierarzt zu transportieren, ist kein Kinderspiel. Der Hund ist unruhig und Sie sicherlich aufgeregt. Sie sollten dafür sorgen, dass er sich möglichst wenig bewegt. Wenn Sie den Verdacht haben, Ihr Hund könnte sich etwas gebrochen oder die Wirbelsäule verletzt haben, transportieren Sie ihn besser auf einer festen Unterlage. Wenn es eher nach Schock und inneren Verletzungen aussieht, können Sie ruhig ein großes

Handtuch oder eine Decke verwenden. Decken Sie Ihrem Hund bitte nicht das Gesicht zu, möglicherweise bekommt er sowieso schon schlecht Luft und gerät dann völlig in Panik.

Gar nicht dumm, wenn Sie sich vorbereitet haben und im Keller schon ein passendes Brett steht.

Wie erleben Hunde Schmerzen

Hunde können uns von ihren Schmerzen nichts erzählen. Sie können sich die Ursache von Schmerzen nicht erklären, können sich nicht damit trösten, dass es bestimmt wieder besser wird. Sie können den Schmerz nicht wegatmen. Hunde haben keine Schmerzen, sie *sind* in diesem Moment Schmerzen! Schmerz macht ein Tier verwundbar, er beeinträchtigt es physisch und psychisch. Der ganze Organismus will nur eines: Den Schmerz loswerden und zwar so schnell wie möglich. Jeder Hund reagiert bei Schmerzen, wie es zu seinem Temperament passt, nur etwas extremer. Meine Hündin Shayna May beispielsweise ist ein Riesenbaby. Obwohl sie äußerlich in solchen Situationen sehr gelassen zu reagieren scheint, sucht sie doch Kontakt zu mir und scheint um Hilfe zu bitten. Ein sehr dominanter Hund würde vielleicht beißen, sogar nach seinem Besitzer schnappen, wenn dieser versucht, ihn trösten. Ein sehr ängstlicher Hund könnte unbeabsichtigt Urin lassen. Der Schmerz ist vielleicht bei allen gleich intensiv, aber die individuelle Reaktion doch sehr verschieden.

Beatmen und Wiederbeleben

Hoffen wir alle, dass Sie das, was Sie hier lesen, niemals anwenden müssen! Wenn doch, werden Sie froh sein, es von Zeit zu Zeit einmal gelesen zu haben, damit Sie wissen, worauf es ankommt!

So schrecklich es auch ist, den eigenen Hund leblos nach einem Unfall daliegen oder um Luft ringen zu sehen – noch können Sie helfen. Je schneller Sie Ihrem Hund helfen können, umso größer sind die Überlebenschancen. So sollten Sie vorgehen:

1. **Kontrollieren Sie, ob Sie einen Herzschlag wahrnehmen können.**

   Eine Anleitung für die Herzmassage finden Sie im nächsten Abschnitt!

2. **Kontrollieren Sie die Maulhöhle auf Fremdkörper! Entfernen Sie Blut und Schleim aus der Maulhöhle!**

3. **Ziehen Sie die Zunge seitlich aus der Maulhöhle!**

4. **Halten Sie Ihrem Hund vorsichtig die Schnauze zu!**

5. **Ziehen Sie die Lippen des Hundes von oben nach unten über die Hundeschnauze und halten Sie sie mit einer Hand fest!**

   Bei Hunden mit einer kurzen Nase müssen Sie Ihre Lippen um die Hundenase legen.

6. **Gehen Sie mit Ihrem Mund dicht an die Hundeschnauze und dichten Sie mit Ihrer freien Hand den Spalt zwischen Ihrem Mund und der Hundenase möglichst gut ab!**
7. **Atmen Sie durch die Nase ein und durch den Mund aus!**

   Bleiben Sie ruhig!
8. **Zählen Sie zwischen zwei Atemzügen langsam bis sechs und atmen Sie dann wieder durch die Nase ein und den Mund aus!**

Bei einem Welpen sollte sich der Herzschlag am Brustkorb gut ertasten lassen. Probieren Sie das am besten schon einmal aus, bevor ein Notfall eintritt. Wenn Sie den Herzschlag nach einem Unfall nicht ertasten können und Ihr Hund nicht ansprechbar ist, versuchen Sie eine Herzmassage:

1. **Einen großen Welpen legen Sie auf seine rechte Seite. Bei einem kleinen Welpen legen Sie auf beiden Seiten des Brustkorbs nahe der Vorderbeine eine Hand.**
2. **Drücken Sie einmal pro Sekunde kurz auf den Brustkorb. Sie brauchen keineswegs fest zu drücken, bei einem kleinen Welpen ist es völlig ausreichend, nur mit zwei oder drei Fingern zu drücken.**
3. **Nach etwa sechs Sekunden beatmen Sie einmal!**

Wenn Ihr Hund innerhalb von einigen Minuten (die Ihnen wie Stunden vorkommen werden) wieder anfängt zu atmen, haben Sie ihn gerettet.

Einfacher ist es, wenn man zu zweit ist – eine Person macht die Herzmassage und eine Person beatmet.

Blutungen stoppen

Drei Arten von Blutungen können leicht unterschieden werden:

- ✔ **Kratzer und kleine Schnitte:** Diese Verletzungen sind harmlos. Die geringe Blutung hört nach wenigen Minuten von selbst auf. Besorgen Sie sich in der Apotheke oder bei Ihrem Tierarzt ein geeignetes Desinfektionsmittel wie Betaisadona, Vetsept-Salbe oder Ähnliches. Tragen Sie das Desinfektionsmittel ein- bis zweimal täglich auf. Die Wund wird sicherlich gut heilen.
- ✔ **Kontinuierlich schwach blutende Wunden:** Solche Wunden müssen tierärztlich versorgt werden. Wickeln Sie eine Mullbinde um den blutenden Körperteil und lagern Sie ihn hoch, möglichst höher als das Herz. Fahren Sie lieber gleich zum Tierarzt. Wenn eine Wunde genäht werden muss, sollte dies innerhalb der ersten Stunden geschehen.
- ✔ **Spritzende Wunden:** Bei diesen Blutungen handelt es sich um sehr schwere Verletzungen von Arterien. Durch die Herztätigkeit kann je nach Größe der verletzten Arterie innerhalb kurzer Zeit so viel Blut verloren gehen, dass Ihr Hund stirbt. Lagern Sie den blutenden Körperteil hoch. Befindet sich die Wunde am Bein oder Schwanz, wickeln Sie eine oder

mehrere Mullbinden oder etwas Ähnliches um die Wunde. Blutet Ihr Hund am Kopf oder Rumpf, pressen Sie Verbandsmaterial möglichst so fest auf die Wunde, dass die Blutung zum Stillstand kommt. Fahren Sie sofort zur nächsten Tierarztpraxis.

Innere Blutungen sind die gefährlichsten Blutungen überhaupt. Hinweise können sehr blasse Schleimhäute im Maul, Bewusstlosigkeit, ein angeschwollener Bauch, blutiger Husten oder blutiges Erbrechen sein. Fahren Sie sofort in die nächste Tierarztpraxis.

Lassen Sie sich von Ihrem Tierarzt zeigen, wie man ein verletztes Bein abbindet. Sickerblutungen können auch mit einem Eisbeutel zum Stillstand gebracht werden. Legen Sie den Eisbeutel nicht länger als zwanzig Minuten auf, danach besteht die Gefahr, dass die Haut abstirbt.

Schockzustand

Stromschläge, Blutverlust und Verletzungen können zu einem Schock führen. Schocksymptome sind:

- ✔ Herzrasen (das Herz kämpft gegen den abfallenden Blutdruck)
- ✔ schnelle Atmung (die Sauerstoffversorgung soll gesichert werden)
- ✔ erweiterte Pupillen und ein starrer Blick
- ✔ Bewusstseinstrübung oder Ohnmacht

Im Schock sinkt der Blutdruck rapide ab, die Sauerstoffversorgung der Organe, insbesondere von Herz und Gehirn, ist gefährdet. Deshalb ist Schock ein lebensgefährlicher Zustand, der sofort intensivmedizinisch behandelt werden muss. Lagern Sie Ihren Hund mit dem Kopf nach unten, halten Sie ihn warm und fahren Sie sofort zum nächsten Tierarzt.

Bisse und Stiche

Nicht alle Mitgeschöpfe sind Ihrem Hund immer wohl gesonnen – Mücken, Wespen, Bienen suchen eine Blutmahlzeit oder verteidigen ihr Revier. Der Schmerzensschrei Ihres Hundes kann herzzerreißend sein und die Schwellung imposant.

Insektenbisse oder -stiche

Die meisten Insektenbisse sind für Ihren Hund auch nicht dramatischer als für uns. Ein Stich, etwas Rötung, Schwellung und ein nagender Juckreiz, das ist schon alles. Anders sieht es aus, wenn Ihr Hund allergisch auf Insektenstiche reagiert. Leichte Symptome einer Allergie sind Fieber, Gelenkschmerzen, Muskelschmerzen, eine starke Schwellung und Rötung der betroffenen Stelle, auch Erbrechen und Durchfall können auftreten. Entfernen Sie einen möglicherweise stecken gebliebenen Bienenstachel, ohne das Giftreservoir zu leeren, kühlen Sie den Stich und beruhigen Sie Ihren Hund. Hausmittel wie Zwiebelscheiben oder Essigwasser können lokal angewendet werden.

Eine schwere allergische Reaktion kann lebensbedrohlich sein. Auch wenn ein Hund im Hals- oder Maulbereich gestochen wird, kann durch die Schwellung die Atmung stark behindert werden. Fragen Sie Ihren Tierarzt, ob er Ihnen ein Notfallmedikament verordnen kann, wenn Sie wissen, dass Ihr Hund allergisch auf Insektenstiche reagiert.

Schlangenbisse

Die einzigen giftigen Schlangen in Deutschland sind die seltenen Kreuzottern, die unter Naturschutz stehen. Ein Kreuzotterbiss ist ausgesprochen unwahrscheinlich, da Kreuzottern als Fluchttiere sehr empfindlich auf Bodenerschütterungen reagieren und lieber das Weite suchen. Typisch für alle Schlangenbisse sind die beiden Bisslöcher, von der Bissstelle ausgehend breiten sich Juckreiz und Schwellung aus. Antiseren sind in der Regel nur in Giftzentralen verfügbar und sollten nur eingesetzt werden, wenn die Schlange sicher erkannt wurde. Aber keine Panik: Der Biss einer Kreuzotter ist selten gefährlicher als ein Wespenstich!

Verbrennungen

Diese unersättliche Neugier … Überall im Haushalt gibt es Möglichkeiten für einen kleinen, wissbegierigen Welpen, sich Verbrennungen zuzuziehen. Genau wie bei uns Menschen wird zwischen Verbrennungen ersten, zweiten und dritten Grades unterschieden:

- ✔ **Verbrennungen ersten Grades** sind oberflächliche. Die oberste Hautschicht wird rot, wund und löst sich später ab.
- ✔ **Verbrennungen zweiten Grades** gehen tiefer, sie schädigen mehrere Hautschichten. Blutungen können auftreten, Brandblasen sind häufig, die entstandenen Wunden nässen. Sind größere Hautbereiche verbrannt, wird Ihr Tierarzt Ihrem Hund ein Schmerzmittel verordnen, eine lokale Behandlung unterstützt die Heilung.
- ✔ **Verbrennungen dritten Grades** sind wirklich schlimm. Alle Hautschichten sind verletzt. Sind 50 Prozent der Haut oder mehr betroffen, wird es lebensgefährlich. Solch schwere Verbrennungen können auch einen Schock verursachen. Gehen Sie sofort zum Tierarzt!

Strom und Hitze können Verbrennungen verursachen, bei Chemikalien spricht man eher von Verätzungen, die Art der Verletzung der Haut ist aber die gleiche:

- ✔ Verbrennungen durch Hitze entstehen durch eine Reaktion der Haut auf intensive Wärmebestrahlung oder Wärmekontakt. Ursache kann alles sein: vom Sonnenbrand bis zum heißen Ofen, der umgefallene Grill, die Wärmedecke mit defektem Thermostat, der Wasserkocher, der von der Arbeitsplatte fällt.

- ✔ Chemische Verätzungen entstehen beim Kontakt der Haut mit einer entsprechenden Substanz. Auch hier finden sich in jedem Haushalt viele Gefahrenquellen, vom Ammoniakreiniger über Desinfektionsmittel, Farben, Lacke, Verdünnungsmittel und Batteriesäure.
- ✔ Verbrennungen aufgrund von Stromschlägen können beim Kontakt mit der Autobatterie, mit nicht isolierten Kabeln und defekten elektrischen Geräten auftreten.

Ein Hund, der auf Stromkabeln kaut, kann ernsthafte Verbrennungen der Maulschleimhaut erleiden. Bieten Sie kaltes Wasser zum Trinken an und bringen Sie ihn zum Tierarzt. Die Wunden müssen antibakteriell versorgt werden, um eine Infektion zu verhindern. Vielleicht ist dann auch erst mal eine Umstellung der Fütterung auf Weichfutter notwendig.

Ein starker Stromschlag kann lebensbedrohlich sein. Achten Sie auf die Anzeichen des Schocks und kontrollieren Sie die Herztätigkeit, eventuell ist eine Herzmassage erforderlich.

Denken Sie daran: Strahlen Sie Ruhe und Sicherheit aus!

- ✔ Bringen Sie Ihren Hund an einen ruhigen Platz und beruhigen Sie ihn!
- ✔ Kühlen Sie die verbrannte Haut mit Wasser. Chemikalien sollten fünf bis zehn Minuten lang mit klarem Wasser abgespült werden.
- ✔ Oberflächliche Verbrennungen ersten Grades können Sie selbst behandeln: Reinigen Sie die Wunde und desinfizieren Sie sie zweimal täglich. Geht die Verletzung tiefer, gehen Sie sicherheitshalber zum Tierarzt, ernsthafte Brandwunden heilen oft schlecht. Verhindern Sie so gut es geht, dass Ihr Hund an der Wunde leckt!

Einatmen von Fremdkörpern

Wenn Ihr Hund auf einem Stöckchen oder einem Spielzeug kaut und plötzlich gestört wird und erschrickt, kann es passieren, dass er sich verschluckt, dass heißt einen kleinen Fremdkörper in die Luftröhre einatmet. Selbst ein kleiner Fremdkörper löst heftige Hustenanfälle aus. Tief sitzende Fremdkörper, die nicht wieder ausgeatmet werden, können eine Entzündung der Lunge hervorrufen. Die erste Regel zur Verhütung solcher Missgeschicke: Geben Sie Ihrem Hund kein Spielzeug, das kleiner ist als sein Gesicht. Zweite Regel: Passen Sie auf, dass Sie Ihren Hund nicht versehentlich beim Fressen und Nagen erschrecken.

Wenn Ihr Hund sich verschluckt hat, versuchen Sie, ihn zu beruhigen und den Fremdkörper zu entfernen (der Heimlich-Handgriff):

1. **Stellen Sie Ihren Hund auf oder lassen Sie ihn von jemandem in stehender Position festhalten.**
2. **Versuchen Sie, den Fremdkörper zu fassen und herauszuziehen.**

   Seien Sie vorsichtig, dass Sie den Fremdkörper nicht weiter nach hinten schieben oder dass Sie von Ihrem Hund gebissen werden, er hat noch mehr Panik als Sie!

3. **Wenn Sie den Fremdkörper nicht erreichen, können Sie mit einem Trick (Heimlich-Handgriff) versuchen, ihn wieder hervorzubringen.**

   Verschränken Sie Ihre Hände unter dem Bauch des Hundes, direkt hinter dem Brustbein (siehe Abbildung 24.2). Stoßen Sie die verschränkten Hände kräftig in den Bauchraum. Wiederholen Sie die kräftigen Schläge etwa fünf Mal.

Abbildung 24.2: Die Tierärztin versucht, das Aushusten eines eingeatmeten Fremdkörpers zu unterstützen (Heimlich-Handgriff).

4. **Wenn alles nichts hilft – so schnell wie möglich zum Tierarzt!**

Vergiftungen

So viele gute Sachen gibt es überall, auf denen ein kleiner Hund wunderbar herumkauen kann. Und umso zerkauter sie sind, umso besser schmeckt es. Schnell ist da etwas verschluckt, was sich so gar nicht für den Hundebauch eignet und richtig Probleme macht.

Wenn Ihr Hund genussvoll auf etwas Gefährlichem kaut, lassen Sie sich keine Panik anmerken. Gehen Sie ins Nebenzimmer, klappern Sie mit der Futterschüssel oder den Haustürschlüsseln und lenken Sie seine Aufmerksamkeit auf etwas anderes.

Sie können Ihren Hund nicht immer beaufsichtigen, aber Sie können auf Anzeichen einer Vergiftung achten, das können Erbrechen, plötzlicher Kotabsatz, Zittern oder vermehrter Speichelfluss sein.

Versuchen Sie Ihrem Hund beizubringen, auf Kommando etwas aus dem Maul fallen zu lassen. Zumindest sollte er lernen, sich alles von Ihnen aus dem Maul nehmen zu lassen. Hinterher gibt's dann viel Lob und hin und wieder ein Leckerli!

Einige der häufigsten Haushaltsgifte sind in Tabelle 24.2 zusammengestellt.

Gift	
Nikotin	Medikamente
Ammoniak	Blei
Frostschutzmittel	Motoröl
Chlorbleiche	Kalk
Kohlenmonoxid	Insektizide
Grillanzünder	Verdünnung/Terpentin
Schokolade	Reinigungsmittel
Deo	Rattengift
Seife und Laugen	Farben und Imprägnierungen
Mobelpolitur	Aceton und andere Lösungsmittel
Benzin	Unkrautvernichtungsmittel
Säuren	Schneckenkorn

Tabelle 24.2: Verbreitete Haushaltsgifte

Wenn Sie vermuten, Ihr Hund könnte eine giftige Substanz gefressen haben, rufen Sie sofort bei Ihrem Tierarzt an. Nehmen Sie einen Rest der Substanz und eventuell vorhandene Verpackung mit. *Versuchen Sie nicht, Vergiftungen selbst zu behandeln. Alte Hausrezepte, um Erbrechen oder Ausscheidung über den Darm zu erreichen, können zu sehr ernsthaften Problemen führen.* Wenn Sie sich unsicher sind, ob eine Substanz giftig ist, können Sie die nächste Giftnotrufzentrale anrufen, aber: Giftzentralen sind auf Vergiftungen bei Menschen spezialisiert. Schokoladenvergiftungen beispielsweise kommen beim Menschen nicht vor!

Befindet sich die giftige Substanz im Fell, waschen Sie sie heraus, bevor Ihr Hund sich sauber geleckt hat. Nehmen Sie dazu viel Wasser, eventuell Shampoo. Nehmen Sie auf keinen Fall Verdünnung oder Terpentin, um beispielsweise Farben herauszuwaschen, versuchen Sie es lieber mit Salatöl oder schneiden Sie die Haare ab.

Hitzschlag

Hunde haben keine Poren am ganzen Körper, um überschüssige Wärme abzugeben. Sie können nur hecheln und an den Pfoten schwitzen. Sie können sich vorstellen, dass Hitze ihnen unter Umständen mehr zu schaffen macht als uns. Ein in der Sonne geparktes Auto, in der prallen Sonne im Garten angebunden, intensive Bewegung an heißen Sommertagen, das alles kann dazu führen, dass der Körper zu stark erhitzt.

Hitzschlag lässt sich vermeiden: Sperren Sie Ihren Hund nicht in überhitzte Räume oder Räume, die überhitzen können. Stellen Sie ihm immer ausreichend Wasser in erreichbarer Nähe hin.

Lassen Sie Ihren Hund an heißen Tagen lieber zu Hause. Auch mit weit geöffneten Fenstern kann es in einem Auto innerhalb einer Stunde zu heiß werden. Ein Hitzschlag kann tödlich sein.

Erste-Hilfe-Tasche für Welpen

In der folgenden Liste finden Sie die wichtigsten Dinge für Ihre Erste-Hilfe-Tasche. Packen Sie alles zusammen, überprüfen Sie den Inhalt von Zeit zu Zeit und ersetzen Sie abgelaufene Medikamente. Stellen Sie die Tasche an einen gut erreichbaren Platz und vergessen Sie sie nicht, wenn es auf Reisen geht!

- ✔ Maulkorb oder Tuch, das als Maulkorb verwendet werden kann
- ✔ Mullkompressen
- ✔ eine Decke als Transportdecke
- ✔ Mullbinden zum Verbinden blutender Wunden
- ✔ Tapeband, um einen Verband zu fixieren
- ✔ eine Aderpresse (ein weicher Gummischlauch oder ein kleiner Packriemen mit Verschluss aus dem Outdoor-Geschäft tut es auch)
- ✔ ein Desinfektionsmittel
- ✔ Eisbeutel
- ✔ einige Handtücher, um einen überhitzten Hund zu kühlen oder einen frierenden zu wärmen
- ✔ ein Digitalthermometer, um im After die Temperatur zu messen
- ✔ im Auto immer eine Wasserflasche und eine Schale, falls Sie im Stau stecken bleiben

Medizinische Hilfe vom Profi

Wenn Ihre Erste Hilfe nicht ausreicht, sollten Sie einen Profi in Anspruch nehmen. Vertrauen Sie Ihrem Tierarzt, er hat Erfahrung in Notsituationen. Wenn Sie gerne während eines Eingriffs bei Ihrem Hund bleiben möchten, fragen Sie, ob das möglich ist. Verhalten Sie sich ruhig, lassen Sie das Praxisteam in Ruhe arbeiten. Ehrlich gesagt, bleibe ich lieber im Wartezimmer. Aufgeregte Menschen, die in Sorge um ihren Hund sind, erleichtern niemandem die Arbeit. Wenn Sie um Hilfe gebeten werden, bemühen Sie sich, gut zuzuhören, und halten Sie sich genau an die Anweisung.

Teil VII

Die Anforderungen des Alltags

In diesem Teil ...

Welpenbesitzer zu sein ist ein wirklich verantwortungsvoller Job. So ein kleines Kerlchen ist im Nu in der Nachbarschaft bekannt und hoffentlich auch willkommen. Damit das so bleibt, nehmen Sie sich das Kapitel über den Stolz der Nachbarschaft zu Herzen.

In jedem Leben kommen Veränderungen vor, und Ihr Welpe wird Ihre Gefühle dabei spüren. Bei Umzügen, Reisen und anderen Wechselfällen des Lebens sollte auch die kleine Hundeseele bedacht werden.

So werden Sie der Stolz Ihres Viertels

25

In diesem Kapitel

- Allein zu Hause
- Gutes Benehmen in der Nachbarschaft
- Herausforderungen annehmen und überwinden

»Ein wunderschöner Sommertag ...« – abgesehen vom Hundegebell in der Nachbarschaft. Ich liebe das Viertel, in dem ich wohne, aber wenn an einem ruhigen Sommernachmittag meine Nachbarn ins Schwimmbad fahren und ihre acht Monate alte Beagle-Hündin draußen anbinden (ich weiß, sie trägt keine Schuld), würde ich am Liebsten nach Timbuktu auswandern. Ich mag Beagles, keine Frage. Einmal bin ich nach drei Stunden Hundegesang einfach rübergegangen. Ihr Wassernapf war leer. Ich habe ihn aufgefüllt und einen leckeren Kauknochen dagelassen. Oh, wie habe ich die Ruhe genossen.

Sie müssen an einiges denken, um als Hundebesitzer gute Nachbarschaft zu pflegen, dieses Kapitel hilft Ihnen dabei.

Welpe allein zu Hause

Für die Nachbarn ist es wirklich ärgerlich und störend, wenn Ihr Welpe sich nicht ruhig verhält, wenn Sie ihn allein zu Hause lassen. Kein Welpe liebt es, allein zu bleiben, Hunde sind eben Rudeltiere. Vielleicht verkürzt er sich die Zeit mit ein paar, nennen wir es einmal ungewöhnlichen Aktivitäten: Löcher graben, Handfeger zerkauen oder eben bellen. Können Sie vorbeugen?

Ja. Auf jeden Fall. Sie haben viele Möglichkeiten. Sie können Ihren Hund im Haus oder Garten lassen. Frei laufend oder in einem Zimmer. Anbinden oder einsperren. Was ist das Beste? Versetzen Sie sich einmal in die Lage Ihres Hundes. Draußen ist es schön, Sonnenschein und frische Luft. Aber es bedeutet auch, viel zu sehen, an dem man gar nicht teilhaben kann. Das weckt Bedürfnisse. Also doch besser drinnen mit einer gemütlichen Decke und einem leckeren Kauknochen.

Bereiten Sie sich und Ihren Hund vor, bevor Sie ihn alleine lassen. Das macht sich bezahlt:

- ✔ Gehen Sie mit Ihrem Hund zehn Minuten spielen oder spazieren.
- ✔ Üben Sie dann für ein paar Minuten einige einfache Kommandos.
- ✔ Suchen Sie ein begehrtes Kauspielzeug aus und reiben Sie es etwas zwischen Ihren Händen, dann riecht es nach Ihnen.

- Wenn Sie Ihren Hund in der Wohnung lassen, dimmen Sie ruhig das Licht etwas herunter und legen Sie ihm einen getragenen Pullover oder etwas Ähnliches an den Hundeplatz.
- Wenn Sie ihn draußen lassen, sorgen Sie für ein schattiges Plätzchen und genug Wasser.

Wenn Ihr Hund unter Trennungsangst leidet und hin und wieder vor Aufregung oder Nervosität Dinge annagt oder frisst, die nicht gerade Hundefutter sind, setzen Sie ihn lieber drinnen in einen abgesperrten Raum oder eine Transportbox. Geben Sie ihm auf jeden Fall einen großen Kauknochen, aber sonst nichts, was er annagen und abschlucken könnte.

Benehmen in der Nachbarschaft

Es gibt Hunde, die lassen ein ganzes Viertel zu Hundehassern werden. Sie bellen den ganzen Tag, sie rennen jedem hinterher, sie erledigen ihr Geschäft auf dem Gehweg oder dem Spielplatz an der Ecke, sie prügeln sich mit jedem Hund. Und es gibt Hunde, da stehen die Nachbarskinder Schlange, um mit ihnen spazieren zu gehen, und selbst eingefleischte Katzenliebhaber denken darüber nach, sich einen Hund anzuschaffen.

Sie haben die Wahl, welchen Hund möchten Sie? Wenn Sie einen Herzensbrecher Ihr Eigen nennen möchten, müssen Sie ein paar Grundregeln befolgen:

- Geben Sie das Kommando »Bei Fuß!«, wenn Sie durch ein Wohnviertel laufen. Ihr Hund muss Ihnen folgen, nicht umgekehrt.
- Geben Sie an jeder Kreuzung das Kommando »Bleib!«, auch wenn Sie ein Schwätzchen mit dem Nachbarn halten oder ein Schaufenster angucken.
- Üben Sie das Kommando »Aus!«, um Ihren Hund davon abzuhalten, Kindern, Radfahrern oder Nachbarskatzen hinterherzujagen.

Wenn Ihr Hund schon würgend an der Leine zerrt, ist es zu spät, »Aus!« zu sagen. Dann hilft nur noch Ablenkung. Bereits wenn Sie bemerken, dass etwas sein Interesse wecken könnte (aber nicht soll!), müssen Sie ihn korrigieren. Das erfordert echten Spürsinn von Ihnen!

So können Sie das ganze Viertel gegen sich aufbringen

Ein Nachbar bringt zum wiederholten Mal Ihren ausgebüchsten Welpen wieder.

Ihr Hund bellt draußen (und wenn Sie ihn allein lassen).

Ihr Hund greift jeden Hund an, der Ihnen beim Spaziergehen begegnet.

Ihr Hund treibt sich in den Nachbargärten herum, plündert Mülleimer und düngt den Rasen.

Ihre Nachbarn scheinen vor Ihrem Hund Angst zu haben.

- ✔ Lassen Sie Ihren Hund nur auf Ihrem Grundstück oder speziellen Hundetoiletten sein Geschäft erledigen. Ein erwachsener Hund erkennt sein Revier am Geruch und weiß dann später auch, wo sein Revier endet. Wenn es doch einmal passiert, sollten Sie ein Plastiktütchen dabei haben und das Häufchen entsorgen.

Der Umgang mit Nachbarshunden

Die meisten Hunde denken ja, ihnen gehört das ganze Viertel. Ungünstig, dass meist mehrere Hunde in einem Viertel leben. Wenn Hunde nun einfach frei laufen könnten, würden sie das unter sich abmachen und mit der Zeit würde sich eine stabile Hierarchie herausbilden. Aber sie laufen nicht frei, es gibt Leinen und Zäune.

Die Leine soll dem Hund sagen, wer der Chef ist, nämlich sein Mensch. Aber nicht alle Welpen verstehen diese Botschaft richtig, manche scheinen davon auszugehen, dass sie ihren Menschen spazieren führen. Wenn so ein selbstbewusstes Hundchen, mit seinem Menschen hinter sich an der Leine, einem anderen Hund begegnet, will er natürlich zu dem anderen Hund. Doch plötzlich würgt ihn etwas am Hals oder der Brust. Der Hund zieht fester und fester. Beim nächsten Mal fängt er besser schon von weitem an zu bellen und zu drohen, damit ihm das nicht noch einmal passiert.

Ein ängstlicher Hund dagegen bekommt Panik, wenn sich ein fremder Hund nähert. Er versucht, sich hinter Frauchen oder Herrchen zu verstecken. Wie ein Kind, das am Rockzipfel der Mutter hängt. So ein Hund muss lernen, dass er in jeder Situation angeleitet und geführt wird. Frauchen oder Herrchen muss lernen zu führen.

Widerstehen Sie der Versuchung, ein ängstliches Hundbaby zu trösten. Ihre Absicht mag noch so gut sein, Sie erreichen genau das Gegenteil und bestärken den Hund in seiner Furcht. Strahlen Sie Sicherheit und Ruhe aus, damit Ihr Hund Ihnen Vertrauen kann und spürt, dass Sie ihn beschützen werden.

Egal ob sich Ihr Hund einem anderen nähert oder dieser auf Sie zukommt, folgen Sie den Hinweisen im Abschnitt »Benehmen in der Nachbarschaft« (weiter vorn in diesem Kapitel) und denken Sie an Folgendes:

- ✔ Schauen Sie den anderen Hund nicht an.
- ✔ Gehen Sie schnurstracks weiter.
- ✔ Sorgen Sie dafür, dass Ihr Hund hinter Ihnen geht.

Und wenn beide Hunde miteinander spielen können? Lassen Sie Ihren Hund bei Fuß gehen, bis Sie den anderen Hund erreicht haben. Dann können Sie ihn von der Leine lassen: Auf geht's!

Der Jagdinstinkt

Jagen ist ein instinktives Verhalten und diente einmal der Ernährung der Hundevorfahren. Und obwohl die Hunde heutzutage meist im Überfluss leben, sind viele von ihnen einer kleinen Jagd doch nicht abgeneigt. Besonders schön ist natürlich das Jagen von Katzen.

Die Nachbarskatze

Wenn ein Hund einer Katze begegnet, kann sich die Sache unterschiedlich entwickeln: Entweder die Katze nähert sich dem Hund, faucht ihn an und schlägt ihn gar mit der Pfote (eine freundliche Katze lässt die Krallen dabei erst einmal eingefahren). Oder die Katze und der Hund beäugen sich misstrauisch über eine Distanz, einer von beiden zieht sich in einem unbeobachteten Moment zurück. Oder aber die Katze ergreift die Flucht.

Hunde machen um schlagende Katzen in der Regel einen Bogen, jagen aber rennenden Katzen gerne hinterher. Es gibt aber auch Hunde (vor allem Terrier), die jede Katze versuchen zu fangen. Natürlich hängt das Verhalten eines Hundes davon ab, wie sich die Katze benimmt. Das wiederum ist natürlich auch davon abhängig, welche Erfahrungen die Katze bisher mit Hunden gemacht hat. Sie sehen, alles sehr kompliziert.

Bleiben Sie auf der sicheren Seite, wenn Ihnen draußen eine fremde Katze begegnet. Gehen Sie so vor, wie Sie immer vorgehen, wenn Sie nicht möchten, dass Ihr Hund sich näher mit etwas beschäftigt:

1. **Nehmen Sie Ihren Hund an die Leine.**

2. **Achten Sie auf die Ohren Ihres Hundes. Wenn er die Ohren spitzt, will er wahrscheinlich gleich losstürzen. Sie müssen vorher eingreifen.**

   Hundeohren sind wie ein Radarschirm. Sie können Geräusche aus jeder Richtung wahrnehmen. Aber wenn Ihr Hund auf die Katze fixiert ist, wird er Sie nicht hören. Da ist Training angesagt.

3. **Wenn die Katze vorbeischlendert und der Hund die Ohren spitzt, ziehen Sie ruckartig an der Leine und sagen »Nein!«.**

   Gucken Sie weder Hund noch Katze direkt an. Blickkontakt bedeutet Interesse.

4. **Gehen Sie ruhig und voller Selbstvertrauen weg. Rufen Sie Ihren Hund zu sich: »Auf geht's!«**

5. **Ziehen Sie ruhig noch einmal an der Leine und sagen Sie »Aus!«, wenn er nicht mitkommen will.**

   Ziehen Sie Ihren Hund nicht weg, lieber mehrmals an der Leine ziehen und dann wieder etwas locker lassen.

Hund und Katze: So lernen sie sich kennen!

Wenn Sie eine Katze besitzen und ein Welpe neu ins Haus kommt, müssen die beiden sich natürlich kennen lernen. Bringen Sie Hund und Katze in einem Raum zusammen, der der Katze Rückzugsmöglichkeiten nach oben offen lässt (eine hohe Fensterbank, ein Regal oder Schrank). Die Katze kommt zuerst, lassen Sie sie erhöht sitzen, streicheln Sie sie und bieten Sie ihr einen Leckerbissen an. Dann holen Sie Ihren Hund herein, alles ganz ruhig und bedächtig. Lenken Sie ihn mit Spielzeug ab. Lassen Sie die beiden ruhig Kontakt miteinander aufnehmen, eingreifen müssen Sie, wenn der Hund bereits ein Katzenjäger ist oder einen starren Blick bekommt. Sie sollten eine Blumenspritze dabei haben, um die beiden im Notfall trennen zu können. Wiederholen Sie diese kurzen Kontakte immer wieder, bis beide entspannt miteinander umgehen. Junge Katzen freunden sich oft sehr gut mit Hundewelpen an.

Das Nachbarsauto

Autos hinterherzujagen ist ein wirklich ernsthaftes Problem. Kleine Welpen haben meist Angst vor Autos, erst mit vier oder fünf Monaten wird aus der Angst langsam Interesse und sie finden Gefallen daran, allem hinterherzulaufen, was sich bewegt. Um die Sache im Keim zu ersticken, müssen Sie Ihrem Hund immer ein Stückchen voraus sein. Einen sehr jungen Hund (unter 12 Wochen) wird es nachhaltig beeindrucken, wenn Sie selbst verängstigt auf Autos reagieren, bleiben Sie auf dem Gehweg, winseln Sie mit hoher Stimme, das wirkt. Wenn Sie mit der Ausbildung Ihres Hundes anfangen (im Alter von 16 bis 18 Wochen), gehen Sie folgendermaßen vor:

1. **Geben Sie ein Kommando, um sofort auf den Gehweg zu gehen (»Gehweg!«, »Auf die Seite!« oder »Bürgersteig!).**
2. **Dann kommt das Kommando »Bleib!«. Bis das Auto vorbeigefahren ist, muss der Hund hinter Ihren Füßen bleiben.**
3. **Wenn er sich auch nur interessiert dem Auto zuwendet, kommt gleich »Aus!« und ein kleiner Ruck an der Leine.**

Genauso können Sie auch mit Fahrradfahrern, Inlineskatern oder Joggern umgehen. Und immer daran denken: Sie müssen eingreifen, wenn Ihr Hund daran *denkt*, loszustürzen, nicht wenn er schon läuft.

Die Nachbarskinder

Sie hüpfen, sie springen, sie spielen, sie bellen ... Klasse! Diese kleinen Zweibeiner sind eigentlich genau wie Welpen. Da will Ihr Hund doch gleich mitmachen. Damit er aber nicht anfängt, Nachbarskinder zu jagen oder sich ungebeten in jedes Spiel einmischt, suchen Sie sich ein paar Freiwillige. Das können eigene Kinder sein oder Kinder aus dem Freundeskreis. Und dann geht's los:

1. **Beginnen Sie im Haus. Nehmen Sie den Hund an die Leine und gehen Sie in einen großen Raum.**
2. **Bitten Sie die Kinder, vor Ihnen hin und her zu rennen. Ein bisschen Schreien schadet gar nichts.**
3. **In dem Augenblick, in dem Ihr Hund diesen starren Blick bekommt und sich alle Muskeln anspannen, kommt von Ihnen ein deutliches »Aus!« und ein Ruck an der Leine.**

   Sie müssen eingreifen, bevor Ihr Hund in Aktion ist!

Das Gleiche üben Sie dann mit der Flexi-Leine oder einer langen Leine über eine größere Distanz. Lassen Sie die Kinder vor sich herumlaufen, nicht um Sie herum. Jeden Ansatz loszustürzen, unterbinden Sie mit »Aus!« und einem Ruck an der Leine. Üben Sie dann auch draußen. Wenn alles gut geklappt hat, gibt es ein kräftiges Lob.

Veränderungen gehören zum Leben

26

In diesem Kapitel

- Umzug
- Ein Baby kommt ins Haus
- Trennungen, Verluste und neue Beziehungen
- Ein zweiter Welpe oder ein anderes Haustier

Veränderungen gehören zum Leben. Aber sie bedeuten auch immer Stress, selbst wenn sich Dinge zum Positiven verändern. Sie bedeuten Stress für uns, aber genauso für die Tiere. Allerdings äußert sich Stress bei Mensch und Tier unterschiedlich. Ich esse vielleicht abends ein paar Pralinen mehr, aber ich würde nie die Couch zerlegen, wie mein Hund es tut. Und wissen Sie, was passiert, wenn Sie auch noch mit Ihrem gestressten Hund schimpfen? Der Stresspegel steigt an und das nächste Mal ist vielleicht auch noch der Teppich dran. Ist er deswegen ein böser Hund? Nein, er braucht nur Ihre Hilfe, um mit Umstellungen und Veränderungen besser fertig werden zu können. Neben Zerstörungswut sind Aggressivität, vermehrtes Bellen, Hyperaktivität und extreme Anhänglichkeit Anzeichen für Stress.

Umzug

Ein Umzug ist wirklich stressig. Finanzielle Auswirkungen müssen bedacht werden. Dann natürlich das Packen, der Transport, das Chaos in der neuen Wohnung, vielleicht noch Renovierungsarbeiten, die erledigt werden müssen. Neue Anschaffungen, viele Pläne, Liebgewonnenes geht beim Transport kaputt. Meine Oma sagte immer: »Fünfmal umgezogen ist so viel wie einmal abgebrannt!« Eine wirklich kluge Frau!

Am Tag des Umzugs sind dann alle Nerven bis zum Äußersten gespannt. Sie tun mir wirklich Leid, aber Ihr Hund noch viel mehr. Er ist einfach nicht für dieses Chaos geschaffen. Vielleicht fällt er wieder in das Verhalten eines Babys zurück, vielleicht wird er sehr aufgeregt, bellt und steht dauernd im Weg. Sehen Sie es ihm nach und helfen Sie ihm, mit der Situation fertig zu werden. Hier ein paar Tipps:

- ✔ Klassische Musik in der Planungsphase und beim Packen beruhigt alle Gemüter, nicht nur das Ihres Hundes.
- ✔ Schließen Sie Ihren Hund nicht aus. Lassen Sie ihn dabei sein, binden Sie ihn im Flur oder der Küche an, geben Sie ihm einen leckeren Kauknochen und lassen Sie ihn zuschauen.

- ✔ Wenn Sie zu der neuen Wohnung fahren, nehmen Sie Ihren Hund mit und zeigen Sie ihm die Räume mit den eingeübten Kommandos (»Bleib!« und »Auf geht's!«). Denken Sie daran, im neuen Zuhause schon einen Platz für den Hund einzurichten. Nehmen Sie seine Lieblingsdecke und ein bisschen Spielzeug mit. Wenn Sie länger bleiben, vergessen Sie Futter und seinen Napf nicht.
- ✔ Auch beim Auspacken sollten Sie ihn nicht wegsperren. Er wird sich freuen, wenn die vertrauten Gerüche aus den offenen Kartons kommen.

Es mag sein, dass er die erste Zeit nicht gern allein bleibt, vielleicht bellt, winselt oder Gegenstände zerkaut. Legen Sie ihn in einem kleinen Raum oder seiner Transportbox ab, geben Sie ihm ein altes T-Shirt von sich und ein leckeres Kauspielzeug. Schimpfen Sie nicht mit ihm, wenn er während Ihrer Abwesenheit etwas kaputtmacht, zum einen ist es sowieso zu spät, zum anderen bekommt er sonst noch mehr Angst.

Lassen Sie ihn im Garten nur frei laufen, wenn das Grundstück eingezäunt ist oder er sicher an einer langen Leine ist. Die ersten Wochen muss er sich in die neue Umgebung einleben und könnte sich verlaufen. Wenn Ihr Hund es gewöhnt war, frei zu laufen, müssen Sie jetzt wilde Spiele mit ihm an der langen Leine oder Flexi-Leine machen, damit er sich austoben kann.

Wenn Sie ans Meer oder in die Berge ziehen, muss sich Ihr Hund genauso wie Sie erst an das neue Klima gewöhnen. Um Erkältungen vorzubeugen, sollten Sie darauf achten, dass er sich nicht gleich überanstrengt oder auskühlt.

Ein Baby kommt ins Haus

Für Eltern ist es natürlich die tollste Sache der Welt, wenn das Baby endlich da ist. Für Ihren Hund könnte das anders aussehen. Hunde fühlen sich in dieser Situation oft vernachlässigt und an den Rand gedrängt. Damit das Ihrem vierbeinigen Hausgenossen nicht passiert, fangen Sie schon während der Schwangerschaft an vorzubeugen.

Während der Schwangerschaft

Stellen Sie sich vor, Sie haben ein Baby, ein süßes kleines Wesen, erst ein paar Tage oder Wochen alt. Sie möchten alles für sein Glück tun. Und dann schauen Sie Ihren Hund an. Klettert er aufs Sofa oder springt hoch, um Aufmerksamkeit zu bekommen? Stupst er Sie an, wenn er gestreichelt werden will, oder bellt er oder zieht er an Ihrer Hand? Sie merken, welche Probleme Sie bekommen werden? Er wird nicht damit aufhören, nur weil Sie ein Baby auf dem Arm haben. Ganz im Gegenteil. Ich hoffe nur, Sie schreien ihn dann nicht an oder sperren ihn weg, dann wird er richtig eifersüchtig auf das Kind werden. Zum Glück können Sie jetzt schon einiges tun, um der Gefahr vorzubeugen:

- ✔ Gewöhnen Sie Ihren Hund so früh wie möglich an kleine Kinder. Füllen Sie eine Plastikdose mit Leckerli und schütteln Sie die Dose. Geben Sie Ihrem Hund davon. Wenn er sich an das Geräusch gewöhnt hat, laden Sie Freunde mit kleinen Kindern ein. Dann können die Kinder rasseln und füttern. Bleiben Sie ruhig dabei. Wenn Sie unsicher sind, wie Ihr Hund reagiert, legen Sie ihn an die Leine. Hunde beherrschen Telepathie, Ihre Unsicherheit schreit aus Ihnen heraus.

✔ Legen Sie Ihren Hund an die Leine und gehen Sie zum Spielplatz. Bitten Sie die Kinder, dem Hund ein Leckerli zu geben. Natürlich müssen Sie die Eltern vorher fragen und der Hund darf nicht auf den Spielplatz gehen.

Wenn Ihr Hund Aggressivität gegenüber Kindern zeigt, müssen Sie einen Hundetrainer zu Rate ziehen. Das Problem kann Ihnen über den Kopf wachsen und unkontrollierte Reaktionen können die Sache noch verschlimmern. Trost und beruhigendes Streicheln bedeuten Bestätigung und Anerkennung für das nicht gewünschte Verhalten. Andererseits können Schimpfen oder gar Strafen das Gefühl der Bedrohung für Ihren Hund noch steigern.

✔ Überlegen Sie sich vorher, wie Sie alles unter einen Hut bringen können. Stellen Sie nicht zu hohe Ansprüche an sich. Räumen Sie Ihrem Hund genug Zeit ein, damit er nicht unausgeglichen wird.

✔ Sie können tagsüber eine Stoffpuppe mit einer gebrauchten Babywindel mit sich tragen, an der Sie Ihren Hund hin und wieder schnüffeln lassen, die Puppe riecht dann nach Ihnen und dem Baby. Wenn Sie wickeln, legen Sie Ihren Hund mit einem »Platz – Bleib!« ab. Wenn Sie stillen oder füttern, lassen Sie Ihren Hund bei Ihren Füßen liegen und geben ihm ein Kauspielzeug.

✔ Achten Sie auf Ihre Worte. Kind und Hund sollten deutlich anders angesprochen werden, sonst ist der Hund verwirrt.

✔ Es müssen klare Regeln gelten, was die Benutzung der Möbel anbelangt. Hunde haben neben Kindern nichts auf dem Sofa oder der Küchenbank verloren. Warten Sie damit nicht, bis das Kind da ist, sondern fangen Sie so früh wie möglich mit dem Training an. Legen Sie Ihrem Hund eine kurze Leine an (siehe Kapitel 5). Wenn er Ansätze zeigt, auf das Sofa zu springen, sagen Sie »Aus!« und stellen Ihren Fuß auf die Leine. Wenn Sie den Hund vom Sofa ziehen oder schubsen, fasst er es vielleicht als ein nettes Spiel auf.

✔ Einmal täglich sollten Sie Ihrem Hund eine Stunde lang die kalte Schulter zeigen. Ja, ignorieren Sie ihn völlig. Sie können die 60 Minuten auch auf zwei oder drei kürzere Intervalle aufteilen, aber Ihr Hund sollte lernen, sich eine Zeit lang ohne Sie zu beschäftigen. Wenn Ihr Hund immer und überall Ihre Aufmerksamkeit bekommt, wird die Ankunft des Babys ein echter Schock.

✔ Spielen Sie keine Konfrontationsspiele wie Tauziehen oder Ringen und spielen Sie keine Fangspiele im Haus. Spielen Sie lieber draußen, Sie werden froh sein, wenn sich Ihr Welpe drinnen halbwegs ruhig und friedlich verhält.

✔ Überlegen Sie, womit Ihr Hund spielt und womit Ihr Kind spielen wird. Erlauben Sie Ihrem Hund nicht, Dinge vom Boden aufzuheben (siehe Kapitel 13). Alles, was auf der Erde liegt und nicht für den Hund ist, sollten Sie aufheben und beschimpfen. Geben Sie ihm stattdessen eigenes Spielzeug und loben Sie ihn, wenn er damit spielt.

- ✔ Kleine Kinder tätscheln Hunde oft unsanft, ziehen an den Haaren, den Ohren oder am Schwanz. Sie piksen ihnen ins Gesicht. Gewöhnen Sie Ihren Hund schon jetzt daran und spielen Sie hin und wieder Kleinkind, dabei können Sie ruhig auch ein bisschen quietschen und kreischen – umso glaubwürdiger ist es.
- ✔ Geben Sie Ihrem Hund keine Socken, Schuhe oder Stofftiere zum Spielen, sonst hält er alles, was so ähnlich aussieht, für sein Spielzeug.

Das Baby ist da

Der Tag kommt näher. Ihr Baby wird Ihr ganzes Leben verändern. Helfen Sie Ihrem Hund, sich daran zu gewöhnen:

- ✔ Legen Sie Ihrem Baby schon im Krankenhaus über Nacht ein Handtuch ins Bettchen. Nehmen Sie selbst oder jemand anders das Handtuch und ein paar gebrauchte Windeln mit nach Hause. Lassen Sie den Hund daran riechen, aber nicht kauen oder lecken, loben Sie ihn und legen Sie die Sachen ins Babybett und an den Platz, an dem Sie stillen wollen.
- ✔ Während Mutter und Kind im Krankenhaus sind, dürfen die Gehorsamsübungen nicht vernachlässigt werden. Gerade jetzt ist es wichtig, eine klare Struktur vorzugeben.
- ✔ Vielleicht können Sie jemanden finden, der tagsüber mit dem Hund spazieren geht, damit er nicht ungewohnt lange allein zu Hause sein muss.
- ✔ Lassen Sie Kind und Hund an einem neutralen Ort Bekanntschaft miteinander machen. Bei gutem Wetter ist der Krankenhausparkplatz hierfür durchaus geeignet. Gehen Sie vorher mit ihm spazieren und nehmen Sie ein paar Leckerli mit. Schimpfen Sie nicht mit dem Hund und zerren Sie nicht an der Leine – der erste Eindruck vom Leben mit Kind soll doch gut sein.
- ✔ Wenn Ihr Hund zu ungestüm ist, rucken Sie kurz an der Leine und sagen »Aus!«; geben Sie ihm ein Leckerli, wenn er sich ruhig verhält. Lassen Sie sich und ihm etwas Zeit.
- ✔ Wenn das Baby dann nach Hause kommt, nehmen Sie den Hund vorher an die Leine. Erlauben Sie ihm, am Baby zu schnuppern. Machen Sie es genauso wie beim ersten Zusammentreffen.
- ✔ Lassen Sie Ihren Hund in der ersten Zeit zu Hause ruhig mit einer kurzen Leine oder einer Schlaufe am Halsband herumlaufen (siehe Kapitel 5). So können Sie immer eingreifen, wenn er am Babykorb hochspringt oder lecken will. Aber vergessen Sie das Loben nicht. Und lassen Sie ihn immer wieder am Baby schnuppern.

Wenn Ihr Hund gar nicht gerne auf seinem Platz bleiben will, können Sie ihn für eine Zeit auch wieder anbinden. Geben Sie dazu das Kommando »Geh auf deine Decke!«.

Wundern Sie sich nicht, wenn Ihr Hund Windeln zerlegt, Hunde lieben Babywindeln. Am besten schaffen Sie sich einen Windeleimer mit einem fest verschließbaren Deckel an. Sie können etwas Tabasco auf den Windeleimer sprühen. (Aber nur da, wo Sie ihn beim Wickeln nicht berühren. Die zarte Babyhaut darf nicht mit Tabasco-Fingern angefasst werden!) Greifen Sie ein, wenn sich Ihr Hund dem Eimer auch nur nähert: »Böser Eimer, nein, nein!«

Ihr Hund wird nicht immer glücklich über den neuen Mitbewohner sein. Er hatte sich so wunderbar daran gewöhnt, Ihr kleines Baby zu sein. Wenn Ihr Hund das Baby anknurrt, beraten Sie sich mit einem erfahrenen Hundetrainer. *Lassen Sie niemals Kind und Hund unbeaufsichtigt in einem Raum! Als verdächtig müssen alle Hunde gelten, die bereits Aggressivität gegenüber Menschen, insbesondere gegenüber Kindern oder Babys gezeigt haben oder die einen starken Beutetrieb gegenüber kleinen Tieren zeigen.*

Trennungen, Verluste und neue Beziehungen

Egal ob Sie mit jemandem zusammenziehen, jemanden für längere Zeit zu Besuch haben, eine Beziehung in die Brüche geht, ein erwachsenes Kind auszieht oder ein Familienmitglied ins Krankenhaus kommt oder gar stirbt – Ihr Hund ist von diesen Veränderungen möglicherweise genauso betroffen wie Sie.

Ein neuer Mitbewohner

Ein neuer Mitbewohner hat für Sie viele Vorteile: Miete und Hausarbeit werden geteilt und sonntags beim gemütlichen Frühstück sind Sie nicht mehr allein. Da Sie die Entscheidung getroffen haben, zusammenzuziehen, werden Sie sich sicher auch schnell daran gewöhnen. Das mag für Ihren Hund ganz anders aussehen. Er muss das Sofa mit einem Fremden teilen, womöglich beansprucht dieser Fremde auch noch einen Platz in Ihrem Bett. Alles nicht so einfach! Helfen Sie Ihrem Hund über die ersten schweren Wochen hinweg:

- ✔ Denken Sie vor dem Einzug daran, Ihrem Hund den freien Zugang zu Sofa und Bett zu beschränken. Wenn er unerlaubt hochspringt, ziehen Sie ruckartig an seiner Leine und sagen »Aus!«.
- ✔ Richten Sie ihm einen Schlafplatz neben Ihrem Bett ein. Legen Sie ihm ein altes T-Shirt oder einen getragenen Pullover auf seinen Platz. Dann ist die Decke gleich viel gemütlicher.

  Wenn er sich nachts in Ihr Bett schleicht, müssen Sie ihn an eine kurze Leine legen, bis er seinen neuen Platz akzeptiert hat.
- ✔ Gewöhnen Sie Ihren Hund schon vorher daran, sich selbst zu beschäftigen, indem Sie ihn jeden Tag eine Zeit lang völlig ignorieren. Lassen Sie den neuen Mitbewohner allein etwas mit dem Hund unternehmen. Sie werden sehen, die beiden werden einander schnell ins Herz schließen.
- ✔ Ihr neuer Mitbewohner kann die Fütterung des Hundes übernehmen, damit macht man sich immer Freunde.

- Wichtig ist, dass der Hund sich bei allen an die gleichen Regeln halten muss: kein Hochspringen, kein wildes Bellen, kein Betteln bei Tisch und in der Küche. Wenn Ihr Mitbewohner nachgiebiger ist als Sie, ist der Hund verwirrt und probiert seine Grenzen aus, Sie werden ärgerlich und schon tritt der Fall ein, der im nächsten Abschnitt beschrieben ist.

Ein Mitbewohner zieht aus

Hunde sind Rudeltiere und sie leiden unter dem Verlust von Rudelmitgliedern – insbesondere wenn eine wichtige Bezugsperson auszieht. Helfen Sie Ihrem Hund, mit der neuen Situation fertig zu werden:

- Füllen Sie die Lücken. Wenn Ihr Hund daran gewöhnt ist, nachmittags spazieren zu gehen und dann gefüttert zu werden, versuchen Sie, Ihren Zeitplan darauf einzurichten, oder engagieren Sie jemanden, der die Aufgabe übernimmt.
- Bedauern Sie Ihren Hund nicht. Jetzt ist eher mehr Struktur und Klarheit gefordert als weniger.
- Besuchen Sie eine Hundeschule. Die Ablenkung wird Ihnen beiden gut tun, Sie lernen andere Hundehalter kennen und haben viel Spaß.
- Versuchen Sie den Verlust etwas auszugleichen, indem Sie besonders beliebte Spiele nun selbst mit Ihrem Hund spielen.

Verlust einer wichtigen Bezugsperson

Ich habe in meinem Leben zweimal einen Menschen verloren, der mir sehr nahe stand. In beiden Fällen war ich über zwei Wochen lang wie in Trance. Ich konnte kaum aus dem Bett aufstehen, meine ganze Lebensfreude war dahin. Sicher waren meine Hunde auch durch den Verlust betroffen, aber noch schlimmer war die Veränderung, die sie bei mir erlebten. Hier sind ein paar Dinge, die ich damals versuchte, um ihnen zu helfen:

- Ich bat Freunde, morgens mit ihnen spazieren zu gehen. Am Nachmittag kam ein Nachbarskind und nahm sich der beiden an.
- Ich stellte mir den Wecker, um ihre Fütterungszeiten nicht zu vergessen.
- Ich nahm mir fünf Minuten pro Tag Zeit, um ein paar einfache Gehorsamsübungen mit ihnen zu machen.
- Ich kaufte ein paar neue Kauknochen und spielte wenigstens jeden Tag eine Viertelstunde Wasserflaschenfußball (siehe Kapitel 28) mit ihnen. Sie liebten dieses Spiel.

Es ist wirklich keine einfache Situation. Die eigene Welt bricht zusammen und trotzdem müssen alltägliche Pflichten erfüllt werden. Man muss funktionieren und natürlich alle versorgen, die von einem abhängig sind. Versuchen Sie, jeden Tag zu überstehen, und bitten Sie Freunde um Hilfe, wenn Sie allein nicht zurechtkommen. Und nehmen Sie die Zuneigung und Liebe an, die Ihnen entgegengebracht werden.

Ein weiterer Welpe

Für Sie mag es spannend und aufregend sein, einen zweiten Welpen ins Haus zu holen. Ihr Hund findet das weniger klasse. Manche Hunde akzeptieren den Zweithund gut, andere tun sich wirklich schwer. Um Ihrem ersten Hund den Übergang zu erleichtern, hier ein paar Tipps:

- ✔ Gehen Sie für das erste Treffen auf neutrales Territorium – ein Park, eine Wiese oder ein leerer Parkplatz am Wochenende bietet sich hier an.

Wenn der Platz nicht eingezäunt ist, legen Sie beide Hunde an eine lange Leine (etwa acht bis zehn Meter), halten sich selbst zurück und lassen die beiden aneinander schnüffeln.

- ✔ Bleiben Sie ruhig. Wenn Sie an der Leine ziehen, heißt das für den Hund: »Oh, jetzt wird es spannend!« Wenn Ihr erster Hund unsicher ist und Sie brüllen ihm dauernd Kommandos zu, wird er noch mehr verunsichert. Und wird ein leichtes Opfer!
- ✔ Selbst kleine Welpen bellen und grummeln bei der ersten Begegnung. Da kann sich auch schon mal der Kamm aufstellen! Halten Sie sich raus, jede Einmischung lässt die Sache leicht eskalieren. Greifen Sie erst ein, wenn es unbedingt nötig ist.

Manche Hunde verstehen sich einfach nicht. Wenn beide das gleiche Geschlecht haben und bisher ungeteilte Aufmerksamkeit genießen konnten, fangen sie nun vielleicht an zu kämpfen. Gut, wenn Sie zu zweit sind und jeder mit einem Hund an der Leine in entgegengesetzte Richtungen laufen kann.

Wenn Sie einen zweiten Welpen aufnehmen, haben Sie mehr als doppelt so viel Arbeit. Das erste Jahr wird ein Balanceakt werden. Die Erziehung von zwei Hunden ist oft schwerer. Sie müssen Ihr eigenes Handeln sehr genau abwägen und ausgesprochen konsequent sein. Auf der anderen Seite kann natürlich das Leben mit zwei Hunden und ihren Eigenarten auch viel Spaß machen, solange Sie die Oberhand behalten.

Hier ein paar Hinweise, die Ihnen das Leben erleichtern sollen:

- ✔ **Ein Hund ist ein Hund ist ein Hund.** Natürlich ist das richtig. Aber genauso wie wir Menschen hat jeder Hund seine eigene Persönlichkeit, die bestimmt, wie er in der Welt zurechtkommt. In einem Haushalt, in dem mehrere Hunde leben, müssen die Bedürfnisse eines jeden Hundes berücksichtigt werden.
- ✔ **Die Hunde machen die Rangordnung unter sich aus.** Je nach Veranlagung ordnen sie sich unter oder wollen führen. In Hundegruppen bildet sich die Hierarchie selbst. Entscheidend ist nicht, wer zuerst da war. Auch die Körperkraft macht einen Hund zum Leithund. Sie müssen diese Hierarchie unterstützen, auch wenn sie ungerecht zu sein scheint.
- ✔ **Bevorzugen Sie den Leithund.** Wenn Sie Ihre Hunde gut beobachten, werden Sie sehen, welcher der Leithund ist. Sie müssen diese Hierarchie unterstützen, indem Sie, nach allen Zweibeinern, den Leithund zuerst begrüßen, zuerst füttern und streicheln. Wenn Sie das nicht tun, untergraben Sie seine Position und stellen sie in Frage. Die rangniedrigeren

Hunde werden versuchen, ihren Chef abzusetzen, und schon kommt es zu Auseinandersetzungen um die Rangfolge.

Junge Welpen ordnen sich unter. Je älter sie aber werden, umso eher werden sie es wagen, den Leithund herauszufordern. Trotz allem Mitgefühl müssen Sie sich nach der Rangordnung richten, die die Hunde unter sich ausmachen. Sie können einen alten und schwachen Hund nicht davor schützen, seine Macht zu verlieren.

- **Denken Sie an die Erziehungsgrundsätze.** Wenn Sie nach Hause kommen und das totale Chaos vorfinden, wissen Sie nicht, wer es war. Und zum Eingreifen ist es sowieso zu spät. Alle Hunde zu bestrafen ist keine Lösung. In den Kapiteln 11 und 13 finden Sie Lösungsansätze zu bestimmten Problemen.
- **Ringkämpfe sind nur bis zu einem gewissen Grad erlaubt.** Bringen Sie den Hunden bei, bestimmte Plätze zum Toben und Kämpfen zu benutzen. Wenn sie völlig außer Rand und Band geraten, ziehen Sie sie an kurzen Leinen auseinander, beruhigen sie etwas und lassen sie »Sitz« machen – oder binden Sie sie an, wenn es gar nicht anders geht.
- **Namen einüben.** Es ist sehr praktisch, wenn Sie Ihren Hunden zwei Namen beibringen können. Einmal den eigenen und dann einen Ruf, der beide Hunde auf einmal ruft, wie »Freunde, kommt!« oder »Alle Hunde, kommt!«.
- **Getrennt füttern.** Stellen Sie den Napf des ranghöheren Hundes zuerst hin. Wenn es immer Ärger beim Füttern gibt, sollten Sie die Hunde zum Füttern getrennt anbinden.
- **Keine Kämpfe um Spielzeug.** Natürlich möchten Sie gerne, dass beide Hunde ein Spielzeug haben. Es kann aber sein, dass einer darauf besteht, beide Spielzeuge zu bekommen. Mischen Sie sich nicht ein, sonst entsteht ein Durcheinander in der Rangordnung. Wenn der Leithund beides haben will, kann er es sich vom Rangniedrigeren nehmen.
- **Auseinandersetzungen kommen vor – schreien Sie nicht dazwischen.** Schreien hört sich wie drohendes Gebell an und macht die ganze Auseinandersetzung nur noch schlimmer. Oft lässt die Anwesenheit der Menschen einen Kampf ausbrechen. Verlassen Sie demonstrativ mit lautem Türenknallen den Raum. Oder gießen Sie einen Eimer Wasser über den beiden aus, ein Gartenschlauch mit kräftigem Wasserdruck ist noch wirkungsvoller. Sobald die beiden abgelenkt sind, trennen Sie sie.

Nehmen Sie sich immer wieder die Zeit, Ihr eigenes Verhalten kritisch zu hinterfragen. Unterstützen Sie vielleicht doch den rangniedrigeren Hund? Loben Sie nach einer Auseinandersetzung den ranghöheren Hund, so schwer es Ihnen auch fällt. Wenn Sie schon vor einer Auseinandersetzung eingreifen, müssen Sie den rangniedrigeren Hund korrigieren und den Leithund loben. Ich weiß, das hört sich grausam und ungerecht an. Aber so können Sie die Hierarchie unterstützen und Kämpfe überflüssig machen. Kommen die Auseinandersetzungen häufiger vor, kann es hilfreich sein, sich mit einem Hundetrainer zu beraten.

Sie besitzen zwei Welpen?

Wenn zwei Welpen sehr viel Zeit zu zweit verbringen, bilden sie eine starke Gemeinschaft, wie ein Kleinstrudel. Das ist sehr schön für die Welpen, aber weniger für Sie. Um dem vorzubeugen, sollten Sie die Hunde wenigstens zweimal täglich voneinander trennen. Günstig ist es, wenn die beiden in getrennten Räumen schlafen können.

Für Reisen sollten Sie immer separate Transportboxen benutzen. Und auch zu Hause ist das Ablegen in getrennten Räumlichkeiten oft hilfreich.

Andere Haustiere

Sie möchten sich noch ein weiteres Haustier anschaffen. Vögel, Katzen, Kaninchen, Meerschweinchen, Hamster sind für einen jungen Hund eine völlig neue Erfahrung. Für viele Hunde sind sie allerdings eher kulinarisch wertvoll.

✔ Bauen Sie Käfig oder Auslauf schon auf, bevor Ihr neues Haustier ankommt. Lassen Sie Ihren Welpen am Käfig und der Einstreu schnuppern. Während der aufregenden Ankunft des neuen Familienmitglieds sollte jemand mit dem Hund spazieren gehen.

✔ Ihr Hund wird den neuen Geruch sofort wahrnehmen. Lassen Sie ihn lieber an der Leine. Aber ein bisschen schnuppern am Käfig ist erlaubt.

✔ Wenn er bellt, korrigieren Sie ihn mit einem klaren »Aus!« und rucken Sie an der Leine.

✔ Schreien Sie nicht! Sie wissen ja: Schreien ist wie Bellen und macht Ihren Welpen nur noch aufgeregter.

✔ Eine kleine Katze müssen Sie so lange vom Hund getrennt halten, bis sie entweder fliehen oder sich zur Wehr setzen kann. Lassen Sie Ihren Hund aber auch nicht vor dem Käfig von kleinen Haustieren sitzen, beim Hund regt sich der Jagdinstinkt und kein Meerschweinchen möchte sich gerne anstarren lassen.

Als ich ein Kind war, bekam ich ein wunderschönes Widderkaninchen geschenkt. Es sollte ein Zwergkaninchen sein, aber Schlappi wog irgendwann stolze fünf Kilogramm. Mein Hund Shawbee beschloss, dass das ein gutes Gewicht sei. In einem stillen Augenblick holte Shawbee das arme Kaninchen aus dem Käfig und erlegte es. Sie hatte es schon halb gefressen, als meine Mutter dazu kam. *Lassen Sie niemals einen Hund mit einem Haustier allein in einem Raum oder im Garten, auch wenn der Käfig fest verschlossen ist!*

Wie Hund und Katz

Erwarten Sie keine Begeisterungsstürme, wenn Sie Ihrem Hund ein neues Familienmitglied vorstellen, egal ob es Federn, Haare oder Schuppen hat. Wenn Sie erfolgreich sind, werden die beiden sich gegenseitig in Ruhe lassen. Auch für eine Katze ist ein Welpe ein lauter und unordentlicher Chaot und sie wird es vielleicht bevorzugen, die nächste Zeit auf dem Schrank zu verbringen. Es gibt ein paar Tipps, mit denen man allen Beteiligten das Leben etwas leichter machen kann:

- ✔ Lassen Sie einen neuen Welpen in der ersten Zeit nur in einen Raum. Wurde Ihre Katze bisher dort gefüttert, müssen Sie sie schon vor der Ankunft des Welpen an eine neue Futterstelle gewöhnen. Denken Sie auch an das Katzenklo und Hamster- oder Vogelkäfige. Kein Haustier möchte mit einem jungen Welpen in einem Raum eingesperrt werden, auch wenn ein schützendes Gitter dazwischen liegt.
- ✔ Gewöhnen Sie erst den Hund an den Geruch von Hamster, Kaninchen und Co. Legen Sie dann die Hundedecke neben den Heimtierkäfig.
- ✔ Wenn Hund und Katze aneinander gewöhnt werden sollen, sperren Sie den Hund am besten erst einmal in die Transportbox und lassen die Katze frei laufen. Versuchen Sie nicht, die beiden irgendwie zu beeinflussen. Wenn der Hund bellt oder tobt, beruhigen Sie ihn.

  Wenn sich die Katze etwas an den Hund gewöhnt hat (das kann bei Katzen lange dauern), legen Sie den Hund an die Leine und gehen mit beiden in einen kleineren Raum. Halten Sie die Leine kurz, wenn der Hund sich aufregt.

  Die meisten Katzen werden die Haare aufstellen, den Hund anfauchen oder vielleicht auch mit der Pfote schlagen. Ein kleiner Treffer auf die Nase ist nicht gefährlich und ein Hund lernt so sehr schnell, die Privatsphäre einer Katze zu akzeptieren. Aber denken Sie daran, dass Augenverletzungen gefährlich sein können.
- ✔ Nach dem Spielen und Füttern ist ein guter Zeitpunkt, um mit dem Hund an der Leine ein kleines Haustier in seinem Käfig zu besuchen. Auch wenn die Stimmung vielleicht nicht einschläfernd ist, so ist sie doch ruhiger als mit leerem Bauch. Setzen Sie sich zusammen vor den Käfig und kraulen Sie Ihren Hund. Wiederholen Sie die Übung häufiger.

Mit dem Welpen auf Reisen

27

In diesem Kapitel

- Rechtliches in aller Kürze
- Flugreisen
- Bahnfahren mit Hund
- Mit dem Auto unterwegs
- Schiffsreisen

Alle gehen gern auf Reisen. Aber furchtbar ist es, wenn Sie Ihren kleinen Schatz zu Hause lassen müssen. Sein trauriger Abschiedsblick kann Ihnen glatt die Vorfreude verderben. Warum nehmen Sie ihn nicht einfach mit? Urlaub mit Hund kann wunderschön sein, wenn Sie die gefährlichsten Klippen umschiffen. Um Ihnen die Entscheidung zu erleichtern, werde ich Ihnen die Grundregeln des Reisens mit Hund erklären.

Die Reisepapiere

Auch wenn Sie innerhalb Deutschlands verreisen, sollten Sie einige Wochen oder Tage vor der Abfahrt einen Blick in den Impfpass werfen. Sind noch alle Impfungen gültig? Wenn nicht, lassen Sie die Impfungen mindestens eine Woche vor dem Urlaub auffrischen. Bei der Gelegenheit können Sie Ihren Tierarzt auch gleich noch fragen, ob Sie irgendwelche Medikamente mitnehmen müssen.

Wenn es Sie weiter wegzieht, müssen Sie sich erkundigen, welche Einreisebestimmungen für Ihren Hund notwendig sind. Für Reisen in ein Land der Europäischen Union brauchen Sie einen EU-Heimtierausweis. Jeder Tierarzt kann ihn ausstellen, der Hund muss dafür allerdings gechippt werden. (Bis zum Jahr 2011 ist auch eine gut leserliche Tätowierung ausreichend.) Eine gültige Tollwutimpfung ist vorgeschrieben. Manche Länder verlangen bestimmte Blutuntersuchung unter Einhaltung von Fristen (das kann Wochen in Anspruch nehmen) oder Entwurmungen. In einigen Ländern ist es Pflicht, einen Maulkorb mitzuführen. Informationen erhalten Sie bei Ihrem Tierarzt oder beim zuständigen Veterinäramt.

Flugreisen

Ich habe selbst panische Angst vor dem Fliegen, also können Sie sich denken, wie gern ich einen Hund im Flugzeug mitnehme. Auch wenn nur ein ganz geringer Prozentsatz der reisenden Hunde den Flug nicht überlebt, möchte ich auf keinen Fall zu denen gehören, die hinterher mit einer leeren Transportbox dastehen. Aber manchmal ist eine Flugreise einfach nicht zu vermeiden.

Vorkehrungen vor dem Flug

Hier ein paar Tipps:

- Bleiben Sie so lange wie möglich bei Ihrem Hund und holen Sie ihn so schnell wie möglich wieder ab. Denken Sie daran, dass die Räume, in denen die Tiere bis zum Flug bleiben, nicht klimatisiert sind.
- Buchen Sie gleich für Ihren Hund mit, damit Sie im selben Flugzeug reisen können.
- Buchen Sie einen Direktflug.

Wenn ein Zwischenstopp unvermeidbar ist, fragen Sie, ob Sie Ihren Hund sehen und aus der Box lassen können. Ein kleiner Spaziergang tut Ihnen beiden gut.

- Bei Reisen in wärmere Gefilde sollten Sie über Nacht oder sehr früh morgens fliegen. Plötzliche Hitze nach einem langen Flug kann zu Herz-Kreislauf-Versagen führen.
- Auch für Flugreisen sind häufig Gesundheitszeugnisse oder Impfbestätigungen erforderlich. Fragen Sie in Ihrem Reisebüro nach!

Wenn es losgeht

So reist Ihr Hund so bequem wie möglich:

- Besorgen Sie sich eine flugreisentaugliche Transportbox. Die Box sollte so groß sein, dass Ihr Hund aufstehen und sich umdrehen kann, nicht größer und nicht kleiner.
- Kleine Hunde können im Passagierraum mitgenommen werden. Die Transportbox sollte dann unter den Sitz passen.
- Beschriften Sie die Box auf allen Seiten mit der Aufschrift »Lebendes Tier«, am besten in Deutsch, Englisch und der Sprache Ihres Reiseziels. Malen Sie Pfeile auf die Seitenwände, die die Oberseite der Box kennzeichnen.
- Schreiben Sie Ihren Namen, Ihre Heimatadresse, das Reiseziel und Ihre Adresse am Urlaubsort auf den Deckel.
- Legen Sie Ihrem Hund nur ein normales Halsband (kein Korrekturhalsband!) um. An das Halsband gehören neben Steuermarke und Impfplakette auch Ihre Heimatadresse und Telefonnummer sowie die Urlaubsadresse.
- Kleben Sie eine saugfähige Unterlage in die Box. Befestigen Sie einen oder zwei (je nach Flugdauer) Näpfe in der Box. Wenn Sie ihrem Hund einen Eisklumpen anstelle von Wasser geben, kann nicht so viel überschwappen. Manche Hunde bekommen aber Magenschmerzen von eiskaltem Wasser.
- Wenn Sie länger als 12 Stunden fliegen, binden Sie einen Beutel mit Futter und einer Anweisung zur Fütterung außen an die Box.

- ✔ Füttern Sie Ihren Hund in den letzten sechs Stunden vor dem Abflug nicht.
- ✔ Gehen Sie ganz zum Schluss noch einmal Gassi mit ihm.
- ✔ Verschließen Sie die Transportbox nicht mit einem Schloss, sonst kann niemand Ihrem Hund bei einem Notfall helfen.

Nach der Ankunft holen Sie Ihren Hund so schnell wie möglich ab. Nehmen Sie ihn am Flughafen sofort an die Leine, er könnte so verwirrt sein, dass er versucht, nach Hause zu laufen.

Zugreisen

Erkundigen Sie sich bei Ihrem Nahverkehrsverbund und der Deutschen Bahn nach den Konditionen für Hunde. Ihr Hund sollte sicher an der Leine laufen und gut gehorchen. Üben Sie erst mit kürzeren Strecken, das Fahren im Zug empfinden viele Hunde als beängstigend.

Wenn Sie schon geübte Zugfahrer sind, müssen Sie nur für längere Strecken noch ein paar Dinge beachten:

- ✔ Für den Hund ist es ganz angenehm, lange Reisen mit einem Stopp zum Umsteigen zu unterbrechen. Planen Sie so viel Zeit ein, dass Sie eine kleine Runde Gassi gehen können.
- ✔ Füttern Sie Ihren Hund in den letzten sechs Stunden vor der Abreise nicht.
- ✔ Gehen Sie ganz zum Schluss noch einmal Gassi mit ihm.
- ✔ Nehmen Sie eine kleine Decke, einen Napf und eine Flasche Wasser für Ihren Hund mit. Für lange Reisen ist auch etwas Futter notwendig.
- ✔ Nehmen Sie Rücksicht auf andere Reisende, damit auch in Zukunft Hundebesitzer in Zügen gern gesehene Mitreisende sind.

Reisen mit dem Auto

Ich habe noch nie einen Hund besessen, der nicht gerne mit dem Auto verreist wäre. Ich weiß, dass einige Hunde da anders sind, aber auch sie kann man meist ganz gut ans Autofahren gewöhnen (für spezielle Tipps siehe Kapitel 18). Da aber während einer Autofahrt auch einiges schief gehen kann, treffen Sie ein paar Vorsichtsmaßnahmen:

- ✔ Lassen Sie Ihren Hund an einem warmen Tag niemals im Auto. Auch mit geöffnetem Fenster kann es im Auto glühend heiß werden.
- ✔ Lassen Sie Ihren Hund nicht im Anhänger oder auf einem Pick-up mitfahren. Egal ob angeleint oder nicht, das ist viel zu gefährlich. Eine Ausnahme sind natürlich spezielle Hundeanhänger.
- ✔ Lassen Sie die Fenster nur einen Spalt weit offen, nicht weit geöffnet. Starker Zug kann leicht eine Bindehautentzündung verursachen.

- Lassen Sie Ihren Hund nicht den Kopf zum Fenster herausstrecken. Bei einem Ausweichmanöver könnte er mit dem Kopf gegen einen Pfosten schlagen.
- Und dass ein Hund auf dem Fahrersitz nichts zu suchen hat, muss ich Ihnen doch gar nicht sagen, oder?

Auf der Straße gelten Regeln

Ihr Hund muss einen festen Platz im Auto haben, sonst hält er das ganze Auto für seinen Platz. Es gibt verschiedene Möglichkeiten:

- **Setzen Sie Ihren Hund während der Fahrt in eine Transportbox.** Boxen sind oft unhandlich und ein bisschen groß. Aber Ihr Hund ist gut darin aufgehoben. Besorgen Sie sich eine Box, in die er auch noch als ausgewachsener Hund passt. Es gibt spezielle Autoboxen, die oft besser belüftet sind. Der Boden der Box sollte mit einer Decke ausgelegt sein.
- **Bauen Sie zwischen Kofferraum und Sitzen ein Hundegitter ein.** Das ist gerade für große Hunde eine gute Lösung. Sehr billige sind manchmal nicht stabil genug, aber es gibt auch wirklich gute Gitter.
- **Verwenden Sie ein professionelles Rückhaltesystem.** Dazu benötigen Sie ein Geschirr in der richtigen Größe, das mit dem Sicherheitsgurt verbunden werden kann.
- **Eine mit dem Sicherheitsgurt verbundene Leine kann ein Rückhaltesystem zur Not ersetzen.** Das ist zwar nicht die optimale Lösung. Aber wenn Ihr Hund noch nicht seine volle Größe erreicht hat, können Sie ihn auch mit einer kurzen Leine so am Sicherheitsgut anbinden, dass er nicht durchs Auto springen kann.

Lange Reisen

Sie planen eine wirklich lange Fahrt? Kein Problem, Welpen sind wunderbare Reisegefährten, wenn Sie ein paar Dinge beachten:

- Am Halsband sollten sich Steuermarke, Impfplakette und Ihre Adresse mit Telefonnummer befinden. Wenn Sie Ihre Zieladresse bereits kennen, gehört sie auch noch dazu.
- Füttern Sie Ihren Hund wie gewohnt, es sei denn, Sie wissen, dass er unter Reiseübelkeit leidet. Dann sollten Sie sich vor der Fahrt mit Ihrem Tierarzt beraten.
- Fahren Sie nicht in der größten Hitze; fahren Sie lieber in der Nacht oder am frühen Morgen.
- Schließen Sie das Auto ab, wenn Sie Ihren Hund darin zurücklassen.
- Nehmen Sie Ihren Hund bei jeder Pause an die Leine.
- Lassen Sie ihn bei jeder Pause trinken und bewegen Sie sich ein paar Minuten mit ihm.
- Erkundigen Sie sich, wo Sie mit Ihrem Hund übernachten können. In vielen Hotels sind Vierbeiner gern gesehene Gäste.

Reisebüros, Automobilklubs und manche Reiseführer geben Informationen über tierfreundliche Unterkünfte. Auch die Touristeninformation Ihres Ferienziels kann Ihnen sicher weiterhelfen.

✔ Nehmen Sie Ihren Hund an die Trainingsleine und zeigen Sie ihm die neue Umgebung. Eine Decke mit vertrautem Geruch und ein alter Kauknochen lassen Heimweh gar nicht erst aufkommen.

Eine Bootstour mit Hund

Wenn Ihr Hund Wasser mag, können Sie ihn auch im Boot mitnehmen. Aber benutzen Sie Ihren gesunden Menschenverstand:

Schlauch- und Faltboote sind nicht geeignet für kleine Ausflüge mit Hunden. Die Krallen können die Bootshaut beschädigen und schon ist der Ausflug vorbei.

✔ Gewöhnen Sie Ihren Hund an das Bootfahren. Lassen Sie ihn erst einmal im angedockten Boot sitzen und weisen Sie ihm von Anfang an einen festen Platz mit seiner Decke zu.

✔ Niemand kann länger als 15 Minuten in kaltem Wasser schwimmen. Also nehmen Sie lieber ein stabiles Boot, das sicher im Wasser liegt.

✔ Wenn Sie eine Schwimmweste tragen, sollte Ihr Hund auch eine bekommen. Fragen Sie in Ihrem Fachgeschäft nach. Eine Schwimmweste kann nur dann Leben retten, wenn sie richtig passt.

✔ Denken Sie an Wasser und einen Napf für den Hund; das Wasser aus Flüssen oder Seen ist oft veralgt oder zu schmutzig zum Trinken.

Denken Sie daran, dass Hunde mit kurzer Schnauze (wie Boxer, Bullmastiff, Mops usw.) häufig schlechte Schwimmer sind. Wenn Sie eine Bootsfahrt mit Badepausen planen, lassen Sie den Hund besser zu Hause.

Teil VIII

Der Top-Ten-Teil

»Ich glaube nicht, dass es das war, was der Tierarzt mit ›viel mit dem Hund spielen‹ meinte!«

In diesem Teil ...

Die Top Ten. Es gibt keinen Tag, an dem Sie nicht irgendetwas über die zehn Besten lesen oder hören – die zehn meistgekauften Autos, Waschmaschinen oder die zehn beliebtesten Gesellschaftsspiele, von den Musik-Hitparaden mal ganz abgesehen.

In diesem Teil stelle ich Ihnen meine eigenen Top-Ten-Listen für Hunde vor, und zwar meine Lieblingsspiele sowie zehn Tricks, um die Massen zu begeistern.

Viel Spaß dabei!

Zehnmal Spiel und Spaß für Welpen

28

Welpen lernen am besten, indem sie spielen. Die Art, wie Sie mit Ihrem Welpen, besonders in den ersten paar Monaten, spielen, beeinflusst das Mensch-Hund-Verhältnis nachhaltiger, als Sie je geahnt hätten. Dieses Kapitel stellt Ihnen zehn (und ein paar mehr) Spiele vor, die Sie mit Ihrem Welpen spielen können. Lesen Sie sich die folgenden Seiten durch, probieren Sie die Spiele aus, lassen Sie die, die Ihnen nicht gefallen, weg und erfinden Sie Ihre eigenen. Die Spiele, die Sie mit Ihrem Welpen spielen, sollten seine Kooperation, seine Mitarbeit und seine Aufmerksamkeit fördern.

Die Welpenwelt

Ein Welpe, der Tauziehen spielt, lernt die Herausforderung.

Ein Welpe, der um Freiheit ringt, lernt Vorsicht gegenüber Menschen.

Ein Welpe, der lautem Geschrei ausgesetzt ist, lernt, dieses zu ignorieren.

Ein Welpe, der durch Menschenhand Strafe erfährt, wird diese Hand fürchten lernen.

Ein Welpe, der nicht erzogen wird, wittert das Chaos.

Ein Welpe, der beiseite geschoben wird, leidet unter Liebesentzug.

Ein Welpe, der ermutigt wird, entwickelt Selbstbewusstsein.

Ein Welpe, der sein Spielzeug teilt, lernt Respekt.

Ein Welpe, dem man Aufgaben stellt, lernt Selbstbeherrschung.

Ein Welpe, der Routine beigebracht bekommt, lernt Vertrauen.

Ein Welpe, der Positives mit seinem Namen verbindet, hört gern aufs Wort.

Ein Welpe, dem vergeben wird, lernt Toleranz.

Ein Welpe, der geliebt wird, kennt das Geschenk gegenseitiger Zuneigung.

Sarah Hodgson

Nehmen Sie gesunde Hundeleckerli; lesen Sie dazu den entsprechenden Abschnitt in Kapitel 20.

Kooperative Spiele

Die Spiele, die Sie in diesem Abschnitt finden, eignen sich großartig, um die Kooperationsbereitschaft und die Aufmerksamkeit Ihres Welpen zu schulen und überschüssige Energie loszuwerden.

Wasserflaschen-Fußball

Dieses Spiel ermuntert Ihren Hund dazu, Ihnen zu folgen und zu apportieren.

Mitspieler: Eine beliebige Anzahl an Menschen und Hunden.

Wie es geht: Nehmen Sie mehrere Plastikflaschen (deren Kappen und Etiketten Sie vorher entfernt haben) und verteilen Sie diese auf dem Boden. Lassen Sie Ihren Hund die Flaschen zunächst untersuchen. Wenn Sie sehen, dass er nicht ängstlich oder erschrocken darauf reagiert, beginnen Sie, die Flaschen zu kicken. Ganz gleich, wie viele Flaschen herumliegen – Ihr Hund wird immer nur die haben wollen, mit der Sie sich gerade beschäftigen. Kicken Sie sie nur dann in die Richtung Ihres Hundes, wenn er ruhig dasteht (vermeiden Sie Rangeleien um eine Flasche; das fördert nur den Machtkampf). Dann wenden Sie sich einer anderen Flasche zu usw.

Regeln: Gebrauchen Sie zum Spielen nur Ihre Füße, nicht die Hände (immerhin heißt es ja Fußball). Kicken Sie immer die Flasche über den Boden, die Ihr Hund gerade *nicht* jagt.

Fliegende Stofftiere

Bei diesem Spiel geht es darum, die Aufmerksamkeit Ihres Welpen auf das Spielzeug zu lenken, das Sie gerade haben und kein anderes. Außerdem dient es zur Auffrischung der Kommandos »Komm!«, »Bring!« und »Sitz!« sowie der Aufforderung »Aus!«.

Mitspieler: Ein Team, das aus einem Hund und einem Menschen besteht; geeignet für Welpen über zehn Wochen, obwohl junge Hunde bestimmt auch an ein paar Würfen interessiert sein werden.

Wie es geht: Sammeln Sie einige Stofftiere oder Tennisbälle zusammen. Werfen Sie ein Stofftier; wenn Ihr Hund hinterherrennt, um es zu holen, sagen Sie: »Braver Hund!«, dann nehmen Sie das nächste Stofftier und beginnen, mit diesem zu spielen. Wenn Ihr Hund das Spielzeug haben möchte, das Sie gerade in Händen halten (und er wird es haben wollen), so bestehen Sie darauf, dass er sich brav hinsetzt, bevor er es bekommt.

Regeln: Reißen oder ziehen Sie Ihrem Hund nie das Spielzeug aus dem Maul.

Das Qietsch-Schlurf-Spiel

Dieses Spiel unterstützt die Bereitschaft Ihres Welpen, Ihnen hinterherzulaufen und kann sowohl draußen als auch im Haus gespielt werden. Es eignet sich vorzüglich zur Ablenkung von Wadenzwickern.

Mitspieler: Ein Hund und ein Mensch; geeignet für Welpen unter 12 Wochen.

Wie es geht: Befestigen Sie ein Quietsche-Spielzeug oder einen Tauknochen an einem etwa 1,5 Meter langen Seil. Dieses Seil binden Sie nun um einen Ihrer Knöchel. Gehen Sie im Zimmer umher und tun Sie, was immer Sie auch sonst tun würden. Welpen lieben den Ringkampf mit sich bewegenden Gegenständen – besser, Ihr Welpe nimmt dazu das Spielzeug und nicht Sie.

Regeln: Bewegen Sie sich nicht zu schnell und nehmen Sie Ihrem Welpen das Spielzeug nicht aus dem Maul.

Nach Fido angeln

Nutzen Sie dieses Spiel, um Ihrem Hund ein Ventil für seine Jagdinstinkte zu bieten und ihn gleichzeitig davon abzuhalten, Ihre Beine anzugreifen. Gut geeignet für morgendliche Action oder Spaziergänge.

Mitspieler: Geeignet für Welpen unter 12 Wochen und Ihre Besitzer.

Wie es geht: Binden Sie ein Quietsche-Spielzeug an eine 1 bis 1,5 Meter lange Leine und befestigen Sie das andere Ende an einem Ast, einem Stock, einem Regenschirm oder einem ähnlichen Gegenstand. Lassen Sie nun das Spielzeug vor Ihrem Welpen auf- und abhüpfen.

Regeln: Lassen Sie Ihren Welpen das Spielzeug oft erwischen, damit er nicht das Interesse verliert. Vermeiden Sie Tauziehen und Kämpfe. Falls Ihr Welpe nicht aufhört, an dem Spielzeug zu zerren, wenden Sie sich von ihm ab, bis es ihn langweilt. Danach können Sie das Spiel wieder aufnehmen.

Fang die Maus

Ein wunderbares Spiel, um überschüssige Energie loszuwerden. »Fang die Maus« hilft außerdem, den Jagdtrieb Ihres Hundes zu kanalisieren (einer leeren Flasche durchs Feld nachzujagen ist sicher besser als einem Radfahrer auf einer belebten Straße).

Mitspieler: Ein Mensch und ein Hund beliebigen Alters.

Wie es geht: Befestigen Sie eine leere Plastikflasche oder ein Spielzeug an einem 5 bis 7 Meter langen Seil. Schwenken Sie das Seil nun hin und her. Nutzen Sie das hohe Gras als Deckung, wenn Sie das Spiel im Freien spielen, und lassen Sie Ihren Hund hinter der Flasche oder dem Spielzeug herjagen.

Die Leckerli-Rassel

Dieses Spiel zielt darauf ab, den Hund darauf zu trainieren, dass er mit seinem Namen nur positive Dinge verbindet.

Mitspieler: Beginnen Sie das Spiel mit zwei Menschen. Später können weitere dazukommen. Hunde jeden Alters können mitspielen.

Wie es geht: Füllen Sie eine Kunststoffdose zur Hälfte mit Hundeleckerli oder Hundekeksen. Schütteln Sie die Dose, bis Ihr Hund das Geräusch mit »Belohnung« verbindet. Stellen Sie sich etwa zwei Meter von einer zweiten Person entfernt auf. Die zweite Person bekommt die Leckerli-Rassel. Rufen Sie den Namen der zweiten Person (zum Beispiel Nina). Fordern Sie Ihren Hund dazu auf, »Nina zu finden«, während Sie auf sie zeigen. In dem Augenblick, in dem Nina ihren Namen hört, beginnt sie, die Dose mit den Leckerli zu schütteln und den Hund mit seinem Namen zu sich zu rufen. Wenn Ihr Hund zu Nina gegangen ist, kann diese ihn wieder zu Ihnen zurückschicken usw.

Regeln: Vergrößern Sie den Abstand zu der zweiten Person, je besser Ihr Hund die Übung absolviert. Sie können auch das Zimmer wechseln oder das Spiel nach draußen verlagern. Vermeiden Sie es, Ihren Hund zurechtzuweisen, wenn er das Interesse verliert. Hören Sie früh genug auf, bevor der Hund den Spaß verliert.

Verstecken

Ein Hund, der eifrig mit Ihnen Verstecken spielt, gehorcht besser, wenn er gerufen wird und läuft auch häufig beim Spaziergang besser mit. Sie können dieses Spiel als eine Erweiterung des Spiels mit der Leckerli-Rassel betrachten oder einfach als Möglichkeit, den Namen Ihres Hundes zu gebrauchen, um ihn zum Suchen zu animieren.

Mitspieler: Ein oder zwei Personen mit einem über 14 Monate alten Hund.

Wie es geht: Lassen Sie Ihren Hund mit einer anderen Person still in einem Raum sitzen, während Sie sich in einem anderen Raum verstecken. Beginnen Sie mit einem leichten Versteck und schütteln Sie die Dose mit den Leckerli, während Sie den Namen Ihres Hundes rufen. Loben Sie ihn überschwänglich, je näher er an Sie herankommt; läuft er in die falsche Richtung, werden Sie ruhiger.

Regeln: Machen Sie die Sache nicht zu schwer für Ihren Hund. Braucht er länger als 30 Sekunden, um Sie zu finden, haben Sie sich zu gut versteckt. Kurze und leichte Versteckspiele machen mehr Spaß.

»Gib her!« (oder »Aus!«)

Der Befehl »Gib her!« sollte eher eine Spielaufforderung und weniger ein Befehl sein, dann wird Ihr Hund seine Schätze bereitwillig mit Ihnen teilen wollen.

Mitspieler: Das Spiel ist geeignet für Welpen aller Altersklassen.

Wie es geht: Ihr Hund kaut gern auf Gegenständen herum? Überreden Sie ihn mit der Leckerli-Rassel (oder nur einem Leckerli in Ihrer Hosentasche) und dem Befehl »Gib her!« dazu, Ihnen die Sache zu überlassen. (Kaut Ihr Hund gerade an einem Hundespielzeug, so nehmen Sie ihm dieses nicht weg.) Nachdem Sie »Gib her!« gesagt haben und ihm ein Leckerli angeboten haben, gehen Sie ruhig weg. Wenn Ihr Hund dies als Fangenspielen auffasst und vor Ihnen wegläuft, verlegen Sie das Spiel in einen kleineren Raum. Damit es nicht zu turbulent wird, lassen Sie Ihren Hund an der Leine, wenn Sie das Spiel draußen spielen.

Regeln: Falls Ihr Hund sein Spielzeug knurrend verteidigt oder es überhaupt nicht hergeben will, wenden Sie sich bitte an einen erfahrenen Hundetrainer. Mit Aggression ist nicht zu spaßen.

»Nimm es!«

Wenn Ihr Hund es liebt, Dinge im Mund zu herumzutragen, müssen Sie ihm nur dieses Spiel beibringen.

Mitspieler: Diese Übung ist für einen Menschen sowie einen mindestens 14 Wochen alten Welpen geeignet.

Wie es geht: Beginnen Sie mit einem Spielzeug oder einem Ball und gehen Sie in ein kleines Zimmer oder den Flur. Wedeln Sie mit dem Spielzeug vor Ihrem Welpen hin und her und geben Sie dann den Befehl »Nimm es!«. Zeigen Sie sich begeistert und loben Sie Ihren Hund, wenn er das Spielzeug nimmt, und lassen Sie es ihn einige Zeit halten, bis Sie das Objekt mit der Aufforderung: »Gib her!« (und einem Leckerli, falls nötig) wieder einfordern.

Regeln: Wiederholen Sie diese Übung nicht öfter als drei Mal. Hören Sie immer auf, wenn Ihr Hund noch mitspielt.

Der vierbeinige Postbote

Dieses Spiel fördert die Bereitschaft zur Mitarbeit und das Verantwortungsgefühl.

Mitspieler: Zwei Personen (ein Sender und ein Empfänger) sowie ein Hund über sechs Monaten, der die vorigen drei Spiele beherrscht.

Wie es geht: Bitten Sie Ihren Freund oder Ihre Freundin (zum Beispiel Nina), sich Ihnen in etwa vier Metern Entfernung gegenüber hinzustellen. Fordern Sie nun Ihren Welpen mit dem Kommando »Bring's zu Nina!« auf, die zusammengerollte Zeitung zu Nina zu bringen. Bitten Sie Nina, sich hinzuknien und den Welpen bei seinem Namen zu sich zu rufen. Läuft der Hund zu ihr hinüber, belohnt Nina ihn mit einem Leckerli.

Falls Ihr Hund die Zeitung nicht ganz bis zu Nina bringt, so bitten Sie sie, sich neben Sie zu stellen und langsam rückwärts zu gehen. Mit viel Ermutigung und Liebe wird Ihr Hund zu jedermanns Lieblingspostboten.

Regeln: Schimpfen Sie nicht mit Ihrem Hund, wenn er keine Lust hat mitzuspielen. Dieses Spiel erfordert viel Konzentration.

Gehorsamsspiele

Wer hat gesagt, dass Kommandos keinen Spaß machen können? Zwar müssen Sie auf Ihren Tonfall achten, wenn Lektionen zum Spiel werden sollen; dann aber kann der Spaßfaktor zu einer echten Bereicherung des täglichen Gehorsamstrainings werden.

»Sitz!«, »Stopp!«, »Platz!« oder »Komm!«

Dieses Spiel ist eine lustige Art, um an Kommandos wie »Sitz!«, »Stopp!«, »Platz!« oder »Komm!« zu arbeiten.

Mitspieler: Der Mensch muss schon Gehorsamstraining mit dem Welpen geübt hat, und der Welpe, der über 12 Wochen alt sein sollte, muss die vier Kommandos bereits beherrschen.

Wie es geht: Wählen Sie ein Kommando aus. Rennen Sie mit dem Lieblieblingsspielzeug Ihres Hundes im Zimmer oder im Garten herum. Von Zeit zu Zeit halten Sie an, um dem Hund das von Ihnen gewählte Kommando zu geben, während Sie Ihren Hund in die gewünschte Position bringen. Als Belohnung für einen korrekt ausgeführten Befehl überlassen Sie ihm das Spielzeug für einige Zeit. Nach einer Weile lösen Sie das Spielzeug mit dem Befehl »Aus!« gegen ein Leckerli ein oder bieten ihm ein anderes Spielzeug an und wiederholen diesen Übungsabschnitt einige Male.

Regeln: Wiederholen Sie Ihre Kommandos nicht. Falls Ihr Hund nicht hören will, so helfen Sie Ihm dabei, die gewünschte Position einzunehmen, bevor Sie ihm schließlich das Spielzeug geben. Dann wird Ihr Hund sicher bald gerne mitmachen.

Reise nach Jerusalem

Dieses Spiel macht den Zweibeinern genauso viel Spaß wie den Vierbeinern. Die Welpen müssen sich auf den Befehl »Bleib!« konzentrieren und dürfen sich nicht vom äußeren Durcheinander ablenken lassen. Die menschlichen Mitspieler sollten locker bleiben und auf Konkurrenzverhalten verzichten, denn sonst schaffen die Hunde es nicht, dem Druck standzuhalten.

Mitspieler: Mindestens vier Teams, die aus je einem Menschen und einem Hund, der das Kommando »Bleib!« sicher beherrscht, bestehen, plus einer zusätzlichen Person, die die Musikanlage bedient.

Wie es geht: Sie brauchen für dieses Spiel ein paar Stühle sowie einen CD-Spieler. Die Stühle werden in einem großen Kreis aufgestellt, in dessen Mitte ein weiterer, kleinerer Stuhlkreis gestellt wird. Die Anzahl der Stühle im inneren Kreis muss der Anzahl der mitspielenden Personen minus eins entsprechen. Dann beginnt die Musik zu spielen und alle Hunde und Menschen laufen um den äußeren Stuhlkreis herum, bis die Musik aufhört. In dem Moment müssen alle Hunde stehen bleiben, während die Menschen in den inneren Kreis rennen und versuchen, sich dort einen Sitzplatz zu ergattern. Wenn ein Hund nicht mehr still stehen bleibt, muss sein Besitzer seinen Platz aufgeben. Die Person, die keinen Sitzplatz abbekommen hat, scheidet aus und muss einen Stuhl des inneren Kreises mit sich nehmen, so dass es nach jeder Runde einen Menschen und einen Stuhl weniger gibt. Wenn nur noch ein Stuhl und zwei Hunde-Menschen-Teams übrig sind, geht die Post erst richtig ab!

Regeln: Übertreiben Sie es nicht mit dem Trubel – Ihr Hund wird dann nicht mehr in der Lage sein, still sitzen zu bleiben. Stellen Sie ihn immer der Mitte zugewandt hin, bevor Sie ihm den Befehl »Bleib!« geben.

Spiele für jede Jahreszeit

Unabhängig davon, wo Sie wohnen, sollten Sie mit Ihrem Welpen viel draußen unternehmen, um die Mensch-Hund-Bindung zu stärken. Im folgenden Abschnitt stelle ich Ihnen einige meiner Lieblingsspiele vor, die man hervorragend mit Welpen jeden Alters spielen kann. Das sind sozusagen die Zugaben bei meiner Spiele-Liste.

Winter (für Regionen mit Schnee)

Tunnelbau: Hunde lieben es zu graben; gibt es dafür etwas Besseres als einen Haufen Schnee? Ziehen Sie sich Ihre Fäustlinge an und gehen Sie mit Ihrem Hund Tunnel buddeln!

Hoch auf den Berg: Nach einem Schneesturm türmt sich der Schnee zu Hügeln auf. Suchen Sie sich einen Hang oder Hügel und rennen Sie mit Ihrem Hund um die Wette bis ganz nach oben!

Fang den Schneeball: Falls Ihr Hund das Jagen und Fangen liebt, sollte nichts schöner für ihn sein, als mit Schneebällen zu spielen.

Frühling

Pusteblumenjagd: Im Frühling beginnt die Natur aufzuleben und überall sprießen Blumen aus dem Boden. Um einerseits den Pflanzen bei der Verteilung ihrer Samen zu helfen und gleichzeitig Ihren Hund zu unterhalten, können Sie die Samen von den Pflanzen zupfen und sie wegpusten – Ihr Hund wird bestimmt Spaß daran haben, ihnen hinterherzujagen.

Schlammschlacht: Aprilregen mag Blumen zum Vorschein bringen, aber wenn Ihr Hund mit Leidenschaft buddelt, bringt er auch Matsch. Anstatt sich über die Löcher in Ihrem Garten zu ärgern, bestimmen doch lieber Sie eine Zeit und einen Ort zum Schlammbuddeln und machen Sie einfach mit – es macht Spaß! Handschuhe anziehen, her mit der Schaufel, und vergessen Sie nicht ein paar Knochen zum Vergraben.

Morgentau und Blattkitzeln: Hunde wie auch Menschen genießen es, wenn ihre Sinne angesprochen werden. Ein mit Tau benetztes Grasbündel oder Blatt, mit dem Sie Ihrem Hund über die Nase streifen – das sind Momente, die man gerne teilt.

Sommer

Planschen: Wer sagt, dass Planschbecken nur für Menschenkinder geeignet sind?

Garten-Dusche: Falls Sie gern gärtnern, verbringen Sie im Sommer bestimmt eine Menge Zeit mit der Bewässerung Ihres Rasens oder Ihrer Blumen. Wenn Sie also das nächste Mal gießen, bauen Sie den Rasensprenger oder den Gartenschlauch in die Gehorsamsübungen für Ihren Hund ein und genießen Sie dabei beide die willkommene Abkühlung. Möglich, dass Ihr Hund sich dem Wasser anfangs nur zögerlich nähert, aber sicher findet er bald Gefallen am kühlen Nass.

Sandburg bauen: Wenn Sie die Möglichkeit haben, Ihren Hund mit an den Strand zu nehmen (natürlich nur dort, wo Hunde auch erlaubt sind), hat er genauso viel Spaß an Sandburgen wie Sie – nur, dass er den Abbau dem Aufbau sicher vorziehen wird ...

Herbst

Sprung in den Laubhaufen: Finden Sie einen Laubhaufen und springen Sie hinein!

Verstecken hinterm Laubsack: Versteht Ihr Hund das Versteckspiel, so hat er bestimmt auch an diesem Freude. Gebrauchen Sie dazu die Säcke voll Laub, die Sie oder Ihre Nachbarn zusammengekehrt haben. Verstecken Sie sich hinter einem der Säcke, wenn Ihr Hund gerade nicht hinschaut, und rufen Sie seinen Namen. Hat er Schwierigkeiten, Sie zu finden, rütteln Sie am Laubsack.

Stöckchen werfen: Wenn Sie im Besitz einer Feuerstelle sind, können Sie dieses Spiel beim Lagerfeuerabend spielen. Ansonsten nehmen Sie einfach die Stöcke, die Sie während des täglichen Spaziergangs am Wegesrand finden. Sammeln Sie einige Stöcke, werfen Sie diese für Ihren Hund weg und üben Sie dabei spielerisch die Kommandos »Bring!«, »Komm!« und »Aus!«.

Zehn Tricks, um die Massen zu begeistern

29

Kunststücke zu lernen ist eine große Herausforderung. Sitzt der Trick dann endlich doch, freuen sich alle Beteiligten. Erziehung muss nicht nur aus Arbeit, Arbeit, Arbeit und Struktur, Struktur, Struktur bestehen. Sobald Ihr Hund die grundlegenden Kommandos kennt, die in Teil IV behandelt werden, können Sie damit beginnen, ihm Tricks beizubringen – das macht Spaß und zaubert ein Lächeln auf die Gesichter der Zuschauer. Ein, zwei Tricks zu lernen lockert die tägliche Routine auf. Dieses Kapitel stellt Ihnen zehn Tricks vor, die zwar nicht notwendig sind, aber Spaß machen. Und selbstverständlich müssen Sie Ihrem Welpen nicht alle hier aufgeführten Kunststücke beibringen – wählen Sie einfach die aus, die Ihrem vierbeinigen Freund liegen und die er gerne lernt. Gibt Ihr Hund beispielsweise Pfötchen, so hat er bestimmt Freude am Pfötchen-Trick oder Wink-Trick.

Üben Sie Tricks nie während des Gehorsamstrainings, sonst wird das Arbeiten zum Spiel und Ihr Hund nimmt die Übungen nicht mehr ernst.

Hinweise zu guten Hundeleckerli finden Sie in Kapitel 20. Denken Sie daran, damit Sie viele Jahre Freude an einem gesunden, lustigen Hund haben.

Reizende Kunststücke für kleine Charmeure

Es gibt zwei Arten von Tricks: solche, die Ihr Hund auch während des normalen Tagesablaufs häufig ausführt, wie zum Beispiel Verbeugung, mit dem Schwanz wedeln, und Tricks, zu denen Sie Ihren Hund auffordern. Dieser Abschnitt widmet sich den »natürlichen Tricks«. Ermutigen Sie Ihren Welpen dazu, sie auf Kommando vorzuführen.

Schwanzwedeln

Dieses Kunststück ist leicht zu lernen und macht viel Spaß – Sie werden es Ihrem Hund sehr gerne beibringen. Sagen Sie einen beliebigen Satz in einem fröhlichen, entzückten Ton und beobachten Sie, wie Ihr Hund anfängt, mit dem Schwanz zu wedeln. Bei diesem Trick kommt es darauf an, dass Ihr Welpe lernt, auf Kommando mit dem Schwanz zu wedeln.

Hier einige großartige Sätze, die Sie verwenden können:

- ✔ Bist du heute glücklich?
- ✔ Wer ist der beste Hund der Welt?
- ✔ Zeig mir, dass du fröhlich bist!

»Gib Küsschen!«

Wenn Sie kein großer Fan von Küsschen sind, überspringen Sie diesen Trick besser. Er funktioniert folgendermaßen: Sie sagen bei jeder Gelegenheit, in der Ihr Hund an etwas leckt, »Gib Küsschen!« und loben ihn mit ruhiger Stimme (übertriebene Begeisterung kann einen liebevollen Kuss schnell zum spielerischen Biss werden lassen).

Als Nächstes bitten Sie einige Freunde (und Kinder), Ihnen zu helfen. Geben Sie ihnen ein Leckerli in die geschlossene Hand und sagen Sie: »Gib Küsschen!«, während sich die Hand mit dem Leckerli der Hundeschnauze nähert. Leckt Ihr Hund an den Händen, anstatt zur Begrüßung am Besuch hochzuspringen und ihm das Gesicht abzulecken, ist dies ganz sicher eine positive Veränderung.

Breakdance

Ist Ihr Hund wie ein Würmchen, das nicht still halten kann und sich häufig auf den Rücken wirft, dann ist dieses Kunststück möglicherweise genau das Richtige für ihn.

1. **Sobald Ihr Hund beginnt, sich auf den Rücken zu rollen, geben Sie ihm das Kommando »Breakdance!«.**

   Mit dem Bauch nach oben wackelnd herumzurollen ist eine beliebte Verhaltensweise von Hunden, ungeliebten Lektionen zu entkommen. Aber sie kann auch ein unglaublich niedliches Kunststück sein.

2. **Beugen Sie sich über ihn und kratzen Sie ihn am Bauch.**

Wiederholen Sie den Trick wieder und wieder, bis Sie in der Lage sind, ihn auf Kommando zum Tanzen zu bringen. Mit diesem Trick wird Ihr Hund zum wahren Publikumsliebling.

Verbeugung

Liebt Ihr Hund es, sich zu recken und zu strecken? Aber dass man daraus ein Kunststück machen kann, wussten Sie bestimmt noch nicht, oder?

1. **Wenn Ihr Hund sich das nächste Mal streckt, beugen Sie sich zu ihm hin und sagen »Verbeuge dich!«.**
2. **Loben Sie Ihren Hund so überschwänglich, als hätte er gerade den Hundekeks erfunden.**

Wiederholen Sie dies, wann immer er sich streckt. Bald verbeugt er sich für Sie auf Kommando.

Coole Tricks für flotte Hunde

»Pfote geben« stellt einen der gefragtesten Kunststücke aller Zeiten dar, aber wussten Sie schon, dass noch mehr dahintersteckt? Sobald Ihr Hund den ersten Schritt (»Guten Tag«) gemeistert hat, können Sie ihm weitere, verwandte Tricks beibringen, die auf demselben Bewegungsablauf basieren. Außerdem können Sie Ihrem Welpen noch einige weitere Tricks beibringen, falls er Sie mit Begeisterung anspringt oder Sie anstupst, um Aufmerksamkeit zu erlangen. Also – ran ans Üben und schon bald ist Ihr Hund der Star jeder Party!

»Pfote«, »Winke, winke« und Abklatschen

Drückt sich Ihr Hund stark über seine Pfoten aus? Hängt er jedes Mal, wenn Sie versuchen, in Ruhe die Zeitung zu lesen, mit den Pfoten auf dem Artikel, den Sie gerade lesen? Sagt er Ihnen Bescheid, dass er mal raus muss, jemand an der Tür klingelt oder er mit Ihnen spielen will, indem er mit seinen Pfoten an Ihrem Bein kratzt? Sie können dieses Verhalten leicht auf andere Objekte umlenken. Ein wunderbarer Dressurtrick!

Hunde können ausgehend von einer Bewegung viele Tricks lernen. Der Pfotentrick kann beispielsweise zum Händeschütteln, Winken oder Abklatschen (»Gib mir fünf«) ausgebaut werden.

»Pfote«

Ihrem Welpen »Pfote« beizubringen, ist nicht schwer und macht Spaß. Beginnen Sie aus der sitzenden Position heraus und gehen Sie schrittweise vor:

1. **Sagen Sie »Pfote« oder »Hände schütteln«, während Sie dem Welpen Ihre Hand entgegenstrecken.**

2. **Guckt er etwas ratlos, drücken Sie mit Ihrer anderen Hand sanft seine Schultermuskulatur.**

3. **Nehmen Sie die Pfote Ihres Hundes, sobald er sie hebt, und schütteln Sie sie zum Gruß.**

Es wird nicht lange dauern, und Ihr Welpe wird Ihnen seine Pfote von sich aus reichen.

»Winke, winke«

Bisher haben es alle meine Hunde geschafft, diesen Trick zu lernen. Kinder lieben ihn!

1. **Setzen Sie Ihren Welpen vor sich hin. Halten Sie ein Leckerli im Abstand von etwa 30 cm vor seiner Nase in Ihrer Hand und sagen Sie »Winke, winke«, während Sie mit dem Keks in Ihrer Hand vor Ihrem Hund hin und her winken.**
2. **Loben Sie ihn, sobald er seine Pfote hochhebt.**
3. **Loben und ermutigen Sie ihn noch begeisterter, wenn er verstanden hat, dass er winken soll.**

»Gib mir fünf« (Abklatschen)

Jetzt wird Ihr Hund lernen, Ihnen »fünf zu geben« – einfach cool. Folgen Sie dieser Anleitung:

1. **Beginnen Sie damit, Ihren Hund zweimal den »Pfote«-Trick ausführen zu lassen. Zeigen Sie sich begeistert.**
2. **Strecken Sie Ihre Hand hoch und zeigen Sie Ihrem Hund die Handflächen. Sagen Sie »Pfote, gib mir fünf!«.**
3. **Berühren Sie seine Pfotenunterseite mit Ihrer Handfläche, sobald Ihr Hund die Pfote hebt.**

Bald wird Ihnen Ihr Hund mit Begeisterung »fünf geben«, sobald Sie ihm das Kommando dazu geben.

Hürdensprung und ab durch die Mitte

Ist Ihr Welpe ein begeisterter Springer? Ob Sie es glauben oder nicht, es gibt regelrechte Springfanatiker unter den Hunden. Meine Hündin Shayna May ist der Inbegriff einer Hochspringerin. Der Reifentrick mit seinen vielen Variationsmöglichkeiten war der erste Trick, den ich ihr beigebracht habe.

Hürdenspringen

Bauen Sie Ihre erste Hürde aus einem Besen und zwei Rollen Toilettenpapier. Eine niedrige Hürde baut das Selbstbewusstsein Ihres Welpen auf und erscheint ihm weniger gefährlich.

Welpen unter einem Jahr sollten keine Hürden nehmen, die höher liegen als ihr Ellbogen – da sie sich noch im Wachstum befinden, kann das zu Störungen in der Entwicklung ihres Bewegungsapparates führen und bleibende Schäden verursachen.

1. **Nehmen Sie Ihren Hund für die Übung an die Leine, um ihn besser unter Kontrolle zu haben.**

2. **Lassen Sie ihn die Hürde ausgiebig beschnüffeln und machen Sie ihm einige Male vor, wie man darüber springt.**

   Lassen Sie ihn nicht an der Hürde kauen oder nagen!

3. **Lassen Sie mindestens fünf Schritte Platz zwischen den einzelnen Hürden und geben Sie Ihrem Hund das Kommando »Spring!«, während Sie sich der Hürde nähern. Springen Sie zuerst über die Hürde und fordern Sie dann Ihren Hund auf, es Ihnen gleichzutun.**

   Weigert sich Ihr Hund, die Hürde zu nehmen, so bleiben Sie ruhig. Ziehen Sie ihn nicht über das Hindernis. Gehen Sie mehrmals über die Hürde und lassen Sie Ihren Hund dabei zusehen. Dann laufen Sie langsam darüber und ermutigen Ihren Hund, mit Ihnen zu kommen. Obwohl das einige Zeit dauert, wird Ihr Hund seine Angst bestimmt überwinden und sein Ehrgeiz und seine Neugier werden überwiegen.

4. **Sobald Ihr Hund die Hürden mit Stolz nimmt, nehmen Sie ihn an die kurze Leine. Lassen Sie die Leine kurz vor dem Hindernis los, so dass Ihr Hund alleine darüber springen kann.**

   Bravo.

5. **Nach einiger Zeit müssen Sie nicht mehr mitlaufen, sondern brauchen nur noch das Kommando »Spring!« zu geben, sobald Ihr Hund die nächste Hürde erreicht hat.**

Dieses Spiel ist auch für Kinder gut geeignet. In Türrahmen eingeklemmte Hürden können dabei helfen, den Hund zu ermuntern, Bälle oder Spielzeug zu fangen. Die Kinder können im Haus oder im Freien einen Parcours bauen, den sie dann mit dem Hund durchlaufen.

Durch den Reifen

Besorgen Sie sich im Spielwarenhandel einen einfachen Hula-Hoop-Reifen und folgen Sie diesen Schritten:

1. **Legen Sie den Reifen in eine Türschwelle oder zwischen zwei Möbelstücke.**

   Legen Sie Ihren Hund an die kurze Leine und lassen Sie ihn an dem Aufbau schnüffeln, während Sie sich in die Mitte des Reifens setzen.

2. **Bitten Sie jemanden, den Reifen festzuhalten oder befestigen Sie ihn sicher.**

3. **Geben Sie Ihrem Hund das Kommando »Spring!«, während Sie sich dem Reifen nähern. Kurz vor dem Hindernis lassen Sie die Leine los.**

4. **Macht Ihr Hund bereitwillig mit, kombinieren Sie das Kommando »Spring!« mit dem Befehl »Durch!«, sobald Ihr Hund vor dem Reifen angekommen ist: »Spring – Durch!«.**

5. **Halten Sie den Reifen mit der Zeit immer höher, bis er die Höhe der Hürden aus dem Hürdenlauf erreicht hat und rufen Sie »Spring! – Durch!«.**

   Möglicherweise zögert Ihr Hund, durch den Reifen zu springen, weil er eine für ihn ungewohnte Form hat. Steigen Sie einige Male langsam über den Reifen, während Ihr Hund hindurchläuft. Und zur Belohnung gibt es Leckerli.

   Hat Ihr Hund die Punkte 1 bis 5 erfolgreich gemeistert, ist er bereit für den Solo-Sprung.

6. **Befestigen Sie den Reifen auf Bodenhöhe und geben Sie jetzt nur noch das Kommando »Durch!«, während Sie sich dem Hindernis nähern. Lassen Sie Ihren Hund alleine durchspringen.**

   Loben Sie ihn, sobald er durch den Reifen gesprungen ist. Wenn Sie anschließend rückwärts wieder zum Reifen laufen, springt er vielleicht auf dem Rückweg noch einmal durch.

7. **Befestigen Sie den Reifen immer höher.**

Wenn Sie wirklich clever sein wollen (und einen Welpen haben, der nicht zu groß wird), können Sie »Durch den Reifen« mit Ihren zum Kreis geformten Armen üben. Führen Sie die Übung genauso schrittweise durch. Lassen Sie sich von einem Freund halfen und nehmen Sie statt des Reifens Ihre Arme.

Kreisel

Nehmen Sie ein Leckerli, halten Sie es in Nasenhöhe Ihres Hundes und sagen Sie »Fang den Schwanz!« oder »Kreisel!«, während Sie den Keks langsam um den Körper des Hundes kreisen lassen. Ich habe langsam gesagt – das ist ein Befehl!

Belohnen Sie anfangs auch halbe Drehungen, später ganze und noch später zwei oder drei volle Umdrehungen. Unterstützen Sie das Kommando jeweils mit einer drehenden Handbewegung. Bald wird diese Geste ausreichen, damit Ihr Hund anfängt, sich um sich selbst zu drehen – ganz ohne Kommando.

Wenn Ihr Hund mit dreckigen Pfoten vom Spaziergang nach Hause kommt, zeigen Sie auf die Fußmatte und geben Ihrem Hund das Kommando, sich zu drehen. Das wird ein Klassiker!

Kopf runter

Stupst Ihr Hund gerne mit dem Kopf? Stupst er Sie jedes Mal an, wenn er Aufmerksamkeit erhalten möchte, besonders wenn Sie gerade in Ruhe Ihren Kaffee trinken oder sich mit Freunden unterhalten möchten? Ob Sie es mir glauben oder nicht, selbst dieses lästige Verhalten lässt sich spielerisch in den Griff bekommen. Wenn Ihr Hund Sie mit dem Kopf anstupst, sagen Sie »Kopf runter« und ermutigen ihn dazu, seinen Kopf in Ihren Schoß zu legen (halten Sie ihn sanft fest, wenn notwendig).

Seien Sie konsequent, selbst wenn Ihr Hund anfangs störrisch ist. Streicheln Sie ihn, wenn sein Kopf in Ihrem Schoß liegen bleibt. Bald wird er auf eine nettere Art um Aufmerksamkeit bitten und Sie können Ihren morgendlichen Kaffee wieder genießen.

Lieb bitten

Für dieses kleine Kunststück ist ein guter Gleichgewichtssinn nötig. Hier geht es darum, Ihren Welpen dazu zu bewegen, vom Sitzen in eine Position zu wechseln, bei der die Vorderpfoten den Boden nicht mehr berühren – die klassische Bettelgeste! Warten Sie mit diesem Trick, bis Ihr Welpe mindestens neun Monate alt ist. Seine Muskeln und Gelenke könnten sonst überbelastet werden.

1. **Nehmen Sie fünf seiner Lieblingsleckerli.**
2. **Stellen Sie sich vor Ihren sitzenden Welpen und halten Sie ein Leckerli einige Zentimeter hinter seiner Nase in die Luft.**
3. **Geben Sie das Kommando: »Sag lieb bitte!«, während Sie die Belohnung in Richtung seiner Ohren bewegen.**

   Setzt er sich für einen Bruchteil einer Sekunde zurück, geben Sie ihm die Belohnung. Loben Sie ihn für den kleinsten Fortschritt. Gehen Sie langsam vor!

Wenn Ihr Hund sich anstrengt, die gewünschte Position einzunehmen, aber Schwierigkeiten damit hat, die Balance zu halten, stellen Sie sich mit den Knien nah an seinem Rücken hinter ihn. Bewegen Sie das Leckerli langsam nach hinten. Wenn Ihr Hund nach hinten kippt, lassen Sie ihn sich an Ihren Knien anlehnen und halten seine Brust fest. Danach loben Sie ihn und geben ihm die Belohnung.

Bei so schwierigen Kunststücken wie diesem sollten Sie jede noch so kleine Annäherung an das Ziel belohnen. Versucht Ihr Welpe anfangs, sich so hinzusetzen, wie Sie es möchten, bekommt er schon dafür eine Belohnung. Klappt es später immer besser, bekommt er die Belohnung erst, wenn er die Aufgabe komplett erfüllt hat.

Rolle

Zuschauer finden die Rolle echt klasse. Falls Sie auch noch einen Welpen haben, dem sie Spaß macht – perfekt. Es soll aber auch Hunde geben, die eine Überwinterung in Alaska der Rolle vorziehen würden. Rollt sich Ihr Hund selbstständig von einer Seite auf die andere? Kann er ohne Hilfe hin- und herrollen? Wenn ja, ist das sein Kunststück. Falls nicht, suchen Sie sich lieber einen anderen Trick aus, um Ihre Freunde zu beeindrucken.

1. **Halten Sie eine Hand voll Leckerli zur Belohnung bereit und geben Sie das Kommando »Platz!«.**
2. **Kratzen Sie ihn am Bauch, bis er auf eine Seite rollt.**

3. **Nehmen Sie ein Leckerli und führen Sie es im Halbkreis von der Nase des Hundes bis auf den Boden.**
4. **Geben Sie das Kommando »Rolle!«, während Sie mit dem Leckerli einen Kreis von der Nase bis zur Brust des Hundes beschreiben.**

   Ich weiß, es ist schwer, sich das bildlich vorzustellen, aber stellen Sie sich einfach vor, vom Leckerli würde ein imaginärer Faden bis zur Nase Ihres Welpen verlaufen und Sie ziehen ihn an diesem Faden auf die andere Seite.
5. **Bemüht Ihr Hund sich, herüberzurollen, loben Sie ihn und helfen ihm, zur anderen Seite zu kippen.**

   Loben Sie ihn nun überschwänglich und ermutigen Sie ihn dazu, wieder aufzustehen.

»Peng!«, »Toter Hund!« oder »Schlaf gut!«

Ich finde ja, dass »Toter Hund« ziemlich deprimierend klingt. Nachdem es aber ein tolles Kunststück ist, möchte ich hier nicht darauf verzichten. Sie können das Kommando »Peng!« oder »Toter Hund!« einfach durch »Schlaf gut!« ersetzen, falls Ihnen das besser gefällt. Der Trick ist einfach, wenn Sie einen sehr ruhigen Welpen haben. Ist Ihr Hund dagegen ein kleines Energiebündel, eignet der Trick sich gut als Ruheübung:

1. **Geben Sie das Kommando »Platz!«. Ermutigen Sie Ihren Welpen, ruhig auf einer Seite liegen zu bleiben.**
2. **Knien Sie sich neben Ihren Welpen und sagen Sie »Peng!«, »Toter Hund!« oder »Schlaf gut!«. Schauen Sie ihn dabei nicht an.**
3. **Drücken Sie ihn sanft an der Schulter und helfen Sie ihm, den Kopf am Boden zu halten.**
4. **Während Sie seinen Kopf langsam streicheln, um die liegende Position zu unterstützen, sagen Sie »Bleib!«.**

Sobald Ihr Welpe verstanden hat, worum es geht, lassen Sie seinen Kopf langsam los und stehen auf, aber langsam und Schritt für Schritt. Erinnern Sie ihn häufig mit dem Kommando »Schlaf gut! – Bleib!« daran, liegen zu bleiben. Bald können Sie das »Bleib!« weglassen.

Lösen Sie den »Schlaf«, indem Sie Ihren Hund dazu auffordern, sich wieder auf seine vier Pfoten zu stellen, und loben Sie ihn begeistert.

Stichwortverzeichnis

A

B

C

D

E

F

G

H

I

J

M

N

O

P

Q

R

S

U

V

W

X

Y

Z